Modern and contemporary research on

ceramic industry in

Singapore, Malaysia and Thailand

by emigrants from Chaozhou

近当代新马泰潮人陶瓷史研究

李炳炎 著

蔡文程题

暨南大学出版社
JINAN UNIVERSITY PRESS
中国·广州

图书在版编目（CIP）数据

近当代新马泰潮人陶瓷业研究/李炳炎著．—广州：暨南大学出版社，2017.8
ISBN 978－7－5668－2151－5

Ⅰ．①近…　Ⅱ．①李…　Ⅲ．①华人—陶瓷工业—工业企业管理—研究—新加坡 ②华人—陶瓷工业—工业企业管理—研究—马来西亚 ③华人—陶瓷工业—工业企业管理—研究—泰国　Ⅳ．①F433.967 ②F433.867 ③F433.667

中国版本图书馆 CIP 数据核字（2017）第 164611 号

近当代新马泰潮人陶瓷业研究
JINDANGDAI XINMATAI CHAOREN TAOCIYE YANJIU
著　者：李炳炎

出 版 人：徐义雄
策划编辑：黄圣英
责任编辑：雷晓琪　冯　琳
责任校对：邓丽藤
责任印制：汤慧君　周一丹

出版发行：暨南大学出版社（510630）
电　　话：总编室（8620）85221601
　　　　　营销部（8620）85225284　85228291　85228292（邮购）
传　　真：（8620）85221583（办公室）　85223774（营销部）
网　　址：http://www.jnupress.com　http://press.jnu.edu.cn
排　　版：广州市天河星辰文化发展部照排中心
印　　刷：广州天虹彩色印刷有限公司
开　　本：787mm×1092mm　1/16
印　　张：13.5
字　　数：322 千
版　　次：2017 年 8 月第 1 版
印　　次：2017 年 8 月第 1 次
定　　价：69.80 元

近当代新马泰潮人陶瓷业研究

目录

序

春末夏初，李炳炎先生携带即将出版的书稿《近当代新马泰潮人陶瓷业研究》（以下简称《研究》）专程从潮州来到广州，要我为之作序。平心而论，陶瓷史研究与我所治之考古学差别很大，我也对它知之甚少，真不知如何提笔。我与李君相识时间不长，但是以同饮一江水的缘分，我无法拒绝，只好迎难而上，做一次冒险的尝试。

陶器、瓷器，特别是瓷器，是中华民族伟大的发明，它惠及亿万人类。我国陶瓷文化博大精深，更是人类文明的标志。广东潮州窑源远流长，可追溯到六千多年前陈桥文化的厚胎夹砂夹蚌陶和普宁虎头埔窑生产的泥质带装饰花纹的矮圈足陶器；唐代开始的水车窑及潮州城郊馒头窑的青釉瓷初露锋芒；北宋燃起的笔架山窑火是潮州窑历史上的一个高峰，倾销海外的潮瓷商贸出口由此驰名，使潮州成为海上丝路的重镇；至近代，枫溪、九村、高陂三大潮瓷产区经历了历史的风云变幻和海上丝路的惊涛骇浪，在艰难曲折中求生存、谋发展，终于成功突围；改革开放以来，潮州窑业崛起，其产品丰富多样，装饰工艺不断创新，品种类别顺应潮流。高新技术的融入使其生产规模不断扩大，陶瓷产量稳居国内乃至世界市场龙头地位。2004 年，潮州窑的故乡荣获“中国瓷都”称号。近当代新马泰潮人陶瓷业是“瓷都”在海外的延伸。

风雨之夜，我坐听风雨，拜读李君书稿。陶瓷的历史也是人的历史，我想起了家乡许多挥之不去的往事。在 20 世纪上半叶，半殖民地半封建的旧中国经历了战乱和各种天灾人祸，原来美丽富饶的韩江平原百业萧条、民不聊生，难维生计的贫苦大众为谋求生存，漂洋过海，他们或下南洋，或被“卖猪仔”，这段历史充满了血和泪。新中国成立初期，东南亚不断发生排华事件，当时情况结合书稿中所述的事件深深震撼了我。潮人就是这样随着海上贸易路线一批批移居海外，以东南亚为最；也正是这些代价，夯实了后来新马泰潮人陶瓷业的基础。

作者之所以选择对新马泰潮人陶瓷业进行研究，除了新马泰是潮瓷外销的重要地点外，还有其背景和深层的原因。这三个国家与我国邻近，潮人很早就出海到这三个国家经商或移民居住，特别是在近代下南洋风潮中更是大批迁徙，视其为移民的目的地。在东南亚政局动荡和不稳定的年代，第一、第二代移民多数加入居留地国籍成为外籍华人。他们在当地经营农贸和各种手工业产品，开设商行或直接代理销售家乡包括陶瓷在内的土特产。在下南洋的移民大军中有不少身怀陶瓷技艺者，在当地办起作坊修筑龙窑，生产潮州窑特色的陶瓷。他们入乡随俗，把移民地视为第二家园，通过婚姻结下新的、不可分割的血缘、地缘、业缘关系。

海上丝绸之路的陶瓷外销，和丝绸、茶叶一样，不仅是一种商贸活动，也是一种文化交流。东南亚潮人陶瓷业者在异国从“卖缶”到“做缶”，虽是形势推动，但也是海外潮人敢为人先、勇于拼搏的结果。后来入了外籍的潮人陶瓷业者从落叶归根转为落地生根。这使我们想起东汉人班超的故事。定远侯班超是继张骞开通丝绸之路的第二位使者，在西域三十年保障了丝路的稳定和畅通，晚年落叶归根，思归洛阳，他给朝廷的奏章有“臣不敢望到酒泉郡，但愿生入玉门关”（玉门关在今天敦煌西，是汉代的最西边陲，酒泉郡在其东）一句，其乡愁之情是何等感人！今入籍东南亚的潮人已经不能“生入玉门关”了。他们经营的陶瓷业生产也逐步由“在地化生产”进入“本土化”阶段。尽管如此，新马泰潮人陶瓷业仍保留着潮州窑和潮人传统文化的影响。

历史常如轮回，重演着惊人的相似。我国唐末和宋末，黄河流域战乱，大批中原移民迁往长江流域，移民人流中就有不少北方名窑的能工巧匠、陶瓷工艺大师和生产者，他们把北方先进的陶瓷技艺带到了南方，开创了后来誉满天下的景德镇湖田窑和青花瓷。这是工艺技术移民在本土的实例。带着工艺技术走出国门的例子也可举及，一千七百多年前的三国时期，在日本九州岛或畿内立国的邪马台国和中国保持友好的来往。日本出土了超过300件三角缘神兽纹青铜镜。日本学界多数认为这批遗物是一种产自中国的舶载镜。我国著名考古学家王仲殊先生通过细致研究并在日本深入考察，力排众议，著文指出“三角缘神兽镜是东渡日本的工匠在日本制作的”（《关于日本三角缘神兽镜的问题》，《考古》1981年第4期）。它与上述的新马泰潮人在当地生产制作潮州窑陶瓷的“在地化生产”又何其相似。

炳炎先生不是人类学家，但他在研究陶瓷史时却使用了人类学的研究方法。他不是纸上谈兵，也不只满足于档案、文书、报道等文字资料，而是更多地运用实地调查、眼见为实的田野工作方法，从而获得许多鲜活的第一手资料。他十分重视对当事人的访谈、重视对口述历史的综合分析。为著《研究》，2011—2016年间他七次下南洋，在新马泰多个地区对潮人陶瓷业的历史、现状进行调查，还先后对39人进行了访谈。由于李君本人又是制作潮州陶瓷的工艺大师，他的访问从实际出发且目的性明确。构成本书文字内容而被选用的有22人的口述访谈记录（部分记录是节选），他们大多数是第二、第三代移民新马泰的陶瓷业者，也有少数潮人瓷商后裔，口述历史的访谈录占了全书文字的三分之一。我们从访谈资料可以了解到潮州窑在窑炉、成型、装饰工艺、技术传播等方面对新马泰潮瓷业的影响，也可以发现新马泰陶瓷文化创新仍受潮人传统文化的影响。访谈资料内容丰富，可给读者更多的思考、判断和选择，客观上避免了资料来源的片面性。

炳炎先生是近年出现的一位很有潜质的陶瓷史学研究者。他自学成才，勇于创新，而且处处虚心向学界前辈、专家学习。他通过田野古窑址调查和收藏获得了丰富的潮州窑陶瓷实物，创办了颐陶轩陶瓷文化艺术研究所和颐陶轩潮州窑博物馆。他又是工艺美术大师，亲自开炉烧造工艺美术瓷器，成功仿烧潮州窑古典瓷器，十分难能可贵。21 世纪以来，他的多个陶瓷作品成为名城潮州的十大手信之一。他陆续出版了《宋代笔架山潮州窑》《枫溪潮州窑（1860—1956）》《潮瓷下南洋》《做“缶”与卖“缶”：近现代枫溪潮州窑陶瓷业访谈录》等陶瓷史系列专著，参与编写了《中国潮州窑》，此次《研究》更把他的研究视野延伸至海上丝绸之路的东南亚。近年他还联合有关博物馆、文物馆在广州、香港举办“南国瓷珍：潮州窑瓷器”展览，出版文物图录，召开潮州窑学术研讨会，让古老的潮州窑文化焕发青春，增添了人的气息、社会的气氛、学术的氛围。

炳炎君以“远绍千年窑火，重辉七彩潮瓷”的无畏气概，倾尽全力于潮州陶瓷史的研究。他在“一带一路”光芒照耀下，越走越宽，越行越远。在今天经济日益全球化、创建多元化人类共同家园的大好形势下，本书出版的重大现实意义可见一斑，完全可以期望他在未来的潮州陶瓷史研究中取得更大的成果。

曾骐于中山大学

2017 年 5 月 18 日世界博物馆日

绪　论

为什么要写这本书？目前海内外的华侨史研究论著对东南亚华侨从事的大多数行业都做了记录①，遗憾的是，这些论著中虽然对东南亚的陶瓷业贸易及生产略有提及，却缺乏具体的记述，且潮州窑技艺及潮人瓷商在东南亚的经营活动，由于长期以来缺乏深入研究和未得到正确评估而被学界所忽视。我在整理和研究近代潮州陶瓷史的过程中，发现这一时期的潮州窑不仅在本土发展，还延伸至东南亚。近十年来，我多次实地考察东南亚潮人陶瓷业，对几十位陶瓷业亲历者进行采访调查，搜集口述历史，查阅各地潮州同乡会、瓷商公会等相关文书，了解潮人陶瓷企业的发展变化，认为近代以来新马泰陶瓷业的贸易、生产与潮人关系密切，应引起广泛关注。通过上述资料，结合各个历史时期的时代背景，对新马泰陶瓷业者从下南洋到进行陶瓷贸易、陶瓷生产的过程作较为全面的梳理，撰写成册，以此抛砖引玉，祈望更多的亲历者提供更为翔实的资料，更多的专家学者加入这一课题的研究中。

历史上，中国东南沿海与东南亚关系密切。唐五代时，沿海民众为避战乱，驾船海外，移居南洋。相沿迄今，南洋将华侨称为“唐人”，华侨称祖国为“唐山”。宋至清代，朝代更迭，由于中国南海是一道天然屏障，大量前朝遗民遂多乘船避难海外，东南亚一带成为避难生存之地。潮州地处东南沿海，民众驾舟下海为常事，积累了一些海洋气候及地理方面的经验和知识。潮州俗语“八月东风下南洋，五月南洋回家乡”，可知潮州至南洋的风力帆船需依赖季风，往来者每年为一两趟。在帆船时代，潮人下南洋仍需克服海洋恶劣的气候及航海障碍。南太平洋最著名的海流是黑潮和湾流，潮人俗称黑潮为乌水，往往以“吃过乌水”来形容经历过黑潮的危险。在海禁和商品竞争的背景下，潮人利用得天独厚的自然资源、地理优势，通过海上丝绸之路将陶瓷产品运销海外，向海洋转移田不足

---

① 前贤有关新马泰的研究专著有：陈达：《南洋华侨与闽粤社会》，北京：商务印书馆 2011 年版；林远辉、张应龙：《新加坡马来西亚华侨史》，广州：广东高等教育出版社 2008 年版；颜清湟著，粟明鲜等译：《新马华人社会史》，北京：中国华侨出版公司 1991 年版等。

耕、资源匮乏的生存压力。利用海上贸易实现自给自足，是对传统农耕经济的一种重要补充。清中后期，潮人大多驾红头船往来暹罗、印度尼西亚、马来亚等地，移民与物资往来的文献记载颇丰。乾隆十二年（1747）潮州缺粮，清廷特准商人领照往暹罗购大米和木材。据《清实录》载：“澄海商民领照赴暹罗等国买米，接济内地民食。”[①] 大量的潮人随着中暹贸易移居当地。潮人利用红头船与外界发生经济活动与人口迁移。明清时期，潮州陶瓷产区以高陂、九村和枫溪为主。潮州府城的土产货栈经营者利用韩江水运贩卖潮瓷，竹木门至下水门外的韩江码头及邻近货栈是陶瓷土产的集散地。

1860年汕头开埠后，取代了潮州府城的地位成为粤东商埠，赣、潮、客瓷商逐步集结汕头经营潮瓷，方便转口贸易，同时大量自由移民和契约劳工通过汕头港到东南亚从事种植业、手工业及商业等。颜清湟教授将海外华人社会分为商、士（受过教育的阶层）、工三个阶级。在新的移民社会里，财富成为衡量社会地位的重要指标，赚到钱的华人便可衣锦还乡，而其他人则徘徊在底层等待机会，故阶级结构变动性大。阶级差别也反映在荣誉、地位和权利方面。在华人社会和英国殖民政府眼里，“商”阶级的社会地位通常高于“工”阶级。财富是进入华人社会领导层的重要先决条件，富裕资本家都能获得领导地位，其中有才干、热心公益、雄心勃勃者便可以成为整个华人社会的领袖。[②] 新马泰经济的日益发展，也为潮人陶瓷业者获得财富和改变社会地位提供了很多机会。

近代的潮籍瓷商主要活动于中国汕头、香港，新加坡及马来西亚槟城等城市，这一分布规律是由市场需求和商品流通的便捷性所决定。新加坡地处马六甲海峡南口，扼守东西亚交通的咽喉，位置十分重要，近代潮货基本上通过中国汕头、香港转运至新加坡，之后由其转销至马来西亚、印度尼西亚、菲律宾等东南亚国家。为方便管理，潮籍商人以家族模式在各地设立联号，建立同业组织互通信息，以近代货栈转运、批局结算等经营形式解决枫溪家庭作坊生产难以形成产品规模化及对外运销的困局。第一次世界大战之后，在诸多国际因素的影响下，东南亚一些国家特设保护税，提高陶瓷税率，导致进口商品无法销售。部分潮籍瓷商无奈之下从潮州聘请陶瓷技术工人，购买瓷土进行在地化生产，从而降低成本，缓和了所在国市场的供求矛盾。由此，新加坡、马来西亚、泰国、越南、印度尼亚西等国相继出现了潮人陶瓷生产作坊。这些潮人陶瓷业者凭借微薄的积蓄，利用血缘及地缘关系以“碎股”方式吸纳创业者，以潮州窑技艺生产当地社会生产和生活需要的胶杯、胡姬花盆及水缸、瓮等粗陶器。由于华人社会缺乏较好的信贷制度，早期潮人陶瓷业者多以合股方式解决资金短缺问题，如古晋缶窑的陶瓷业，以家长式管理作坊运营，如马来西亚新山亚依淡陈顺兴创立的万和发，是生产陶器的工厂，但也是初到新山亚依淡的同乡人的落脚点，他们一般在工厂寄食寄宿，闲时也参与帮工，一些找不到工作的便直接成为他的员工。陈顺兴是工厂老板，也是工人们的“大家长”，为员工提供食宿，每月补贴五毛钱剪发费。员工工资寄存在财务处，每年清明节、中元节、中秋节及春节等节日，工厂财务根据他们的要求寄钱、写信回家乡。此外，陈顺兴建了一间小庙堂供奉着客死异乡

① 《清实录》第三〇册《仁宗实录（三）》卷一八五，嘉庆十二年九月丁未条，北京：中华书局1985年版，第436页。

② 颜清湟著，粟明鲜等译：《新马华人社会史》，北京：中国华侨出版公司1991年版，第137页。

的工人灵位，庙堂门联写着“陶业当年初创君等多贡献，瓷艺今日有成我们常追思”，让他们的灵魂在异国他乡有个安息之所。每逢清明节及中元节，陈氏后人都会举办庄严的祭拜活动，这种浓厚的家乡习俗成为这个现代化陶瓷企业的企业文化之一。这种家长式管理模式为早期多数潮人陶瓷业者所采用，这种模式因具有温情管理的特点，在创业初期艰难的环境下，反而能凝聚人心共渡难关，更易建立起工人所认同的企业文化，但随着企业规模的扩大，其弊端也逐渐暴露。

1937 年全面抗战爆发，潮汕于 1939 年沦陷，枫溪瓷产区成为重灾区，瓷商被迫往中国高陂、三饶、香港及新加坡、泰国寻求业务发展，并组建同乡同业组织维系经营，建立行业有序竞争的模式，促进贸易发展。这种同乡商业网络的形成，在很大程度上解决了潮人谋生和经营的问题。对初到异邦的谋生者来说，同乡商业网络能为他们提供工作机会，解决温饱问题；而对经营者来说，则为他们提供了人力、资金、信息等商业优势。这种独立的同乡商业网络使潮人在自己的社交圈里也能完成一系列商业贸易，不用依附于当地社会或其他团体组织，也使他们得以保留原有的文化、语言与生活习俗。如枫溪人吴廷祥在新加坡创立的泰南公司便是同乡商业网络的体现，其陶瓷产品主要来自枫溪吴发利号及如合、陶玉峰等作坊，也代理销售吉隆坡吴万发、马六甲万和发与新加坡陶光等生产的陶瓷产品。

1949 年新中国成立之后，随着国家华侨政策的实行，以及东南亚民族解放运动的深入和东西方阵营的形成，中国与东南亚的关系变幻莫测，不少潮侨加入所在国国籍，为所在国的社会生产和建设服务。国民身份虽发生转变，但祖籍国的文化对潮侨的影响却从未消除，很多知名瓷商不忘回报家乡，支持家乡潮州的教育、卫生等建设，同时为所在国的华文教育等公益事业做出重大贡献。马来西亚新山亚依淡的陈顺兴、北海的黄木荣、诗巫的黄岳坤、古晋的黄柿核，泰国叻丕的黄芝孟等便是其中的佼佼者。

在中国计划经济时代，最为突出的是新加坡瓷商公会，这一民间社团组织依靠新加坡特殊的地理和政治优势，代理国产日用品转口、贸易于整个东南亚，成为中国日用品外销东南亚的重要渠道。改革开放之后，新加坡瓷商公会的作用逐步减弱，东南亚各国与中国进行自由贸易，东南亚潮瓷贸易出现了新的经营局面。20 世纪 80 年代后，东南亚潮人陶瓷企业由于受到用地、原料及环境污染等因素的制约，转型成唯一的出路。部分中小规模陶瓷企业歇业或转行经营，也有一部分转向多元产业经营，由国内发展向国际性投资经营转化，在最大范围内寻求商机，顺应经济全球化的发展趋势进而跻身为集团化企业。随着以侨乡留学生为主体的新移民及双方贸易的发展，再次联结两地的乡缘及业缘，这些新移民为其公司发展增添了新鲜血液，通过国际平台、现代化管理及多元业务发展延续着家族品牌的经营。

至今新加坡的德光岛、裕廊、后港等，马来西亚的吉隆坡、北海、怡保、新山、古晋等，泰国的南邦、叻丕、佛统等陶瓷主产区的陶瓷企业大多数仍是潮人家族在经营，其中不少形成企业集团，拥有知名品牌。① 从产业发展上看，近代以来潮州窑业在东南亚一带

① 笔者长期从事东南亚潮人瓷业的研究，多次前往东南亚各地进行实地调查，取得大量当地陶瓷业采访资料和档案资料。

的影响力远远胜于国内，最终形成国内一个瓷都和海外一个瓷都的局面。

近代以来，潮人陶瓷业者在东南亚从“卖缶”到“做缶”，既有时势的推动，也是潮人敢为人先、拼搏刻苦的结果。在此过程中，东南亚潮侨也从落叶归根转变为落地生根，第一代和第二代移民凭借敏锐的商机嗅觉，并借助血缘、地缘、业缘关系进行创业，深受潮文化的影响，对家乡仍存在深厚的感情，中华传统文化及血缘、地缘、业缘仍然是维系潮侨与侨乡往来的重要因素；第三代大多接受西方教育，在第一代和第二代的影响下对家乡仍有理解，有的从事其他行业，有的继承家族产业，将所学知识运用到企业管理中，使企业转型升级，但新马泰潮人陶瓷业者的多数新生代因身处多元文化的环境下，对家乡的概念已经模糊。

目前在东南亚出生的第三、第四代潮人的姓名、企业及品牌名称多采用英文、马来文或泰文；一部分潮籍后裔已不会使用普通话或潮州话，这对了解发掘企业创业者历史带来很大的不便。他们已经对祖籍国的认识越来越模糊，故追溯记录这一族群的创业史迫在眉睫，这也是我写作此书的主要原因，望以共同的历史文化唤醒当今潮裔陶瓷业者对侨乡的重新认识，也力求以有限的文献资料、口述历史、田野调查及产品工艺等还原历史；通过当代新马泰潮人陶瓷业的创业历程管窥东南亚华侨华人社会及其经济变迁，成为研究东南亚华人经济领域的一部分。

第一章

近当代潮州陶瓷业的生产与外销

潮州西北负山，东南面海，海岸线蜿蜒曲折，区域内山地、丘陵约占总面积的70%，平原狭小、田不足耕的特殊地理环境促使当地人发展陶瓷、食盐、蔗糖等手工业，并通过海上贸易补充经济。这些原因使潮州拥有特殊的文化结构，陶瓷文化成为潮州文化的一部分，而这种特殊的地理位置和外销需求又使潮州形成特殊的海洋文化。

潮州窑[①]是中国东南沿海重要的外销窑场，创烧于唐代早期，一千三百多年来一直是潮州经济的主要产业之一，产品除满足当地市场需求外，几乎以外销为主要任务。潮州窑历史跌宕起伏，先从唐代创烧期的水车窑至成熟期的潮州城郊南关窑、北关窑，再至北宋鼎盛期的笔架山窑，继而转入南宋至元衰落期的瑶上窑，明清之后进入转变期的九村窑、高陂窑、余里窑、东溪窑，近代枫溪窑、高陂窑、九村窑的发展使潮州窑步入发展期，这些都是潮州成为当代中国瓷都的深厚历史积淀。

自古以来，华人移民的特性是随商业贸易路线，以同民族同血缘聚居，这样的特性是早期唐人街形成的主要原因。早期的唐人街是海上丝绸之路华侨和平经商的产物，主要出现在当时国际贸易航线及华商来往频繁的日本至东南亚沿海地区。唐人街成为海外华人的主要活动区域，这种抱团生存的方式也是海外华人的一顶保护伞。对外贸易的华人大多经营当地市场需要的中国土产，而这些华人随着贸易线路移民或者暂居当地，他们的日常生活需求又增加了贸易地对中国商品的需求，这样的贸易模式既促进了中国商品的输出，又促进了中国手工业和商贸业的发展。潮州窑自唐代创烧以来，陶瓷产品便随着潮人通过海上丝绸之路源源不断地销往世界各地。1860年，汕头港对外通商，便利的海上交通促进了潮州商贸的发展和对外的信息交流。潮人在经历国家动荡、自然灾害频发后，加上被西方殖民者所勾勒的开拓东南亚殖民地蓝图诱惑，出现大规模移民现象，是史上下南洋风潮中的重要一页。大规模的移民潮既带动了潮州土产品的输出，也带动了潮州民俗和文化的输出，使移民地对潮州商品的需求量大增。潮州的陶瓷业自然在这一需求的促进下得到发展。

---

① 本书所写的潮州窑的范围，以各个时代潮州的行政区域为准。

第一节　近当代潮州陶瓷主产区

近代潮州府汕头港的对外通商，洋轮码头的建立和吞吐量的迅速增长，使汕头港成为粤东地区的对外门户。外商的进入和洋行的设立带动潮汕地区经济的发展，使汕头成为广东的第二大中心城市，是叻—暹—香—汕—沪经济圈的重要组成部分，为潮汕地区的商贸发展带来机遇。这种向外开拓的特性也体现了潮汕地区在近代工商业文明冲击下的海洋文化内涵。《潮州志》中载有“适近代南洋交通畅达，日用粗瓷大旺”及“潮州陶瓷产品，除销行当地外，运销出口尤多，计至广东南路一带，闽、浙、京、沪各地，又至香港、暹罗、安南、南洋群岛等处”等情况。① 1925 年之《六十年来之岭东纪略》言：“陶瓷器之输出额，年约三百万两，以潮安属之枫溪，及大埔属之高陂为最盛。”② 商贸的兴起和便利的交通共同刺激了潮州窑的发展，促进潮州各瓷产区的大规模生产，其中潮安枫溪、大埔高陂、饶平九村三大瓷产区以其迅猛的发展态势成为近代以来潮州窑的代表。

一、枫溪窑

枫溪地处粤东潮州城西约 5 千米处，有“郡西门户”“府城重镇”之称。1995 年 12 月设立枫溪区，现行政区域面积 2.47 平方千米，是潮州的城市新区。

据明万历二十八年（1600）的枫溪西厢陶业纪事碑记载：“西厢下社民以造陶营生，凡上司府县各衙家伙并春秋二祭军务考校等项磁器一概答应……”③ 明末枫溪窑已承担潮州府县有关衙门的礼祭用瓷及日用瓷的制作，依此判断，枫溪窑的烧造历史至少于明万历二十八年以前。

自乾隆二十二年（1757）实行广州“一口通商”政策以来，潮州的地理位置尤其重要，附近各县和闽、赣商人都来潮州经商，可见乾隆年间潮州在全国贸易中的地位。商品的流通、贸易活跃促进茶坊酒肆的发展，带动茶壶生产。④ 乾隆二十六年（1761）周硕勋纂《潮州府志》记载：“墟市：海阳县……枫溪墟，县西南十里，陶冶之所，逐日市。”清初，由于社会动荡不安，枫溪大多作坊迁入乡内有商号三十多家，经营较为活跃的有丘灶窑、宫后大窑、窑心灶等，主要生产日用陶器。清中后期，有合顺、胜合、合成、名记、达顺等陶瓷商号，主要生产日用瓷器及陈设瓷器，有白釉、米黄釉及青花（蓝彩）、粉彩等装饰技艺。清末民初，受西方工业文明的影响，枫溪陶瓷产品因技术落后备受冲击。据资料载：“（潮州）瓷器之产地为枫溪和高陂。枫溪距汕头约七十余里，交通有潮

① 饶宗颐总纂：《潮州志》，潮州：潮州市地方志办公室 2005 年版，第 3335 页。

② 萧冠英：《六十年来之岭东纪略》（1925 年广州培英图书印务公司影印），广州：广东人民出版社 1996 年版，第 15 页。

③ 石碑原立于西厢七圣乡附近，现由潮州市博物馆收藏。

④ 李炳炎：《潮州窑历代茶具》，深圳：深圳报业集团出版社 2016 年版，第 17 页。

汕铁路。瓷质粗松，耐火度不高，多系陶器，年产约在百万圆左右……至枫溪，详查瓷器制法，仍是几百年前之旧式，以牛蹄蹈土，以老妇臼泥，唯辘轳昔用木制，今改洋灰，昔用手转，今改足登。制造之速，实远出江西、湖南工人之上，是即粤工心灵手巧处。但式样古老，不适于用，是则无人能为改弦更张者。至于窑长费火，种种消失，较诸以机械制造以科学管理者更不可同日而语也。”① 有鉴于此，全国各地纷纷着力于陶瓷业的改进，枫溪瓷产区亦不例外，“民十二年（1923）前任财政厅长范其务，为提倡土制工业，于其年六月二日，偕技师德人贝士纳自省来汕，三日出发枫溪考察，以冀从事改造潮瓷之制作，以振兴工业，维持土产，并拟在潮开办陶瓷厂，作发展实业之先声。政府间亦尝饬令各磁（瓷）商每年选派人员，前赴日本等处，藉资考镜，但人事推移，竟付中止。廿八年（1939）潮汕沦陷，枫溪地方，尤为杂杳（沓）之区，陶瓷工业，凋残殆尽。复员以来，元气未复，资本短绌，瓷工缺乏，厂家既无力以兼营瓷土，坐令涂商操纵。销路旺时，各商户互相套取工人，工价与货价遂相与高涨焉。近县府及农行派员辅导成立瓷业生产合作社，则此项工业之前途，庶有赖于改良也”②。“二十三年（1934）曾聘德国技师前至考察，而谋改进。”③“二十年（1931）间，金山中学特增陶瓷一科于枫溪吴氏宗祠，以从事技术改良之讲习。”④ 金山中学教授的半机械化生产和印花、注浆等先进技术，有效地提高了枫溪陶瓷产品的产量和质量，对枫溪陶瓷业的发展有着实际的意义。枫溪陶瓷业者为扭转落后局面，也纷纷自发寻找改良方法，荣利大瓷厂的经营者陆良士直接到南洋一带了解陶瓷销售情况，回来后对产品工艺进行改革，生产出薄胎瓷，并聘请府城的画师参与生产，使产品可与景德镇瓷器媲美，这一做法也纷纷被其他作坊效仿，有效地提高了枫溪窑产品的总体竞争力。

枫溪陶瓷业在国内外市场的变化和自身的改进作用下，出现良好的发展态势。1935 年谢雪影在《潮梅现象》中报道：“潮瓷为土货出口之大宗……潮属枫溪，素为出产瓷器最多地方，水陆运输，均极便利，销路异常活跃，该区人民业此者，约占十之七八，全潮人民，日常用具之瓷器，多采办该区出品，其余大部分倾销南洋。”“潮梅瓷器出产，经汕头出口者，每年值五百万元，枫溪瓷为最多。”⑤ 据亲历者口述可知，旧时枫溪浮洲园有一条以经营陶瓷产品为主的道路，俗称“安仔街”⑥，道路两侧店铺鳞次栉比，或为专营陶瓷的商号，或前店后坊，外地行商来此看样订货者甚多，一些规模较大的瓷厂则分布于市街外围。枫溪瓷区形成以如合大瓷厂、荣利瓷厂、陶真玉瓷厂等大作坊为主、众多家庭小作坊为辅的规模化生产局面。民国初期，枫溪陶瓷产品受欧日风格的影响，从手工彩绘欧式折枝花图案，发展至采用花纸贴花装饰。据《1912—1921 年潮海关十年报告》统计，

---

① 陈贤武整理：《民国时期枫溪陶瓷资料三则·杜重远〈汕头与潮州〉》，政协潮州市委员会文史编辑组编：《潮州文史资料》（第 23 辑）（内部资料），2003 年，第 125 页。整理者注：此文为杜重远到汕头、潮州两地考察瓷业时的介绍记述。文章写于 20 世纪 30 年代。杜重远（1897—1943），吉林怀德人。早年留学日本，曾任奉天总商会副会长。

② 陈贤武整理：《民国时期枫溪陶瓷资料三则·林适民〈枫溪陶瓷业〉》，政协潮州市委员会文史编辑组编：《潮州文史资料》（第 23 辑）（内部资料），2003 年，第 127 页。

③ 饶宗颐总纂：《潮州志》，潮州：潮州市地方志办公室 2005 年版，第 3339 页。

④ 饶宗颐总纂：《潮州志》，潮州：潮州市地方志办公室 2005 年版，第 3339 页。

⑤ 谢雪影：《潮梅现象》，汕头：汕头时事通讯社 1935 年版，第 120 页。

⑥ 安仔：潮州方言，意为动物、人物等塑像。

枫溪瓷区从业人数约15 000人，劳动力从小孩到老人都有，工资按件计付。其中画工和制图工工资最高，根据所制工艺精细程度分1—6元每天；其次是制模工，每月工资30—60元；女工主要做些清洗和其他辅助工作，每月工资约10元；童工主要做茶壶把手、玩具和盖子等轻活，每月工资10—20分钱。① 近代枫溪窑的发展和战争的爆发，促使大批枫溪人移居海外。

抗日战争时期的枫溪窑基本处于停产状态。枫溪因其特殊的地理位置成为日军的据点，日军在枫溪埠美建坚固的石块水泥炮楼作哨所，为防止西向军民的进攻，将灶脚一带的龙窑及作坊拆除，枫溪知名巨商吴潮川的谷仓被日军强占为军事指挥部。日军飞机轰炸新南兴号，火烧荣利大院，为防止乡民以窑炉烟雾作烽火信号，命令所有窑炉白天不准烧火，龙窑被迫截短一半，每次烧窑只能烧五六个小时，窑火几近熄灭，枫溪乡民四处逃难。

近代枫溪窑产品以中温日用瓷和陈设瓷为主，日用瓷有盘、碗、碟、罐、钵、滤水器等，陈设瓷有炉、灯、像、玩具等。这一时期，枫溪以生产工艺瓷为主，通花瓷系列基本由枫溪本土艺人依据外来定制产品而创作的，而瓷塑风格主要借鉴德化白瓷雕塑及石湾陶艺，技艺除枫溪历代匠师相传外，还邀请大吴泥塑师傅加入，丰富瓷塑的生产技艺和产品种类，题材有释道、人物、动物、花果、虫鱼等，大部分产品底背盖有“MADE IN CHINA”及作坊或商号的标识。另外还有工夫茶茶具，民国初期随着商业的发达，促使潮州工夫茶进入兴盛期，茶具除注重茶壶的外观及泥质外，还有水钵、薄锅仔、茶船、茶洗、茶垫、执壶、风炉等系列配套，茶客甚为讲究，枫溪工夫茶茶壶有陶器和瓷器之分，以陶器为主。陶质茶壶俗称红罐，红罐在制作上除借鉴宜兴的造型外，也做了一些创新。

茶具系列

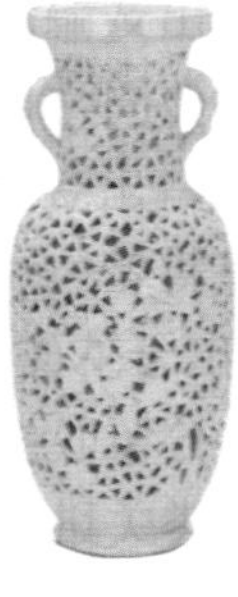

章和合款白釉梅竹纹双系通花瓶

白釉佛像

① 中国海关学会汕头海关小组、汕头市地方志编纂委员会办公室编：《潮海关史料汇编》（内部资料），1988年。

陶玉峰款白釉印花花卉纹双耳盖窝

釉上彩人物纹撇口瓶

怡发督造款粉彩花蝶纹花口盘

大窑五彩花卉纹双系盖钵

锦合款蓝彩花卉纹盘

荣利款蓝釉开光釉上彩人物纹瓶

如合鹰球滤水器

陶真玉厂造款蓝彩花卉纹盘

近代枫溪窑产品在成型上采用手拉坯及模印等方法，圆器均为手拉坯成型，雕塑瓷多以模印成型，采用枫溪独有的平地龙窑进行烧制，烧成温度 1 200℃—1 280℃。装饰工艺主要采用彩绘和色釉，另外还有喷花和印花。彩绘主要分釉上彩和釉下彩，传统的釉上彩也称小窑彩，主要为五彩和粉彩；近代枫溪釉下彩也称大窑彩，主要为五彩和蓝彩。早期色釉瓷以白釉及米黄釉为主，彩绘瓷以釉上粉彩及青花（蓝彩）为主，之后为提高产品的

市场竞争力，引进国外陶瓷原料，成功烧制了宝石蓝釉、珊瑚红釉、黄釉、青釉、青绿釉等釉色，丰富了产品的装饰，另外还创烧了俗称枫溪大窑彩的中温釉中彩瓷品种，成为能与洋瓷竞争的产品。枫溪大窑彩瓷是在晾干的坯体或釉坯上直接彩绘，然后再施一层谷糠釉，以龙窑用中温一次烧成，在烧成过程中，彩料渗入釉中，产生釉下彩的效果，产品色泽丰富，釉面平滑，彩料经久不脱落。如20世纪30年代枫溪余如合大瓷厂采用飞天燕瓷土所制的瓷器在香港展会上广受好评，如合大瓷厂也曾为香港的“虎豹别墅”生产蓝釉的瓦当和垂帘。

新中国成立后，枫溪陶瓷产区通过公私合营完成社会主义改造。据1951年统计资料显示，枫溪大小作坊计有三百多家，龙窑三十多座，品牌两百多个。①

1959年广东省轻工厅到枫溪建立陶瓷研究所，汇集各地的陶瓷专业人员，充实枫溪的技术力量。1975年建立的广东省陶瓷学校，为枫溪陶瓷业培养出大批专业人才。至20世纪80年代，枫溪陶瓷业进入快速发展时期，窑炉的革新、生产科技的提升、高新材料的运用，使枫溪陶瓷业取得重大突破，至此枫溪几十座龙窑被拆除殆尽。枫溪区域内建立起枫溪如意工业区、火车站工业区等现代化陶瓷生产工业区，拥有长城集团、四通集团、中厦陶瓷有限公司、松发陶瓷有限公司、顺祥陶瓷制作有限公司等大型规模企业。

近几十年来，枫溪陶瓷业在继承和发扬先人传统技艺的基础上，借助现代化生产设备和先进制造技术，成为现代化陶瓷产区，行业整体生产规模迅速扩大并向邻近乡镇辐射发展，通过不断创新取得了突飞猛进的发展，拥有注册企业两千多家，占全市陶瓷企业的一半，陶瓷行业从业人员超过十万人，年产值超三百亿，并配套建设以枫溪陶瓷城为主的陶瓷商贸零售行业，成为当代中国瓷都集生产与商贸为一体的陶瓷生产基地。

二、高陂窑

高陂镇位于粤东北梅州市大埔县之南部，地处韩江中游，在潮州市西北部约100千米处，水陆交通极其便利，溯江而上可达江西、福建，顺流而下直抵潮州、汕头。全镇总面积309平方千米，是大埔县面积最大的镇，也是广东省确定的首批重点建设中心镇和陶瓷专业镇。

大埔县今属梅州市，于唐武德四年（621）为潮州海阳县境，至明代前期，属海阳县光德乡。明成化十四年（1478）立饶平县，今大埔县地域属之。明嘉靖五年（1526），分饶平县的清远、漈州二都重置县，定名大埔至今，即大埔与饶平于嘉靖年间才分立。高陂、九村二地相距甚近，中隔大山。高陂以交通优势发展瓷业经营，九村瓷器主要由高陂韩江码头过境输出，高陂陶瓷技艺由饶平传入，也即学自九村。② 高陂窑与九村窑皆为明清以来潮州西北部山区的主要窑场。

嘉靖《大埔县志》记载，大埔的物产中有“瓦器、碗、碟之属”。故此推断高陂窑应

① 李炳炎：《枫溪潮州窑（1860—1956）》，广州：岭南美术出版社2013年版，第72－78页。

② 何纪生：《从饶平九村窑址说到明清时期粤东地区的外销青花瓷器》，陈历明编：《潮汕考古文集》，汕头：汕头大学出版社1993年版，第342页。

创烧于明代。大埔县是“陶瓷之乡”，以其“白如玉，薄如纸，明如镜，声如磬”而饮誉国内外，高陂镇更因产销类玉之瓷而有“白玉城”之称。高陂窑瓷指的是大埔所属各乡镇出产的陶瓷，各地商埠将高陂镇运出的瓷器统称为高陂窑瓷或高陂缶。

玉利款青花红绿彩柳燕纹盘

清末民国的大埔瓷业较之明清更为兴盛。全县大部分乡、保均办有窑业，民国《大埔县志》有文字记载的有甜瓜寮、洋陶坪、银溪口、葵坑、古野、桃源等二十九个乡村。光德、平原、桃源等地，每村窑户少则三五户，普遍有十几户，最多的一百多户。另有多家彩绘作坊，利用邻近乡镇生产的白胎瓷进行彩绘，主要为方便客户订货要求，可按不同的器型及纹饰图案加工后出售，产品主要为粉彩盘、碗。由于高陂位于内陆山区，产品大部分用小船运往东陇，付了常关税之后，不经海关直接由帆船运往中国沿海各地和法属的印度支那，只有一小部分通过汕头港的轮船出口。①

民国初期，洋瓷低关税大量倾销，国产陶瓷备受打压，艰难经营，大埔瓷区注重对瓷器进行改良。20 世纪 30 年代沙坪村人黄长夏（1882—1961）所创三和瓷厂生产的薄胎白玉玲杯，洁白透明，薄似蛋壳，高陂多家作坊受其影响生产薄胎盘碗，成为能与洋货竞争的产品，更得到权贵阶层的青睐，南洋富商陈慈黉家族也在竞德②瓷厂订制黄地开光釉上彩折腰碗。

仁合造款高陂窑青花皮影戏纹盘

高陂窑为提高市场竞争力，同样注重培养人才和技术创新。1920 年，潮梅镇守使刘志陆注重高陂陶瓷的发展，拨出巨款在平原淡简窠创办潮梅陶瓷工艺厂，采用新式制瓷工艺生产釉下青花传统产品，并在大埔瓷区内推广应用陶瓷刻花工艺、陶瓷雕塑工艺、石膏模型注浆成型法和辘轳旋坯成型技术，同时研发出釉上彩瓷工艺，被誉为“高陂新彩装饰工艺”，从此大埔的釉上彩工艺得以大规模应用及传播。③ 1936 年，汕头商会会长陈焕章提出：“陶瓷业……若潮安之枫溪、大埔之高陂、饶平之九村，土良工廉。以往缺乏资本，牢保旧规，以致不能与外瓷竞争，日就颓败。使获专才，计划改良，复借以经济，扩而充之，其利溥矣。”④ 这一时期的高陂窑除发挥传统青花瓷及粉彩瓷的优势外，还引进国外高温彩绘原料，生产青花红绿彩，之后又发展釉上彩，产品以日用盘碗为主，供应各地碗行销售，同时，接受海外定制一些具有异域风情的产品。

① 中国海关学会汕头海关小组、汕头市地方志编纂委员会办公室编：《潮海关史料汇编》（内部资料），1988 年。
② 竞德：意为其产品质量可与景德镇竞争。
③ 袁光明主编：《大埔县历史文化丛书》，广州：广东人民出版社 2008 年，第 25 页。
④ 陈焕章：《国民经济建设运动中之潮汕建设》，1936 年 12 月，汕头市商会档案，档案号 12－9－76，第 97 页。

潮汕沦陷期间，港口遭到封锁，瓷器销路阻塞，生产萧条。大埔作为潮汕后方，偏安一隅。潮汕地区的陶瓷货栈纷纷迁移至梅县，到邻近的大埔县高陂开设碗行，经营高陂瓷。沦陷期间大批彩绘工人到高陂一带避难并加入彩绘行业，由于生产青花红绿彩的洋料被中断，因此传统釉上彩在这一时期得以恢复。

1943 年秋，为增强市场竞争力、提高产品质量，高陂成立广东省立高陂陶瓷职业学校，开设陶瓷美术专业初级班和高级班，初级班教授初中课程和美术专业课，高级班教授高中课程和美术专业课。抗日战争胜利后，瓷业日趋活跃，但不久又因社会动荡和通货膨胀陷入困境，发展缓慢。

近代高陂窑与枫溪窑的生产工艺大同小异，但生产环境和产品种类的差别却非常大。枫溪的瓷区范围广，区域内龙窑星罗棋布，产品只限于碗，生产时有时歇，因此难以估计其年产量值。高陂的龙窑建于靠近瓷土的山坡上，大大降低了原料的运输成本，周围茂密的山林也为生产节约了燃料费用。龙窑的坡度比枫溪的龙窑要高一些，约 45℃，需要更长的烧窑时间，烧造温度较高，加上当地瓷土质量较好，并利用水力进行淘洗，提高了产品的质量，瓷器胎体比枫溪的更薄却更坚硬，质量更胜一筹，但产品的装饰工艺不及枫溪，之后由于江西陶瓷技师的加入而有所进步。

20 世纪 80 年代高陂龙窑

新中国成立后，大埔陶瓷生产获得新生。1952 年，全县瓷器产量达 1 919.7 万件，产值 110.3 万元，与 1949 年同期相比增长率明显。1953 年后，大埔陶瓷完成社会主义改造，之后成立广东省第一间陶瓷学校、广东省第一间陶瓷研究所，大埔陶瓷业迎来新的发展机遇，进入由手工作坊向半机械化和大型化生产的时期，得到稳步发展。1978 年国家实施改革开放，大埔陶瓷工业进入了全新的发展时期，建立起全面的规模化生产体系，设备从简陋到先进，燃气窑和新式成型工艺得以应用，陶瓷原料配方从单一到多元，装饰工艺繁杂，包括釉上彩、釉下彩、漆彩、青花等，产品涵盖日用瓷、工艺瓷、建筑瓷、卫生瓷、雕塑瓷、紫砂陶等种类，产品销往国内各个城市及世界一百多个国家和地区。①

三、九村窑

九村是饶平县北部的一个小圩镇，与大埔县光德乡相邻，附近有三中、锡坑、洞泉等十几个村庄。九村窑是饶平北部山区以九村为中心的所有窑址的统称，是粤东地区主要窑场之一。

① 袁光明主编：《大埔县历史文化丛书》，广州：广东人民出版社 2008 年版，第 25 页。

关于九村窑的烧造历史，史料尚未有确切的文字记录。按照当地大姓刘氏后人介绍，宋元时期江西人杨伯公到九村传授烧瓷技艺，目前在九村中联明代青花瓷窑址一侧建有一窑神杨神公庙，联语为“杨公创业传万代，神艺泽世颂千秋”。有关青花瓷器的烧造历史，当地传说已有四百多年，即开始于明代，也被认为是由江西窑工南下传入。根据考古发现，九村窑的创烧时间应为元末。

1974 年，广东省博物馆在饶平县新丰镇考察了一批窑址，九村窑即属于其中一处。九村窑明早期主要生产碗、盘、碟等青白釉瓷；明晚期开始生产盘、碗和碟等青花瓷。

明清时期，由于九村前往饶平沿海的路途遥远，因此九村窑产品往往需雇用挑夫肩挑至高陂镇，由高陂的陶瓷收购商收购，与高陂窑产品混装，沿水路运至韩江出海口再销往世界各地。九村窑产品造就了高陂陶瓷收购商的兴盛。《潮州志》载：“大埔县销往南洋各地的产品，有高陂土碗 100 万担（每担 100 只）。”[①] 民国《大埔县志》载：“以高陂碗行为最大，每年营业额连饶平过境产物，合计最多时达二百余万元，最少时也当有百万元左右。”同时也解释到：“除饶平过境出口者外，本县产品每年约值七十万元以上。”所谓“饶平过境出口者”，指的就是九村瓷器利用高陂的韩江码头运销陶瓷，其数额与高陂不相上下。历史上九村窑的产品基本通过一山之隔的高陂销往外地，而九村窑的生产技艺也在产品输出的同时传播至当地，因此九村窑与高陂窑的关系密不可分，两者的生产技艺也基本一致。九村窑同样利用山坡建设龙窑，产品质量与高陂窑基本相同。高陂窑和九村窑除发挥传统青花瓷优势，还引进国外高温彩绘原料，利用广州及香港的陶瓷商行购进钴蓝、钴青、玛瑙红等外国彩瓷颜料创烧青花红绿彩，这种高温釉下青花五彩瓷使两地的彩绘瓷经久不衰。之后又发展釉上彩，产品以日用盘碗为主，供应各地碗行销售。潮瓷最具代表性的公鸡碗在当地已有三百多年的生产史，公鸡碗就是以公鸡、蕉叶和牡丹为图案的釉上彩瓷碗，随着陶瓷行业的发展，公鸡碗已逐渐退出历史舞台，目前九村生产公鸡碗的窑厂已为数不多。

近代青花红绿彩公鸡纹盘

釉上彩鸡蕉纹碗

① 饶宗颐总纂：《潮州志》，潮州：潮州市地方志办公室 2005 年版，第 3339 页。

新中国成立后，当地政府在九村设立了统一的收购站，由陆路运往出海口，告别靠肩挑陶瓷前往高陂镇的历史。九村窑的生产技艺早已传至周边的饶洋、建饶、三饶等镇，目前饶平县北部山区已成为中国日用陶瓷的主要生产基地之一。九村窑在传承和传播过程中不断创新，使新丰镇成为广东省日用陶瓷科技创新专业镇，目前全镇共有一百多家陶瓷生产企业，其中规模以上企业有十四家，陶瓷品种达一千多种，年产值达十多亿元，产品远销世界各地。

近代潮州窑以枫溪窑、高陂窑、九村窑为三大主产区。在海内外市场需求的刺激下，陶瓷业迎来新的发展，陶瓷作坊大增，业界人才辈出，工艺手法得以创新，产品趋向多样化，产量大增，外销量巨大，尤以东南亚为多，逐渐形成规模化生产，为当代潮州陶瓷业的腾飞打下了坚实基础。当代，随着社会的发展和高新技术的应用，潮州窑规模空前，陶瓷企业如雨后春笋，产品种类丰富多样，装饰工艺层出不穷，产品文化囊括世界各地多个民族文化，年产量以百亿计，跃居国内外陶瓷生产的前列。加之经营者在世界各地直接营销，稳占世界陶瓷市场的大份额，潮州窑成为中国乃至全世界重要的瓷产区。2004 年 4 月 12 日，潮州被中国轻工业联合会和中国陶瓷工业协会授予“中国瓷都”的荣誉称号。

第二节　近代潮瓷产品的外销

潮州窑作为中国东南沿海重要的外销窑场，在大量的海外需求刺激下，陶瓷产品不断输出。海上贸易的发展使潮人随着这股海上贸易风到达世界各地，并在世界各地发展起来，尤其是东西方贸易交汇的东南亚地区，成为潮人的活跃区域。清末，国家战局混乱，自然灾害频发，加上西方殖民者为拓殖大力招揽华工，东南沿海地区民众在诸多因素的影响下前往东南亚，形成大规模的移民潮，史称下南洋风潮。潮人是下南洋风潮中的重要一员，大量的潮人在这一时期到东南亚谋生。大规模的移民潮促进了商品的流通。移民的潮人将本土文化及生活习俗带至移民地，扩大了移民地对潮州土产品的需求，促进了潮州土产品的输出，陶瓷器是其中之一。

一、潮人下南洋促进潮瓷外销

对外贸易是华人走向海外的纽带。亚洲是世界上最著名的季风区，潮州位于亚洲东南部的沿海地区，秋冬两季吹东北风，春夏两季则吹西南风，古代海上航行工具以帆船为主，故此潮州人自由贸易的路线一般是利用季风所能到达的地区，北线以日本、朝鲜半岛为主，南线以东南亚地区为主。潮州也因优越的地理位置成为海上南北交通的重要补给点，大量的远洋船只在这里补给，舶商利用船只补给的机会上岸进行货物交易，特别是波斯及马来人经营的贸易船舶。据文献记载，唐宣宗大中二年（848），潮州司马李德裕乘船来到韩江鳄鱼滩上遇到意外，船上一部分财物沉落韩江，此时，他叫“舶上昆仑”去捞。

昆仑即昆仑奴，为头发卷曲、皮肤深黑的古代马来人①，唐代已有马来人驾舟于韩江之上，可见潮州与东南亚之间最晚于唐代便有往来。早在7世纪的唐代，已有中国人开始移居南洋，因唐朝盛极一时，这些移居海外的人被称为唐人。他们喜欢以民族及血缘聚居，呈大分散于世界各地，却又在某一地区小范围集中起来，利用同一方言的凝聚力，形成保护伞，这也是唐人街形成的原因，这是早期中国人进行世界贸易的产物。潮人在海外的分布也受这一规律影响，他们随着贸易风分散于世界各地，但又受祖先的贸易线路影响，主要聚集于东南亚，并在东南亚与同样来自潮汕的乡友聚居，利用乡缘团结一致，共同生存。

唐朝市舶使设于广州，广州港成为对外贸易的重要门户，潮人开始从这一门户走向海外。宋代，朝廷对外贸易和航海事业的发展，在海上丝绸之路的引领下，加速了中国产品和人员的输出。彼时，广州和泉州均设市舶司，潮州居于两者之间，地理位置优越，这一时期的潮人活跃于海上贸易，潮瓷贸易也较为活跃，陶瓷产品通过潮州凤岭港（今澄海）运销海外。“在公元1238年以暹族为中心的泰族征服了泰国当地的原住民孟人和吉蔑人建立素可泰王国之前，即中国南宋末年，已有潮人往来于泰国，并在沿海地区定居。”② 这表明潮人与新加坡、马来西亚、泰国之间的往来历史久远，而这种往来应是受贸易影响而建立起来的。从出土文物和文献记载看，陶瓷是贸易商品之一。这是潮瓷外销的历史基础，为潮瓷打开了海外市场。

1370年，泰国的阿瑜陀耶王朝就与明朝建立了邦交，开始朝贡贸易。明洪武三十一年（1398）开始实行海禁政策，对外贸易则采用朝贡的形式。“明末李尚书岱问奉命往潮州办贡瓷”③，李岱问乃万历进士，可知明末潮州窑已奉命生产贡瓷。这一记载说明了潮州所生产的贡瓷或为宫廷所用，或为朝贡政策的贸易品，若作为朝贡政策的贸易品，则说明它有可能在朝贡政策下，大量输往海外。另一个促进这一时期潮瓷外销的情况则是，受世界商品化经济潮流的影响，沿海民众冒险进行海上贸易活动，潮州的海上武装集团便以冒充贡使，或以通事身份，诱蕃船以入贡为名前来贸易。潮州窑的青花瓷在这一时期源源不断地销往海外。潮州南澳港海上私人贸易的发展，引起了明朝政府的注意。④ 东南沿海的海上武装集团在朝廷的打击下，大多游走于东南亚各处，其中不乏潮人，如林道乾所率领的庞大海上武装集团，曾游走于柬埔寨和泰国，最后定居泰国。这一时期在海禁政策的影响下，形成一次小规模的移民潮，主要移民地为东南亚各国。明隆庆元年（1567），朝廷接受了福建巡抚涂泽民的奏议，在漳州月港开港贸易，民间海外贸易合法化，只要商船在月港缴纳商税，就可以前往南洋贸易。此时，受海禁和朝贡政策的影响，海外市场对中国陶瓷的需求量极大，尤其是中国的青花瓷器。从明代潮州窑的发现情况看，潮州这一时期输出海外的陶瓷产品也开始以青花瓷为主。⑤

康熙二十三年（1684）海禁解除，并在沿海设立闽、粤、江、浙四个海关，对出外贸

---

① 蔡鸿生：《唐代潮州鳄鱼滩上的昆仑奴》，黄挺主编：《潮学研究》（第11辑），汕头：汕头大学出版社2004年版，第2页。

② 李益杰：《海外潮汕华侨华人集中于泰国的原因浅析》，《东南亚》2004年第1期，第49页。

③ 佛山市陶瓷工贸集团公司编：《佛山市陶瓷工业志》，广州：广东科技出版社1991年版，第193页。

④ 李益杰：《海外潮汕华侨华人集中于泰国的原因浅析》，《东南亚》2004年第1期，第50页。

⑤ 北京艺术博物馆编：《中国潮州窑》，北京：中国华侨出版社2015年版。

易的人员和输出的货物进行管理。粤海关又下设省城大关及澳门、潮州等七处总口。潮州总口设立在当时的海阳县（今潮安区）庵埠，所以又称庵埠总口，总口下辖七个正税口和十一个挂号口。海禁解除后，朝廷虽允许海上贸易，但对海上贸易仍然有种种严格的规定，其中包括海船的修造与管理。康熙四十二年（1703）颁布的诏令也是对海上贸易进行了种种管制，如出海贸易的商船只允许使用双桅帆船等。康熙五十二年（1713），清廷要求海船编号注册管理，如澄海樟林港就出土刻有“广东省潮州府领字双桅一百四十五号蔡万利商船”标记的沉船。雍正元年（1723），清廷更进一步规定出海的商船和渔船需按照省份区别油饰以便管理，“自船头起至鹿耳梁头止，大桅上截一半。各照省份油饰。江南用青油漆饰，白色钩字。浙江用白油漆饰，绿色钩字。福建用绿油漆饰，红色钩字。广东用红油漆饰，青色钩字。船头两披，刊刻某省某县某字某号字样”①。由于广东洋船船头和大桅上截用红油漆饰，因此俗称广东洋船为“红头船”。这一时期潮州窑产品通过红头船大量销往南洋。1853 年，粤海关在妈屿岛设立潮州粤海新关，取代潮州总口的职能。17 世纪中期至 18 世纪中期的康雍乾年间，潮人获准到暹罗购买木材和大米。樟林港作为主要对外商港繁盛了一个多世纪，商港的红头船将大批潮人带至世界各地，遍布海外四十多个国家和地区，他们 80% 聚集在东南亚地区，泰国独占鳌头。② 据《清实录》载：“澄海商民领照赴暹罗等国买米，接济内地民食，虽行之已阅四十余年，但此项运米船只，据报回棹者不过十之五六。”③ 大量的潮人随着中暹贸易移居当地。18 世纪下半叶，潮人郑信在泰国建立吞武里王朝，潮人在泰国的地位迅速攀升，被看作“皇族华人”，其独特的社会地位吸引了更多的潮人移民泰国。随着 1860 年汕头港开埠，潮人往来泰国更是络绎不绝。据《南洋华侨与闽粤社会》介绍：1933 年泰国政府统计，从中国直接移民的人数（即不包括生于泰国的华人后裔）为 558 324 人，如果总计泰国华人，则“其数将近 250 万人，或等于暹罗总人口的四分之一”④。这足以说明，自清代后期开始，潮人随着海上贸易线路及下南洋风潮大量移居世界各地，其中以东南亚为最，且将陶瓷业带至移民地。

自 16 世纪开始，葡萄牙、荷兰、英国先后占领马六甲，东南亚逐渐成为西方殖民地，西方列强为掠夺更多的财富，开始招揽华工到当地参与拓殖。其中以 19 世纪和 20 世纪的猪仔贸易尤为突出，因华工出洋时像猪仔一样被成批成群地关在船舱底层运载，故被贩卖的华工也被称为“猪仔”。这些华工多来自沿海地区，他们或被骗或被劫，一入番船即无自由，他们抵达东南亚之后被驱役于矿场、种植园，过着牛马不如的生活。道光十九年（1839）林则徐在其《查明外国船只骗带华民出洋情形折》中描述，在 19 世纪 20 年代，“每岁冬间夷船回国，间有无业贫民私相推引，受雇出洋，但必择年力强壮之人，其稚弱者概不雇用。议定每人先付洋银六七元，置买衣物，带至该国则令开山种树，或做粗重活计，每年口食之外仍给洋银十余元，三年后任其他往。又查另有一二夷船惯搭穷民出洋谋

---

① 托津：《清会典事例 · 兵部 · 海禁一》，北京：中华书局 1991 年版。

② 广东省人民政府参事室等编：《海上丝路文化新里程——珠江文化工程十年巡礼》，香港：中国评论文化有限公司 2003 年版，第 17 页。

③ 《清实录》第三〇册《仁宗实录（三）》卷一八五，嘉庆十二年九月丁未条，北京：中华书局 1985 年版，第 436 页。

④ 陈达：《南洋华侨与闽粤社会》，北京：商务印书馆 2011 年版，第 60 页。

生，不要船饭钱文，俟带到各夷埠，有人雇用，则一年雇资俱听该船主取去，满一年后乃按月给予本人工资。当其在船之时，皆以木盆盛饭，呼此等搭船华民一同就食，其呼声与内地呼猪相似，故人目此船为买猪崽”。同治三年（1864）署理广东巡抚郭嵩焘在其《广东盗犯恳请变通例文办理疏》中指出：“缘英、法各国开垦南洋诸岛，募人佣工。奸猾之民，因而略卖人口渔利。屡经拿案，未一严惩，积久遂至横行。愚民被其胁诱，动辄数十百人，载出海外，与洋人交易，多索买价。被买者语言不通，自以为受雇佣工，一经出洋，永无下落。其略卖人口伙党船户，勾通共谋，并无分首从，人口数十，关闭仓底，谓之‘卖猪仔’。”① 鸦片战争之后，清政府被迫于1858年和1860年分别签订《天津条约》和《北京条约》等不平等条约，《北京条约》规定西方列强在华招工合法化，《天津条约》规定开放潮州府汕头港对外通商。汕头港开埠后，洋轮码头的建立和机器火轮的出现，使前往南洋的航程从一月余缩短为一周，随着汽船的出现，帆船日渐退出。“汕头辟埠之始，其与本国沿岸各港及台湾等处交通，均赖帆船，即远至南洋群岛亦复如是。远程帆船业当全盛时，帆船不下千百艘。厥后，外国汽船入口，帆船地位遂被侵夺……”② 便利的海上交通以及西方列强在华招工合法化，加之西方殖民者拓展殖民地的需要，促使猪仔贸易愈演愈烈。早期的猪仔贸易是华侨投机商在东南亚各地需要华工的雇主委托下，租用船只到澳门、厦门等地进行诈骗和绑架，将华工运到新加坡或者槟榔屿后与买主交易。后来由于华工的需求量大增，利润优厚，出现了专业的贩卖组织，统称“猪仔馆”。1852年至1858年由汕头掠运出洋的“猪仔”就有四万人。至鸦片战争前夕，南洋华人的人数已接近一百万，分布广泛，出现了大量的华人居住区。西方列强在华招工合法化，中国东南沿海出现了大批的猪仔馆，1876年汕头便有猪仔馆二三十家。③ 据《潮海关史料汇编》统计，1873—1934年汕头港出国旅客人次为5 348 061，回国人次为4 223 813。另据1936年《侨务月报》载：“有汕头出口侨民计298万余人，归国人口侨民计146万余人。”④ 即从1904—1935年，从汕头港乘轮船移居海外谋生的潮人达300万人次，其中很大一部分移居泰国。另外，据1931年前固定在汕头港运作轮船的记录，本国经营者八艘，外国经营者三十四艘，仅1933年进出汕头港的轮船便达4 478艘之多。这一时期的潮人下南洋达到历史之最，每逢到船期，汕头港码头被人流挤得水泄不通，场面十分壮观。便利的海外交通，加之列强入侵、军事割据、战火频仍等因素使潮州当地人们生活艰苦，在殖民主义者为拓殖所编造的谎言中，大批潮人选择下南洋谋生，这一时期成为历史上一个大的移民高峰期，即下南洋风潮。

潮人下南洋是在海上丝绸之路贸易影响下发生的，并且随着历史的进步而愈演愈烈，直至近代出现高峰期。陶瓷作为唐代以来潮州主要的手工业产品之一，一千多年来一直随着海上丝绸之路源源不断地输往世界各地。商品的流通带动了人员的流动，而人员的流动又扩大了商品的市场，潮人下南洋与潮瓷外销正是在这一规律下相互影响、共同发展的。

① 郭嵩焘著，杨坚补校：《郭嵩焘奏稿》，长沙：岳麓书社1983年版，第108页。
② 饶宗颐总纂：《潮州志》，潮州：潮州市地方志办公室2005年版，第675页。
③ 林远辉、张应龙：《新加坡马来西亚华侨史》，广州：广东高等教育出版社2008年版，第107－109页。
④ 《侨务月报》，1936年5、6月合刊号。

二、近代潮瓷外销概况

汕头港开埠后，繁荣的商贸和洋商的进入促进潮汕地区与外界的信息交流，为潮汕地区的商贸发展提供有利条件。汕头港作为韩江的出海港口，成为粤东、闽西、赣南商业贸易的集散地。进出港货物发展迅猛，倾入的洋货主要有鸦片、棉布、棉纱、矿产物、煤油、卷烟等，外国人以此换取潮州的蔗糖、陶瓷、麻布、药材等土特产。“汕头为华南通商口岸，国内外贸易夙号繁盛，本会自清末创设以还，与各埠商界同仁，声气互通，情谊浃洽，沧桑演变，潮流文化，递嬗日新，世界商战亦日趋急剧，诚宜继续密切联系，共谋利益。”① 枫溪距离汕头港约 30 千米，陶瓷商发挥自身陶瓷产区优势，应时生产鸦片烟具、煤油灯、烟灰缸等配套产品，并在海外市场需求的刺激下得到快速发展，产品大量外销。

19 世纪后期，英、德、法等欧洲国家及日本出现从手工生产向使用动力机械发展的新兴陶瓷工业，机械化生产的造型、纹饰标准化的“机器瓷”严重冲击中国制瓷业，尤其是日产瓷器对中国沿海及东南亚的大量倾销。在激烈的市场竞争中，传统的潮州陶瓷产品因缺乏标准化、规模化，加之手工制作效率低、成本高，受到严重冲击。

“中国瓷品·枫溪厂制”款大窑五彩花卉纹盖钵

这一时期的潮州陶瓷业备受打击。潮州陶瓷业的有识之士呼吁政府及行业人员重视陶瓷业，试图通过产品创新及人才培养来维持陶瓷业的发展，力争突破这种被动的局面。在几家知名作坊的合作下，使用枫溪区域共同标识“中国瓷品·枫溪厂制”，试图提高枫溪的知名度和市场的整体竞争力。枫溪陶瓷业在业界有识之士的倡导和引领下，开始采用产销一体化的经营策略，如知名瓷商吴潮川家族。吴潮川少年时在枫溪生产陶瓷，设和祥货栈；之后，他带动乡亲闯荡海外市场，在香港创办利丰亨公司，并在泰国、新加坡、越南设立利丰亨分店，销售潮州陶瓷产品；产品通过汕头港运往海内外，直接进入广州、上海、香港及东南亚市场与洋货进行竞争，促进潮州陶瓷在国内外的销售，堪称业界翘楚。② 另外枫溪陶瓷业能够得到持续发展还得益于外部环境的变化。首先，第一次世界大战爆发后，欧洲陶瓷产业受影响，陶瓷需求转向亚洲采购；其次，国人都有振兴民族实业的愿望，开展抵制日货、欧货等运动，特别是 1925 年省港大罢工和 1937 年卢沟桥事变等事件发生后，全国掀起“抵制洋货、振兴国货”的爱国行动，使市场供求发生变化。民国初期，潮瓷经营最高峰时，“潮梅（潮安枫溪及梅县、大埔高陂等）瓷器出产，经汕头出口者，每年值 500 万元，枫溪瓷为最多”③。1934 年上半年度潮州陶瓷出口情况如下表：

① 《函请与本会密切联系并惠赠刊物以资借镜由》，1948 年 12 月 2 日拟稿，汕头市商会档案，档案号 12－9－116，汕头市档案馆藏，第 140－141 页。

② 口述资料，口述者：曾俊茂（1933—2013）；采访者：李炳炎；采访时间：2008 年 3 月 28 日及 2011 年 11 月 22 日；采访地点：枫溪外马路曾厝巷。

③ 谢雪影：《潮梅现象》，汕头：汕头时事通讯社 1935 年版，第 122 页。

五彩博古纹煤油灯

长胜款大窑五彩花卉纹煤油灯

青花红绿彩双狮戏球纹煤油灯

五彩花纹煤油灯

诚记永顺督造款大窑五彩花卉纹煤油灯

中国兴记款青花红绿彩博古纹盘

潮州商店出品款蓝彩文字纹盘。盘内书“对日经济绝交到底”（左）及底书“潮州商店出品”（右）

表 1-1　民国二十三年（1934）上半年度潮州陶瓷出口运销表①

运销地区	陶瓷数量（公担）	值额（关元）
中国香港	29 278	348 818
中国关东地区	5 474	38 802
中国澳门	3 489	26 121
暹罗	12 376	74 617

① 饶宗颐总纂：《潮州志》，潮州：潮州市地方志办公室 2005 年版，第 3337－3338 页。

（续上表）

运销地区	陶瓷数量（公担）	值额（关元）
新加坡等	14 480	119 963
美国	515	41 005
日本	687	6 077

注：公担：旧质量单位，1 公担 = 100 千克；关元：民国时期海关关税缴纳单位，1 关元 = 0.4 美金。

从上表看，潮州陶瓷产品销往中国香港、暹罗、新加坡等地区数量较多，其中香港为瓷商外贸的中转点，由此可知暹罗及新加坡等是潮州陶瓷产品的主要输出地，是潮籍瓷商的主要贸易地。这一分布规律虽主要由市场需求引起，但不否认受潮人聚居地分布所影响，也是受潮人在东南亚的分布所影响。

马来亚割胶邮票

19 世纪末至 20 世纪初的华工大多到东南亚进行拓殖。马来亚的华侨以新加坡、马六甲为中心，不断向柔佛、森美兰、雪兰莪、霹雳、吉打等地扩展种植橡胶，从而使马来半岛西部成为举世闻名的橡胶地带。新加坡的红灯码头是华工登陆马来亚的主要码头，多年的繁荣是华工进入马来亚最好的历史证据。马来亚橡胶种植最先出现在新加坡杨厝港（即后港），之后在马六甲试种成功，从此橡胶种植业在马来亚蓬勃发展。19 世纪中叶，英国殖民者侵占婆罗洲北部，随着英国殖民主义者的开发和掠夺，大批华工进入婆罗洲。华侨成功地将橡胶种植业引进砂拉越，很快在各地广为种植，尤其是在第一省、第二省和第三省诗巫地区，使橡胶迅速发展成为砂拉越最主要的经济作物和最大的出口产品，至 1935 年，种植面积达 210 914 英亩，生产橡胶333 190 担。①

表 1－2　马来联邦华侨数量及橡胶业发展数据表②

时间	马来联邦华侨数量	橡胶种植面积	橡胶产量
1897 年		345 英亩	
1905 年			小于 200 吨
1910 年		542 750 英亩	
1911 年	4 万人		
1914 年			4.8 万吨

① 林远辉、张应龙：《新加坡马来西亚华侨史》，广州：广东高等教育出版社 2008 年版，第 355 页。
② 林远辉、张应龙：《新加坡马来西亚华侨史》，广州：广东高等教育出版社 2008 年版，第 135 页。

（续上表）

时间	马来联邦华侨数量	橡胶种植面积	橡胶产量
1917 年	13 万人		
1920 年		2 206 750 英亩	17.7 万吨
1940 年		3 412 084 英亩	

以近代东南亚经济最主要的来源橡胶种植业为例，从表 1－2 我们可以看出，20 世纪初期，马来联邦华工数量暴增，橡胶种植面积和产品也呈现暴涨的趋势，可以肯定华工对东南亚各国的发展做出了开创性的贡献。橡胶种植业的发展一方面刺激了潮州陶瓷业的产品外销，另一方面也使东南亚的潮人利用行业力量立足发展。《1911—1921 年潮海关十年报告》中对枫溪陶瓷业的记载：“由于抵制日货，新加坡纷纷寄来购买割胶瓷杯的订单……这种货物一般用稻草包扎后装入竹筐用小船经过庵埠载至汕头以待装运国外。据估计每年产值可达 150 万元。”① 东南亚橡胶种植业的发展，也是这一时期促进潮瓷外销的一大因素。橡胶种植业割胶时需要大量的陶质胶杯，这种工艺简单并且需求量巨大的产品大量从潮州输往东南亚各地，直至第二次世界大战之后，才因世界政治环境影响而停止，成为新加坡和马来西亚陶瓷生产业全面发展的重要因素。

大规模的移民将本土文化及生活习惯带至移民地，促进了本土土特产的输出，陶瓷器是其中之一。潮州窑自古以来都是以外销为主要任务，产品源源不断地通过海上丝绸之路销往世界各地。近代潮州陶瓷业虽在世界贸易进程中遭遇欧日“机器瓷”的严重冲击，但最终在内外因的共同作用下得到持续发展。近代下南洋经营陶瓷业的潮人既有先辈打开海外陶瓷市场的历史基础，又有瓷商远赴南洋开拓市场的引领，还有家乡陶瓷产品支持的现实条件。这样的陶瓷贸易形式，一方面加速潮州本土陶瓷业的发展，另一方面为移民地陶瓷业的发展提供了条件，为两地的社会经济发展起到积极作用。

① 中国海关学会汕头海关小组、汕头市地方志编纂委员会办公室编：《潮海关史料汇编》（内部资料），1988 年，第 120 页。

第二章

近代以来的潮籍瓷商

近代汕头港对外通商后，潮州陶瓷产品主要通过汕头港转运至广州、上海、香港等商埠，再由这些商埠转销至各地，或直接从汕头港运销至东南亚各国。之后受西方工业文明的影响，潮州陶瓷产品在海内外市场受到严重冲击，潮州的陶瓷业者为提高产品的市场竞争力，亲自到国内及东南亚各地了解市场动向，并根据考察结果开设销售机构，控制终端市场，化被动为主动，提高潮州陶瓷产品的销售量。

古代东南亚的一些土著居民对中国瓷器非常喜爱，甚至觉得中国瓷器具有神奇的力量，可以用于宗教仪式。婆罗洲的土著居民将陶瓮瓷瓮应用于葬礼。如明代张燮著《东西洋考》载："文郎马神……及通中国，乃渐用磁器，又好市华人磁瓮，画龙其外，人死藏瓮中以葬。"① 婆罗洲的土著居民也用瓮酿酒，宴客饮酒时，用竹管插入酒瓮直接饮用。婆罗洲的土著居民非常重视中国瓷器，因此瓮的价格非常昂贵，普通的瓮为棕色或者绿色，雕有花纹或者龙形图案的最受欢迎，也最为昂贵。土著居民有余钱便会买瓮，瓮可作为嫁妆，也可用于缴纳罚款，还可用于抵押，藏瓮越多的人地位越为显赫。② 中国对东南亚的外销瓷中，还有一种器型叫军持，是穆斯林每天用于储水的器具。伊斯兰教是东南亚盛行的宗教之一，教徒人数众多，对军持的需求量非常巨大。自明清以来，大量中国产军持被销往马来半岛和印度尼西亚。东南亚各地区对中国瓷器需求之大，无论日常生活、生产用途，还是宗教仪式，都离不开中国瓷器。自古以来，长期的贸易往来和文化交流影响，形成了东南亚地区人民对中国瓷器的依赖和喜爱。

东南亚处于东西方贸易的中点，多优良码头，自古以来是潮人海上贸易的活跃地区。由于长期的贸易往来，东南亚成为潮人移民的聚集地，潮人在移民过程中把本土文化传播至当地，当地的生活习俗逐渐受潮文化影响，东南亚成为潮州商品的主要市场之一。东南

---

① 张燮：《东西洋考》，北京：中华书局 1981 年版，第 86 页。

② 参见韩槐准：《中国古陶瓷在婆罗洲》，刘强：《婆罗洲土著的风俗》，皆载自南洋学会编：《南洋学报》（第十卷第二辑），台湾：成文出版社 1985 年版。

亚优越的地理条件和人文条件吸引了大量的潮籍瓷商。新加坡、马来西亚、泰国是我国陶瓷出口的传统市场，其地理条件、民族特点、文化传统和人民生活习惯爱好，都对我国陶瓷出口颇多影响，也是近代以来潮籍瓷商最为活跃的东南亚国家。近当代的潮籍瓷商主要活动于新加坡、马来西亚的槟城和马六甲、泰国的曼谷和吞武里等东南亚的新兴港口城市。这一分布规律是受市场需求和商品流通的便捷性的影响而形成的，新加坡因贸易港口的优势，成为瓷商聚集之地。

近代潮州陶瓷业的迅速发展，与各地瓷商组织的建立息息相关。汕头港开埠之后，汕头成为潮汕地区的对外门户，大量的瓷商汇集于此，这一优势也促进了汕头瓷商组织的建立和发展。近代在政局不稳、市场竞争激烈的环境下，潮籍瓷商为维护正常的市场竞争和保证会员利益，在各地建立瓷商组织。如东南亚各地也有潮籍瓷商组织成立和发展。这些瓷商组织以潮人为主体，以抱团求生存，建立行业有序竞争的模式，促进行业的发展。其中以汕头陶瓷业同业公会与新加坡瓷商公会的作用最为突出，前者对促进近代潮州陶瓷的出口有显著贡献，后者凭借优越的地理条件和特殊的政治优势，集结当地的瓷商力量，使潮州陶瓷产品贸易于整个东南亚。

第一节　潮州的瓷商组织

汕头港开埠后，潮汕地区的商贸逐渐活跃，商业团体随之建立。据《潮州志》载："潮州商业团体以汕头总商会为最先，成立于清光绪三十一年六月间，入民国后，各县始逐渐有县商会之设立。民国十四年，时汕头另设汕头商业联合会……而总商会自改市商会后，复联合各县商会成立有潮梅商会联合会，会址设汕头，亦属潮州之商业团体，及二十年工商业同业会会法公布施行，潮汕各业纷起组织公会，团体单位乃多。"① 汕头商埠将出品商按经营商品不同分为南商、暹商、酱商、果商四个行当。光绪十二年（1886），成立了南商公所，有会员商号二十家至三十家，是近代汕头最大的出口商同业组织。南商以经营潮汕各地出口南洋（东南亚）的土特产为主要业务，经营品种有杂粮、干果、干菜、鱼脯、烟酒等食品及布、线、纸、铁、瓷器、竹器等日用生活品，出口地域遍及中国香港以及越南、暹罗、南洋群岛。暹商因贸易地域固定为暹罗，经营品种与南商大致相同。1928 年之前是汕头传统南商贸易最繁荣的时期，与主要经营销往北方货物的北商统称为南北行。

1929 年，南京国民政府颁布新《商会法》与《同业公会法》，规定工商各行业均应组织同业公会，并加入商会。各行各业的经营者都有共同关心的问题，必须互通信息、协调行动，达到互相帮助和互相制约的目的。1930 年之后，汕头、潮州各行同业公会陆续设立，其中枫溪瓷器出口商业同业会成立于 1947 年 3 月 29 日。② 根据 1934 年陈荣洲、刘幻

① 饶宗颐总纂：《潮州志》，潮州：潮州市地方志办公室 2005 年版，第 1328 页。

② 《汕头市陶瓷业同业公会理监事香港组联席会议》，1947 年 5 月 25 日，汕头市商会档案，档案号12－9－243，汕头市档案馆藏，第 98 页。

生编的《汕头商业人名录》统计，汕头专营瓷器的商号入册者共七十六家，这些商号主要经营枫溪及高陂陶瓷。

以近代潮州陶瓷业为例，汕头陶瓷业同业公会对陶瓷业影响最大，对行业的发展至关重要。据1936年《汕头市各类同业公会情形表》登记的内容，汕头陶瓷业同业公会会员三十七家，主席余可臣。[①] 余氏系潮安县人，发利号司理，时年五十九岁。[②] 抗日战争胜利后，汕头陶瓷业同业公会于1946年6月22日重新召开第一届第一次理监事联席会议，张寿臣当选为理事长，余可臣为常务监事。公会会员基本为潮安、饶平、大埔的陶瓷业经营者，共有七十八家。其中有企业公司、和祥、发利、陶金玉、南发、吉成隆、香记、陶生等较大规模的会员四十六家；以及陶业、永丰、光昌、余成兴、粤大、海记、饶隆等较小规模的会员三十二家。部分会员单位在枫溪、九村、高陂等地拥有生产作坊。会议对会员的会费作了规定："会印发通告由七月一日起，凡业瓷商号由高陂、饶平购运，自运瓷器来汕每担收会费十元，枫溪运往汕头的小帆船俗称枫溪条每载征收二百元，在未起卸以前，船家必须先来会报请登记，发给证明，以便稽查，尚有漏匿□其数量以五十倍处罚。"[③] 公会在第二次理监事联席会议中对未加入公会的同业作了规定："公会对未入会的同业商号逐一通知依章入会，否则将呈请市府着令其归业。"[④] 由此，公会开始树立起对行业管理及协调的影响力。

1946年10月20日《汕头陶瓷业同业公会章程》规定："本会定名为：汕头市陶瓷业同业公会。""本会以维持增进同业之公共利益及矫正弊害为宗旨。""会之任务具体为：（一）关于主管官署及商会委办事项，（二）关于同业之调查及研究事项，（三）关于兴办同业劳工教育及公益事项，（四）关于会员营业上弊害之矫正事项，（五）关于会员营业必要时之维持事项，（六）关于办理合于第三条所揭宗旨之其他事项。"[⑤] 公会通过章程规范行业经营，严格执行行业规范，承担落实行业政令，成为瓷商与政府职能部门及各地同行沟通联系的桥梁和纽带。同时，对会员做出严格规定，使行业形成良性的运营环境。

从汕头陶瓷业同业公会会议记录档案资料可知，公会对潮州陶瓷器的出口起主导作用。下面就货物配货运输及出口方面的个案，了解公会对潮州陶瓷产品出口运销的作用。

关于粗幼瓷的出口，同业公会在增加会员利益方面作用甚大。据档案载，1946年7月10日会议上，"关于土瓷出口所估本超过本值影响结购外汇及税务甚大，应如何请求复估减少案。表决，推举……等携呈文赴潮海关陈请估减以符实际"[⑥]。1947年9月24日下午8时，"关于同业配运通花干出口事为潮海关交涉谓系名贵瓷器，通知下帮报关时应详列，货目报查应如何办理之处请公决案。表决：本会出口陶瓷均系潮州粗瓷，向来均系以轻重报关，查江西磁器各港报关类皆如是办理，况我潮瓷系属粗拙之物品，应呈请市商会转请

---

① 《汕头市各类同业公会情形表》，汕头市商会档案，档案号12－9－13，汕头市档案馆藏，第44－51页。

② 《汕头市陶瓷业同业公会第一届当选职员名单》，汕头市商会档案，档案号12－9－253，汕头市档案馆藏，第2页。

③ 《第一届第一次理监事联席会议案录》，汕头市商会档案，档案号12－9－243，汕头市档案馆藏，第4页。

④ 《第二次理监事联席会议录》，汕头市商会档案，档案号12－9－243，汕头市档案馆藏，第13页。

⑤ 《汕头市陶瓷业同业公会章程》，汕头市商会档案，档案号12－9－253，汕头市档案馆藏，第23－31页。

⑥ 《第四次理监事联席会议议案录》，1946年7月10日，汕头市商会档案，档案号12－9－243，汕头市档案馆藏，第22页。

该关免予列报，以省手续而利货运”“经参加暹南商等六公会前往交涉，现在已达成圆满解决，估本照原价20万元7折半（即15万元）合提出”①。潮瓷本来多以盘碗等土瓷为主，以竹篾筐包装，作为低档产品销往东南亚。这类产品在关税方面一直较为优惠，而通花瓷的畅销，因其精致的包装被海关另列，要求增加关税，明显降低通花瓷的生产利润。通过公会与政府部门的沟通和协调，最终为会员的通花瓷产品争取到有利的关税标准。公会在行业与政府部门之间的沟通起到积极作用，为行业争取最大的利益。

在陶瓷出口的配货卸载方面，汕头陶瓷业同业公会基本上垄断了汕头港所有轮船公司的陶瓷运载经营，并规定同业中只有会员才能将货物装船外运，非会员必须由会员代办船运。据档案载：“本组同业配运货件，须候本组向各轮船公司商洽后，通告本会登记盖章，方得前往写载，倘有违章私自洽配者，第一次即将其所缴基金没收，通知补缴基金，倘再违犯，除将续缴基金没收外，并开除参加组员资格，嗣后，如有□船，不予配运。……配运时应如何分配请公决案，表决，依照常时各组员所配运货件数量多少分配之。”② 1947年6月27日，讨论捷利船务公司来函通知，该行捷利轮本日到汕，“闻有解禁恢复配运之说，故本转延至28日开往香港请通知各会员前往写载一案，查今天六公会联席会议，业已表决解禁，现在如何配运之处，请公决案。表决，由公会登记后统计数目若干由组长前往捷利公司商洽配运。”③ 1946年12月31日，“关于平安轮载量，本会已商定仓位□件，准下午四时以前报关完竣，现因时间紧迫，恐未能依期配运，应如何办理？表决，前帮退关货件准自由配运。本帮货件，一律不得配付候他轮，致由会商配，如本帮货件有偷配平安轮，事情一经查实应照第三次会第二案罚法处罚之。关于朝祥号成兴昌两号违章私向平安轮写载一案，应如何处罚案。表决，处罚贰拾万元，如有偷配本帮货件，应依上第三次会第二条罚法处罚之（即四佰万元）。”④ 公会对配载及代办都作了非常详细的规定，也对违反规定者制定了严厉的处罚制度。公会处理程序的规范性，也反映出公会处理日常事务的透明性和民主性，使公会在会员及社会中树立起良好的影响力和公信力，对规范行业操作起约束作用。

在激烈的市场竞争中，潮州的瓷商积极建立各种行业组织，团结一致，共同对抗洋瓷，使行业立于不败之地。汕头陶瓷业同业公会的建立，增加了陶瓷经营业的凝聚力，提高了潮瓷的市场竞争力，成为行业与外界及政府部门沟通和协调的桥梁，提升了行业在社会的影响力和号召力，在促进潮州陶瓷业的规范发展、陶瓷产品运销及对外协调等方面发挥积极的作用。

---

① 《汕头市陶瓷业商业同业公会理监事暨香港组开紧急联席会议纪》，1947年9月24日，汕头市商会档案，档案号12－9－243，汕头市档案馆藏，第113页。

② 《汕头市陶瓷业商业同业公会广州组第十三次组务会议录》，1948年2月19日，汕头市商会档案，档案号12－9－243，汕头市档案馆藏，第283－285页。

③ 《汕头市陶瓷业商业同业公会理监事暨香港组开紧急联席会议纪》，1947年6月27日，汕头市商会档案，档案号12－9－243，汕头市档案馆藏，第103－104页。

④ 《陶瓷公会省城组召开第四次会议》，1946年12月31日，汕头市商会档案，档案号12－9－243，汕头市档案馆藏，第249－250页。

第二节　新加坡的潮籍瓷商

关于19世纪中国瓷器在新加坡贸易的情况，西方有一段颇为生动的描写：“到这里来的人中，最勤劳的是中国人。每年，当第一艘中国民船在海港出现时，住在新加坡的中国人便乘着小船飞快地迎上前去。他们把小船拴在民船上，让它拖着走，一边高声向民船上的人打听来自中国的消息。中国民船到达海港内的停泊地时，就在船上搭起篷盖，一艘艘船看起来就像浮在水面的房子一样。中国商人就在船篷底下把他们的茶、丝绸、瓷器卖给市镇里的商人。”① 这一描述与早期新加坡十八溪墘的历史图片资料颇为相似。新加坡十八溪墘即今克拉码头一带，是早期新加坡的货运码头，也是潮商聚集之地。他们利用小船从民船装载货物，运至十八溪墘，再将货物搬入店内销售。这种方法也是早期潮商在东南亚经营的方式，东南亚各地码头多见装载中国瓷器的大小船只，盛况可见一斑。

早期新加坡潮商多聚集于十八溪墘

新加坡吴春成位于十八溪墘的仓库

新加坡陶瓷贸易主要分布于新加坡河两岸，早期英国人多居住于河之北岸，人口密度较小。这一带以零售业为主，也称小坡，这里的碗店口是陶瓷店铺林立的地方，批零兼营，是新加坡陶瓷品种最为齐全的店市。银行、船局、克拉码头及十八滩头聚集于南岸，方便办理进出口业务，这里的驳货码头成为大批量货物的集散地，也称大坡。20世纪初，新加坡陶瓷经营主要分布在哇燕街、怒干那路、披士街、潮州街（新巴刹）、大坡登婆街（牛车水）、小坡梧槽路及美芝路等，这里大多数瓷商店铺专营及代理品牌产品。据1928年童子达编的《新加坡各业调查》中统计，新加坡经营瓷器的商号共有四十七家，按经营者籍贯分有广州四家，福建二十八家，潮州十五家，主要分布于小坡碗店口、小坡爪亚街、甘公仔内、美芝路、火城横街、新甘公、惹兰苏丹、牛车水戏园后、大坡赌间口。②

① 皮尔逊著，《新加坡史》翻译小组译：《新加坡史》，福州：福建人民出版社1972年版，第79页。

② 童子达编：《新加坡各业调查》，新加坡：新加坡南洋工商补习学校1928年版，第54－57页。

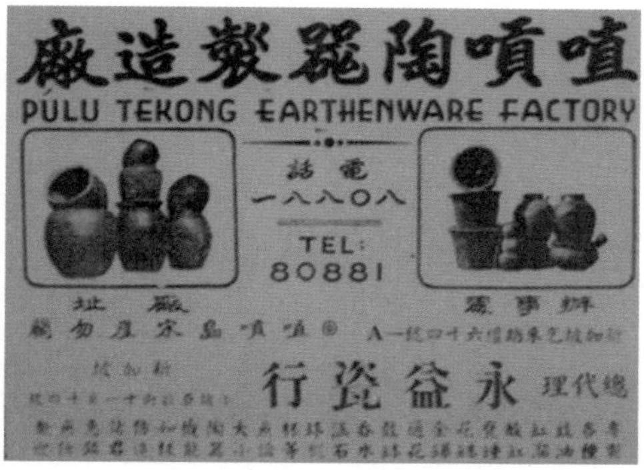

新加坡永益瓷行广告页

新加坡知名的入口商也称大盘商，如吴春成、泰南等公司都设立于此，进口商品通过十八溪墘转运马来亚及印度尼西亚等国[①]。以下依据新加坡瓷商公会的资料可了解到近当代新加坡的陶瓷经营情况：广府人经营的济安号、裕兴隆号及义安号三家在新加坡哇燕街及怒干那路专营石湾陶器及江西瓷器，后因经营不善歇业，退出新加坡瓷业经营，石湾陶器及部分江西瓷器归潮籍入口商经营；同时有江西人创设怡昌号于丹戎百葛路，及安徽人经营顺泰祥于小坡惹兰槟榔，此二号都经营江西汤勺及艺术瓷器，但怡昌号营业一段时间便关闭。[②]

披士街及潮州街（新巴刹）瓷商均属潮籍入口商，先有南兴合记、新南兴及生发号，后来又有从小坡梧槽路迁来的新合兴。经营规模较大者在汕头、潮安、高陂、枫溪等瓷产区设有瓷庄及联号，同时收购各式锅、鼎、石湾陶器及部分江西瓷器批零经营。产品除供应本地市场，也出口马来亚、印度尼西亚、缅甸之仰光等地。规模较大的入口者有永顺号、合记栈、吴春成三家。1930 年之后，入口商规模较大的有森发号、吴春成两家。大坡登婆街瓷业以零售为主，开始有广府人经营的东源隆、洪记号及闽南人经营的福成号，后潮籍陶发号设立，创办人为陈镜明（1900—?）。陈氏出生于潮安县乌洋吉林村，早年下南洋到新加坡，先经营捕鱼器具，后再创陶发瓷行，其业务遍及中国香港、马来亚。[③] 其他潮籍店号也不断进驻登婆街，洪记号、福成号及东源隆相继停业，最后此处瓷业皆由潮籍人士经营。小坡梧槽路的潮人瓷商经营入口商品，先有全顺号一家，但营业时间短暂，继起之新合兴亦于 20 世纪 30 年代迁往潮州街。二盘商则先后有郭盈裕、郭来记、合盛公司、合顺公司、合盛美发、新合兴栈、新全顺、陈松成、新发、裕发、永利记、郭通发、潮裕、源德、万丰、明发、万成、富华等十多家，其中自办竹器入口者有合顺公司、合盛美发两家，而明发营业一年后迁往披士街，郭盈裕、新合兴栈、新发、裕发、源德也相继停业。这些店铺经营范围以瓷器、竹器、纸遮、草席、棉花为主，亦兼索赂、铁器及一切家庭用品，批发亦兼零售，除供应近郊小商，也输出南马各地，在瓷业中占有重要地位；美芝路是知名陶瓷销售中心，经营者先是闽籍居多，潮籍陶瓷业者逐步发展，创业者相继有开顺、怡丰和、振丰成、福美、裕美、振春、福兴、王明记、永南昌、振华、永和、永益、合兴、荣茂、成裕、源成兴、陶华、协茂、新隆兴、南兴栈、源泰、兆昌、新大陆、

① 口述资料，口述者：吴荣璋；采访者：李炳炎；采访时间：2017 年 3 月 1 日；采访地点：潮州市颐陶轩潮州窑博物馆；在场者：潘晓容。

② 新加坡瓷商公会编：《新加坡瓷商公会 · 庆祝新厦落成暨成立十九周年双庆纪念特刊 · 一九七零年》，1970 年，第 58－59 页。

③ 新加坡牛车水居民委员会主席、新加坡怀德联谊社总务、灿艺公司经理吴承义先生（1975—　）提供资料。陈镜明陶瓷经营成功后，回家乡建兰园，其子陈仁惠（生卒不详）青年时在汕头礐石当教师，后奉父令到新加坡打理陶发瓷行。1958 年陈仁惠妻子和七个儿女到新加坡一家团聚，三子四子帮助管理陶发业务，其中儿子陈思成（1940—　）中学毕业后，做了多份工作，十多年后再创泽华贸易公司，进口陶瓷工艺品达 30 年，经常回祖国订货，多次回兰园老家省亲。

万裕祥、义丰、周萃记、南和、源生、克己、炎生、义元昌、南美公司、南商公司、南成发、泰成、和成利、成兴等三十余家及潮瓷入口商永成兴、吴金记两家，主要经营中国、日本、欧洲之各式瓷器，辅以搪瓷器、阿米连（铝）器、玻璃器及胶园用品，在瓷器领域中仅次于梧槽路。至40年代，由于社会动荡，这里仅剩十多家维持经营。[1] 这一时期新加坡的潮籍瓷商在激烈的市场竞争中营业额时高时低，发展情况不太稳定。

新加坡森发号

新加坡“吴春成磁器行”

1941年，新加坡建立“新加坡磁器竹篾公局”（Spore Crokery & Bamboo Articles Dealer Association），负责人为张更俊，公局位于新加坡梧槽路40号，以联络同业感情、交换商业智识、辅助有裨公益事业为宗旨，会员共有十四家。公局文略：“新加坡磁器竹篾公局，为此间潮侨所组织之商业团体，最先发起人为合顺公司余毓麟君。余君之发起动机，因鉴于各途商轩多有组织同业公局，以谋同业间之福利；惟磁器竹篾一业，仍未有人倡始，致经营磁器竹篾业者缺乏联络，对于团结更无论矣。爰于民国三十年四月间，特假梧槽路合顺公司内，召集各同业座谈会，倡组‘新加坡磁器竹篾公局’，旨在联络同业感情，团结互助，进而为国家社会谋福利。民国三十年六月间成立筹备委员会，推举余毓麟、林思立、郭克秋三君，负责起草章程，向当地政府呈请注册。同年九月间，得蒙社团注册局批准立案，遂于民国三十年十月一日，举行成立典礼。七七卢沟桥事变后，公局对于祖国之救灾筹赈，向未后人。当第二次世界大战发生时，亦曾筹集援英义款，成绩斐然。日军发动南洋攻势，新加坡沦陷，本公局因时局关系，局务无形即告停顿。及至民国三十四年，战事结束，日军无条件降服，本坡重光，公局经得当地政府重新注册在案。现因局址发生问题，未能迅速复兴，不克如愿，引为憾事！兹经举出余毓麟、郭昭宣、陈伟杰三群为复兴筹备委员，负责物色适当局址，以期再为国家社会服务，相信不久，当可望其实现。”[2] 从公局的文略可以看出，瓷商们不仅团结一致共同维护陶瓷业的发展，更心系祖国，心系

① 新加坡瓷商公会编：《新加坡瓷商公会·庆祝新厦落成暨成立十九周年双庆纪念特刊·一九七零年》，1970年，第58－59页。

② 潘醒农：《马来亚潮侨通鉴》，新加坡：南岛出版社1950年版，第321页。

社会，心系家乡，为各地的和平发展做出积极奉献。1942 年 2 月 1 日，日本占领新加坡，因海运不通，外来货源断绝，只有迁至纽吗吉路的南成及美芝路的永大、陶生、集发四家公司，惨淡维持经营，其他门店处于半闭半开的状态，销售库存商品。新加坡的陶瓷行业在第二次世界大战中饱受摧残，几乎全面停业，潮籍瓷商所经营的店号也基本停业。

第二次世界大战结束后，新加坡的陶瓷行业经营逐步进入正常状态，德盛、惠成、泰南公司、洪利成、益生、协发、生兴（后改生兴森记）、南裕公司、永南丰、春源、炎成、逢兴、吴和成、陶发新记、陶丰、声发、美祥、同发、福成公司、协成、永兴、集利公司、佳佳、建成、苏裕兴、联业公司、陶发瓷庄、泉盛、陈宏利、裕和、源发等三十多家瓷业公司相继创建。战后，日本所生产的陶瓷器市场份额被潮瓷所代替，新加坡几家瓷业公司纷纷在汕头设号采购，枫溪、高陂、九村瓷器源源不断从汕头港输送到中国香港、新加坡。加上战争对新加坡的摧毁，大量的重建工程和人们日常需求等因素造成陶瓷器市场的扩大，也促进了这一时期新加坡陶瓷经营业的发展。据 1950 年《马来亚潮侨通鉴》统计，至 1949 年新加坡潮侨经营的竹篾陶瓷业主要商号有三合兴、永大、永利记、永成兴、永南发、合裕、合顺、合盛、合盛美发、吴春成、来记、利成、李庆发、成兴、和成、和成利、松成、明发、南兴合记、南成、南裕、南成发、南商公司、南发、美发、陶生、陶丰、陶发新记、陶发栈、陶源、瓷生、通发、泰成、益生、泰南、祥发、开丰、开顺、集发、森发、富华、惠成、协发、萃记、源裕生、新全顺、万成、万丰、德盛、锦兴、耀成、潮裕这五十二家。①

新加坡磁器竹篾公局 1950 年合影

1951 年元旦，新加坡瓷商公会成立，会址位于乞来踏礼士路 29 号。直到 1953 年，中国工商业实行公私合营，新加坡潮瓷经营受到影响。永南发最先受到影响，陶发、永成兴、南兴合记、南成、生兴森记相继停业，零售商及二盘商如发栈、南成发、合盛、永利记、郭来记、来记、陈松成等结束营业，瓷业重心逐渐由大坡北移，部分瓷商向日本进口瓷器。1957 年春季，广州首次举办中国进出口商品交易会，简称“广交会”，邀请世界各地客商前来订货，这是新中国建立以来中国对外贸易最重要的窗口之一。此外，中国商品也通过香港、澳门等地区运销东南亚等地。新加坡瓷商公会在广交会与上海轻工业品进出口公司签订搪瓷器皿包销合同，五年后，又增订铝器包销合同，设搪瓷铝器专销组，为会员提供专销权利。潮州的陶瓷及上海、广州的瓷器、搪瓷器、铝器、玻璃器等进入东南亚市场，从新加坡瓷器进口数据可以看出 1962—1969 年新加坡瓷商的进口经营变化。

① 潘醒农：《马来亚潮侨通鉴》，新加坡：南岛出版社 1950 年版，第 321 页。

1951 年新加坡瓷商公会会员合影

1959 年 1 月 15 日新加坡陶瓷业同仁合影

表 2－1　1962—1969 年新加坡瓷器进口数据①

（单位：美元）

	1962 年	1963 年	1964 年	1965 年	1966 年	1967 年	1968 年	1969 年正月/八月
瑞典			1 726					
澳大利亚		95	10		150		301	68
砂拉越						500		
比利时/卢森堡		287	495				232	
中国	2 580 522	3 092 911	2 726 648	366 716	4 601 711	7 442 302	8 028 851	5 889 507
丹麦	4 364	5 787	2 803	100 102	15 240	2 445	2 362	1 793
中国台湾	1 779	2 165	6 773		514	2 425	11 884	
联邦德国	25 498	10 798	13 242	172 720	12 543	44 675	90 216	56 161
中国香港	24 352	40 434	50 428	23 278	36 678	50 637	311 884	58 130
意大利		578	818	1 804	1 103	1 215	1 186	154
日本	3 407 695	3 111 864	2 134 793	2 287 740	2 187 232	2 481 801	2 110 526	1 555 951
越南南部地区						25		
荷兰	768	3	73	7 121		1 753	510	
菲律宾						152		
西班牙	300		205			60	1 167	
瑞士	6 805		2 282			4 911	1 061	279
泰国	876	733	205		877	21 059	503	
英国	20 087	28 940	17 757	19 330	19 991	3 372	34 039	24 905
美国		38 967	393	370	360	45	2 154	297

① 新加坡瓷商公会编：《新加坡瓷商公会·庆祝新厦落成暨成立十九周年双庆纪念特刊·一九七零年》，1970 年，第 84 页。

（续上表）

	1962 年	1963 年	1964 年	1965 年	1966 年	1967 年	1968 年	1969 年正月/八月
捷克斯洛伐克	1 290	105		6 121				31
法国	317		21	72 559	169 493	2 828		2 729
印度	84	3	138	870				
英属加勒比联邦							12	
新西兰				473				
加拿大								6 178
奥地利			714					
马来西亚西部地区	96 849	62 100	109 046	173 073	52 103	74 155	30 723	28 188
韩国			11 966					
毛里求斯								10
总计	6 171 586	6 395 770	5 080 536	3 232 277	7 097 995	10 134 360	10 627 611	7 624 381

从表 2－1 可知，1962—1969 年中国瓷器在新加坡的进口形势良好，缓解了原有东南亚中国货源紧缺的局面，加之物美价廉，占有了新加坡很大的市场份额，欧美、日本等国家的瓷器也不能与之抗衡。市场打开后，小坡有十多家公司从事瓷器进口，陈中明有限公司、信智贸易公司及美亚贸易公司也设立瓷器部，20 世纪 60 年代是新加坡瓷业发展的兴盛期，瓷器主要出口马来西亚、印度尼西亚等国，具体数字详见表 2－2：

表 2－2　20 世纪 60 年代新加坡瓷器出口数据①

（单元：美元）

	1962 年	1963 年	1964 年	1965 年	1966 年	1967 年	1968 年	1969 年正月/八月
澳大利亚	200	11 620	540	14 669	206	300	100	70
文莱	17 416		15 524		46 680	13 104	21 054	5 770
丹麦	10						500	
斐济					900		18	
印度	100		41		115	155	728	505
日本							358	
毛里求斯				128		172	370	
沙巴		4 888	7 706	5 995	101 875	28 088	5 761	3 985

① 新加坡瓷商公会编：《新加坡瓷商公会·庆祝新厦落成暨成立十九周年双庆纪念特刊·一九七零年》，1970 年，第 87 页。

（续上表）

	1962 年	1963 年	1964 年	1965 年	1966 年	1967 年	1968 年	1969 年 正月/八月
葡属帝汶			25 433	13 831	20 728	14 608	7 643	21 707
砂拉越	6 903	7 593	7 947	5 374	147 648	16 792	9 516	12 550
英国	135	185	100				125	
美国							160	40
其他美洲国家		310	473			160	225	
其他大洋洲国家					18	144	153	
缅甸	30	41 529	110					
圣诞岛	418	32	30		68	28		
中国香港	216		948	280	435	90		
爪哇	9 836	220						
廖内	12 852	21 927						
苏门答腊	956	4 211						
印度尼西亚其他岛屿	1 510	2 859						
以色列	45							
荷属新几内亚	1 075							
英属新几内亚						32		
北婆罗洲	5 204							
挪威	135		250					90
泰国	18			70	1 800			
伊里安查亚		22 487						
其他亚洲国家	4 704	6 449			180			200
其他非洲国家			120	84				
联邦德国		250				161		
新西兰		49						
越南南部地区		11						
锡兰			40			200		
巴基斯坦			419	144				
亚丁					150			
南非					654	100		
马来西亚西部地区	78 260	85 360	56 862	78 153	81 051	104 598	79 787	45 640
英属加勒比联邦								240
总计	140 023	209 980	116 543	118 728	402 508	178 732	126 498	90 797

1965 年，独立之后的新加坡为振兴本国工业，对外来货件征收保护税；加之政府为提高新加坡城市形象，对破旧沿街店铺进行拆迁改造，重新规划市区，美芝路至乞来踏礼士一带及大坡披士街之店屋均被拆除，碗店口区瓷商暂迁揸呇路，披士街区暂迁北路，瓷商入口业务及正常经营受到影响。

2016 年美芝路

20 世纪 70 年代新加坡开始转向发展高科技产业，大量金属及塑料日用制品严重冲击低端日用陶瓷市场，陶瓷业逐步衰落。80 年代由于政府大力投资基础设施建设，力求以最优越的商业环境吸引外来投资，大量龙窑因占地及污染环境被拆除，传统陶瓷业基本被淘汰。另外，随着中国改革开放政策的实施，新加坡贸易港口对中国陶瓷器的转口贸易作用逐渐减弱。至 1990 年前后，根据新加坡瓷商公会会员登记资料，新加坡的瓷器商号有五十家，其中福建籍两家，上海籍一家，其余均为潮侨经营。① 至 2000 年，新加坡瓷商仍能维持正常的转口贸易经营，但比重已逐渐下降。

1970 年，新加坡瓷商公会第十一届全体执委会合影

1988 年，新加坡瓷商公会第卅七周年纪念全体会员合影

新加坡瓷商公会五十三周年纪念暨第四十四届理事就职典礼合影

进入 21 世纪之后，潮州陶瓷在世界陶瓷总产量中占有重要比例。潮州陶瓷生产企业近四千家，年产量达四百多亿元，陶瓷产区基本步入现代化的生产和经营，市场细分已进入白热化的竞争中，产品销往世界一百六十多个国家，② 中国香港及新加坡扮演的转口贸易角色逐步淡化。新加坡潮人瓷商经营业态发生变化，一些中小规模的商号在市场激烈竞争下难以生存，也促使侨乡与新加坡潮人同业者根据自身的优势寻求新的发展机会，构建两者间的新型合作关系。部分瓷商通过扩大经营品种转型升级寻求生机，涌现出一批大规模的企业集团，他们以现代化的经营方式延续家族老字号。当今，协发、声发、协成等老

① 李炳炎：《潮瓷下南洋》，深圳：深圳报业集团出版社 2015 年版，第 43 – 44 页。
② 资料提供：潮州市陶瓷工业协会。

字号是新加坡潮人瓷商的翘楚，也是新加坡瓷商公会的主要成员单位。

协发创办人陆松清（1915—1975），生于潮州，1935 年下南洋到新加坡。1947 年创办协发号，主要经营德光岛出产的陶水缸等。20 世纪 50 年代到 60 年代，他从事陶瓷、玻璃等日用品转口贸易。他有三子，均出生于新加坡，长子植镇（1944— ），现为协发瓷器私人有限公司主席，负责公司总部的管理；次子镇源（1951— ），现为协发瓷器私人有限公司董事经理，主要负责管理工厂；三子镇河（1956— ），现主要负责协发瓷器私人有限公司的营业及商场销售。公司还在泰国投资玻璃器皿生产工厂。1995 年，公司在中国德化投资协发·光扬陶瓷厂并投资兴建酒店，陶瓷厂生产的日用白瓷年产量几千万件，销往世界五十多个国家。陆植镇曾任新加坡瓷商公会财政职务，陆镇河现为新加坡瓷商公会信托人。①

早期新加坡“协发磁器店”及送货广告车

1983 年协发成立三十周年成员合影

新加坡协发瓷器私人有限公司展厅

采访陆植镇先生

陈泽声（1914—1990）于 1928 年从中国潮州到新加坡，在父亲陈镜明创建的陶发陶瓷店工作，1950 年与人合伙共创陶发新记，1959 年退出陶发新记，在新加坡牛车水登婆街创建声发陶瓷店，经营陶瓷等日用品。

陈泽声之子陈俊文（1950— ），生于新加坡，于 1968 年加入声发，经营有方，把公

① 口述资料，口述者：陆镇源；采访者：李炳炎；采访时间：2016 年 12 月 20 日；采访地点：新加坡协发瓷器私人有限公司。在场者：陆植镇。

司进一步发展壮大，并在1994年保留登婆街商店的同时，把公司迁入位于金文泰工业区的新办公大楼和仓库，经营陶瓷、玻璃、不锈钢、搪瓷等酒店及家居日用品。现任新加坡瓷商公会（新加坡日用品商会）会长，也担任新加坡中华总商会董事及财务委员会副主席等职务。①

采访陈俊文先生（右）

协成创办人林森昌（1915—1982），潮州枫溪全福乡人。1941年，他与其兄林集昌（1911—1985）先后赴新加坡投靠亲戚蔡大福，后与邻乡云步村（俗称长铺）的亚松合营协发陶瓷店。1947年，林集昌回家乡。20世纪50年代初，林森昌在美芝路附近独资经营协成陶瓷公司。1956年林森昌的妻子及儿子道文从枫溪前往新加坡团圆，再育道明及燕娇两个孩子。1971年，其子林道文（1949—　）接手经营协成陶瓷公司，后加以扩充和发展，并改名为协成集团有限公司，主要股东有林道文、林道明、林燕娇三位。公司主要经营陶瓷、搪瓷、不锈钢等日用品，代理多个世界知名品牌。林道文曾任新加坡瓷商公会会长、产业委托人、中国商会副会长等职务。②

这些实力雄厚的商号有员工两百多人，且不断招揽精英人才，重视吸纳侨乡留学生进入企业中高管理层，利用其中西文化背景发展国际业务，不仅拥有自己的知名品牌，接受贴牌生产，还拥有多个国际知名品牌的区域代理权，涉足陶瓷、玻璃制品的生产，并投资酒店等行业。在经济全球化的冲击下，传统的商业经营模式已被打破，催生出一批资本雄厚、跨行业经营的现代化集团公司。

新加坡的潮籍瓷商对促进近当代潮州陶瓷产品的外销作用甚大。他们利用新加坡的优越港口位置，大量购进潮州的陶瓷器，然后转销至东南亚各国及欧美地区。这对长期受闭关锁国政策影响、又主要依靠外销生存的潮州陶瓷业至关重要，它解决了潮州陶瓷产品的销售问题，又解决了部分下南洋潮人的生存问题，对两地之间陶瓷业的发展是非常有利的，对促进两地经济发展和维系两地关系意义重大。

① 口述资料，口述者：陈俊文；采访者：李炳炎；采访时间：2016年12月20日；采访地点：新加坡声发私人有限公司。

② 口述资料，口述者：林道昭（1949年生，林集昌之侄子）；采访者：李炳炎；采访时间：2015年6月7日；采访地点：广东松发陶瓷股份有限公司（林集昌之子林道藩现为广东松发陶瓷股份有限公司董事长，潮州市陶瓷行业协会会长；其孙林秋杰现为广东伯林陶瓷实业有限公司董事长）；在场者：谢锦标。

第三节　槟城的潮籍瓷商

近代以来，马来西亚的瓷商主要活跃于槟城、马六甲、柔佛、霹雳等地，他们随着潮人移民的路线和殖民地开发的进程而深入马来西亚各地。

清光绪三十年（1904），清朝代理槟榔屿等地的副领事官梁廷芳曾经上报当年秋季华商的经贸状况："华商麇集于此行店，可纳略计有：……瓷器缸瓦八家。"① 槟榔屿即为今之槟城，早在清末就已经有中国人在此经营陶瓷业。

1938 年魏何必等编写出版的《槟榔屿指南》中对 20 世纪 30 年代的四名潮籍瓷商作了详细记载。1950 年《马来亚潮侨通鉴》载"潮人对于制瓷，素所擅长；因而陶瓷业商店亦多由潮侨所经营"，书中统计至 1949 年柔佛州潮侨经营的瓷器竹篾主要商号有玉元、成利、合适、利生、信发、竟成、源利七家。槟榔屿潮侨经营的瓷器杂货商号有合兴、林信发、南华、益顺、峰发、振德昌、万发、隆兴、广义成、广潮发、联益顺十一家。吉打州巴冬色海也有潮侨经营瓷器店泰盛。② 至 20 世纪中期，已有多处潮人经营陶瓷业的记载，且分布于不同区域。

1952—1995 年，马来西亚槟城有多家潮籍瓷商经营的店号，他们通过槟城瓷商公会的有关规定，共同维护市场利益和有序发展。槟城在 1952—1995 年间，瓷商数量众多，有联泰有限公司、中信行有限公司、协成发贸易有限公司、成发行有限公司、永成隆有限公司、国产贸易公司、潮兴栈、源祥公司、庆发有限公司、华成贸易公司、再兴盛有限公司、泰隆栈公司、裕发贸易有限公司、隆发有限公司、圆方、信隆、华山、美真香有限公司、鸿成瓷行、亿联企业有限公司、永发、永德成、福承南、荣裕昌、南泰、陈贸易、成兴、联盛、财贸易公司、新顺发、金利、金地有限公司、潮顺、宝松、和焜、志远、兴发、新联峰、合兴行、南成贸易公司等几十家（详细见第六章，马来西亚槟城瓷商公会 1952—1995 年会员资料）。③ 根据资料，1952—1955 年，会员都是传统商号，20 世纪 80 年代初，原有会员单位大多从传统商号过渡为公司形式，经营进出口业务的公司增多。从 50 年代至 90 年代中期，马来西亚槟城瓷商公会会员逐渐从传统工商业进化到现代化的公司管理模式，公会也吸纳其他行

马来西亚槟城潮兴栈

① 陈剑虹：《槟榔屿潮州人史纲》，槟榔屿：槟榔屿潮州会馆 2010 年版，第 43 页。

② 潘醒农：《马来亚潮侨通鉴》，新加坡：南岛出版社 1950 年版，第 272－282 页。

③ 《马来西亚瓷商公会 1952—1995 年会议记录》，马来西亚槟城潮州商会档案室藏，陈景熙博士提供。

业加入共同发展。

1952 年槟城瓷商公会的会议记录中，为维护正常的市场竞争和保证会员的利益，公会通过以下规定："一、本会员号付客号登门办货当面验货与讲价一言为定，以将定（订）货之部请客号签号以表承认为证；二、客号定（订）货之货物总出后，不得任由客号籍口货劣寄回货物与割价；三、会员号将有派员出坡向客号招徕光顾者，采措同样照第一、二条例行之一律实施不得异议；四、表决以本公会起稿通告单，交会员号转远客号照例实施；五、本公会以将决议在案之不得客号籍口寄回货物与割价，希照一同遵守均同利益以免受亏。会员号往后不遵守条例者，个中循情私作者，违反议章，众会员有权公击之，以上五点通过在案。"①

马来西亚槟城庆发有限公司（左起依次为：陈剑虹、李炳炎、店主）

近代以来，潮籍瓷商广泛分布于马来西亚各地，他们随着马来西亚经济发展的进程而深入各地。槟城是潮人在马来西亚的主要聚居地之一。槟城的潮籍瓷商共同组建槟城瓷商公会，他们通过公会制定的章程，进行有序竞争，共同谋取利益，并在不同的历史时期采取不同措施，从传统商业转变为现代商业，使行业立于不败之地。

第四节　潮籍瓷商代表

近代潮籍瓷商的有识之士以枫溪的吴子厚和吴潮川两大家族对陶瓷经营的影响最大，贡献尤为突出。吴氏为枫溪最大宗族，族人大多从事陶瓷生产及贸易，吴子厚及吴潮川恒是其中的佼佼者。

① 《马来西亚瓷商公会 1952—1995 年会议记录》，马来西亚槟城潮州商会档案室藏，陈景熙博士提供。

一、吴子厚家族

吴子厚家族世系传承略如下：

- 吴子厚（世远）
  - 大房：凤翔（璧如）
    - 景仁
      - 崇发
      - 崇强
      - 崇岗
      - 崇顺
    - 景义（为宜）
      - 崇文
      - 崇安
    - 景礼
    - 景信
    - 景节
  - 三房：凤尉（慎之）
    - 景智→崇正
    - 景忠
    - 景恭
  - 四房：凤草（琴谱）
    - 景孝
    - 景敬
    - 景廉
  - 五房：承源
  - 七房：承基

吴子厚，名世远，子厚为其字。清咸丰四年（1854）生于枫溪，少年聪颖憨厚，就读于府城，熟知经史之学。光绪年间，授奉直大夫，赏戴蓝翎，任潮州府税厂总办。

吴子厚先生像

枫溪春成号自清代便开始陶瓷经营，其家族后裔认为创建于清嘉庆二十四年（1819），但这方面的史料较为缺乏，有待今后进一步发现，目前可考的追溯至清末吴子厚经营的春成号纪事。

清末，吴子厚受实业救国思想影响，认为汕头港对外通商已成趋势，枫溪是岭南知名的瓷乡，发展陶瓷业有一定基础，他认为从事陶瓷业经营并不比领受朝廷俸禄差，同样能为乡民造福，便弃官从商，开始经营陶瓷业。他在枫溪本乡属下有和成窑及作坊三十九间以及和成栈、佳成栈（合股），海内外分号有汕头陶生行和春成行，新加坡春成行和源兴行，马来亚马六甲源丰行，海外各分号都以经营陶瓷制品为主。和成窑及作坊租赁他人经营，自己没有进行生产，和成栈负责在当地的产品采购及货款结算，家族经营的各栈号所需商品由和成栈在枫溪各作坊中收购。和成栈除日常收购传统适销的产品外，一般由海外家族经营的各栈号按所需要的品种、规格、数量下订单，和成栈收到订单后即安排作坊生产，产品烧成后由和成栈进行验货，合格产品包装后运往汕头春成行或直接从汕头港码头转运至各地分号。

吴子厚每几年必视察海内外市场，按市场的变化调整经营策略，使企业经营立于不败之地，因此获利颇丰，其家族在枫溪拥有大量田地，在潮州城的永丰街和新华街拥有一批物业。

新加坡“吴春成磁器行”

吴氏家族合影

1939 年 6 月，因日军侵略，战事逼近，为尽量让家族人员安全避开战事，吴子厚被迫决定分家。中国自古对分家有种种严格的限制，并有法律维护，如《大清律例》规定：“祖父母、父母在者，子孙不许分财异居。”社会习俗也以父母在，兄弟分家为不孝，但若父母许令则法令不禁，习俗认同。潮州虽偏居岭南，但对这一传统家庭习俗也非常重视，旧时潮州的大家庭都是兄弟乃至已成婚的子、侄辈合族而居。在社会动荡、战事临近的特殊时候，吴子厚只能亲自签名立下分家书，将家族物业中的“行铺瓦屋窑厝”列明分给各房：“汕头陶生行一间，住址阜安街；潮城永丰街行一间，坐东向西；潮城永丰街行一间，坐东向西；潮城新华街行一间，坐北向南；本乡何厝园旱地一片；本乡浮洲园厝地一片四间，厕所一个；本乡崇德堂后包地，四份得二份半；本乡宅上巷王厝后，瓦厝一间，坐东向西；本乡铺尾瓦屋一间，坐南向北；本乡宫前洋，缶窑（和成）一条；本乡宫前洋，缶厝三十九间；当本乡买夏园瓦屋三间，坐北向南。”另外，对经营行铺所占股份也作了交代：“汕头陶生，生理完全已有；汕头春成，生理完全已有；新加坡春成，一十二股得十股；新加坡源兴、马六甲源丰〩〢〥（925）股得〥〢〥（525）股；本乡佳成，一十四股得四股；本乡和成，生理完全已有。”① 从分家书可看出，他从商几十年为自己带来丰厚的家业，可见其经营对枫溪陶瓷业的影响，也可看出他对传统文化的恪守。

吴子厚共有五子，即璧如、慎之、琴谱、承源、承基。抗日战争胜利后，枫溪三山国

① 口述资料，口述者：佘翠翡（1941 年生）；采访者：李炳炎；采访时间：2012 年 3 月 3 日；采访地点：潮州大道岭海明珠花园。本次采访过程有幸得见“吴子厚家族分家书”，并经拥有者同意，允以整理、发表。

王宫需修建时，吴璧如等枫溪乡绅致信给新加坡旅外乡亲慎之、廷祥、伟福、景初等，希望他们慷慨捐资重兴古刹。由此可知，抗战胜利后，吴璧如仍然居住在枫溪。吴慎之（1894—1974）二十岁时从枫溪抵达新加坡，创立吴春成公司经营陶瓷，1951年他参与组织成立瓷商公会，并被推选为第一任主席。琴谱在马六甲经营胶园及土产品。承源在新加坡的阿陵母拉街经营春源陶瓷零售店。[①] 承基负责经营汕头的陶生行，后到马六甲经营如意行。吴璧如次子吴景义（1920—2017），字为宜，1953年在香港经营春成庄，业务包括陶瓷、南北货及房地产，曾任香港第六届至第十一届潮州同乡会副会长、第十二届潮州同乡会会长。吴慎之长子景智（1923— ）在十一二岁时从枫溪抵达新加坡，和景礼一同经营位于潮州街的吴春成行。之后慎之与次子景忠（1925—2017）及三子景恭（1928—2014）经营吴春成的一个进口公司。[②] 20世纪50年代之后，景礼在新加坡潮州街另创吴和成行，主要经营枫溪的日用陶瓷，通过转口贸易销往马来西亚、印度尼西亚一带。1960年，景忠在新加坡乌节路经营名为古月轩和月宫的古瓷店。[③] 直至近现代，吴氏家族的生意主要集中于中国香港及新加坡、马来西亚，这些地方的行号都由他的子孙负责经营。

采访佘翠翡女士（右一）

吴子厚在陶瓷经营上取得巨大的经济效益，事业有成后，不忘回报社会，筹办了敦正学校。1923年，吴子厚六十九岁生日时，洪兆麟等赠送顾绣寿幛，今实物尚存。

吴子厚是推动枫溪陶瓷业发展的关键人物之一，枫溪陶瓷业在他的努力推动下，产品畅销中国汕头、香港及新加坡、泰国等地达二十多年，陶瓷业者从事陶瓷经营获利多至一百几十倍，为枫溪陶瓷外销所做贡献重大。

二、吴潮川家族

吴潮川家族世系传承略如下：

---

① 口述资料，口述者：吴荣璋、李正发（1943年生，1959年到新加坡春成行当店员，新加坡怀德联谊会成员）；采访者：李炳炎；采访时间：2012年5月14日；采访地点：潮州市颐陶轩陶瓷文化艺术研究所。

② 口述资料，口述者：吴崇正（1946年生，吴慎之之孙）；采访者：李炳炎；采访时间：2013年4月9日，采访地点：潮州市颐陶轩潮州窑博物馆；在场者：佘树进。

③ 口述资料，口述者：吴景忠；采访者：李炳炎；采访时间：2014年3月23日；采访地点：新加坡吴景忠家中。

- 良弼
  - 吾琠
    - 廷□
    - 廷璋
  - 吾让→廷修
  - 植奎
    - 潮柔
    - 廷熙
    - 廷球
  - 锡奎
    - 梓材
    - 兆材（潮川）
      - 焕堂
      - 彩堂→秉承→家壁
      - 镜堂
      - 励堂

清末，枫溪吴良弼共有四子八孙，民间称呼这八个孙子为八位少爷，其中排列第八的兆材便是闻名遐迩的八爷，号潮川。吴潮川“以商业起家，能轻斥其财以为善。造桥修路靡不为也”，广受乡民称赞。

吴潮川家族合影（第一行右三为吴潮川）

吴潮川（1859—?），生于枫溪瓷乡，自幼便对陶瓷作坊的生产过程。1884 年之后，在实业救国等运动的启发下，他有感枫溪陶瓷业的生产及运销的落后，希望通过自己的努力改变这一落后局面。他先后到中国广州、香港及南洋等地考察市场，当时南北行是香港最早期的华资转口贸易行业，贯通南北贸易，发展遍及全世界，经营南北行业的商号大多集中于上环文咸东西街（称为南北行街），也分布于永乐西街和高升街一带。吴潮川到香港考察后，遂决定在这个新兴商埠立足发展，便在文咸西路 64 号 A 幢 1—3 层置业经营利丰亨商行，通过商行将所收购的潮州陶瓷产品转销海内外，并于越南、泰国、马来亚（槟城）等地设立分号，打开了潮州陶瓷产品的海外市场。他“自潮汕逮南洋。皆设肆转运，以应社会需求。于是枫溪陶遂风行于遐迩”，“航海走香港番禺南洋群岛，察社会所喜好，归而以改良陶业倡其乡人”。[①] 在他的努力下，枫溪陶瓷业从原来以生产陶器为主逐步向瓷器生产发展，枫溪陶瓷产品质量可与外货媲美。

1893 年，吴潮川先后在枫溪（向南街四社）、汕头（汇通街）、香港等地设立和祥货栈，方便将枫溪及高陂各作坊生产的陶瓷产品进行收购和运销。这一时期枫溪佘如合、陈荣利、吴锦合等作坊的产品大多被和祥货栈收购。在 1914—1918 年的第一次世界大战期

① 郑国藩：《似园文存》（1935 年刊印），潮州：广东省金山中学潮州校友会 2013 年影印版，第 130 页。

间，全球时局动荡，金融不稳，欧洲国家无暇顾及陶瓷生产，洋瓷缺货，需从中国进口大量陶瓷器，吴潮川不畏艰辛逆势而上，在中国香港及东南亚一带稳占市场，枫溪的陶瓷业者纷纷效仿他到海外设立商号，使陶瓷业开始走向产销一体化。在这一风潮的引领下，枫溪陶瓷作坊户数发展至两百多户。

吴潮川在枫溪建有两处梅里宅邸，老梅里建于清末民初，位于枫溪涸堀墘路与水月庵相邻地段，围墙大门及侧门门额书写“梅里”两字，大门楼额匾为石刻“环溪小筑”四字，是传统“驷马拖车”结构的潮州建筑，整座建筑装饰美轮美奂，采用石雕、木雕、花雕装饰吉祥图案。这一府邸主要用于家族祭祖、家族聚会、物业收租。新梅里建于1918年，位于枫溪大巷，宅前有两个池塘，俗称蟹地，这一处所主要用于经营人员办公。①

吴潮川共有四子，十三个孙子，七个孙女。他在陶瓷经营成功之后，不求安逸，晚年仍思事业进取，率其子裔拓展金融经营，在越南、泰国、新加坡、槟榔屿等地发展业务，壮大家族企业规模。长子焕堂经营如陶银庄，于1908年8月至1910年7月出任第四届潮州商会总理②，抗日战争前曾任枫溪陶瓷研究社荣誉社长，致力于发展薄胎瓷，并鼓励城内画家加入陶瓷彩绘行业，使枫溪陶瓷产品趋向精致。次子彩堂，毕业于上海中国公学、北京财政大学，曾任清农工商部主事。彩堂的长子秉承于20世纪30年代在上海复旦大学读书，抗日战争爆发之后到越南、中国香港、槟榔屿、新加坡等地参与家族经营，空闲时间喜欢钻研摄影艺术，是获得新加坡文化奖的七大摄影家之一。三子镜堂在马来亚经营陶瓷土特产，商号分别为槟城打铁街241、243号的乃裕及新加坡新巴刹的南兴，他曾任潮州商会十三届副会长。四子励堂在新加坡新巴刹经营孔明斋批局。③

吴潮川家族除发展陶瓷业，还发展银庄、批局、房地产投资和食品工业。民国初期，吴氏家族在潮州城利源街购置多处房地产，在争取侨汇上起了积极作用。1929—1932年在汕头市永兴街和永和街兴建多座楼房。另在汕头有广益银庄、广益批局及色味公司，1934年广益批局经营旺盛时一个月中经批局的侨批有15 586件，色味公司加工的果蔬罐头直接运销东南亚各地。

三、新加坡泰南公司

新加坡泰南公司的创办人吴廷祥（1913—1992），祖籍潮州枫溪。④

抗日战争爆发之前，吴廷祥在枫溪灶脚经营吴发利号，最初生产市场需要的各类粗

① 口述资料，口述者：朱莲笋；采访者：李炳炎；采访时间：2015年3月29日及8月9日；采访地点：潮州市枫溪区灰坛路16号；在场者：吴树镇、谢锦标。抗日战争期间，新梅里被日本军队占用为指挥所；抗战胜利后，新梅里负责收购香利、陶玉峰、陶真玉及一些家庭小作坊的陶瓷产品，主办为朱莲发，质量验收员为朱莲笋、佘永泉、佘阿生，合格产品肩挑运往和祥栈；新梅里在1949年后作为潮安县粮食部门谷仓重要用地，直到2003年被开发成城发花园住宅区。

② 郑国藩：《似园文存》（1935年刊印），潮州：广东省金山中学潮州校友会2013年影印版，第131页。

③ 据1939年《海峡殖民地史略》统计，是时新加坡的潮帮侨批局有十八家，其中吴励堂的孔明斋批局位于新加坡新巴刹。

④ 泰南公司：位于新加坡香港街34号；香港泰南庄：位于香港大道西173号；汕头泰南栈：位于汕头市天后右巷8号。

吴廷祥于新加坡泰南公司，左起为吴廷祥、吴少如、吴佩珊、吴荣璋

陶，之后生产瓷塑及日用陶瓷器。抗日战争时期，他到新加坡创办泰南公司，最开始经营泰国大米，之后逐渐转为经营中西陶瓷器及各种杂货批发零售，陶瓷主要来自枫溪吴发利号及如合、陶玉峰等作坊，也代理销售吉隆坡吴万发、马六甲万和发与新加坡陶光等生产的陶瓷。泰南公司利用新加坡的港口优势，把从各地运至新加坡码头的货物用火车、汽车或轮船中转给各地的批发商，再由批发商转给零售商，产品销往新加坡、印度尼西亚及马来亚的吉隆坡、马六甲、槟城等地。泰南公司也受理委托业务，如马来亚的贸易公司委托泰南公司收转世界各地的货物，贸易公司向欧洲订购的货物发往新加坡后，再由泰南公司代为转发至马来亚及印度尼西亚等地。泰南公司因业务发展迅猛而成为东南亚知名的陶瓷转口贸易公司。

20 世纪 50—60 年代是泰南公司生意最兴旺的阶段。1950 年，吴廷祥之子吴荣璋（1939 年生于枫溪）从枫溪到新加坡，之后加入泰南公司。他组织泰南公司参与新加坡三大游乐场“快乐世界”“大世界”“新世界”所举办的夜市经营，并参加他们每年举办一次的商业博览会，展销泰南公司经营的商品。1969 年，吴荣璋与其姐合伙在东陵乌节路创办灿艺公司，业务主要由荣璋和荣珍负责，主要经营陶瓷器皿、玉器饰品、牙雕木刻、字画古绣、铜器端砚等，以展销及推广的形式经营中国陶瓷工艺品，在业界享有名声。此后，灿艺公司由吴荣璋独自经营。60 年代之后，新加坡、马来西亚的百货公司相继开张，泰南公司成为各百货公司日用品、工艺品、古玩等中国货物的主要供应商，在中国通过广交会订购大量江西、广东等窑口的古旧瓷器及书画等工艺品，销往马来西亚、新加坡、印度尼西亚。这一时期泰南公司除代理和经营外，还在日本定制有泰南公司商标的瓷器。这一时期也是新加坡陶瓷经营业的黄金时期，陶瓷批发店最多时达七八十家。

新加坡泰南公司广告页

新加坡泰南公司价目表

 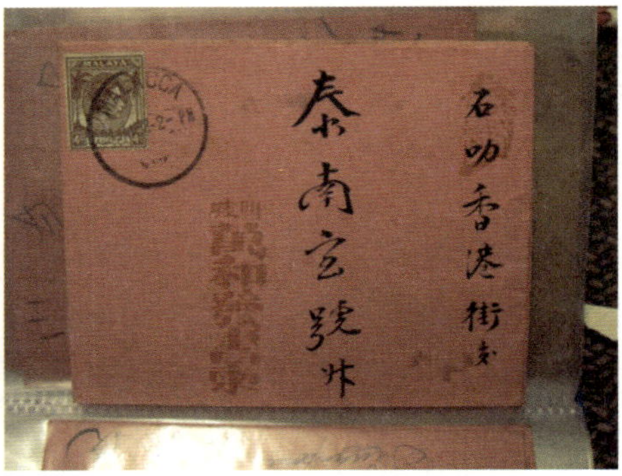

新加坡泰南公司商务函

20 世纪 70 年代，随着中国改革开放政策的实施及马来西亚港口的建成使用，新加坡转口地位逐渐减弱。80 年代中后期，中国政府鼓励外销创汇，大量外销产品涌入东南亚市场，改变了原来的供求渠道。90 年代后，东南亚各地市场出现供大于求的局面，加之新加坡政府举办的一些临时展销活动吸引大量中国陶瓷商参加，新加坡货币升值使经营费用大增，多数经营者不堪重负，只能逐渐转入零售或缩小规模，泰南公司及灿艺公司亦不例外。①

至近年，吴荣璋次子吴承义继承家业，他利用网络销售的新方式拓展生意，与吴荣璋共同经营灿艺公司和泰南公司。

近代汕头港开放通商，便利的海上交通和繁荣的商贸促进周边地区的发展，潮州陶瓷业在海内外潮籍陶瓷业者的努力下得到快速发展。从中国汕头、香港及新加坡、马来西亚槟城等地的瓷商组织看，近代在政局不稳、市场竞争激烈的环境下，潮籍瓷商为维护正常的市场竞争和保证会员利益，建立各地瓷商组织。这些瓷商组织以潮人为主体，以抱团求生存，建立行业有序竞争的模式，促进贸易发展。

20 世纪 50 年代，“凡出生于新加坡者，其父亲出生在那里并已放弃别的国籍或公民权的子女……均可成为新国家的公民，他们也都被承认为英国臣民或英联邦公民”②，在此政策的影响下，加速海外移民与侨乡民众的流动，部分老移民趁此时返回家乡，侨乡民众则赴海外与亲人团聚。在中国计划经济时代，最为突出的是新加坡瓷商公会，这一民间社团组织依靠新加坡特殊的地理和政治优势，代理国产日用品转口、贸易于整个东南亚，成为中国日用品外销东南亚的重要渠道。

21 世纪之后，在经济全球化背景下，随着中国民营企业的崛起，中国是世界上最大

① 口述资料，口述者：吴荣璋；采访者：李炳炎；采访时间：2011 年 3 月 3 日；采访地点：潮州市颐陶轩陶瓷文化艺术研究所；在场者：吴承义、佘树进。口述者：吴荣璋；采访者：李炳炎；采访时间：2011 年 9 月 28—30 日；采访地点：新加坡泰南公司、灿艺艺术品贸易公司；在场者：吴承义。

② 理查德 · 温斯泰德著，姚梓良译：《马来亚史》（下册），北京：商务印书馆 1974 年版，第 511 页。

的日用陶瓷生产国、消费国和出口国。亚洲产区主要是中国、日本、韩国及东南亚诸国。①泰国、马来西亚陶瓷业也占有重要的地位。2015 年潮州的日用陶瓷占全国的 25%，出口量占全国的 30%，居全国首位。欧美、中东及东南亚成为潮州陶瓷产品最大的消费地，新加坡瓷商公会一些规模以上的集团公司在竞争中求发展，通过在中国投资生产企业，在中国及泰国进行 OEM 贴牌生产，并以委托设计及自主品牌的加工贸易，树立品牌形象，利用国际平台和对东西方文化的了解熟悉，发挥服务软实力，重构与中国侨乡及其他瓷产区的产业合作关系，在“一带一路”沿线国家的互联互通中扮演更加重要的角色。

附　录　知名潮籍瓷商后裔访谈录

吴荣璋先生访谈录（节选）

采访吴荣璋先生（右）

采访时间：2011 年 3 月 3 日

采访地点：潮州市颐陶轩陶瓷文化艺术研究所

受访者：吴荣璋，男，1938 年生于枫溪，新加坡泰南公司第二代经营者

采访者：李炳炎

在场者：吴承义、佘树进

李炳炎：您的名字是?

吴荣璋：吴荣璋。

李炳炎：您属什么的?

吴荣璋：属虎的。

李炳炎：您今年 74 岁?

吴荣璋：是。

李炳炎：您是哪一年到新加坡的?

吴荣璋：我是 1950 年跟我姐到新加坡的。

李炳炎：您父亲那时已经在新加坡?

吴荣璋：我父亲在那边开了泰南。

李炳炎：您父亲的名字是?

吴荣璋：吴廷祥。

李炳炎：他是抗日战争时期去的吗?

① 据樊瑞新《中国日用陶瓷行业经济运行分析》：中国 2010 年统计的日用瓷产量是 271 亿件，是世界上最大的日用陶瓷生产国、消费国和出口国，全部日用瓷产量约占全球总产量的 54%；2015 年，全球日用陶瓷年总产量 500 亿件，形成了西欧、亚洲、东欧、拉美 4 个主要产区。亚洲产区主要是中国、日本、韩国及东南亚诸国，年产 310 亿件，约占世界陶瓷总产量的 62%。

吴荣璋：是。

李炳炎：他是直接到新加坡？

吴荣璋：他是从香港那边过去的。他当时跟吴万发陶瓷厂的人一起。我们的泰南就是跟他们合作的。我们跟吴万发一家人一起去的，半路我妈跟他们走失了，然后我们就回来了。

李炳炎：泰南栈就是您父亲开的？

吴荣璋：据说最开始开的是吴发利，灶脚这边的铺名叫吴发利。

李炳炎：泰南是在新加坡开的？在枫溪开的叫吴发利？

吴荣璋：在枫溪开的是吴发利，在我小的时候吴发利是做粗缶的。

李炳炎：具体做什么？

吴荣璋：那时候太小还不懂，后来是做观音，里面还有盖吴发利的印款，还有做蓝边的咖啡杯盘，有的上面画一朵花。当时吉隆坡的吴万发也做这个，然后由泰南代理。

李炳炎：泰南是您父亲开的？

吴荣璋：他们几个人合股的，有吴万发的人，还有一个我叫他二芝叔的，经营由我父亲负责。

李炳炎：吴万发也做得非常大。

吴荣璋：吴万发的老一代都去世了，现在是他们的儿子在经营，主要经营银行、百货公司，陶瓷方面主要做建筑陶瓷。他枫溪的老家离我们家不远。

李炳炎：也有做房地产是吗？

吴荣璋：有。

李炳炎：吴万发的创办人叫什么名字？

吴荣璋：吴尚高和吴敬高两兄弟。他们还在吉隆坡开了一家瑞昌隆。

李炳炎：吴万发也是在吉隆坡？

吴荣璋：是。泰南就是他们家和二芝叔还有我父亲合股的。香港还有一个吉成隆。

李炳炎：吉成隆是谁开的？

吴荣璋：是二芝叔的。

李炳炎：泰南主要经营什么？

吴荣璋：刚开始是经营粮食，卖泰国的大米。

李炳炎：后来您父亲就经营古董？

吴荣璋：他一向有经营日用用具，全世界各个地方的都有，例如有英国的，然后再把这些批发给零售商和百货公司，也有出口的，主要是做厨房的用具，还有一些工艺品。后来就开始参加交易会，参加交易会之后就什么都有卖了。

李炳炎：之后就是您在经营？

吴荣璋：那个时候就是一直在帮忙，等到我父亲过世了就由我全部接手。报纸什么的都有他的资料，他是怀德联谊社的发起人，他也做过联谊社的主席。

李炳炎：是哪一年创立的？

吴荣璋：我们联谊社有三十多年了，应该是 1973 年。

李炳炎：您去新加坡的时候几岁？

吴荣璋：十二岁。当时和我姐姐到汕头坐船，然后就到香港吉成隆住了一个多礼拜，再转船到新加坡。

李炳炎：当时从汕头到香港要多久的时间？

吴荣璋：我记得曾经去过一次是坐了一晚上的船。

李炳炎：香港到新加坡要多久？

吴荣璋：要四五天的时间。当时就有大宝来、万福士、海隆三艘船，在中国香港、新加坡、槟榔屿各地往返。

李炳炎：您到新加坡之后的生活怎样？

吴荣璋：我在那边读书。

李炳炎：能找到您的父亲吗？

吴荣璋：能找到，船上很多人也跟泰南有来往，问来问去就找到了。

李炳炎：在那边读小学？

吴荣璋：读二年级。

李炳炎：读中文的吗？

吴荣璋：是。

李炳炎：读到几年级？

吴荣璋：之后在中正中学读了两年，然后就想转到南洋大学读书，最后没有去成，就开始出来做生意，直到现在。

李炳炎：就开始了在泰南的工作？

吴荣璋：是，刚开始什么都要做，就是打杂的。

李炳炎：南洋大学对面的陶光您认识吗？

吴荣璋：认识，他父亲跟我是老相识，以前他一直是在万和发打工，在新加坡这个地方经营的是万和发的侄子。当时我跟他很要好，他在裕廊做工厂的时候，我经常送石膏粉去给他用。

李炳炎：他的名字是陈钦赐？

吴荣璋：是。

李炳炎：万和发是在哪里？

吴荣璋：在马来西亚。

李炳炎：三美光您知道吗？

吴荣璋：三美光也是做缶窑的。

李炳炎：他是枫溪浮洲园姓蔡的吗？

吴荣璋：是。

李炳炎：还有一个南雄？

吴荣璋：南雄是潮州人经营的，但不是枫溪人。

李炳炎：金太丽呢？

吴荣璋：金太丽是后来才有的，南雄是 80 年代就有的，他是入口商。这些人以前跟泰南都是有来往的。

李炳炎：您经营的多数还是新中国成立后的产品？

吴荣璋：是。我的货非常多，三个仓库都不够放，租金越来越贵，赚的都不够还租金。

李炳炎：主要还是经营潮州的产品？

吴荣璋：潮州的产品主要是转口贸易，本地零售比较少，主要就是转给吉隆坡的瑞昌隆，瑞昌隆大部分的货都是泰南代办的，我们帮他代办全世界各地的货。

李炳炎：这些瓷塑人物泰南都有卖吗？

吴荣璋：有，有的是新中国成立前的。

吴荣璋：记得以前在枫溪的时候有很多客商和大吴那边的人过来做塑像。

李炳炎：当时是收到多少订单就生产多少货？

吴荣璋：是。

李炳炎：当时的产品有落款吗？

吴荣璋：好像没有。

李炳炎：您现在还有卖吴发利的产品吗？

吴荣璋：我现在还有很多吴发利的产品，不过都是没有落款的。

李炳炎：应该是新中国成立后的产品。

李炳炎：你们兄弟几人分别是？

吴承义：承忠、承义、承信。

李炳炎：您的哥哥是做什么工作的？

吴承义：他在电信局工作。

吴荣璋：另外两个都是读完书就在政府部门工作。

李炳炎：按理说您父亲当时做古董这些应该赚了不少钱？

吴荣璋：也就是剩下一些货，他当时没有买产业，如果买产业就好了。

李炳炎：您父亲去世的时候就把这些留给您？

吴荣璋：留下的货太多了，分成了四份，我们兄弟一人一份。

李炳炎：都是一些古董？

吴荣璋：很多古董。

李炳炎：那您几个兄弟分到这些古董之后怎么处理？

吴荣璋：他们也是开店的，都拿去卖了。

李炳炎：现在新加坡还有多少经营旧陶瓷的店？

吴荣璋：剩下没几家了，我们兄弟就有三家，其他的基本没有了。

李炳炎：现在新加坡做陶瓷的企业和工厂多吗？

吴荣璋：基本没有了，还剩一个陶光，也不能算是在生产，主要是教授陶艺。

李炳炎：您多少岁到泰南？

吴荣璋：60 年代就到泰南帮忙了，1968 年的时候我就自己创业了，一半时间为泰南打工，一半经营自己创立的灿艺。

李炳炎：自己独立经营了？

吴荣璋：也不算是独立，就是在附近的另一个地方开多一间店。政府建了一座大厦，我姐的房子刚好在那里，就从大厦那里拿了一个摊位，跟我姐姐合作开的店，不过我还是在泰南帮忙，灿艺主要是我老婆和我姐姐在管理，我经常两边跑。

李炳炎：您有三个儿子？

吴荣璋：是。

李炳炎：您排行第二？

吴承义：是。

吴荣璋：他（吴承义）跟我经营灿艺。

李炳炎：新中国成立初枫溪的陶瓷在那里是怎样销售的？

吴荣璋：当时大多数货物都是到了之后就都卖出去。

李炳炎：我是指订单是怎么操作的？

吴荣璋：原则上订单是由香港的总代理公司出，但是多数还是直接从每个地方的出口公司出，例如我要枫溪的陶瓷就从汕头出口公司出。

李炳炎：那新中国成立前呢？

吴荣璋：那时候货是自己的，就由枫溪的发利和香港的吉成隆寄过去新加坡的吴泰南，吴泰南再转给瑞昌隆，有订单来了就整批货寄过去。

李炳炎：订单是哪里来的？泰南的货主要销往哪里？

吴荣璋：主要是吉隆坡的瑞昌隆，我们就是帮他们代卖的。

李炳炎：瑞昌隆就是吴敬高的？

吴荣璋：整个马来西亚的批发商都是找他要货，新加坡的代理商多数是供货给他，像吴春成也是。就像泰南的货，一到货大多数是寄到瑞昌隆，剩下一些再寄到其他地方。比如新山有十个铺头就寄给十个户头，马六甲有十个铺头就寄给十个户头，这样才符合他们的要求，纸盒之类的费用都是由他们出的。

李炳炎：这些货不是人家定做的？

吴荣璋：有一些是。有一些是他自己订货的，然后寄到新加坡泰南，泰南再帮他收货。我们都有目录表，报给人家是什么价钱，还有用来寄货的港口，收到的价格等，有的用火车运送，有的用船。

李炳炎：新中国刚成立的时候泰南的货就由汕头出口公司出的？

吴荣璋：每个港口都有出口公司，是属于政府的。

李炳炎：当时主要进口什么货品？

吴荣璋：家用的厨房用具，主要是盘、碗、碟和汤勺等。

李炳炎：也有一些工艺瓷？

吴荣璋：工艺瓷一直都有，像花瓶、各种玩具等，因为泰南自己做的就是这些产品，所以一直都有经营这些，后来就做一些古董和工艺品。

李炳炎：刚才看的民国的瓷塑玩具也是属于工艺品？

吴荣璋：这些很粗糙，主要是卖给百货公司，还有寄到马来西亚、老挝、印度尼西亚、泰国和美国等国家，主要还是寄到马来西亚、印度尼西亚和菲律宾。

李炳炎：美国也有？

吴荣璋：美国比较少。

李炳炎：这些销路好吗？

吴荣璋：当时很热销。现在有很多人在做，不好经营了。

李炳炎：这些人从什么时候开始的？

吴荣璋：有七八年了。现在没有大的资本没法做。

李炳炎：这些人是去摆路边摊的吗？

吴荣璋：每年中的两个大日子就会在政府的联络所举办各种活动，会搭棚子然后把摊位出租，一个摊位出租两个礼拜就要四五千块。

李炳炎：自己带东西过去摆卖？陶瓷也在这些地方卖？

吴荣璋：是，跟联络所租用两个礼拜，日期一到就要拆掉。

李炳炎：这样本地市场会被冲击吗？

吴荣璋：我们开店的当然会受到打击。他们的玉器、家具都可以拿到那边去卖，本来一个杯子卖一百或者十块钱，最后一块钱他也卖，只要有人出价他们就卖。

李炳炎：这是在新加坡哪个地方？

吴荣璋：很多地方都有。就是因为这样我们才很难经营下去。主要就是联络所、当地的居委会和商人合作的，收入的费用主要用在联络所。

李炳炎：以前货物和货款是怎样处理的？

吴荣璋：每一批货来，差不多一半给瑞昌隆，另一半就自己经营。例如有五个客户就每个客户发一点货过去，然后等到下个月就过去收钱和办理新的订货单，有些没销路的就会问清楚情况然后下次再安排寄货给他们，一直都是这样做的。本坡的就是新加坡这边的同行，会分一些货给他们，到后来主要卖给百货公司。现在都没什么人愿意做这行，因为花费太大了，竞争也大，那些大公司都转型做其他行业。

李炳炎：现在那边有通货膨胀吗？

吴荣璋：现在的生意算还行，小型的公司就不怎么做了，因为花费越来越高。

吴承义：东西是越来越贵了。

吴荣璋：政府也有补贴，但是补贴非常少，起不了什么作用。

【访谈后记】

吴荣璋为枫溪吴发利及新加坡泰南公司创办人吴廷祥之长子，1938 年生于潮州枫溪。吴廷祥 1913 年生于潮州枫溪，早年在枫溪创建吴发利陶瓷作坊，主要生产各类日用陶瓷器及观音等塑像。抗日战争期间，吴廷祥下南洋前往新加坡，到新加坡创办泰南公司，主要经营日用杂货及陶瓷用品。吴荣璋中途与父亲失散，便与母亲返回枫溪。1950 年，吴荣璋再次踏上下南洋之路，他先到香港再辗转到新加坡，开始加入泰南公司。20 世纪 50—60 年代是泰南公司经营最辉煌的时期，转口贸易的货物一到码头便销售一空。1968 年，吴荣璋与姐姐合伙创立灿艺公司，主要经营日用陶瓷及古玩等，后灿艺公司由吴荣璋独自经营至今。1992 年，吴廷祥去世，泰南公司由吴荣璋接手经营。吴荣璋在泰南公司工作多年，与中国枫溪、新加坡、马来西亚多家陶瓷公司有业务往来，熟悉枫溪陶瓷在新加坡、马来西亚等地的转销情况，对新加坡、马来西亚潮人陶瓷业的生产情况也比较了解。我们通过吴荣璋先生的采访资料，充分了解了枫溪吴发利、新加坡泰南公司的发展历程和新加坡、马来西亚潮人陶瓷业者的经营情况，对研究枫溪陶瓷在东南亚的销售情况和潮州陶瓷生产技艺在东南亚的传播有很大帮助。

吴景忠先生、吴景恭先生访谈录（节选）

采访吴景忠先生（左）

采访吴景恭先生（右）

采访时间：2014 年 3 月 23 日
采访地点：新加坡吴景忠家中
受访者：吴景忠（1925—2017），男，生于潮州枫溪，1934 年到新加坡，新加坡吴春成号经营者之一，新加坡古月轩、月宫古玩店创办者；吴景恭（1928—2014），男，生于潮州枫溪，1939 年到香港，两年后到新加坡，新加坡凤仙古玩店创办者
采访者：李炳炎
在场者：李沐龙

李炳炎：您的这家古月轩是什么时候开的？
吴景忠：60 年代初。
李炳炎：您自己创立的？
吴景忠：是。
李炳炎：主要经营哪里的陶瓷？有枫溪的吗？
吴景忠：因为我们对经营的陶瓷要求有具体的年份，枫溪的产品大多数是没有年份的，所以多数是江西、福建这些地方的。
李炳炎：经营到什么时候结束？
吴景忠：结束了三四年，原来我的店是在乌节路，后来政府收地，我就搬到别的地方，前些年我退休了就转让了。
李炳炎：现在经营者有沿用这个店名吗？
吴景忠：没有。
李炳炎：您是什么时候来新加坡的？
吴景忠：我 9 岁的时候过来的。
李炳炎：是从枫溪来的吗？
吴景忠：是。
李炳炎：您属什么的？

吴景忠：我今年 88 岁，属牛的。
李炳炎：到这边之后有读书吗？
吴景忠：有。我开了古月轩之后又开了一家叫月宫的店，也是经营古董的。
李炳炎：这两家店是在一起的吗？
吴景忠：分开的，但是都在乌节路这条街。
李炳炎：您的祖父吴子厚有来过这边吗？
吴景忠：那时候我还小，没有印象，长辈也没提起过，所以不清楚，不过我想应该有来过。
李炳炎：您父亲是 1951 年任瓷商公会的会长对吗？
吴景忠：是，他当时是做瓷器行的，做瓷器的同行们就商议说组织成立一个瓷器会，推选他做第一任的会长。
李炳炎：春成在东南亚是不是有很多分号？
吴景忠：春成有在新加坡开，后来我父亲发展为经营洋杂货，所以我们开到马六甲、吉隆坡。
李炳炎：陶瓷的洋杂货？
吴景忠：是。
李炳炎：这些陶瓷有盖过春成的款吗？
吴景忠：没有。不过以前我们做广告的时候盖过我们春成这个标志。
李炳炎：这个 1819 年是什么意思？
吴景忠：1819 年是家族开始做生意的时间。
李炳炎：您是属什么的？
吴景恭：八十多岁了，属龙的。
李炳炎：您几岁到新加坡的？
吴景恭：11 岁，日本人打过来了，就跑到这边。
李炳炎：是直接到新加坡的吗？
吴景恭：不是，先到香港住了两年。
李炳炎：日本侵略时期，您祖父怎样呢？
吴景恭：那时候还小不清楚，我只记得我回枫溪的时候他还在枫溪。
李炳炎：什么时候回去的？
吴景恭：在香港读书的时候，放假就回去，日本人走后也有回去。
李炳炎：1945 年之后回去您祖父还在？
吴景恭：已经不在了。
李炳炎：您什么时候开始开店？
吴景恭：我是和上海人合伙开了一家凤仙古玩公司。
李炳炎：凤仙当时有卖枫溪的陶瓷吗？
吴景恭：枫溪的陶瓷是春成在卖，我主要卖工艺品和玉。
李炳炎：春成的陶瓷是怎样从枫溪过来的？
吴景恭：枫溪的和成号把收到的陶瓷送到汕头的春成，然后再寄到这边，香港还有春成庄，以前都是利用这些关系。

李炳炎：新加坡春成的陶瓷主要卖到哪里？

吴景恭：卖到暹罗、印度尼西亚和婆罗洲。

李炳炎：这些陶瓷是枫溪那些作坊生产的？

吴景恭：都有。

李炳炎：有没有一些产品是盖春成号的？

吴景恭：没有。

【访谈后记】

吴景忠先生及吴景恭先生是吴子厚之孙，吴慎之之子。吴子厚是清末文林郎，曾任潮州府税厂总办，后受实业救国思想影响，经营春成号陶瓷行，主要从事本地陶瓷的转销贸易，他亲自到东南亚开拓陶瓷市场，在海内外创建多家分号，推动了潮州陶瓷在海外的销售，是近代枫溪陶瓷业发展的推动者之一。其子吴慎之 1951 年任新加坡瓷商公会第一任会长。吴景忠 1934 年到新加坡，与父亲吴慎之共同经营新加坡春成号，主营各类中西瓷器，业务遍布海内外，在新加坡、吉隆坡、马六甲等地都设有分号。20 世纪 60 年代初，吴景忠在新加坡乌节路创办古月轩，主营古瓷，之后又开设月宫古瓷店，至近年退休后结束经营。吴景恭 1939 年到香港读书，据他回忆，假期回乡仍能见到祖父吴子厚，证明抗日战争期间吴子厚仍在潮州居住，这一点是研究吴子厚晚年去向的有力证据。两年后，吴景恭到新加坡，成年之后与人合资经营凤仙古玩公司。我们通过吴景忠先生、吴景恭先生的采访资料，了解了吴子厚先生所经营的春成号的一些情况和其晚年生活的一些事迹，充实了我们对近代枫溪陶瓷外销的研究。

第三章

新加坡的潮人陶瓷业

新加坡全称新加坡共和国，旧称新嘉坡、星洲或星岛，别称狮城，是东南亚的一个岛国。1819 年，英国东印度公司雇员托马斯·斯坦福·莱佛士登陆新加坡，取得了在新加坡岛建立商站的权利，新加坡沦为英国东印度公司的领地。1824 年，英国东印度公司取得对新加坡的统治权，新加坡的殖民地地位进一步确立。1826 年，英国将马六甲、槟榔屿和新加坡合并为海峡殖民地。1867 年，新加坡成为英国直辖殖民地。1942 年，日本占领新加坡。1945 年，日本投降后，英国重新管辖新加坡。1959 年，新加坡取得自治地位。1963 年，新加坡参与组建马来西亚联邦，脱离英国统治。1965 年，新加坡退出马来西亚联邦，成立新加坡共和国。

新加坡北隔柔佛海峡与马来西亚相邻，南隔新加坡海峡与印度尼西亚相望，毗邻马六甲海峡南口，国土面积 719.1 平方千米，海岸线总长两百余千米，国土除新加坡岛外，还有圣约翰岛、龟屿、圣淘沙、姐妹岛、炯岛、德光岛等六十余个岛屿，较大的外岛为裕廊岛、德光岛和乌敏岛。新加坡由于地理位置优越而成为一个繁盛的转口贸易商港，吸引了不同文化源流的族群前来发展，最终成为一个多元文化的移民国家。截至 2015 年 11 月，新加坡常住总人口约 550 万人，主要分为四大族群，其中华人（汉族）占了人口的 74.2%，马来族占 13.3%，印度裔占 9.1%，亚欧裔混血占 3.4%。大多数华人祖籍为福建、广东、海南，其中闽南人占 40%，其次为潮汕人和广府人等。

早在 14 世纪至 17 世纪，新加坡不单是马来亚王国的重要据点，也是区域转口贸易的集散中心。特别是 1819 年开埠之后，新加坡取代了马六甲和槟榔屿，成为英国在东南亚的主要港口，它与世界许多地方都有密切的贸易往来，其中主要的一个贸易联系点是中国。许多中国大帆船满载中国物品和移民来到新加坡。①

① 颜清湟著，粟明鲜等译：《新马华人社会史》，北京：中国华侨出版公司 1991 年版，第 11 页。注载：在 1845—1846 年，有 122 艘总载重量为 15 127 吨的中国大帆船，从中国的各个口岸抵达新加坡。中国物品包括明矾、樟脑、肉桂、陶器、棉布与丝绸制品……同年有 11 653 名华人移民到新加坡。参见该书第 26 页注释［65］。

近代潮人下南洋到达新加坡的红灯码头，这是潮人到达南洋的主要码头之一，他们必须先经过防疫检验后方可上岸。在码头不远处便是潮州会馆及潮人商铺经营较为集中的地方，上岸后的潮人多数凭介绍信到潮州会馆落脚，或等待亲友接济，或直接到乡亲经营的商铺打工。红灯码头也成为潮人下南洋的一个重要见证地。新加坡因优越的地理条件，成为潮籍瓷商的主要贸易活动区域。潮人主要聚集于新加坡的皇家山脚、新加坡河畔、大坡二马路、新巴刹一带，接近新巴刹的大坡二马路被称为潮州街。①

20 世纪早中期，新加坡的经济以商业贸易为主，尤其是在英国殖民统治下，新加坡以其优越的地理位置成为东南亚最繁盛的城市。新加坡的小坡碗店口、小坡爪亚街、甘公仔内、美芝路、火城横街、新甘公、惹兰苏丹、牛车水戏园后、大坡赌间口等都聚集了大量潮籍瓷商，他们以经营潮州瓷器为主，兼营各类日用杂货和土特产。大量潮州陶瓷器经由新加坡的瓷商再转售世界各地，其中大部分产品转售至东南亚各国。

第一节　新加坡潮人陶瓷业的发展概况

新加坡潮人陶瓷业的发展初期以潮人经营的陶瓷商业为主。20 世纪初新加坡掀起了种植橡胶的热潮，新加坡及马来亚等东南亚国家需要大量胶杯用于生产，新加坡作为当地主要的贸易港口，成为潮瓷在东南亚主要的销售地。大量胶杯从潮州枫溪出口到新加坡，再转口贸易至东南亚各地，这使新加坡瓷器经营业得到大力发展。潮籍瓷商纷纷到新加坡设店经营，他们主要经营潮州产的陶瓷器，兼营各类潮州特产。

新加坡陶瓷生产业的兴起，一开始主要为满足当地人们的生活所需。1929 年世界经济危机爆发后，英国殖民当局为转嫁危机采取一系列有利于英国资本的政策和措施，使中国陶瓷器几乎无法进口，或者价格失去绝对优势。当地橡胶种植业及人们日常生活需要大量陶瓷器，新加坡的潮人纷纷利用家乡的制瓷技术在当地开展陶瓷生产业，生产当地生产及生活所需的胶杯、缸、瓮等陶器及日用瓷器。新加坡的陶瓷业在国际经济贸易形势转变和当地生活生产大量需求的环境下得以发展，并出现繁荣景象，潮人陶瓷业者也在这一时期通过努力发展成为当地陶瓷业的主导者。这一时期新加坡的潮人陶瓷业基本以生产胶杯、陶缸、陶瓮为主，以满足当地大量市场需求，产品仍较为粗糙，胶杯、陶缸、陶瓮等以手拉坯成型，产品或施釉或素胎或施半截釉，采用平地龙窑烧制，烧造温度较低，质地粗松，产量大，但仍供不应求。潮人陶瓷业经营者建立的龙窑长者达 26 目，短者也有 18 目，很多作坊为满足市场需求，纷纷从家乡聘请陶瓷工匠前往新加坡，使新加坡的陶瓷业得到大力发展。裕廊和后港仅弹丸之地，作坊竟达几十家，龙窑多达几十条，移居当地的潮人大多从事陶瓷业。

第二次世界大战期间，受战争影响，新加坡的陶瓷业几乎处于停顿状态，甚至覆灭。只有部分作坊被日军占领后，被迫为其生产餐具及其他日用陶瓷器。战后的新加坡陶瓷业

① 口述资料，口述者：吴荣璋；采访者：李炳炎；采访时间：2016 年 6 月 14 日；采访地点：新加坡红灯码头。

出现复兴现象。当地人们重建家园和恢复生产都需要大量陶瓷器，陶瓷业在这一形势下迅速复产，产品主要为日常生活需要的陶瓷器，仍延续先前较为简单的工艺特征。

1955 年，中国华侨政策的出台，新加坡潮人纷纷完成本土化过程，陶瓷业的发展也随之进入本土化阶段。这一时期的陶瓷业开始逐渐转变，从简单的满足日常生活及生产所需，开始转变为在生产上融入当地特色文化，不再单纯制作传统潮州窑出口新加坡的陶瓷器。1965 年新加坡独立，在国家政策鼓励下，陶瓷业得到稳步发展，开始引入机器制坯的生产设备，为陶瓷业的发展起到推动作用，出现了传统手拉坯和机器制坯共存的生产局面，产品主要为当地需求的日用瓷及具有当地特色的工艺陶瓷。

20 世纪 70 年代新加坡开始转向发展高科技产业，大量金属及塑料日用制品严重冲击低端日用陶瓷市场，陶瓷业逐步衰落。80 年代由于政府大力投资基础设施建设，力求以最优越的商业环境吸引外来投资，大量龙窑因占地及环境污染被拆除，陶瓷生产业基本被淘汰。至 90 年代末，新加坡仅存陶光、源发两处龙窑，至此新加坡的陶瓷业基本退出历史舞台。

目前，新加坡的李荣利仍坚守着源发龙窑，他相信总有一天这条沉睡的龙窑会再次被唤醒。陶光龙窑的经营者陈德育则以传承陶瓷历史文化为由，向新加坡政府申请，陶光龙窑得以保留，每年举办两三次象征性的烧窑活动，吸引大批市民和媒体前往参观和报道，成为见证历史、传承文化的综合性陶艺基地。

新加坡因其特殊的地理位置，成为近代大部分潮人下南洋首先到达的地方，也是近代潮瓷外销的主要市场之一，汇集了大量潮籍瓷商。当国际贸易形势发生转变，新加坡不能再依赖从中国进口陶瓷器，当地的潮人便利用潮州窑的生产工艺发展陶瓷生产业，后港及裕廊的陶瓷业是近当代新加坡陶瓷业的代表，潮人陶瓷业者是其主导者，可以说新加坡的陶瓷业基本是由潮州人发展起来的。新加坡陶瓷生产业经营情况如下：

新加坡陶瓷生产业经营情况表①

分布	企业名称	创办人	经营时间	祖居地
德光岛	龙窑	卢发桢	1930—?	枫溪
后港	蒙古包窑	吴亚瑞	1920—1938 年	福建
	陶兴缶窑	亚七婶、谢成阳、赖平春、吴镜宏	1934—1951 年	潮州
	聚联丰缶窑	佘锦成	1938—1977 年	枫溪佘厝
	合成发、三美光缶窑	蔡应绍	1938—1994 年	枫溪

① 此表根据作者近十年来在东南亚实地调查的口述资料整理出来，部分资料由陈嘉琳女士提供。

（续上表）

分布	企业名称	创办人	经营时间	祖居地
裕廊	陶南发	吴炳丰	1935—1937 年	枫溪
	九条石缶窑	陈天安、吴显深	1936—1983 年	枫溪
	卢利发缶窑	卢来镇	1942—1983 年	枫溪
	陶生缶窑	吴亚七	1942—?	枫溪
	裕美缶窑		1936—1983 年	潮汕
	香利七龙窑	香利七	1942—?	枫溪
	源兴窑	朱金城	20 世纪 50 年代至 80 年代	枫溪
	吴合顺缶窑	孙炳辉	20 世纪 40 年代至日军入侵	枫溪
	吴合顺号	吴显武	1950—1983 年	枫溪
	鸿兴窑	吴承桂	1954—1956 年	枫溪
	陶发窑	邱炳全	1955—?	枫溪
	源发窑	李荣利	1959 年至今	普宁
	陶光窑	陈钦赐	1965 年至今	枫溪

新加坡潮人陶瓷业发展至 20 世纪 80 年代，基本仍沿袭传统潮州窑的生产方式，[①] 之后随着城市建设规划需要，大部分作坊及龙窑被拆除。

新加坡潮人瓷业主要分布在德光岛、乌敏岛、后港、裕廊等地方。德光岛较早出现陶瓷业，之后因为军事驻地的需要，德光岛的陶瓷业被迫向其他地方迁移；早期乌敏岛的陶瓷业规模不大，因岛上蕴藏丰富的花岗岩，后来主要发展花岗岩开采业，至 20 世纪 70 年代陶瓷业基本被淘汰。继德光岛和乌敏岛之后，新加坡的后港和裕廊的陶瓷业逐渐发展壮大，成为新加坡重要的陶瓷产地。

第二节　德光岛及后港的潮人陶瓷业

德光岛坐落于新加坡东北部的外海，距离新加坡本岛不到 5 千米，是新加坡第二大外岛，西面与乌敏岛相望，北面和东面紧邻柔佛海峡。德光岛是新加坡最早出现陶瓷业的地方，早在 20 世纪初，德光岛已有福建人经营陶瓷业，之后逐渐转为潮州人经营，但为数不多，主要以家庭作坊形式存在，工人也基本来自潮州。他们利用枫溪平地龙窑不受山坡

① 口述资料，口述者：卢裕丰；采访者：李炳炎；采访时间：2014 年 9 月 24 日；采访地点：新加坡陶光公司；在场者：陈德育、陈嘉琳、李沐龙。口述者：林树炳［潮州人，1928 年生于新加坡，化学工业（远东）有限公司主席兼董事经理］；采访者：李炳炎；采访时间：2016 年 2 月 25 日；采访地点：潮州市颐陶轩潮州窑博物馆。口述者：佘祥如；采访者：李炳炎；采访时间：2014 年 10 月 2 日；采访地点：新加坡义安城。资料来源：1986 年蔡应绍于新加坡口述历史馆访谈记录，陈嘉琳女士提供。

限制的建造特点在德光岛兴建平地龙窑，简单淘洗瓷土，利用近代潮州窑传统俗称为“蘑菇车”的手拉坯车制作简单的陶缸和花盆。产品烧制温度较低，约为 1 200℃，质地粗松，多延续近代潮州窑此类出口新加坡陶瓷产品的特点。至 20 世纪 60 年代，德光岛被规划为军事用地，所有陶瓷业被迫迁移至其他地方，其中一部分搬迁至裕廊。

20 世纪初，卢发桢带着儿子卢锦城（？—1944）与兄长从枫溪到达新加坡，最后定居于新加坡德光岛。德光岛虽然资源缺乏，但瓷土资源却很丰富。卢发桢和兄长为了生存，利用在枫溪学到的制瓷技术，在德光岛建起了龙窑，这条龙窑也是德光岛唯一的一条龙窑，主要用于生产当地生活和生产需要的花钵和大水缸等陶器。卢锦城的制瓷技术非常好，是作坊的能手，凭借着手艺，带给家庭安稳的生活。

1941 年，卢锦城之子卢裕丰（1941—　）在德光岛出生。1944 年，卢锦城不幸去世，家庭也因此陷入困境。此时的卢裕丰年仅 3 岁，只能依靠着母亲和祖父以及曾伯父生存，年幼的他开始跟着祖父和曾伯父在作坊帮忙和学习。之后卢裕丰的祖父和曾伯父去世，作坊便由他的小叔和曾伯父的儿子继承。

德光岛因为是一个外岛，交通不便，人多地少，当地大部分人的生活都很艰苦，所以很多人选择到新加坡打工。去新加坡打工的人大都衣锦还乡，因而又吸引了更多人外出打工，卢裕丰也深深地被吸引了。1957 年，卢裕丰终于也踏上了外出打工之路。他到裕廊枫溪人朱金城创建的源兴龙窑打工，当时源兴龙窑主要生产当地市场需求量大的胶杯和瓷蛋。刚开始工资非常低，每月工资仅三至五元，工作两三年后，卢裕丰觉得待遇太差，又没有发展的机会，于是他又回到德光岛的龙窑工作。

1964 年，源兴窑的朱金城因作坊请不到手艺好的师傅，产品质量太差，经营不利，难以在市场生存。于是他打电话给卢裕丰，请他以人工入股的方式加入龙窑的经营，同时还邀请了朱班然加入，每人分给 20% 的股份。卢裕丰和朱班然正式加入源兴窑的经营，卢裕丰主要负责生产，朱班然主要负责门市销售。

20 世纪 70 年代，新加坡大兴胡姬花种植业，需要大量的花钵，源兴窑也顺应市场需求，适时生产大量的花钵，生意得以发展。源兴龙窑就在新加坡南大门一侧，地理位置非常好，因销售需要，他们在南大门的门口设置门市部，生意非常好。随之朱金城的儿女逐渐长大，他们开始加入工厂的生产和经营，他的儿子慢慢在门市取代了朱班然，随后朱班然离开了源兴号的经营，次年卢裕丰也离开了源兴号。

20 世纪 80 年代，因政府征地需要，大量龙窑被政府收购。卢裕丰因为有 20% 的股份，因此获得了摊位赔偿，转做烧腊档口。后来卢裕丰的儿子文斌和文泰等扩大经营，不仅开设烧腊工厂，还设置终端市场销售，成为新加坡知名的烧腊字号。①

新加坡后港位于新加坡的东北部，自 20 世纪初便有福建人及潮州人在此经营缶窑。目前可知资料为：1920—1938 年福建人吴亚瑞经营圆窑（俗称蒙古包窑），该窑后由三美光的蔡应绍接手经营，改建成 30 目的龙窑，1957 年，蔡应绍于杨厝港九条石另建新工厂；1938 年，枫溪人佘锦成建立聚联丰缶窑；1934 年，由谢成阳、赖平春、吴镜宏三大师傅与窑主亚七婶合作经营陶兴缶窑（现址惹兰缶窑，龙窑长 24 目），1940—1950 年经营最

① 口述资料，口述者：卢裕丰；采访者：李炳炎；采访时间：2014 年 9 月 24 日；采访地点：新加坡陶光公司。

旺盛，主要生产大陶缸、花缸、花钵、骨灰瓮等，1951 年结束合作，由邓加苗接管，数年后结业；1938—1994 年蔡应绍经营合成发（龙窑长 30 目）和三美光缶窑，蔡应绍是后港陶瓷业经营者中的主要代表。①

一、聚联丰

新加坡后港聚联丰号创办人佘锦成（1890—1961）生于枫溪堀池。1930 年，佘锦成到新加坡谋生。1938 年，略有积蓄的他在新加坡后港租地建龙窑，开始经营陶瓷作坊，主要生产当地需求量大的胶杯、陶缸、花钵等。因他在枫溪时一直从事陶瓷工作，掌握了非常多的制瓷知识和技术，很快在经营上获利。后港有丰富的瓷土资源，当时陶瓷厂的瓷土多数是工人从周围土地挖掘出来的。1948 年，当地政府开始对土地进行规划，挖掘瓷土需要缴交费用。由于瓷土是陶瓷生产的主要原料之一，占成本比例不小，为了控制生产成本，在经营中获利不少的佘锦成决定与人合资向政府购买作坊对面的土地，用于建设龙窑，继续生产陶瓷。1951 年，佘锦成成功取得土地使用权，在新工厂建设了当时新加坡最大的龙窑，该龙窑长达 45 米。当时除生产大量的胶杯、陶缸、花钵、陶锅外，还应城市建设需要生产下水道陶管和陶瓷水槽等卫生用具，因为大量的生产和建设需要，产品常常供不应求。

佘锦成的新工厂拥有二十多名工人，因为陶瓷制品利润不高，每千个胶杯售价才 250 元，所以常常是靠大量生产来创造利润，当时佘锦成的龙窑每月能烧五窑。

佘锦成的儿子佘焕钿（1920—?），1920 年生于枫溪，1930 年随父亲到新加坡，一直跟随着父亲学习陶瓷制作和工厂管理。佘焕钿掌握了父亲传授的技术，每日能手拉坯一千个胶杯，技术非常娴熟。

1961 年，佘锦成去世。工厂由儿子佘焕钿继承，佘焕钿一直维持工厂的生产，他的长子佘祥如（1943—　）、次子佘祥茂（1958—　）也参与工厂的生产和管理，长子佘祥如毕业后从事其他行业，次子佘祥茂即继承祖业。

1977 年，由于政府征地，加上大量塑料制品、不锈钢制品挤压陶瓷市场，生意逐渐冷落，佘焕钿决定结束龙窑的经营。②

二、三美光

蔡应绍（1919—2013），生于枫溪宫前。父亲蔡裕智与其二哥下南洋到泰国合作经营大米贸易，拥有三家行店。蔡应绍兄弟共八人，他排行第七。大哥应添在家侍亲，二哥应标在新加坡春成号当家账，三哥应安到泰国帮助父亲经营，四哥应强在新加坡碗店口经营缶店，五哥应煌、六哥应锐、八弟怀泽在国内当兵。

蔡应绍 9 岁开始学习瓷艺，由于父亲和兄长大多下南洋谋生，他 15 岁便开始当家，

① 资料提供：陈嘉琳女士、吴义亮先生、吴义明先生。

② 口述资料，口述者：佘祥如；采访者：李炳炎；采访时间：2014 年 10 月 2 日；采访地点：新加坡怀德联谊会。

自己制作销售陶瓷产品。1936 年，18 岁的蔡应绍以自由移民身份与陈钦赐同船到新加坡投靠二哥、四哥。他最开始先到二哥应标经营的位于碗店口（缶铺群）的成兴公司和四兄应强经营的和气号当帮工。20 岁时，他经亲戚介绍到后港（杨厝港）潮州人经营的陶兴陶器窑工作。陶兴窑规模较小，自有 24 目龙窑一条，产品主要是陶质大水缸，大水缸用于家居盛水，由于新加坡气候干旱，故销量很大。蔡应绍到陶兴后自己制作大水缸，按件计值，效益很好，不久他便有了积蓄。陶兴窑邻近有一蒙古包窑，为福建人吴亚瑞经营，生产中温陶器，其中以水碗（即水钵）较为知名。1938 年适逢吴亚瑞有意转让缶窑，蔡应绍得知后与约二十个朋友“碎股”集资购得该缶窑，改名为合成发瓷器厂，后改建为一条长 50 米，共 30 目的龙窑。产品主要为杨协成、大华等厂家生产的酱油瓶及大水缸，不久由于经营不善拆伙，缶窑转让给经营三美光大理石的福建商人，后改名为三美光缶窑。由于该名福建商人主要经营大理石及花木，需要大量花盆配套销售，但又不熟悉陶瓷制作，所以他聘请蔡应绍代为管理三美光缶窑，并约定该窑无偿给蔡应绍使用，但所生产的花盆均应按工本交给三美光销售，其余产品如水缸、水钵等家居用品则由蔡应绍经营。1957 年蔡应绍在杨厝港九个石（英里）处新建一条龙窑，称为三美光新窑，窑场有工人五十多名，大多来自潮州的下塘和枫溪。20 世纪 60 年代，三美光的老板（福建人）去世后，蔡应绍向其养子购下三美光缶窑，并沿用“三美光”旧号。1961 年新加坡大旱，居民为了蓄水，大水缸月销售量达几千个，缶窑产品供不应求，以前库存的次货修补后也被抢购一空。

1935 年新加坡后港合成发瓷器厂生产的水碗

新加坡后港三美光龙窑

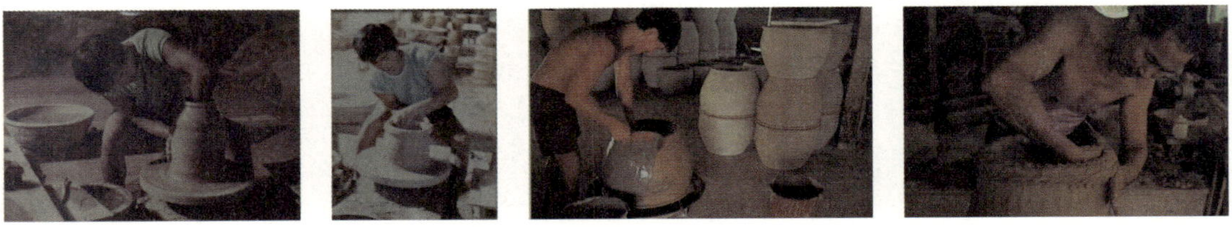

新加坡后港三美光生产工艺

蔡应绍育有七个儿女：秀清（1944— ）、树祥（1946— ）、树生（1948— ）、秀卿（1951— ）、树钦（1953— ）、叶甜（1956— ）、树金（1958— ）。这些儿女大

多从小参与缶窑的生产。长子蔡树祥自小在窑厂帮忙，五六岁便会帮忙制土，十岁便会用蘑菇车手拉坯。之后，蔡树祥便入学堂学习，二十岁在剑桥毕业后，参加为期两年的学习，二十二岁回到窑厂帮助父亲经营三美光，他亲自到西欧开拓市场，销售三美光的园林用陶。

20 世纪 60 年代之前三美光的产品主要为大小水缸、水钵，各式腌制品的缸、瓮；60 年代，留学归来的蔡树祥加入经营，他亲自到海外开拓市场和采购商品，三美光的产品转为以花盆、花盆盘套为主，还开始了陶瓷转口贸易的经营；70 年代，蔡树祥到宜兴、石湾等地采购陶瓷产品转口贸易至西欧，此时三美光的产品主要为色釉及青花花钵，主要出口澳大利亚的悉尼、墨尔本等；1980 年，蔡应绍退休，三美光转为由蔡树钦主力经营管理，此时三美光主要生产不留孔的花钵，适用欧洲人套装塑料花钵，主要出口荷兰；1984 年，蔡树祥回潮州省亲，到高陂采购青花红绿彩产品，销售至各地。1982—1994 年是经营的兴旺时期，每月出口六至七个货柜，产品为按外销需求，收购以前来自中国的大龙缸（装皮蛋用的陶缸，施青黄釉，贴塑海水龙纹图案），内装上自产的花钵、水钵、盖盅，大小相套。

1990 年左右，蔡树祥在潮州东凤护堤路投资兴建八卦窑（圆窑），聘请其伯父之孙子代为管理，主要生产鱼缸，产品直接由工厂发运至西欧的客户，货款则由客户直接汇至新加坡给他，他再将经营费用汇至潮州的工厂；直至 2000 年东南亚危机爆发前，经济萧条，蔡树祥于 1997 年决定结束工厂的经营。[①]

1994 年，新加坡政府对后港一带的缶窑进行规划，或投资改造缶窑成为旅游观光的景点，或拆除发展现代工业区。蔡应绍年事已高，决定放弃经营，龙窑于同年 11 月底被拆除。

1994 年底，为传承经营，保存三美光店号，由蔡树钦、蔡叶甜、蔡树金三人在后港老缶窑附近择址经营三美光陶艺，主要创作陶瓷艺术品以及经营酒店等单位定制的陶瓷制品，为专业人士减压或为陶瓷爱好者开设陶艺班，销售各种陶瓷原料及制作工具。[②] 2010 年之后，三美光陶艺已吸引一批院校的美术老师及民间工艺美术爱好者到这里进行手拉坯、捏塑、彩绘等陶瓷艺术创作。

新加坡后港三美光陶艺出品仿哥窑碗、开片纹罐

新加坡陈有良先生创作的“颐陶轩”书卷花卉纹灯笼瓶

① 口述资料，口述者：蔡树祥；采访者：李炳炎；采访时间：2016 年 12 月 15 日；采访地点：新加坡滨海湾金沙展厅。

② 口述资料，口述者：蔡树金、蔡叶甜；采访者：李炳炎；采访时间：2014 年 3 月 23 日；采访地点：新加坡三美光陶艺。

第三节　裕廊的潮人陶瓷业

裕廊位于新加坡西南部，这里蕴藏着丰富的瓷土资源，近代潮州枫溪等陶瓷业者在这里经营有十几条龙窑，如卢裕丰的源兴、陈钦赐的陶光、李荣利的源发等窑，产品以胶杯、花盆、陶缸等粗陶器为主，并逐渐向日用瓷器及工艺陶瓷方面延伸，至20世纪80年代末，因政府规划而基本结业。目前，新加坡裕廊仅存两处龙窑，都在惹兰巴哈。一处是源发陶器厂，另一处是陶光工艺（私人）有限公司，两条龙窑相隔几十米，每年各有两三次烧窑活动。裕廊的龙窑基本建于平地，窑室坡度较小，长度约50米，以中温氧化焰烧造陶器。目前，这些龙窑的燃料多采用木材边角废料，原来的匣钵改为硅板垫架，人工将坯体装于硅板上裸烧。烧窑前，仍保持祭拜窑神的习俗。如今，源发已经停业变为仓库，陶光也转变为旅游观光及陶艺传播之地。龙窑所烧造的产品基本为陶艺工作者的陶瓷艺术作品，作品施色釉、窑变釉，个性鲜明，风格独特。近代潮人在裕廊经营的龙窑具体情况如下：

1935年吴炳丰在旧裕廊十四条石李玉波园创陶南发，两年后因病回乡，由吴显深及陈天安接手。20世纪40年代末期，吴显深过世，由其遗孀与陈天安经营，至1983年因政府征用土地而结业。产品有胶杯、腐乳煲（下瓦边）、橱脚槽、水涵、扑满（钱鼓）、石球，也代烧胶园用磨刀石（侨民公司特制）。

1936年陈天安及吴显深合创九条石缶窑，日本入侵后停产。

1936年创建的裕美缶窑，位于旧裕廊十四条半石。50年代中期由朱金城承租，创立源兴号，因业务欠佳，后邀请卢裕丰、朱班然合股，适逢胡姬花种植业兴旺，生产花盆、花钵，也兼制胶杯，1983年因政府征用土地而结业。

1942年卢来镇在旧裕廊十四条石创立卢利发缶窑，主要生产胶杯、水涵、花钵、花盆，60年代由女婿潘明河接手，1983年因政府征用土地而结业。

20世纪40年代初孙炳辉在旧裕廊十四条石蒋林园内建吴合顺缶窑，日本入侵后停业。

1942年吴亚七在旧裕廊十一条石创陶生缶窑，主要生产花钵、花盆、水缸等。

1942年的亚微缶窑，位于旧裕廊十六条石洛阳村内，陶器产品种类不多，有水涵、花钵、花盆、鸦片烟筒头。

1954年吴承桂（字镜宏）在旧裕廊十三条石创吴鸿兴陶瓷厂，原旧窑是1940年建的福建式圆窑（蒙古包窑），窑主兼地主是黄双林。承租后，经地主同意，将旧窑拆除，聘吴锦潮师傅监督改建成为17目的龙窑，主要制作胶杯、水涵、石球、花钵、扑满、盖盅。1956年吴承桂因交通事故去世，遗孀苏御花结束营业。龙窑转租给杨木森，专做日式风炉，兼制胶杯、水涵、花钵等，经营两年后结业，龙窑归地主。20世纪60年代初，欧英光租用此窑做日本式风炉。1965年陈钦赐承租该窑创办陶光工艺（私人）有限公司。

1955年邱炳全在旧裕廊十三条石建立的陶发缶窑，窑长40米，主要烧制花盆。1959年由李荣利承接经营，主要制作胶杯、花钵和杂缶。[①]

① 资料提供：陈嘉琳女士、吴义亮先生、吴义明先生。

一、吴合顺

吴翘然先生像

吴显武，枫溪人，字喜泉，20 世纪初下南洋到新加坡谋生，最初与长子吴翘然（1918—2003）到碗店口打工。1950 年，吴显武与长子吴翘然在新加坡裕廊十四块半石创吴合顺陶瓷器制造厂，有约 30 目龙窑一条。吴显武父子采用手拉坯生产胶杯，一个月大概烧两次窑，产品主要销往马来亚南部。20 世纪 50 年代末，吴合顺由吴翘然继承，吴显武幼子吴承冲辅助。60 年代初，吴合顺陶瓷器制造厂开始生产水涵及花盆，制作上也从落后的手拉坯工艺开始转为采用机器压坯生产，基本每月可烧窑七八次，生产最旺时龙窑基本不停歇，一窑接着一窑地烧制。吴翘然育有五子，分别为吴为义（1944—　）、吴为礼（1951—　）、吴为智（1953—　）、吴为孝（1954—　）、吴为群（1958—　）。1983 年，吴合顺因政府征用土地而结业，吴翘然转为经营合顺百货公司，主要销售厨房陶瓷日用品。①

新加坡裕廊吴合顺龙窑旧照

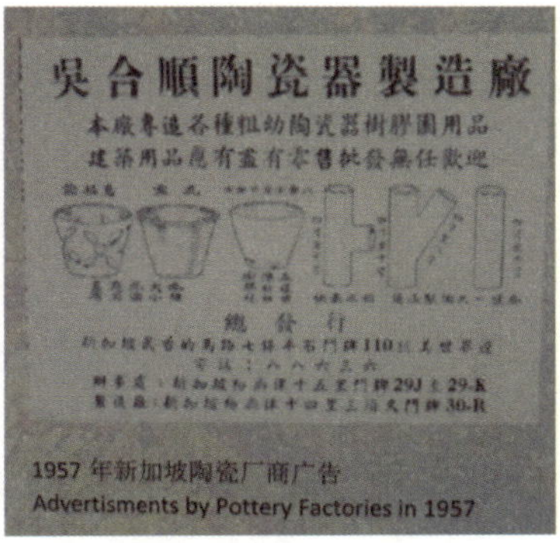

1957 年新加坡裕廊吴合顺广告页

二、鸿兴窑

吴承桂（1913—1956），生于枫溪井子寮。20 世纪 20 年代随父亲吴炳丰下南洋到达新加坡。吴炳丰到达新加坡后，在裕廊十四条石创办陶南发龙窑，主要生产大水缸。吴承桂小时候在父亲的作坊帮忙，习得一定的制瓷技术。

1954 年，吴承桂得知裕廊有一福建人因为经营不善，欲出售自建的一条 3 层圆窑，他买下这条福建人经营的圆窑，改名鸿兴窑。次年开始生产，产品主要是当地生产和生活需要的胶杯、花钵、陶制水涵、陶瓷炖盅等。

① 口述资料，口述者：吴为礼；采访者：李炳炎；采访时间：2016 年 11 月 5 日；采访地点：潮州市颐陶轩潮州窑博物馆。

吴承桂育有两子，长子吴义明，次子吴义亮，吴义明与吴义亮小时候都会在作坊帮忙，吴义亮主要帮助捣瓷土。

1956 年，吴承桂不幸因交通事故去世，两子尚小，未能继承事业，于是出让鸿兴窑，先后购买的两位业主都无法长期经营。1965 年，第三次转手卖给陈钦赐，改名陶光窑。①

三、源发窑

源发创办者李荣利（1935— ），出生于新加坡裕廊，祖籍广东普宁。20 世纪 40 年代，年仅十几岁的李荣利，由于父亲早逝生活窘迫，只能到建筑工地当杂工。1954 年，李荣利通过邻居吴合顺陶器窑创办者（人称二伯）之子吴翘然的介绍到合顺当杂工，主要是帮制陶师傅完成一些零碎的工作，李荣利慢慢地从制陶师傅的制作过程领悟到制陶技术的要领，不到一年他便学会了制陶。

1956 年，当地开始兴起租车业，李荣利便离开合顺开始做租车业，刚开始生意非常好，到了 1958 年竞争开始激烈，恰逢当时大兴橡胶业，胶杯需求量很大，于是他决定离开租车业，准备利用这笔资金做窑业。

新加坡裕廊源发龙窑

1959 年，李荣利以每月 25 元的租金租了一块五六依葛（即马来文 ekar，英文 acre 之音译，英亩）的橡胶林地用来建窑厂。这块地大部分的土壤是瓷土，没有养分的瓷土根本不适合种植橡胶，他砍掉了所有的橡胶树，开始挖窑形沟建窑和厂房，创建了源发窑。源发窑由李荣利一人出资，有三个工人以工作的形式入股，总共有六七名工人。因为当时资金不足，所以李荣利选用了青砖（没有烧过的砖）建造窑炉，这种没有烧过的青砖建造的窑炉不耐用，几年后就必须重建。当时源发主要生产胶杯、花盆、小碟（俗称桌脚：当地人多居住山顶屋，通常在桌脚垫上装满水的小碟防止蚂蚁爬上桌面）等，胶杯是石膏模制作，花盆和小碟则靠手拉坯完成，一窑可烧一万多个胶杯，每月烧五六窑。瓷土主要来自当地，还有一些其他地方挖掘工厂、池塘等工地运输出来的泥土，燃料则用当地的枋廊柴。一年后，为满足生产需要，李荣利拆掉旧的窑炉，重新建了一条比较大的龙窑，一窑可烧两三万个胶杯，起初他沿用在吴合顺那里学到的技术，给胶杯上粗糠釉，后来他看到马来人用玻璃粉给陶器上釉，出来的效果跟粗糠釉一样，于是他开始试用玻璃粉做釉，并取得成功，有效地节省了成本和工序。

1966 年，李荣利开始尝试用机器生产，刚开始并没有获得成功，到了 1969 年，他自己设计图纸，委托铁厂加工制作出第一台制作胶杯的机器，成为当时第一个利用机器生产的厂坊，但是用机器做胶杯的效率跟手工制作效率相差并不明显，加上当时胶杯开始滞销，后来他又设计了一台生产花盆的机器，这台机器大大地提升了生产效率，从原来手工

---

① 口述资料，口述者：吴义亮；采访者：李炳炎；采访时间：2014 年 9 月 27 日；采访地点：新加坡义安城。

制作每天 100 多个提升到 600 多个。1971 年新加坡大兴胡姬花种植业，每月能销售花盆近万件，产品经常供不应求。至 1988 年，每月能销售花盆三四万件，年中至年底产品只够供应本地市场，年初则有部分出口到英国、荷兰等地。后来由于瓷土资源开始贫乏，年轻人不愿意继承这种又累又脏的职业，工人工资和原材料等成本都大幅上涨，经营日渐困难。[1]

目前，源发龙窑成为存储货物的工厂，工厂年久失修，工人也都离开了。李荣利自己经营着小规模的陶器买卖，他说，龙窑是以陶泥堆砌而成，愈烧愈坚固，越烧越耐用，只要有订单，他们随时都可以点火烧窑。他坚信，这条龙窑总有一天可以重新燃烧起来。[2]

四、陶光窑

陈氏家族世系传承略如下：

- 陈公
  - 大房：林顺
    - 钦龙
    - 钦赐（新加坡：陶光）
      - 德怀
      - 德衍
      - 德育
      - 德伟
      - 德涵
  - 二房：顺兴（马来西亚：缶涵、佳丽登）
  - 三房：林泉

陈钦赐（1918—1980），生于潮州枫溪，自小跟随父亲从事陶瓷生产。20 世纪 30 年代初，年仅十多岁的陈钦赐因父亲去世之后生活无着落，于是和兄长及侄子到马来亚投靠叔父陈顺兴，在陈顺兴经营的陶瓷厂工作。陈钦赐在马来亚新山亚依淡期间因战乱与家乡失去联络，以为母亲和妻子已不幸遇难，便另娶妻子诞下两子，即陈德怀（1944—　）和陈德衍（1946—　），妻子因难产去世，之后另娶又诞下陈德育（1956—　）、陈德伟、陈德涵及两个女儿。陈钦赐工作一段时间后，略有积蓄，便决定自己创业，于是到吉隆坡经营陶瓷加工作坊，主要做石膏扑满喷漆，后来因机械事故导致火灾，作坊付之一炬，陈钦赐更是面临赔偿等巨大压力，于是在叔父陈顺兴的劝说下重新回到马来亚工作。之后陈钦赐再次在马来亚新山亚依淡创建龙窑（该龙窑后由欧英光取得之后改名为欧氏陶园），生产当地生活和生产所需的陶瓷器，主要销售给新加坡和马来亚各地的批发商，例如新加坡的泰南公司。40 年代末，陈钦赐与家乡的妻子取得联系，并将陈德怀和陈德衍两人送回家乡由妻子照顾。1965 年，陈钦赐得知在新加坡裕廊有一条窑要出让，便筹资购下此窑。该窑乃是福建人建于 1940 年。当时裕廊有十几条潮州人经营的龙窑，陈钦赐创办新

① 李荣利先生 1988 年访谈录，新加坡档案局资料，陈嘉琳女士提供。
② 章卫卫：《新加坡的龙窑》，《陶瓷研究》2000 年第 15 卷第 4 期，第 52 页。

加坡陶光工艺（私人）有限公司，主要生产当地生活和生产所需的水缸、胶杯、胡姬花盆、花瓶等产品，烧造温度约为 1 200℃，因橡胶种植业大兴，胶杯最为畅销。陶光公司刚起步时，陈钦赐培养了一批土族工人参与生产，从手工拉坯到机械压盖成型，生产效率有了很大提高，但他也从不松懈，事事亲力亲为，从制作到烧造再到销售，每天从早忙到晚，产品畅销时，龙窑一次可装烧三千多件大小不同的器物。20 世纪 80 年代开始，东南亚的橡胶林改为种植棕榈，胶杯的生产大为收缩。此时裕廊周围的胡姬花种植开始兴起，新加坡依靠出口胡姬花发展经济，陶光公司也开始大量生产无釉的胡姬花盆。陈德育在新加坡义安学院大专毕业后，陈钦赐认为将他送到马来西亚叔父的工厂学习更能培养他成才，于是陈德育便到马来西亚工作。1980 年，陈钦赐在新加坡去世，他临终前将陶光交给陈德育兄弟几人，希望陈德育能好好带领弟弟们发展下去，并嘱咐陈德育兄弟几人要与家乡的另外两位兄长互相扶持。

新加坡裕廊陶光龙窑

20 世纪 60 年代陶光龙窑聘用土族工人

陈德育自小在龙窑生活，幼时就经常看到父母亲在龙窑忙碌地生活，小学放学后常常要到龙窑帮忙，如搬泥、叠胶杯等，长大后因父母亲对龙窑的付出，慢慢对龙窑产生感情。陈德育接手陶光之后，面临巨大的压力。因年仅二十多岁，又碰巧工厂的模具师傅意外去世，工人们对德育兄弟几人没什么信心，德育兄弟几人事事亲力亲为，希望以身作则换得工人对他们的信心。陈德育利用在马来西亚工作的经验，尝试做一些新的产品，通过改变寻找新的市场。1984 年，新加坡政府开始对裕廊进行规划，附近的龙窑和胡姬花园都要被迫拆除，很多坟墓也需要搬迁，龙窑和花园的工人都被安置到政府兴建的组屋，因为坟墓搬迁需要骨灰瓮，人们搬家也需要大量日常生活陶瓷器。陈德育看准时机，一边向政府申请保留这种传统的龙窑文化，一边应时生产日常家庭摆设陶瓷和骨灰瓮，使陶光公司得以保存和发展。1986 年，陈德育到潮州省亲，在兄长陈德衍的建议下，开始从潮州进口一些陶瓷到新加坡销售。因新加坡工人的工资不断提升，不再适合经营陶瓷生产，加上中国实施改革开放，为陶瓷贸易提供了便利，于是陈德育将陶光公司的经营业务逐步转型，至90年代陶光公司基本以陶瓷贸易为主。陈德育从中国的景德镇、德化、石湾、宜兴等陶瓷产地寻求国外客户需要的产品，例如花盆类，大力发展陶瓷转口贸易，每月从潮州等地采购十几个货柜的陶瓷制品，通过转口贸易销往各地。在新加坡日益发展的情况下，陈德育审时度势，将以龙窑为主体的陶瓷作坊，转变为接待旅游观光和培训陶艺的场所，陶光龙窑不再承担正常的生产烧制。为扩大陶艺影响，陈德育选择与新加坡南洋艺术学院陶艺讲师合作，在陶光设立陶艺工作室，接待陶艺爱好者在坊中制作手拉坯艺术瓷，并定期从枫溪聘请拉坯师傅到坊中表演，陶光公司成为集陶瓷制品商场、陶瓷储藏仓库、陶瓷文化传播于一体的基地。陶光龙窑主要用于烧造陶艺爱好者的作品，烧造温度约为1 260℃。陶光公司设有向公众开放的陶艺制作课室，为陶瓷爱好者推广陶瓷文化的陶艺培训班，是传播陶瓷文化艺术的一个重要载体。多年来陈德育坚持以变化寻求发展的道路，他以传承陶瓷文化为理念的经营方式获得新加坡政府各部门的认可和批准，使陶光龙窑得以继续保存。子侄们也参与到陶光的经营中，为陶光的发展共同出力，这一个经历三代人仍在继续传承的陶瓷企业，承载着传统的陶瓷文化，更见证了新加坡陶瓷业的整个历史进程。

新加坡裕廊陶光公司陶艺培训班

新加坡裕廊陶光公司生产的色釉瓷

目前，陶光公司已成为新加坡主要的陶瓷工艺传播机构，吸引大批的陶艺爱好者和学生前来参观和学习，使陶瓷工艺在新加坡得到传承，陶光龙窑每年举办两三次传承性、象征性的烧窑活动，吸引大批公众和媒体前来参观及报道。[①]

新加坡是近当代潮瓷转口贸易于东南亚的重要集散地。随着国际环境的变化，为降低陶瓷产品成本，潮州陶瓷业者尝试在地化生产。

20世纪30年代之前，新加坡所需陶瓷大多从枫溪进口。世界经济危机爆发后，东南

① 口述资料，口述者：陈德育；采访者：李炳炎；采访时间：2011年9月28日；采访地点：新加坡陶光公司；采访时间：2016年5月3日；采访地点：潮州市颐陶轩潮州窑博物馆。口述者：陈德衍；采访者：李炳炎；采访时间：2010年12月9日；采访地点：潮州南国明珠住宅区陈德衍家中。

亚国家出现了抵制枫溪陶瓷的局面，“倾销区域，提高税率，限制入口，枫溪瓷器外销南洋群岛，占全数十分之七八……近来实叻亦有设厂自制及创保护税”①，另因新加坡橡胶、胡姬花等种植业的兴起，胶杯、花盆、酱缸等陶器需求量大，为降低成本，潮人陶瓷业者开始在地化生产。太平洋战争爆发之后，日军入侵新加坡，百业俱废。战后瓷业逐渐复兴。

1965 年新加坡独立，国家重视军事、航空用地及城市规划，陶瓷工厂用地受到严重挤压，陶瓷业生产逐步被淘汰。二十世纪八九十年代之后，随着高科技工业园区的发展，世界金融中心及转口贸易中心的形成，新加坡传统陶瓷生产退出历史舞台，潮人陶瓷业者通过在侨乡或国内其他瓷产区设厂或贴牌生产，经营转口贸易，同时，利用原有龙窑作坊进行陶瓷文化传播。

附　录　新加坡潮人陶瓷业者访谈录

陈德育先生、陈德衍先生访谈录（节选）

采访时间：2010 年 11 月 11 日

采访地点：潮州市颐陶轩陶瓷文化艺术研究所

受访者：陈德育，男，新加坡陶光创办人陈钦赐之子，1956 年出生于马来亚新山亚依淡，现为新加坡陶光工艺（私人）有限公司总经理

采访者：李炳炎

在场者：陈德衍、卢文斌

采访陈德育先生（左起依次为：卢文斌、陈德育、陈德衍、李炳炎）

陈德衍：我做的这些都没法跟他的比，从设备到技术再到品牌都不能跟他比，他的狮牌。

李炳炎：是您叔父的？

陈德衍：都是他的，狮牌、地球牌。

李炳炎：狮踩球的标志也是他的？

陈德衍：是。

李炳炎：新中国成立前就有狮踩球这只牌了？

陈德衍：是。

李炳炎：我家里有这个牌子的东西。还有一个是一只鹰踩在地球上的。

陈德衍：这个是当时做滤水器的。

① 谢雪影：《潮梅现象》，汕头：汕头时事通讯社 1935 年版，第 121 页。

陈德育：是。
李炳炎：那您现在能够找到当时创业的原始资料吗？
陈德育：有一些资料在新加坡，等我发给你。
李炳炎：您现在是在新加坡还是马来西亚？
陈德衍：我叔父现在在马来西亚。
李炳炎：那您是在新加坡？
陈德育：是，新加坡。陶业是在马来西亚，陶光是在新加坡。
李炳炎：这样我就清楚了。我现在在收集枫溪的外销瓷，这些实物很重要，但是经营这些产品的人更重要，这些人不仅把陶瓷产品卖到那边，更把这种技术传播到那边，这个意义是非常大的。就像您的叔公，他就是从潮州走出去的一个陶瓷业者。
陈德衍：潮州这边很多人到马来西亚我叔公的工厂工作，有古巷的，有云梯的。新加坡原来是有很多条窑，到后期因为政府环保要求拆掉了，现在为了传承这种文化保留两条龙窑。蔡应绍也做过一条窑，当时他跟我们竞争，最后政府选择了我们，他的就被拆除了。
李炳炎：也是在新加坡？
陈德衍：对。
李炳炎：从新中国成立前到现在有多少潮州人在新加坡经营和生产陶瓷？
陈德育：做缶窑的，连我在内应该有十多条窑。
李炳炎：大概是什么年代？
陈德育：40 年代。
陈德衍：他父亲也是在新加坡做缶的，枫溪姓卢的，现在还有做吗？
卢文斌：没有。
李炳炎：您的名字是？
卢文斌：卢文斌。
李炳炎：是卢厝桥顶的吗？
卢文斌：是。
李炳炎：你们作坊是什么字号？
卢文斌：源兴。
李炳炎：是您祖父创建的还是您父亲？
卢文斌：我父亲。
李炳炎：您父亲的名字是什么？
卢文斌：卢裕丰。
李炳炎：您现在能说出一些潮州人在新加坡生产陶瓷的字号吗？
陈德育：荣利、合顺、卢利发、陶南发。
李炳炎：荣利的经营者是不是姓陆？
陈德育：姓李。
李炳炎：枫溪这边有一个荣利号，是姓陆的。合顺的经营者姓什么？
陈德育：姓吴。

李炳炎：卢利发是姓卢的？
陈德育：是。
李炳炎：陶南发呢？
陈德育：姓苏。
陈德衍：这些是新加坡的。马来西亚现在有枫溪人的吴万发，还有我叔父的，都做得很大。他的工厂在我叔父的附近。我叔父的产品非常多，有日用瓷、卫生洁具，有四五个工厂，工厂都有百亩地那么大。
李炳炎：您这条窑有多长？
陈德育：二十五米到三十米吧。
李炳炎：有多少目？
陈德育：十七目，一目一米多长。
陈德衍：有两个门，窑砖都是以前新加坡老字号砖厂的砖。现在新加坡也没几条窑了。新加坡讲究环保，要发展洁净的工业园，现在好多记者去采访我们，也在争议该不该保留这些陶瓷文化。我们现在就是把这个窑改造成一个参观陶艺的地方，还有让一些陶艺爱好者到这边来学习。
陈德育：我们也有培育一些学生，学校组织学生到我们这边做手工，然后我们来帮他们烧，但我们这条窑一年也就烧一两次。我们也做陶瓷销售和推广，陶瓷有江西的、宜兴的、潮州的、德化的、佛山的，还有东南亚越南的、泰国的、缅甸的、印度尼西亚的。
陈德衍：从我弟弟接手之后就没有生产优势了，慢慢就做成这种文化传播。我们龙窑点火的时候那里的报社像《联合早报》《新明日报》和电台的记者都会来采访。泰国的陶瓷业也是我们中国传过去的，泰国的南邦生产的陶瓷非常好。
李炳炎：也是潮州人？
陈德衍：是。枫溪三泰张天福的叔伯就在那边创立陶瓷业，他还有一个叔父也是在马六甲做陶瓷，用龙窑生产胶杯这些粗陶。
陈德育：这个龙窑模型跟新加坡现存的两条龙窑差不多。
李炳炎：这个当时是烧中温的。
陈德衍：对，没办法烧到高温。
李炳炎：您知道八爷的名字吗？
陈德衍：不知道，他的后人好像都不在潮州。

【访谈后记】

陈钦赐 1918 年生于潮州枫溪，20 世纪 30 年代初，他到马来亚其叔父陈顺兴经营的陶瓷厂工作。之后他到吉隆坡经营陶瓷喷漆、喷绒的加工作坊，后来作坊因火灾结业。他重新回到陈顺兴的工厂工作。1965 年，陈钦赐到新加坡裕廊成立新加坡陶光工艺（私人）有限公司，主要生产当地生活和生产所需的水缸、胶杯、胡姬花盆、花瓶等。1980 年，陈钦赐在新加坡去世，陶光由陈德育接手经营。陈德育自小在龙窑生活，毕业后到马来西亚缶涵公司工作。陈德育接手陶光之后，通过改变寻找新的市场，主要生产骨灰瓮和日用陶瓷器。1986年，陈德育在兄长陈德衍的建议下，将陶光公司的经营业务逐步转型，至90年代陶光公司基本以陶瓷贸易为主，陈德育从中国的景德镇、德化、石湾、宜兴等陶瓷产地寻求国外客户需要的产品，通过转口贸易销往各地。目前，陈德育已将陶光工艺（私人）有限公司打造成新加坡主要的陶瓷工艺传播机构，每年举办两三次传承性、象征性的烧窑活动，吸引大批陶艺爱好者和学生前来参观和学习。陶光从生产到贸易再到现在的陶瓷文化传播机构，经历了近代以来新加坡陶瓷业的所有发展过程，是新加坡较有代表性的陶瓷企业。我们通过陈德育先生的采访资料，充分了解陶光的发展历程，另外还从中了解到很多新加坡潮人陶瓷业者的信息，这对我们开展潮州窑在东南亚传播的研究意义重大。

陈德衍先生访谈录（节选）

采访时间：2010年12月9日

采访地点：潮州南国明珠住宅区陈德衍家中

受访者：陈德衍，男，新加坡陶光创办人陈钦赐之子。1946年出生于马来亚新山亚依淡，1948年回到潮州枫溪，现为潮州市绿盛宝陶艺有限公司总经理

采访者：李炳炎

采访陈德衍先生（右）

李炳炎：陶光就是您父亲结束了吉隆坡的小工厂之后在新加坡创立的吗？

陈德衍：当时还没有创立陶光，他是先回到亚依淡我叔公的工厂工作，做了很多年之后觉得打工没有前途才自己出来发展的。

李炳炎：是60年代吗？

陈德衍：是60年代，当时新加坡裕廊有人出让缶窑，就在南洋大学的旁边，那里有矮矮的山坡，龙窑就建在那里。我父亲什么都会做，包括做模（具）那些都是他自己来，主要生产胶杯和花盆，他还自己做花瓶。工人也都是乡里人，其中有一个叫谢顺兴，他原来是在我叔公的工厂工作，后来就到我父亲的工厂。

李炳炎：主要产品是胶杯和花盆？

陈德衍：是，基本上是人家订什么就做什么，钵和罐那些也有做。我弟弟那时候还小，他读完大学之后，我父亲就让他到叔父的工厂工作，学习管理，他在那里当过一两年的部长，后来我父亲身体不好，才把我弟弟叫回新加坡。

李炳炎：陶光除了生产花盆，后来还生产什么？

陈德衍：花盆是做到我弟弟接手经营之后的一段时间，我们国家改革开放了，我就跟他说你在新加坡没法做了，那边有那么多人在这里订缶，有南雄、金太丽、三美光这些，这么多家卖缶的，你做的缶不好看，没法竞争。当时新加坡有一个规模非常大的缶厂，工厂建得跟旅游景点一样，有做古瓷、手拉坯、粉彩瓷什么都有，他还从枫溪这边请了一些手拉坯师傅过去，不过做了不到两年就倒闭了，工人的工

资很贵，成本太高，生产出来的产品卖的价格太高，在中国瓷器的冲击下就倒闭了。像我们陶光做的花盆也是太落后了，胶杯又没有市场了，我就跟我弟弟说要利用陶光的优势进行转型。我们陶光生产的那些手拉坯的雕花花瓶和罐非常热销，新加坡的很多展览我们都有去参展，当时很多新加坡的电视剧里面经常会用我们的产品做摆设，电视台还经常到我们的工厂拍摄外景。

李炳炎：拍摄龙窑？

陈德衍：是，我们工厂的环境也布置得很漂亮，后来转变为以售卖为主，一方面为爱好陶瓷的人提供手拉坯和雕塑等工艺的制作场所，另一方面经常会有学校组织学生到我们工厂学习。我弟媳就专门负责教他们，他们的作品就会在我们的窑进行烧制，算是传播陶瓷文化。因为龙窑烧制的时候会污染环境，但是政府又想保留陶瓷文化，所以就在报纸上做了一次调查，最后就留下了我们这条龙窑，其他龙窑都被拆除了。

李炳炎：售卖的产品是哪里来的？

陈德衍：从中国购买的，主要有江西、高陂、枫溪、德化、佛山、宜兴这些地方的，大部分的货都是我给他提供的，包括马来西亚的花盆，然后再进行转口贸易，最高峰的时候我们一个月有十几二十条货柜的转口量。

李炳炎：主要转往哪里？

陈德衍：各个国家都有，主要是欧美。

李炳炎：都是在新加坡转？

陈德衍：是，因为当时我们国家还没有实施改革开放，出口量非常小，新加坡属英联邦，所以利用这些条件做贸易。80 年代之后转口贸易增加了，陶光的生产减少，之后转做陶艺培训。

李炳炎：陶光占地有多大？

陈德衍：三四十亩。那个地方以前是属于贫民窟，都是搭木板的，后期政府把那些都拆掉了，地方变得很宽阔。

李炳炎：您对陶光的贡献也很大。

陈德衍：我去马来西亚的时候我叔父夸我弟弟做得好，我弟弟就说他有今天也是靠我帮忙。

李炳炎：您父亲是什么时候去世的？

陈德衍：应该是 1980 年。

李炳炎：做转口贸易应该是您父亲过世后的事？

陈德衍：他去世后的事，我的弟弟妹妹们都会做陶瓷，会做一些工艺的瓶罐，后来才慢慢转型的，现在变成像旅游景点，很多名人都会去参观，电视台经常去那边拍摄节目，也有一些人去那边拍摄婚纱照。

李炳炎：您还知道其他潮州人在那边创立的陶瓷工厂吗？例如三美光。

陈德衍：三美光现在还在经营，他的老家就在枫溪公社医院旁边的蔡厝。

李炳炎：陶瓷销售的有哪些？

陈德衍：后期有南雄、源兴、金太丽这几家做得比较大的。

李炳炎：都是枫溪人吗？

陈德衍：南雄是金石人经营的，金太丽不知道是哪里人，当时他们主要是销往印度尼西亚和菲律宾一带的。

李炳炎：马来西亚潮州人经营的陶瓷厂呢？

陈德衍：有一个欧氏，他的大儿子以前还在凤塘这边投资一个亚洲陶艺。他的二儿子经常在这边采购陶瓷，跟他在美国的妹妹合伙销售缸、瓮等陶器。

李炳炎：他的老家是哪里？

陈德衍：应该是市区南门一带的。他以前在亚依淡也有生产洁具，品牌是丽明登，工厂就在我叔父工厂附近，后来倒闭了。欧氏陶瓷后期还在马来西亚上市，他们在怡保还有一个生产花盆的工厂，这个工厂还在这边合作了一个亚洲陶艺，差不多是80年代的事，现在二十年的合资期已经过了，他就不要了。他也去过我的工厂，觉得我的产品做得很好。

李炳炎：您的花盆产品还有给您弟弟销售吗？

陈德衍：有，不过量不大，我现在主要是销往欧美。

李炳炎：是手拉坯的吗？

陈德衍：手拉坯的少，有一些瓶就是手拉坯的。过几天我安排了几个手拉坯的师傅要到新加坡陶光做手拉坯表演，准备烧窑。

李炳炎：马来西亚除了欧氏还有谁？

陈德衍：还有一个吴万发，吴万发原来规模跟我叔父的差不多，也有生产洁具，不过现在好像不做了，他的老家是在枫溪外马路美术厂斜对面的吴厝那里。其他还有一些比较小型的，不是很清楚。泰国的南邦有很多潮州人做陶瓷，生产的陶瓷非常漂亮，80年代我去的时候，他们那边的工厂规模已经很好，很多都用现代化的煤气窑。当时我们潮州还没几家用煤气窑。他们生产高陂的青花瓷，还有五彩瓷和一些圣诞缶，做得非常好，我们陶光也有卖他们那边的产品。

李炳炎：您去的这家是潮州人经营的吗？

陈德衍：高陂的。

李炳炎：您叔公到马来西亚创建陶瓷业的过程是怎样的？

陈德衍：他以前是在枫溪跟我祖父一起做缸、瓮这些陶器，30年代的时候他就去印尼当劳工，之后觉得没有发展空间就到了马来西亚马六甲。

李炳炎：他的名字是？

陈德衍：陈顺兴。

李炳炎：他是什么时候被“卖猪仔”到印尼的？

陈德衍：二十多岁。

陈德衍：当时可能家庭比较艰苦，我祖父做缸、瓮、水涵这些陶器，在长美有一条窑，他觉得太艰苦，就到印尼去做工。

李炳炎：是在抗日战争前吗？

陈德衍：应该是。当时差不多跟卖身一样，用劳动来抵销船费。到了印尼之后也没什么发展，就到马来西亚马六甲。一个偶然的机会，他的一个朋友经常要从怡保购进粗花盆用来销售，火车运送过程经常有花盆撞碎，知道他在枫溪做过缶，就叫他建窑做缶。就从那个时候开始做，做了一段时间之后发展不错，就招了一些枫溪的陶瓷师傅过去，有些是古巷、长美、云步的，附近乡里很多都去那里做工，后来回枫溪的就有阿栓和谢顺兴这些，主要是做水涵、陶管、缸、瓮和胶杯。我叔公在这边成家的，当时我曾祖母帮他和我祖父都有抱养一个孩子。后来我祖父过世了，枫溪这边也没有做缶了，生活没有出路，所以我父亲、大伯和叔公的养子就都到马来西亚找我叔公。

李炳炎：您祖父的名字是什么？

陈德衍：陈林顺。

李炳炎：还有一个弟弟？

陈德衍：是，三叔公不知道是做什么的，可能比较早就过世了，他的儿子也都在马来西亚，一个叫钦松，一个叫钦好。

李炳炎：二叔公有几个孩子？

陈德衍：大的是抱养的，叫钦安；第二的不知道叫什么，很早就去世了；第三是一个姑姑；第四就是宗正，其实就是钦海。

李炳炎：您祖父这边呢？

陈德衍：我伯父是抱养的，叫钦龙，我父亲是小的，叫钦赐，还有五个姑姑，我伯父和我父亲都是在我叔公那边做缶。

李炳炎：您父亲什么时候独自到新加坡创业？您的伯父有一起到新加坡创业吗？

陈德衍：我伯父没有到新加坡创业，他一直在陶业工作，后来退休了才到新加坡找我父亲。

李炳炎：您先谈一下您父亲的创业过程。

陈德衍：我父亲十几岁就到马来西亚，跟着我叔公在工厂工作，他会做模，会手拉坯，技艺很全面。

李炳炎：哪一年到新加坡？

陈德衍：60 年代，新加坡独立之前。他最开始在我叔公的万和发工作，后来觉得打工没前途就在吉隆坡开了一个做陶瓷喷绒的小工厂。有一次机器故障失火了，我叔公就叫我父亲回去工厂帮忙，当时刚好在亚依淡刚创建了新工厂，后来在峇株巴辖也有工厂。后来我叔公去世之后，马六甲做花盆的工厂就给了钦安；四叔和五叔受过高等教育，还出国留学，接手（其余的工厂）之后就做得比较现代。

李炳炎：还有一个五叔？

陈德衍：五叔是钦宣，现在经营上主要是他们两人。

李炳炎：除了马六甲，其他都是四叔和五叔共有的？

陈德衍：是。峇株巴辖这个工厂主要是生产日用瓷的，规模很大，刚开始是跟日本合资的，后来就收回来自己独资经营。亚依淡有三个工厂，一个生产卫生洁具，一个生产日用炻瓷，一个生产地下排水管，都是现代化生产。

李炳炎：居銮的呢？

陈德衍：这个后来好像没有做了。

李炳炎：您在您的兄弟中排行第几？

陈德衍：第二，我跟我哥是在亚依淡出生的。我父亲如果还在的话应该是九十二岁，好像是属马的，他十五岁结婚之后没多久就去了马来亚，后来这边沦陷失去联络，就娶了我母亲，我母亲好像是惠来人，她生下我哥和我，后来难产去世了，是我姨母带大我们的。

李炳炎：您是什么时候回来的？

陈德衍：我和我哥一起回来的，当时我三岁，我哥五岁，本来是打算把这边的母亲接过去照顾我们，但是她和我父亲合不来，最后就把我们两个送回这边。

李炳炎：您哥哥的名字是？

陈德衍：德怀，他原来在物价局工作，现在退休了。

李炳炎：那边还有几个弟弟？

陈德衍：本来是打算让我们回来读书读到六年级再回去，后来这边新中国成立了就没再回去。

李炳炎：大概是哪一年回来的？

陈德衍：我不记得，大概是 1948 年或者 1949 年。之后我父亲就在那边另娶了。后来我小儿子出生之后，他说要回来，不料忽然就去世了。

李炳炎：现在那边有几个弟弟？

陈德衍：那边有三个弟弟和两个妹妹，德育、德伟、德涵，德育最开始在陶业工作。我叔父经营得很好，那边各大商场、超市都有他们的缶。他也试过到中国投资建工厂，不过来了很多次都没有谈成。2004 年到 2005 年间，他就把一些马来西亚内销的产品订单放到这边代工，当时我帮他找的代工工厂有四五家，主要在古巷、枫洋和湖厦，我专门找几个人负责他的订单，去工厂验货都要按照他提供的标准，从外观到功能，连瓷土的吸水率都要符合标准，不能高于千分之三。

李炳炎：主要是什么产品？

陈德衍：卫生洁具，有坐便器、水箱、脸盆等，产品比较单一。当时量很大，一个货柜有几个品种，分高低档次，档次比较高的就贴地球牌和狮牌，还在这边开发了一些洁具的模具。因为他觉得我们这边的工钱和一些费用都比较便宜，他自己工厂里开发模具的是日本人。工厂里的管理人员很多曾在外国工作，其中有一个曾经是日本 TOTO 公司的总经理。工厂的规模非常大，还成立了一个研究所，从瓷土到产品都要经过检测。从 80 年代开始，他就从广州进口瓷土。他在清远投资了一个矿业，从这边进口的瓷土用轮船装载。我也试过在惠来帮他找瓷土，虽然找到的瓷土质量非常好，但是因为设备各方面跟不上，没办法大量出口。后来他跟英国矿业购买瓷土，英国矿业在珠海有一个合资公司，瓷土就是珠海这边提供的。

【访谈后记】

陈德衍是新加坡陶光工艺（私人）有限公司创办人陈钦赐之子。陈德衍出生于马来西亚新山亚依淡，年幼时回家乡枫溪居住。20 世纪 80 年代创建陶瓷公司，与其弟陈德育共同发展陶瓷转口贸易。他长期从事陶瓷贸易及生产工作，熟悉新加坡陶光的经营和马来西亚缶涵公司的发展历程。陶光从生产到贸易再到现在的陶瓷文化传播机构，是新加坡较有代表性的陶瓷企业。缶涵公司则是潮人在马来西亚经营陶瓷业的成功案例。我们通过陈德衍先生的采访资料，加深了对当代枫溪陶瓷贸易和陶光、缶涵两家公司发展的了解。

蔡树金先生、蔡叶甜女士访谈录（节选）

采访时间：2014 年 3 月 23 日

采访地点：新加坡三美光陶艺

受访者：蔡树金，男，1958 年出生于新加坡，新加坡后港三美光经营者蔡应绍之子，现为新加坡后港三美光陶艺经营者之一；蔡叶甜，1956 年出生于新加坡，新加坡后港三美光经营者蔡应绍之女

采访者：李炳炎

在场者：陈嘉琳、李沐龙

采访蔡树金先生（右）、蔡叶甜女士（中）

李炳炎：您的父亲刚到新加坡的时候做什么工作？

蔡树金：他到新加坡之后就到我二伯父和四伯父的店里做工。

蔡叶甜：就在碗店口那边。

李炳炎：碗店口是店名？

蔡叶甜：碗店口是那个地方的名称，那个地方都是陶瓷店，还有一些日用品店。

李炳炎：你们的伯父在这之前就已经在新加坡开店？

蔡树金：是，他们很早前就过来了。

李炳炎：树金兄是哪一年出生的？

蔡树金：1958 年。

李炳炎：您的名字呢？

蔡叶甜：蔡叶甜。

蔡树金：我父亲总共生了七个儿女。

李炳炎：七个人从大到小分别是？

蔡树金：大姐秀清是 1944 年出生的；第二是树祥，1946 年出生的；第三是树生，1948 年出生的；第四是秀卿，1951 年出生的；第五是树钦，1953 年出生的；第六是叶甜，1956 年出生的；第七就是我，1958 年出生的。

李炳炎：二伯的店名是？

蔡树金：成兴公司。

李炳炎：二伯的名字是？

蔡叶甜：应标。

李炳炎：四伯的是？

蔡树金：和气号。

李炳炎：四伯的名字呢？

蔡树金：应强。

李炳炎：他们的店都是卖陶瓷的？

蔡树金：是。

李炳炎：您的父亲之后是另外找工作还是？

蔡叶甜：我大姑父知道我父亲有做陶瓷的手艺，就介绍他到山上的缶窑做陶瓷师傅，做陶缸、陶钵。因为我父亲手艺好，赚的钱就多，赚到钱之后就做缶窑。他在家乡 15 岁就当财主。

蔡树金：他 9 岁就跟师傅学陶艺，六年后就自己做缶当财主。

蔡叶甜：18 岁就到新加坡。

李炳炎：缶窑是在裕廊还是后港？

蔡叶甜：在后港，以前叫杨厝港。他在缶窑工作是按件计钱，他的手艺好，很快就赚到钱。

李炳炎：后来就跟人合作经营缶窑？

蔡树金：跟很多股东合作这条窑，是一条 30 目的龙窑，主要是生产大水缸，刚开始生产也不是很好，后来就挡掉后面的 10 目，烧的时候每 3 目就会挡起来，主要是烧杨协成的那些大缸。

陈嘉琳：最开始是福建人和潮州人在做陶瓷，后来慢慢被潮州人取代了。

蔡树金：福建人主要做水碗。后来 60 年代新加坡缺水，做出来的大水缸都不够卖，都要用水缸来蓄水。

李炳炎：最开始打工的缶窑是叫陶兴吗？

蔡叶甜：是，潮州人经营的。隔壁就是福建人吴亚瑞经营的蒙古包窑，他们是三个人合营的，主要做水碗和胶杯。1938 年我父亲就接手经营，然后就问朋友要不要合股，就变成很多人合股的，之后我父亲就把蒙古包窑改建成龙窑，当时裕廊已有 13 条龙窑，后来我父亲新建的龙窑就在这附近。

李炳炎：最开始是十几个人碎股合作的，到什么时候是自己单独经营？

蔡叶甜：最开始改建成 30 目的龙窑，这条窑设计得不好，烧出来的产品总是坏掉，损失了很多钱，大家就都要退股，后来这条窑就卖给三美光。三美光的老板是经营大理石的福建人，他不懂做陶瓷，就请我父亲帮忙。他提了一个条件，因为他是做花园的，需要很多花盆，要求龙窑为他生产花盆，其他水钵、大水缸那些产品就由我父亲自行销售。后来三美光的老板去世了，我们就跟他的养子谈转让，因为觉得三美光这个名字好，所以就继续用三美光这个名字。

李炳炎：什么时候买下三美光？

蔡树金：60 年代。

李炳炎：1957 年不是已经自己建了一条新的龙窑？为什么还要买下三美光？

蔡叶甜：新窑是买三美光之前自己创建的。

李炳炎：您父亲的龙窑经营到什么时候？

蔡树金：1994 年 11 月 18 日，因为政府要收地，所以就被拆除了。

李炳炎：后港就没有龙窑了？

蔡树金：没有了，我们就搬到现在这里。

李炳炎：三美光各个时期的产品主要是什么？

蔡树金：最开始是做大水缸、瓮、水碗，到了 60 年代新加坡流行种花，就生产花盆，大概做到 1970 年就开始转做杯盘，1979 年就开始做出口的花盆套，是施釉的花盆，最开始做的花盆没有施釉的。

李炳炎：施釉的花盆是陶的？

蔡树金：陶的，不过也烧到 1 200℃，龙窑烧的，施釉，有带孔的。到了 1982 年，荷兰客户要买不带孔的花盆，他们是用陶瓷的花盆里面套一个塑料的花盆，当时生产了很多这种花盆。

李炳炎：80 年代是出口荷兰，那 70 年代主要出口到哪里？

蔡树金：澳大利亚的墨尔本、罗斯、悉尼。这个时候就是生产最旺的时候，每个月都要烧三四窑，一窑就有几千件产品，一个月要出好几个货柜，最高的时候一个月出了六七个货柜的龙缸。

李炳炎：这些龙缸是自己生产的还是中国采购的？

蔡树金：中国采购的，每个货柜都是塞得满满的，龙缸里面套花盆、水钵那些。

李炳炎：1994 年转到这里之后就变为教授陶艺？

蔡树金：教人做手拉坯还有经营艺术品，有一些酒店会到这边来买。

李炳炎：做陶艺的主要是什么人？

蔡树金：都是像教师、律师之类的专业人士，他们空闲的时候就会过来做陶艺。

李炳炎：主要就是你们姐弟两人在经营？

蔡树金：经营是我和树钦，姐姐是在这边帮忙。

【访谈后记】

蔡树金、蔡叶甜是新加坡后港三美光窑经营者蔡应绍的子女。蔡应绍 1919 年生于枫溪，15 岁开始经营陶瓷作坊。1936 年以自由移民身份到新加坡亲戚的店铺打工，之后到后港的陶兴陶器窑工作。1938 年蔡应绍与朋友合资经营合成发瓷器厂，后因经营不善转让给经营三美光大理石的福建商人，改名为三美光缶窑。由于福建商人不熟悉陶瓷制作，故聘请蔡应绍代为管理三美光缶窑，并约定该窑生产的花盆均交由福建商人销售，其他无偿供蔡应绍使用，蔡应绍除生产花盆外，还生产水缸、水钵等日用陶瓷。1957 年蔡应绍在后港建三美光新窑。20 世纪 60 年代，蔡应绍购下三美光缶窑。蔡应绍是新加坡后港最具代表性的陶瓷业者。1994 年，三美光因政府规划需要被拆除。蔡树金、蔡树钦、蔡叶甜等从小跟随父亲在龙窑学艺，他们为延续三美光字号，在旧址附近经营三美光陶艺，主要创作陶瓷艺术品及开设陶艺班。我们通过蔡树金、蔡叶甜的采访资料，梳理出三美光的发展历程及了解一些后港潮人陶瓷业的情况。

卢裕丰先生访谈录（节选）

采访时间：2014 年 9 月 24 日
采访地点：新加坡陶光公司
受访者：卢裕丰，男，1941 年出生于新加坡德光岛，是新加坡德光岛潮人陶瓷业者卢发桢之孙，新加坡裕廊源兴号的经营者之一
采访者：李炳炎
在场者：陈德育、陈嘉琳、李沐龙

采访卢裕丰先生（左起依次为：李炳炎、卢裕丰、陈德育）

卢裕丰：我的祖父是从枫溪来的，然后就是我的父亲，我做到中途就转行了。
李炳炎：您的名字是？
卢裕丰：卢裕丰。
李炳炎：您原来经营的字号是源兴？
卢裕丰：对，源兴。
李炳炎；您祖上是什么时候来新加坡的？
陈德育：您的祖上是什么时候开始经营缸窑？他祖上的历史应该从德光岛讲起，他的祖父最开始是从潮州到德光岛，后来才到新加坡，他跟人合作经营源兴。
卢裕丰：我的祖父和祖伯父是在德光岛做缸窑，他们什么时候来的我就不知道了。
陈德育：是 30 年代还是更早？
卢裕丰：更早一些。我是 1941 年出生的，他们已经做了很久。
陈德育：是您的祖父吗？
卢裕丰：我祖父和我祖伯父，因为缸窑是我祖伯父的。
李炳炎：您祖父的名字是什么？
卢裕丰：我的祖父叫卢发桢，我祖伯父的名字就不知道。
李炳炎：您的父亲也有在缸窑工作吗？
卢裕丰：有，父亲做缸很有名，不过很年轻就过世了，才三十多岁。他做缸很厉害，蔡豆绍都没他做得好。
李炳炎：他的名字是什么？
卢裕丰：卢锦城。他过世的时候我才三岁，我都不记得他。我小时候就在缸窑跟别人学搓土，慢慢跟他们学做工。我是半工半读，所以没学到知识。
李炳炎：您是在这边出生的？
卢裕丰：在德光岛出生的。
李炳炎：这样算的话您的祖父应该是清末就到德光岛了。
卢裕丰：这个我就不知道了。

李炳炎：您的祖父跟祖伯父是一起来的吗？
卢裕丰：一起来的。
李炳炎：是从汕头坐船来的吗？
卢裕丰：这个我不太清楚，就是坐船来的。
李炳炎：最开始的龙窑是在德光岛，后来才搬到别的地方吗？
陈嘉琳：20 世纪 30 年代新加坡有三个窑，一个在德光岛，一个在后港，一个在裕廊。
卢裕丰：德光岛要坐船才能过去。
李炳炎：那您是什么时候到裕廊？
卢裕丰：1957 年。我的母亲和我的继父还在德光工作。我从德光出来打工，然后才跟人开公司。
李炳炎：您的祖父和祖伯父在德光岛主要生产什么？
卢裕丰：做花钵、大缸，做酱油用的大缸。德光岛的瓷土很好。它的对面是一个福建人经营的砖窑，福建人大多数是做砖窑。
李炳炎：祖伯父在这里一直做陶器，您有跟您的祖父学制陶吗？
卢裕丰：后来我的祖父和祖伯父都去世了，就由我的小叔和祖伯父的儿子经营。
陈嘉琳：德光的窑是自己的还是跟别人租的？
卢裕丰：祖父和祖伯父自己建的。
李炳炎：您是在龙窑打工？
卢裕丰：顺便跟他学习。后来德光岛的人都出去新加坡打工，我们年轻人也想到新加坡工作。
陈德育：德光岛是新加坡的一个外岛，交通不方便，生活条件不是很好，新加坡这边比较大，很多人就想搬到新加坡生活。
卢裕丰：年轻人在那边（德光）没有什么活动，看到去新加坡打工归来的人都穿得很漂亮，就都想去新加坡，后来我就跟人到新加坡打工。
李炳炎：您到新加坡之后是继续做缶吗？
卢裕丰：做缶。
李炳炎：在哪里做？
卢裕丰：源兴。
李炳炎：源兴的窑原来也是在德光岛吗？
卢裕丰：不是。德光岛的缶窑我不知道叫什么。源兴就是我在做的。
李炳炎：源兴是别人创立的？还是你创立的？
卢裕丰：最开始是他们做的，后来要倒闭了，就叫我跟我朋友来他的公司做，不然请不到人。
陈德育：他们三个人合作的。
李炳炎：源兴的创始人是谁？
卢裕丰：朱金城。
李炳炎：他是哪里人？
卢裕丰：枫溪人。

李炳炎：他是什么时候过来的？
卢裕丰：不知道。
李炳炎：您是在德光岛出生的？
卢裕丰：是。我家三代人都是做缶的。
李炳炎：1957 年源兴窑做大水缸吗？
卢裕丰：没有。做花钵。
陈德育：早期是做胶杯。
卢裕丰：早期是做胶杯，70 年代才做花钵。
陈德育：60 年代以前还是做胶杯的多，还有就是瓷蛋，我们小时候就是玩瓷蛋，船厂要这些瓷蛋。
陈嘉琳：手工做还是机器做？
陈德育：全部手工的。
李炳炎：源兴是你们三个人合股的？
卢裕丰：是。
李炳炎：除了朱金城，还有谁？
卢裕丰：还有一个叫朱奈侨，我们都叫他朱班然，因为他很高，班然就是很长的意思。
李炳炎：三个人合营之后还是做胶杯和花盆吗？
卢裕丰：是。
李炳炎：是什么时候合股的？
卢裕丰：1964 年。
李炳炎：工作七年之后才跟他们合股的？
卢裕丰：我工作了几年之后，赚不到钱，就又回到德光岛。后来他就打电话叫我回去工作。我说如果要我回去工作，得把一半龙窑租给我们做，因为他雇不到人，做得很慢，所以就跟我们合作，给我们每人两份，他自己六份，我们没有出本钱，就是靠人工。
李炳炎：经营到什么时候结束？
卢裕丰：80 年代，到政府规划的时候就没有了。
李炳炎：结束之前是做什么产品？
卢裕丰：花盆。后来厂主的孩子长大了，我朋友就因为经营问题离开了，第二年我也离开了。当时门市生意很好，大小花盆都卖得很好。
李炳炎：门市在哪里？
卢裕丰：在窑旁边，南大门那里。
李炳炎：您什么时候离开的？
陈德育：应该是 1980 年左右。那时差不多是我父亲去世的时候，班然他们过来我这里做。
李炳炎：班然在这边工作过？
陈德育：他和他的妻子两个人。
李炳炎：你离开没多久龙窑就被拆除了？
卢裕丰：是。

李炳炎：大概是哪一年？
卢裕丰：80 年代初。
陈德育：他们的工厂在大路边，政府有优惠给他们开店或者摊位，他们就都去做生意，我们的龙窑不靠近大路。
卢裕丰：我没钱，不敢去拿店，拿了一个摊位。
李炳炎：后来就在这个摊位卖烧腊？
卢裕丰：是。
陈德育：现在是他两个儿子在做，做得很好，有店有工厂。
李炳炎：德光岛当时有几条窑？
卢裕丰：一条。
李炳炎：整个岛就你们一家而已吗？
卢裕丰：只有一条。
陈德育：蔡应绍说他们当时有在德光岛。
陈嘉琳：对，有一个广告，写的是德光陶瓷制作厂，它的主人是谁？
卢裕丰：不是德光的。我十几岁开始做缶，做了非常多。
陈德育：陶南发跟你们有什么关系？
卢裕丰：他是我的表亲。
李炳炎：也是做缶的？
陈德育：他早期也在德光岛做。
卢裕丰：他跟我小叔学的。
李炳炎：他的字号是什么？
陈德育：在裕廊的是叫陶南发，最初是在十四块石，靠近源兴那里。
李炳炎：陶南发我们之前没有谈到他。
陈德育：他早前是在十四块那里弄，十四块左右，也是这个围窑跟源兴那个，后来才到这边。
李炳炎：陶南发做的产品也是一样的？
陈德育：也是大水缸。
李炳炎：1985 年之后龙窑就慢慢被拆掉，这些人也跟着转行了，您还坚守到现在？
陈德育：是。马来西亚怡保现在还有几十条窑，那边的产品很漂亮，现在都是用油烧的窑，以前就是龙窑。
李炳炎：现在生产什么？以前的龙窑生产什么？
陈德育：花钵比较多，都是出口的。
李炳炎：出口到哪里？
陈德育：西欧那边多，英国的多。
卢裕丰：现在怡保做的花钵都很有水准，卖到新加坡的那些都很漂亮。
陈德育：蔡应绍是不是从德光岛过来的？
卢裕丰：不是。
陈德育：越南那边也有潮州人做陶瓷，他们做的东西也不错。

李炳炎：是胡志明市吗？做的是青花瓷吗？

陈德育：胡志明市那边做陶花盆的多，做青花瓷的那个地名我不记得，是在中部，越南的陶瓷业做得很好，出口也很多。

李炳炎：泰国陶瓷业主要在春武里？

陈德育：泰国很多地方做陶瓷，一直到清迈那一带都有。清迈那边的青瓷和青花瓷都做得不错。因为我们是做花盆的，所以我们会到那边帮客户找产品。

李炳炎：在春武里做陶瓷的也是潮州人？

陈德育：潮州人，枫溪的、高陂的、饶平的都有。

李炳炎：春武里主要生产什么？

陈德育：花盆、水缸这些。

李炳炎：都是做陶的？

陈德育：是。

李炳炎：清迈做青瓷和青花瓷？

陈德育：是。

李炳炎：当时的源兴窑一个月能烧多少产品？

卢裕丰：一个月最多也就烧两三窑。

李炳炎：龙窑有多少目？一窑可以烧多少产品？

卢裕丰：十七八目，有时烧小件，有时烧大件。

李炳炎：全部手拉坯的吗？

卢裕丰：手拉的有，石膏模的也有。

陈德育：早期我们有用铁模的。

卢裕丰：大件的就必须用手拉坯。

李炳炎：铁模是用机械的？

陈德育：机械的，很快，我们大概七天就能烧一窑。

卢裕丰：机械做的质量还是比较差。

陈德育：机器做的都是小件的。

陈嘉琳：您走了之后德光岛的缶窑是谁在做？

卢裕丰：叔叔和大伯的儿子。

陈嘉琳：他们在德光岛做到什么时候？

陈德育：德光岛的70年代就都搬出来了，我大概1972年去那边训练还看到缶窑。

李炳炎：东南亚除了新马泰之外，还有那些地方有潮州人在做陶瓷？

陈德育：只知道越南而已。

李炳炎：缅甸有吗？

陈德育：缅甸的是本地人。

【访谈后记】

卢裕丰的祖父卢发桢和祖伯父是早期在德光岛经营陶瓷业的潮人，20世纪初，他们带着家人到新加坡定居于德光岛。德光岛是新加坡最先发展陶瓷业的地方。他们建立了德光岛唯一的一条龙窑，主要用于生产当地生活和生产需要的花钵和大水缸等陶器。卢裕丰1941年出生于德光岛，其父亲卢锦城不幸早逝，他便跟随祖父在龙窑工作。1957年，卢裕丰到裕廊朱金城的源兴龙窑打工，两三年后又回到德光岛工作。20世纪60年代，德光岛被规划为军事用地，所有陶瓷业被迫迁移至其他地方，其中一部分搬迁至裕廊。1964年，源兴龙窑的朱金城邀请卢裕丰和朱班然以人工入股的方式加入经营，主要生产日用陶瓷器，卢裕丰主要负责生产，朱班然主要负责门市销售。20世纪70年代，新加坡大兴胡姬花种植业，源兴适时生产大量的花钵。随着朱金城的儿女逐渐长大，他们开始加入工厂的生产和经营，随后朱班然和卢裕丰先后离开了源兴的经营。后来应政府征地需要，源兴结束经营，卢裕丰获得铺位赔偿，发展烧腊生意。卢裕丰的采访资料，充实了研究资料非常缺乏的德光岛潮人陶瓷业的经营情况。

吴为礼先生访谈录（节选）

采访时间：2016年11月5日
采访地点：潮州市颐陶轩潮州窑博物馆
受访者：吴为礼，男，1951年生于新加坡裕廊，新加坡裕廊吴合顺陶瓷器制造厂创办人吴显武之孙，吴合顺陶瓷器制造厂经营者吴翘然之子
采访者：李炳炎
在场者：吴荣璋

采访吴为礼先生（左）

李炳炎：吴先生，您父亲的名字是？
吴为礼：吴翘然。
李炳炎：他是哪一年出生的？
吴为礼：好像是1918年。
李炳炎：他是属什么的？
吴为礼：属马的。
李炳炎：他是什么时候去世的？
吴为礼：2003年。
李炳炎：他最初到新加坡是怎样的？
吴为礼：最初到新加坡是住在碗店口。
李炳炎：小时候去的吗？
吴为礼：我记得他应该是十几二十岁的时候去的新加坡。
李炳炎：去那边帮人看店是吗？
吴为礼：是的。
李炳炎：什么时候开始自己做陶瓷？
吴为礼：应该是日本侵略之后的事。我只记得我是1951年出生的，我出生之后就在吴合

顺缶窑这边。

李炳炎：这个缶厂叫什么名字？

吴为礼：吴合顺陶瓷器制造厂。

李炳炎：在什么地方？

吴为礼：在裕廊路十四块半石。

李炳炎：缶厂里面有多少条窑？

吴为礼：一条。

李炳炎：这条窑有多长？

吴为礼：总共有 3 个门，大概应该有 30 目，比陈德育的那条龙窑要长一点。

李炳炎：当时主要生产什么？

吴为礼：主要是胶杯，卖到南马（马来西亚南部）那边的橡胶园。大概从 1964 年开始，就有生产水涵和花盆，到了大概 80 年代，因为政府征地，就停止生产了，然后我们就开始经营目前这个合顺百货公司，主要经营日用品，最开始也是以厨房的陶瓷日用品为主。

李炳炎：您是长子？

吴为礼：我排行第二。

李炳炎：您大哥的名字是？

吴为礼：大哥是吴为义，是 1944 年生的；第三是吴为智，1953 年生的；第四是吴为孝 1954 年生的；最小的是吴为群，1958 年生的。

李炳炎：当时的产量大吗？一个月大概烧多少窑？

吴为礼：胶杯的话一个月烧一两窑，做花盆的时候就多一些，七八窑，最旺的时候是基本不停的，一窑接着一窑地烧。

李炳炎：水涵是和花盆一起烧的吗？

吴为礼：是的。

李炳炎：制作是手拉坯还是机器压的？

吴为礼：最开始是手拉坯，后来胶杯、花盆这些都是机器压的。

李炳炎：好，非常感谢您！

【访谈后记】

吴为礼是新加坡裕廊吴合顺陶瓷器制造厂创办者吴显武之孙，经营者吴翘然之子，对新加坡裕廊吴合顺陶瓷器制造厂的经营情况及产品销售较为熟悉。我们通过吴为礼的采访资料，梳理出吴合顺陶瓷器制造厂的发展历程及生产规模等情况，对完整新加坡裕廊潮人陶瓷业的研究起到很大作用。

第四章

马来西亚的潮人陶瓷业

马来西亚是东南亚国家之一，自16世纪起相继被葡萄牙、荷兰、英国等国家占领，20世纪初完全沦为英国殖民地。在第二次世界大战中被日军占领，1945年，日本投降后，英国恢复对其的统治。1957年马来亚联合邦宣告独立。1963年，马来亚同新加坡、砂拉越、沙巴组成马来西亚联邦。

马来西亚国土面积33万平方千米，海岸线长达1 610千米，分东马来西亚（简称东马）和西马来西亚（简称西马）两部分，东马包括婆罗洲北部的砂拉越和沙巴两个州，西马包括马来半岛的柔佛、吉打、吉兰丹、马六甲、森美兰、彭亨、槟城、霹雳、玻璃市、雪兰莪、登嘉楼十一个州，另有首都吉隆坡、纳闽、布特拉加亚三个联邦直辖区。马来西亚地处太平洋与印度洋之间，北与泰国接壤，西濒马六甲海峡，东临南海，南濒柔佛海峡，与新加坡毗邻，西南面的马六甲海峡是太平洋和印度洋之间的咽喉要道，重要的地理位置促使它成为东西方经济和文化的融汇中心。

中国与马来西亚两国之间有着悠久的历史往来。早在公元前2世纪，中国商人便到马来半岛从事商业活动。自18世纪开始，马来西亚殖民经济的发展，吸引大批外来移民，华人继阿拉伯人和印度人之后进入马来西亚，之后迅速掌握了当地的经济活动，对此后马来西亚经济的发展起到至关重要的作用。截至2015年，马来西亚总人口3千多万人，其中马来人占55%，华人占24%，印度人占7.3%，其他种族0.7%。马来西亚的官方语言为马来语，通用英语，华语使用较广泛。

中国与马来西亚之间的陶瓷贸易历史悠久。马来西亚砂拉越博物馆收藏当地出土的大量中国瓷器，其中便有宋代潮州窑的产品。① 中国瓷器自传入之时起，对当地人民的生活产生了重大影响，历来都为当地人所酷爱，甚至被视为圣物。1860年汕头港对外通商之后，潮人开始活跃于东南亚各国，利用这种社会需求和自身条件，或到当地经营陶瓷业，或在当地发现瓷土进而发展陶瓷生产业。当时在马来西亚发展陶瓷业的除了潮人还有福建

---

① 汤姆·哈里森：《在西婆罗洲发现的出口瓷》，《东方美术》1959年第2期。

人，之后潮人逐渐垄断整个陶瓷业的经营。据《马来亚潮侨通鉴》载：“潮人对于制瓷，素所擅长；因而陶瓷业商店亦多由潮侨所经营。马来亚沦陷时期，外货来源断绝，故制瓷工业盛极一时，潮侨于各地设厂制造，获利不赀。现规模较大，出品精妍者，首推吉隆坡之吴万发，芙蓉之广顺、池合成，吉隆坡之雪兰莪、泗岩末、潮顺隆、和发，柔佛亚依淡之柔佛缶涵公司……马六甲之瓷涵公司、潮和兴、万和发砖窑及合众……少数为闽籍，其余全数为潮侨。”① 日本侵略马来亚期间，由于中国货物无法到达，当地的陶瓷生产业得到大力发展，各州府均有潮人经营的陶瓷业。

第一节　马来西亚潮人陶瓷业的发展概况

近代潮人下南洋，多到达新加坡，后辗转至马来亚各地。最初大规模到达马来亚的潮人多为参与拓殖的华工。之后随着华工的劳动契约解除，他们开始依靠自身的能力在当地自由发展，陶瓷生产技能便是他们其中的一种谋生手段。

马来亚潮人陶瓷业的兴起，源于当地人对中国陶瓷器的喜爱，以及潮人对当地瓷土的发现。自古代中国陶瓷器传入后，当地人便将其视为珍宝，成为衡量财富和地位的象征。他们的日常生活离不开中国的陶瓷器，甚至一些土著的信仰和习俗都与中国瓷器息息相关，例如一些地区土著利用陶瓮作为葬礼的器具。

自 19 世纪末开始，马来亚便有潮人陶瓷业者的足迹，他们利用家乡的制瓷工艺，兴建龙窑，利用手拉坯技艺，以生产当地市场需要的简单陶器获得生存。至 20 世纪初期，马来亚橡胶种植业逐渐兴起，在英属殖民经济的影响下，大量华工被贩入马来亚参与拓殖，马来亚华侨工业制造业开始兴起②。此时因为国内战乱及天灾，潮人纷纷下南洋谋生，所以陶瓷产品外销及下南洋风潮所带动的陶瓷匠人移民潮也达到高峰。如此大规模的移民潮，使马来亚的潮人陶瓷业得到发展。他们在马来亚寻找瓷土，然后兴建龙窑，利用潮州窑的生产工艺，大量生产当地生活、生产之需的胶杯、缸、瓮等陶器，由于设备简陋，工艺粗糙，产品也比较单一，但因殖民地的大规模开发和橡胶园的大力发展，这类产品虽粗糙，仍具有很大的市场。

1929 年，世界经济危机爆发后，英国殖民当局为转嫁危机，采取一系列有利于英国资本的政策和措施，严重阻碍了新加坡的陶瓷进口，而马来亚进口中国的陶瓷器主要依赖于新加坡的转口贸易。陶瓷器市场的短缺，对当地人们的生活和生产带来严重的影响，却给了马来亚陶瓷业发展的机会。1939 年，第二次世界大战爆发，之后马来亚被日本侵占。马来亚沦陷期间，受战争影响，陶瓷业遭受毁灭性的破坏，除部分被日军命令为军队生产日用陶瓷及战略物资的作坊外，其他基本处于停产状态或被战争摧毁。战后的马来亚陶瓷业，在当地人们重建家园和恢复生产的大量需求下开始复兴，产品主要延续之前的胶杯、

① 潘醒农：《马来亚潮侨通鉴》，新加坡：南岛出版社 1950 年版，第 282 页。
② 林远辉、张应龙：《新加坡马来西亚华侨史》，广州：广东高等教育出版社 2008 年版，第 330 页。

陶缸、陶罐等陶器。

20 世纪 50 年代，中国华侨政策和马来西亚的独立，促使当地潮人大多加入马来西亚国籍，潮人陶瓷业完成本土化进程。至 60 年代，由于橡胶种植园逐渐被淘汰，其他材质的日用器具开始充斥市场，以胶杯、陶缸等为主要产品的马来西亚陶瓷业开始转型。陶瓷业除生产当地生活生产需要的陶瓷器外，还应当地城市建设需要生产大量的建筑及卫生陶瓷，并开始生产融入当地达雅文化的产品，陶瓷业在完成本土化之后得到稳定的发展，并开始转向以本土文化为主的陶瓷业生产。

20 世纪 60 年代之前，马来西亚的陶瓷业基本以生产胶杯、花盆、陶缸、陶瓮、陶罐等陶器为主。60 年代之后，马来西亚实施新的经济政策，中国陶瓷产品输入受阻，长期以来中国陶瓷产品以物美价廉占据大部分市场，在进口受阻之后，市场出现短缺，加上马来西亚为推动国家产业发展，在经济政策上对各个行业进行扶持，这使马来西亚的陶瓷业得到迅速发展。陶瓷业的生产也逐渐摆脱落后的生产状况，开始引进国外先进的生产设备，燃气窑和各种机械化生产设备的应用，使当地陶瓷产品也从粗陶器逐渐转变为以细陶和瓷器为主，为适应各地区市场需求及当地人们的审美要求，各陶瓷产区开始出现不同类型的产品。因马来西亚大规模的城市建设，各个地区的潮人陶瓷业几乎都应这一需求生产地下排污的陶管。北海的潮人陶瓷业除生产陶管外，还生产建筑用砖，主要供当地建设需要。怡保的潮人陶瓷业则主要生产花盆，销往欧美等地区。古晋的潮人陶瓷业则应当地市场需求，生产带有当地达雅族文化等本土风情题材的工艺陶瓷，成为当地旅游市场的热销产品。新山亚依淡的潮人陶瓷业除生产陶管外，还大力发展日用陶瓷及卫生洁具，新山的亚依淡也因陶瓷业的发展而成为享誉马来西亚的陶瓷之乡。

近代以来，马来西亚的潮人陶瓷业主要分布于吉隆坡、新山、古晋、怡保等地。马来西亚潮人陶瓷生产业经营者情况如下：

马来西亚潮人陶瓷业情况表①

城市分布	企业名称	创办人	经营时间	祖居地
北海	陶海滨陶瓷厂	黄木荣	1916 年初至今	枫溪
吉隆坡	吴万发	吴尚高、吴敬高	20 世纪初至今	枫溪
		黄亚明祖父	创办时间不详，至今仍营业	潮州
马六甲		张金春	创办时间、结业时间皆不详	枫溪
怡保	陶裕窑厂	陈荣裕	1928 年至今	潮阳
新山亚依淡	佳丽登集团	陈顺兴	1920 年至今	枫溪
	陶园	欧英光	创办时间不详，至今仍营业	潮州

① 此表根据作者近十年来在东南亚实地调查的口述资料整理出来。

（续上表）

城市分布	企业名称	创办人	经营时间	祖居地
古晋	永发兴陶瓷公司	黄柿核	1960—2016 年	枫溪人家前
	吴丰成陶瓷厂	吴亚扶	创办时间不详，至今仍营业	枫溪大巷
	黄利成	黄利发	创办时间不详，至今仍营业	枫溪人家前
	黄和成	黄和安	创办时间不详，至今仍营业	枫溪人家前
	吴氏陶瓷厂	吴永河父子	创办时间不详，至今仍营业	潮州
诗巫	黄善合缶厂	黄岳坤	1931 年至今	潮阳

如今，马来西亚潮人陶瓷业的经营出现两极分化。一些经营者坚守传统，再加上用地短缺、市场饱和等因素，经营难以为继，如古晋陶瓷业的发展；而在怡保、新山等地的潮人陶瓷业已由受过高等教育的新生代接棒经营，他们出生于当地，受当地文化及西方文化的影响，在企业的经营上以符合当地社会和国际市场需求为前提，在产品结构、生产管理及产品营销方面寻求突破和发展，逐步发展成大中型企业集团，甚至是拥有知名品牌的跨国企业，潮人陶瓷业在他们的引领下进入另一个发展时期。

第二节　吉隆坡的潮人陶瓷业

据目前调查资料显示，近代以来吉隆坡有几家潮人陶瓷业，分别为：吴尚高与陈顺兴合作经营的和发，之后陈顺兴前往马六甲发展，吴尚高及吴敬高兄弟将和发改为吴万发发展至今；陈钦赐经营的陶瓷喷绒加工厂；黄亚明祖父创建的陶瓷厂，一直经营至今。

《马来亚潮侨通监》载吉隆坡吴万发广告页

20 世纪初，祖籍枫溪的吴尚高因家乡战乱，生活艰苦，于是下南洋谋生，最后定居马来亚吉隆坡。他与同乡人陈顺兴在吉隆坡鹅麦锡矿附近合作创办和发陶作坊，利用这里的资源和在枫溪学到的制陶技艺，生产缸及水瓮等陶器，产品销往新加坡及马来亚各地。后因同行竞争激烈，陈顺兴前往马六甲发展，吴尚高与其弟吴敬高将和发改为吴万发继续经营，产品也从简单的陶器逐渐往日用瓷发展，包括日用餐具及咖啡杯盘。之后，吴尚高还在吉隆坡开设瑞昌隆，主要经营日用百货。至今，吴尚高的儿子继承经营，在马来西亚及新加坡均设有公司，主要经营银行、房地产、百货公司，陶瓷方面主要做建筑陶瓷。[①]

马来西亚吉隆坡吴万发生产的色釉餐具（左）、五彩人物形啤酒杯（右）

20 世纪 40 年代，枫溪人陈钦赐到吉隆坡经营陶瓷加工作坊，主要是做石膏扑满喷漆，后来不幸因为机械事故导致火灾，作坊付之一炬。

黄亚明的祖父早年在马来亚雪兰莪经营制陶工厂，之后转到吉隆坡经营陶瓷厂。黄亚明的父亲（1940— ）、母亲及兄长都在陶瓷厂帮忙。黄亚明（1977— ）14 岁开始到陶瓷厂工作，他善于销售，成为陶瓷厂的经营主力。目前，他的陶瓷厂产品主要为陶砂锅，陶土采用机械化处理，生产上多为人工制作，拥有工人十多人，每月生产约五千件陶瓷器，每件售价 4—20 马币。陶瓷厂由于陶土资源和烧窑木材燃料等存在问题，黄亚明开始在生产和经营上寻求创新。

黄亚明先生的报道资料，黄玉武先生提供

① 口述资料，口述者：吴荣璋；采访者：李炳炎；采访时间：2011 年 3 月 3 日；采访地点：潮州市颐陶轩陶瓷文化艺术研究所。

吉隆坡目前尚有潮人在经营陶瓷业，我们祈望以此抛砖引玉，搜集到有关吉隆坡潮人陶瓷业的资料，完善我们对吉隆坡潮人陶瓷业的研究。

第三节 北海的潮人陶瓷业

北海是今马来西亚槟州威省北区县的一个镇，也是北区县的县城，位于西马的西北部，西南面为马六甲海峡，与西北面的槟城隔海相望，交通方便。北海的潮人陶瓷企业优秀者以陶海滨陶瓷厂为例。

黄木荣先生像

陶海滨的创办人为黄木荣（1888—1965）。他祖籍潮安枫溪，于1916年通过汕头港抵达马来亚的亚拉古拉，[①] 定居于北海双溪赖，利用当地的陶土和自身所学的制瓷工艺创办陶瓷厂，取名为TOH HAI PINSCO陶海滨有限公司，意为在滨海的陶瓷厂，生产当地市场需求的各种陶瓷器。陶瓷厂的制瓷师傅多数从枫溪聘请，如黄顺告、陈新江、黄海炎等手拉大缸大瓮的陶瓷技师，黄木荣自己也参与生产。生产上采用传统枫溪窑的工艺，产品以手拉坯成型，黄木荣亲自配制传统的枫溪谷糠釉，并将这一技艺传授给工人，利用龙窑进行烧造，产品主要为胶杯，另外还有胡姬花盆、水钵、罐、豆油瓮、豆油瓶及建筑用砖等陶器，以及少量中温瓷器。

1921年黄木荣与人在槟城中街合作创办鸿发瓷器行，1924年独资开创鸿裕瓷庄于缎罗申街，从事瓷器进出口贸易，也取得了成功。他除经营鸿发瓷器行、鸿裕瓷庄外，还在槟榔屿经营鸿益号等商铺，专营中国生产的各式精细瓷器。其中鸿裕瓷庄为长子添福与姻亲郭潮鸿合股经营，店员大多来自枫溪，如记账人郑梧溪就是枫溪橄榄巷郑厝内人。

1941年太平洋战争爆发后，东南亚被日军占领。期间，日本人垄断了新马陶瓷产品的经营，开设Nampo Soko南洋商行对马来亚所有陶瓷制品进行统一收购和销售，陶海滨陶瓷厂的所有产品都必须交给南洋商行，日军还派遣一名日本人驻厂监督，建筑用砖等战争物资更是受到严格的管制。

1950—1953年朝鲜战争期间，汽车轮胎作为战略物资，需求量大增，推动了东南亚地区橡胶种植业的发展，马来亚各地陶瓷厂生产的胶杯出现了供不应求的旺象。陶海滨陶瓷厂也不例外，在这一时期发展迅速，工厂最高峰时拥有四条龙窑，产品经常供不应求。20世纪70年代之后，由于塑料胶杯的兴起，陶质胶杯的生产基本结束。此后因全球化贸易的影响和生产技术的进步，陶海滨转为以生产花盆和建筑用砖为主。

---

① 黄木荣从枫溪首次至马来亚的时间有两种说法，一种为1911年，资料来源为蔡普熙主编的《北马潮安同乡会成立四十周年纪念特刊1952—1992》（槟城：北马潮安同乡会1993年版）第86页“寻根园地”。另一种为1916年，据黄木荣之子黄龙河口述资料（采访者：李炳炎；采访时间：2011年9月22日；采访地点：槟城陶海滨瓷厂；在场者：陈剑虹、陈景熙等）。笔者认为黄龙河的说法更可信，故采用此说。

黄木荣在陶瓷业的发展取得收益后，又开始投资锡矿和橡胶业，成为一位成功的商人。他曾任北马潮安同乡会名誉主席及信理员，潮州会馆、韩江中小学董事，潮商公所名誉主席及信理员，槟城黄氏江夏堂、威省黄氏宗祠、大山脚黄氏江夏堂名誉族长，双溪赖启智学校、北海励华学校及其他社团要职，对当地社会颇有贡献。

黄木荣共育有十二个儿子和七个女儿，儿子分别为：添福、广福、如德、明福、源福、龙山（1929—2002）、龙河（1931—　）、龙海、龙华（1939—　）、龙国、龙文、龙武；女儿分别为：彩凤、彩智、莲枝、莲花、莲叶、彩云、彩真（1942—　）。龙山、龙河、龙海及彩真等儿女先后加入工厂工作，其他子女学业有成后参与其他行业的发展，如龙华毕业于英国伦敦工艺学院构造工程专业，1966 年回到吉隆坡、槟城从事工程顾问工作。黄木荣不论在家里还是在企业中，对子女的要求都很严格，所有业务都自己安排，然后布置给子女们去完成，子女们也都认真执行，很少与他发生冲突，他以家长式经营管理着这个家族企业。1944 年，龙河开始参与工厂从生产到产品销售各个环节的工作。1965 年，黄木荣去世，陶海滨陶瓷厂由其儿女继承。

马来西亚北海陶海滨生产的胶杯（左）及胡姬花盆（右）

近年来，陶海滨陶瓷厂由龙河和彩真负责经营。工厂占地约 13 公顷，拥有两条砖窑和三条烧陶的龙窑（一窑 15 目），以传统的柴草为燃料。产品以建筑用砖为主，砖窑一次可装八九万块砖条，需连续烧五天，然后经过六天的冷却才可出窑。目前，陶海滨陶瓷厂由于转型困难开始面临困境。首先，龙河和彩真正迈入老年，在经营上力不从心，第三代的儿女们又不愿意继承这种又脏又累的陶瓷工作；其次，工厂内瓷泥土经过长期挖掘已处于贫乏状态，柴草等燃料燃烧时对周边环境产生污染；最后，从事这个行业的工人越来越少，且工资要求越来越高，工厂地价大幅增值，不再适宜经营陶瓷业。

陶海滨生产场面

陶海滨是近代潮人在马来西亚创办陶瓷业的知名企业之一。它伴随着马来西亚社会经济的发展，应时生产胶杯、水缸及下水道管等陶器及建筑用砖，取得了良好的经济效益；除发展陶瓷生产外，还在各地开设陶瓷零售门店，集产销于一体。但随着经济的飞速发展，企业的第二代经营者已年迈，经营上缺乏创新，又受工厂用地及生产资源等因素的影响，经营日益艰难。①

第四节　砂拉越的潮人陶瓷业

早在一千五百年前，中国与砂拉越已有商业来往。明末清初已有华人移居砂拉越，最早在此定居的华人可能是一些官船或商船远航时留下的船员，这些华人船员跟土著妇女结婚，成为砂拉越一些民族的祖先。当时的砂拉越草莽未开，地广人稀，南来的华人冒险到此谋生，凭着农耕技术，克服重重困难，与当时的土酋统治者和谐共处，不论经商还是辟地而耕，都与当地社会相辅而成。②

砂拉越是一个多元种族的社会，达雅族是婆罗洲岛上的土生族群，现约有八百万人，达雅文化是当地一个重要的土著文化。达雅人的生活以农业为主，另有打猎、捕鱼及采集森林资源等方式。宗族是达雅族的重要社会结构，宗族内的成员都紧密结合，同一宗族的达雅人全住在一座长屋中，并在长屋中进行宗教仪式及庆典。达雅人居住于热带丛林，水资源经常缺乏，日常生活靠器具储水，先期潮人经营的中国龙纹大陶瓮便适用于储水，这种大陶瓮在当地市场较为稀有，成为衡量当地人财富的象征。有一些陶瓮也用于达雅人的特殊葬礼，他们信奉一种崇拜祖先灵魂的宗教，为了尊重祖先，或指引灵魂到目的地而采用瓮葬。

早期来到砂拉越的华人大多从事农耕、劳力工作及采矿业，之后来自福建及潮州的华人则多数经营洋杂货及土产进出口生意。1852 年潮籍人士刘建发带领一批同乡由汕头到古晋附近落户。1841 年砂拉越华族人口只有一千人，1876 年则有四千多人，占砂拉越总人口的 3.9%，到 1909 年增加至 11%，其后到 1960 年，华族人口占砂拉越州总人口的三分之一。③

砂拉越州的诗巫、古晋这两个城市是知名的陶瓷产地。在 1850 年诗巫只是一个名叫马兰瑙的小村庄，英国在砂拉越开拓殖民地，促进了地处拉让江航道上的诗巫的经济发展；一百年前，闽清人的到来促使其成为一个贸易中心，后来来自福州、厦门和广州、潮州的商人相继到这里经商，城市中的华人社区也开始发展起来。当时，居住在古晋砂拉越河南岸一带（即现在的新渔村路口到丹那布迪大桥方圆百亩的地方）的潮人为了立足，开始在这里生产各类陶器，这里因此也被称作缶窑。④

古晋缶窑的马来地名叫作丹那布迪，就是白沙土的意思。这里生产的陶瓷通过砂拉越

---

① 口述资料，口述者：黄龙河、黄龙华、黄彩真；采访者：李炳炎；采访时间：2011 年 9 月 22 日；采访地点：槟城陶海滨瓷厂；在场者：陈剑虹、陈景熙、陈贤武等。

② 林煜堂：《砂拉越华人的文明》，杨婺琍编：《地方史研究与华人身份认同——学术研讨会论文集》，古晋：砂拉越华族文化协会 2014 年版，第 15 页。

③ 林煜堂：《砂拉越华人的文明》，杨婺琍编：《地方史研究与华人身份认同——学术研讨会论文集》，古晋：砂拉越华族文化协会 2014 年版，第 14 页。

④ 林煜堂：《砂拉越华人的文明》，杨婺琍编：《地方史研究与华人身份认同——学术研讨会论文集》，古晋：砂拉越华族文化协会 2014 年版，第 18 页。

河运往上游古晋城区的码头，再由货栈或商店出售。古晋老街海唇街是华人最早开辟的商业区，1872 年用砖瓦改建成目前的两层或三层店屋，楼下为店面，楼上则供居住用，这些建筑也成为古晋一大特色。当时店铺大都是经营米粮、杂货和土产，店前建有木质码头和仓库供起卸和储存货物之用。[①] 丰富的自然资源和优越的地理条件造就了陶瓷业的发展。

采访马来西亚古晋缶窑潮人陶瓷业亲历者

清末民初，缶窑成为潮人居住的一个小村落，居住在这里的潮人，以枫溪人家前村黄姓者居多，他们大多以制造陶器为生，当时约有十七家作坊，这些作坊规模较小，为多人出资合营，附近一些经营杂货以及粿杂、粿条、干捞面摊档的小贩也都乐意投资。[②] 工厂生产需要的泥土需不含沙砾且黏性大，缶窑附近没有这种土，需雇请马来人从吊桥一带运来。因各厂坊的人力都是自家人，故除去燃料、泥土等费用外，每窑可赚两三百元，如遇意外，则要亏本。[③] 这一时期的古晋潮人瓷业已基本形成规模，并得到稳步发展。

缶窑地理位置优越，靠近各港，船务频繁。在日本入侵时代，因地处中游，可以避免日本人的检查，自然成为货物的集散地，但也因靠近日本人的造船所，很多窑厂在战火中被炸毁。战乱使漂流于古晋的潮人不可避免地遭受到致命打击，窑厂大部分停烧，潮人流离失所。

1945 年“二战”胜利后，这里幸存的作坊共有十多家，那些被炸毁的窑厂开始重新修建，生产当地人需要和喜爱的各种陶瓷器具。当地的达雅人将唐宋时期的中国龙纹四系罐视为无上之宝，上等者每件值千余元，很多作坊依样仿造这种器型，称为陶瓮，每个可卖数十元，后来因大量厂坊仿制，跌至七八元。此时适逢当地大兴橡胶业，陶制胶杯需求量大增，每千只可卖一百元，于是各厂坊大量生产，至 1955 年每千只价格低至十元，经营陷入困境。而一些窑厂则因铝质器皿的出现，产品备受挤压，转为烧造建筑用砖。砖窑销量较大，产品容易销售，即使古晋本地没有销路，也可销往其他地方，情况比陶瓷厂坊稳定。20 世纪 50 年代最知名的砖窑厂坊有瑞发成、茂顺、振成合、万成兴四家，每厂每月约出十万砖瓦，平均每百块砖十元，每月收入约一万元，除去开支，利润有数千元。至 1955 年，缶窑的陶瓷厂坊经历多重打击，只剩下五六家。

1960 年之后，缶窑被规划为砂拉越港口，他们需要离开这片生活了几十年的土地。黄和成、黄丰成、黄善合等厂坊相继成立于地价较为便宜的朋尼逊路，新建的厂房比起缶窑更为宽敞，产品也由原来的陶罐、瓮、花盆等日常家居陶器，逐步转为工艺陶瓷。

1963—1990 年砂拉越武装革命期间，大量军人聚集在古晋，当他们回家时多数会购买

① 林煜堂：《砂拉越华人的文明》，杨婺琍编：《地方史研究与华人身份认同——学术研讨会论文集》，古晋：砂拉越华族文化协会 2014 年版，第 22 页。

② 口述资料，口述者：黄玉武（黄先生祖籍枫溪人家前，出生于古晋，博士，长期任职于联合国国际劳工组织至退休）；采访者：李炳炎；采访时间：2014 年 3 月 20 日；采访地点：马来西亚古晋；在场者：李沐龙。

③ 廖升：《无限沧桑话缶窑》，《马来亚商业年鉴》，1955 年。

当地的土产作为手信。潮籍陶瓷业者便把本土文化融入创作中，装饰图案上出现了达雅族的图腾及长屋、农业、捕鱼等题材，大多是在酱釉、黄釉上进行剔花装饰，既有中国磁州窑的装饰风格，又有剪纸艺术的特殊效果，这些产品在市场上广受欢迎，也成为回乡军人购买的首选。这种需求刺激了陶瓷业的发展，作坊间竞相生产这类陶瓷器，也使瓷业进入一个兴旺发展的时期。

2010 年之后，老一辈经营者多数已年迈，产业由后代继承。一些作坊也因经营不善而难以为继，至今能持续经营的厂坊有黄胜利经营的黄善合、吴文星经营的华联、洪永盛经营的义大等，为数不多。以义大为代表的厂坊，产品主要为手工制作的工艺瓷，这类工艺瓷纹饰多以棕色调为主，并以婆罗洲各地民族风情、信仰图腾及热带自然景象为题材，英文刻画落款，形成了具有鲜明地方特色的艺术风格，成为马来西亚旅游工艺品市场的重要品种。以华联和黄善合为代表的另一类厂坊，他们采用机械化规模生产，产品以各类花盆为主，采用机械滚压成型，并以手工刻画简练的花卉纹饰，主要销往东南亚及欧洲各国。

马来西亚古晋义大陶瓷厂生产的产品

马来西亚古晋义大陶瓷厂生产的贴塑梅花纹瓶

一、诗巫黄善合缶厂

黄岳坤先生像

黄善合缶厂创办人黄岳坤（1906—1965），出生于潮州府潮阳关埠镇夏林乡仁和里。1926 年，他从汕头乘船到达婆罗洲砂拉越的诗巫，在亲戚经营的陶瓷厂工作。至 1931 年，他已掌握了陶瓷的生产技艺，在诗巫市海墘街创办黄善合缶厂，生产胶杯、水缸、陶钵及各式仿古龙纹陶瓮等，也制造一些当地土著用来装骨灰的小陶瓮。黄岳坤历经二十年的艰苦创业，一心一意发展陶瓷产业，使黄善合缶厂规模不断壮大，“苦心研究，出品力求精良，今成诗巫工业界巨擘”①，成为远近驰名的陶瓷厂。1956 年 10 月 7 日，诗巫行政官陪同英国国防大臣桑德斯氏、砂拉越总督艾贝尔爵士等参观该厂，足见其在业界的规模和成就。1965 年黄岳坤逝世，工厂由他的后代继承经营，产品以陈设陶瓷为主，生产的花钵、花盆等都以模制成型，手工雕塑土著

① 资料来源：1949 年 12 月 10 日马来亚诗巫新民学校董事部公题新民学生题赠黄岳坤董事长像赞词。

文化及东南亚热带风情等图案为纹饰，受到当地人民及游客的青睐。

黄岳坤富而能仁，凡公益善举皆踊跃捐助。他年幼虽未入校接受教育，但在事业成功之后，不忘支持教育事业。自1936年以来，黄岳坤先生连任新民小学四届董事长，“二战”胜利后，在学校重新恢复教学及1949年校舍扩建等关键时刻，他与诸董事协力筹划，不仅带头捐资，还全力以赴为学校筹划各项建设和筹集经费，他所做的贡献，受到社会各界的敬佩。

1960年马来西亚诗巫黄善合陶瓷厂广告页

黄岳坤不仅热心教育事业，更为祖国的革命事业出钱出力。他非常支持孙中山先生的革命事业，与夫人林玉娇所育的十余位子女，以孙中山先生的遗言“革命尚未成功，同志仍须努力”为其一些子女起名，分别为：革同、命志、尚仍、未须、成努、功力、前进、胜利、和平、淑英、淑卿。从这些名字可以看出他的胸襟志向。

黄岳坤是最早在砂拉越开创陶瓷业的潮人，而且经营成效最为卓著，成为当地的工业巨擘，热心公益的精神更让他成为社会的楷模。

至今，黄善合缶厂由黄岳坤的第八子黄胜利继承经营，产品主要为花盆之类的手工陶瓷器。①

二、古晋永发兴陶瓷公司

永发兴创办人黄柿核（1921—2004），出生于潮安枫溪人家前。1934年从汕头到新加坡，后中转至古晋。

黄柿核起初在杂货店当店员，每月工资三元，然后到堂兄黄和安师傅处学习陶艺，1942年略有积蓄的黄柿核开始与人合资经营，二十四岁时经媒人介绍娶伦乐人洪碧霞为妻，生育五男三女共八个子女。

因陶瓷业是一项非常辛苦的工作，故黄柿核在生下两个儿子之后，决定放弃陶瓷业，转而在附近开了一间卖米粮杂货的德兴号杂货店，余下六名子女均是在店屋出生的。当时缶窑的环境尚未得到开发，周围经常出没鳄鱼、蛇等动物。在交通不便的环境下，德兴杂货店的生意非常好，尤其是在1950年前后。黄柿核还利用空闲时间到一些作坊当制陶师傅，由于他既懂陶瓷生产，又懂财务管理，各作坊老板竞相以传授技术和管理财务作为资本邀请他入股，加之他利用积蓄以碎股形式投资窑厂，因此成为一些窑厂的股东。

缶窑地区逐渐得到开放，交通发达之后，德兴杂货店的生意反而难以经营，黄柿核为

① 黄玉武先生提供资料。

维持生计，只能重拾旧业，到吴亚扶经营的丰成号工作。1960 年黄柿核决定与妻子的弟弟合资创建永发兴缶厂，在乡下朋里逊路四里半处自建龙窑，生产花盆、陶缸、陶瓮、罐等陶器。之后吴亚扶孙子吴文星招募了当时一些熟练的陶工加入永发兴，丰富了制陶技艺。黄柿核曾因热心教育事业而被古晋崩岭中华小学聘为董事主席，1986 年他退休赋闲，1991 年曾偕妻子回乡探亲。

马来西亚古晋永发兴缶厂（左起依次为李炳炎、黄玉武及其表妹洪瑞琴，即永发兴商场经理）

黄柿核虽从事粗重的陶瓷生产业，却非常重视教育事业。他深知华人在异国他乡不能永远靠劳力生存，必须通过教育提高素质才能更好地生存和发展。他以艰辛的劳动抚养子女完成学业，如次子黄玉武（1947—　）从古晋中华第一中学毕业后，就读于新加坡南洋大学经济系，毕业后到英国深造，获硕士与博士学位，之后长期在联合国国际劳工组织服务，曾在瑞士、中国、泰国等国家工作。从永发兴的发展历程可以了解到，黄柿核是早期缶窑陶瓷生产技艺传播的关键人物之一，他在事业成功后支持子女完成高等教育，也不忘支持当地的教育事业。据黄玉武先生透露，永发兴已于 2016 年结束营业。①

三、古晋吴丰成陶瓷厂

吴丰成号经营者吴亚扶（1905—1988），祖籍枫溪大巷三格楼。1919 年他从汕头乘船经新加坡到古晋投靠舅父，在其经营的窑厂打工。他因谋生困难几次想要回家，最终由于积蓄甚微无法成行，在当地成家后开始经营杂货小店，之后因经营困难又回到其舅父的窑厂帮忙，后又与几个朋友合作经营窑厂，自此一直以造陶为生。他起初主要生产水瓮、胶杯等产品，日本入侵时期为日本人生产电线杆上的陶瓷绝缘瓶及盘、碗等日用瓷器，至 20 世纪 60 年代以生产花盆为主，

马来西亚古晋华联陶器制造厂（左起吴文星、李炳炎、黄玉武）

而后在孩子吴龙光（1933—　，生于古晋）等的协助下经营壮大，产品延伸至花瓶、罐等

① 李炳炎：《潮瓷下南洋》，深圳：深圳报业集团出版社 2015 年版，第 49 - 50 页。

工艺瓷，在缶窑一带稍有名气。①

1976年吴亚扶退休后将窑厂交给吴龙光管理，1980年吴龙光之子文星（1955—　）加入经营。1982年吴文星创立华联陶器制造厂，生产的工艺瓷质量较之前的产品大有提升，采用彩绘、镂空、浅浮雕等手法，创作了一批融入达雅族生活场景、民俗风情及信仰图腾等元素纹饰的作品。1987—1988年，吴文星邀朋友合资引进澳大利亚煤气窑生产下水道陶管，后因接纳大量花盆订单，窑体容量无法满足生产，他便独资购建引进台湾技术制造的煤气隧道窑，迅速发展壮大。至今华联陶器制造厂拥有厂房约5千平方米，压模机七架，每天生产花盆近两千个。吴文星在企业人事管理方面同样出色，在工作和生活各方面对员工体贴入微，很多工人在华联工作了三十多年。他在企业发展过程中吸取多方经验，引进陶瓷生产设备，积极了解家乡的陶瓷业发展情况，并希望能借鉴潮州陶瓷生产工艺对企业进行转型升级。②

第五节　怡保的潮人陶瓷业

霹雳州怡保的潮人陶瓷业是由潮阳人开创的。20世纪初，潮阳人陆陆续续前往怡保，开创了怡保陶瓷业，经历了几个重要发展时期。初期，他们采用传统的龙窑进行烧造，制作上依然沿用潮州窑传统的手拉坯工艺，主要生产当地生产所需的胶杯。由于橡胶业的发展，所生产的胶杯经常供不应求，最高峰时有龙窑50多座，每座长约30米。这一旺象持续到20世纪50年代末，由于陶质胶杯不再适合橡胶园的生产需要，自60年代开始，怡保的陶瓷业转为主要生产花盆、大缸、花瓶、排水管等陶器。70年代，为配合陶瓷业的发展，怡保成立陶瓷工会。90年代，政府为规范行业，减少污染，鼓励企业搬到工业区，并鼓励企业对窑炉进行改造，改为燃气或者油渣的现代化窑炉，对传统的龙窑进行烟囱配置减少污染排放的装置。目前怡保的陶瓷工业区，约有四十家陶瓷企业，其中新捷成、新泰盛、万利成、亚洲陶瓷四家已发展成为规模化企业，其余大部分为中小型工厂，其中仍有三四座龙窑保持生产，采用机械压坯机、练土机等机器进行生产，产品有花盆、花瓶、大缸等陶器，其中出口以花盆为主，年产大约两千个货柜，主要销往美国、英国、德国、澳大利亚等国家。怡保的陶瓷业从业人员约三千人，拥有配套服务的产业，由于陶瓷业既辛苦又利润微薄，很多当地人不愿意从事这个行业，现大部分工人是印度尼西亚、孟加拉、尼泊尔等国家的移民劳工。

怡保江沙路的左侧接近巴厘河，低洼潮湿，蕴藏丰富的灰黑色黏土，是制作陶器的主要原料。潮人在此修窑烧陶，雇工人去挖泥，用簸箕肩挑回来，再通过人工或水牛踩踏处理，制成黏土。知名的厂家有陶裕、新进利等。怡保陶裕窑厂的创办人为陈荣裕（？—

① 口述资料，口述者：黄细妹（1928年生，吴亚扶先生之妻）；采访者：李炳炎；采访时间：2014年3月18日下午；采访地点：马来西亚古晋黄细妹家；在场者：黄玉武、李沐龙、吴文星。

② 口述资料，口述者：吴文星；采访者：李炳炎；采访时间：2014年3月18日；采访地点：马来西亚古晋朋里逊路华联陶器制造厂；在场者：黄玉武、李沐龙、吴文星。

1972），20 世纪初出生于潮阳两英镇美林村。他少时在陶瓷作坊工作，熟练掌握陶瓷生产技艺，能手拉坯制作各类陶器，甚至能制作陶瓷的鸦片烟头。1928 年他看到很多同乡陆陆续续到怡保去经营陶瓷业而且都能得到发展，于是带着两岁的大儿子陈振松（1926— ，生于潮阳）到怡保创业。当时的怡保已有一些潮阳人经营的龙窑，全部采用传统的潮州龙窑，龙窑长约 30 米，宽约 1.5 米，以手拉坯工艺进行制作，主要生产马来亚各地生产所需的胶杯。初到马来亚的陈荣裕与一名陈氏同乡合股创办陶裕窑厂，两人合作租地建了一条龙窑和木材结构的厂房，可以同时容纳十多个工人工作，每人各使用龙窑半个月，主要用于生产胶杯。陈荣裕立足之后便把家乡的两个小儿子也接到怡保，陈振松与两个弟弟自小跟着父亲在窑厂生活，逐渐掌握陶瓷生产技艺并参与窑场的生产，长大后继承窑厂的生产和经营。怡保因陶瓷业的发展形成产业配套行业，如窑炉设备、压坯机等，马来西亚及新加坡多个地区的陶瓷生产设备都从怡保采购。自 20 世纪 60 年代开始，陶质胶杯因不再适应橡胶园的生产需要逐渐被淘汰。怡保的陶瓷业转而生产各地建设及生活需要的花盆、陶管、陶缸、花瓶等。1970 年，陈振松之子陈镇源（1948— ，生于怡保）22 岁毕业后加入窑厂的经营。陈振松见窑厂采用压坯机生产后仍达不到很好的经济效益，便另觅厂地改行经营砖窑，他见儿子熟悉窑厂的生产和经营，对经营窑厂仍有兴趣，便把窑厂交由儿子和两个弟弟继续经营。陈镇源接手之后大量生产陶管和花盆，因马来西亚胡姬花种植业的兴旺和城市建设的大量需求，陶裕所生产的花盆和陶管等产品出现供不应求的旺象，陈镇源每天都要参与生产。压坯机做出来的坯体要拿出去晒干，加工后进窑烧，从坯体制作到产品出窑要四五天时间。怡保当地陶瓷业最高峰时期有近五十座龙窑在生产。20 世纪 70 年代怡保成立陶瓷公会，陈镇源曾任会长。90 年代中期，怡保当地政府为保持行业发展和减少龙窑对居民区造成的污染，以低地价鼓励陶瓷窑厂搬往工业区，对保存的龙窑烟囱进行加装喷淋设置的改造以减少污染，大部分搬到工业区的窑厂都改用以燃气或油渣为燃料的窑炉。陶裕窑厂也随之搬到工业区，新建窑炉为铁皮结构，长 20 米，宽 6 米，高 2 米，以煤油为燃料。之后陈镇源改变经营方式，只做单纯的花盆垫脚产品，怡保的陶瓷业里也只有他生产这种产品。他生产的这些产品得到英国客户的信赖，主要出口英国。因陈镇源两子均对陶瓷业没兴趣，大儿子做塑胶袋生意，二儿子做五金贸易，现窑厂仍由陈镇源管理，有四个工人，主要生产花盆垫脚，出口英国。①

第六节 新山的潮人陶瓷业

新山又名柔佛巴鲁，是马来西亚柔佛州的首府，与新加坡相隔于柔佛海峡，有大马南方门户之称，为马来西亚第二大城市。

新山不仅是柔佛的首府城市，更是早期潮人的主要活动地区。早期英殖民者将华工带

① 口述资料，口述者：陈镇源；采访者：李炳炎；采访时间：2016 年 2 月 29 日；采访地点：潮州市颐陶轩潮州窑博物馆；在场者：陈镇源夫人、陈德衍、林峰。

入新山，开发柔佛。潮人作为主要的拓殖者，此后随着拓殖的深入，潮人不断深入新山各地在柔佛的早期发展中扮演着重要角色。19 世纪中叶，陈开顺带领潮州义兴人北上进入柔佛，开启了潮人在柔佛发展的新里程，新山成为潮人拓殖者的第一站。他们在当地开辟道路，并沿着道路向各地发展。

马来西亚新山亚依淡陶瓷之乡标志

新山拥有优质瓷土矿，森林茂密，土地广袤，交通方便，是发展陶瓷业的理想之地。新山亚新山依淡是马来西亚的陶瓷之乡。近当代新山亚依淡较知名的潮人陶瓷企业为枫溪人陈顺兴所创办的万和发和潮人欧英光创办的陶园。

一、佳丽登集团

陈氏家族世系传承略如下：

- 陈公
  - 大房：林顺
    - 钦龙
    - 钦赐（新加坡：陶光）
  - 二房：顺兴（马来西亚：缶涵、佳丽登）
    - 长子：钦安（养子）
      - 崇祥
      - 崇旭
      - 崇皓
    - 二子：宗煌
    - 三子（年幼夭折）
    - 四子：钦海（字宗正）
      - 崇德
      - 崇伟
      - 崇仁
    - 五子：钦宣（字宗禧）
      - 崇愈
      - 崇轩
      - 崇哲
      - 崇融
  - 三房：林泉

根据笔者的调查，万和发为马来西亚柔佛缶涵公司的前身。万和发的创办人为陈顺兴（1886—1957），祖籍福建莆田，20 世纪初移居枫溪。他们兄弟三人分别为陈林顺、陈顺兴和陈林泉，他们在陈林顺的带领下，于枫溪乡埠美月英池与长美乡交界处创建了一个陶器作坊，以手拉坯技艺生产大水缸、水涵、揉粿钵、米瓮及骨灰坛等陶器产品。

陈顺兴先生像

马来西亚缶涵公司（左李炳炎，右陈宗正）

1919 年，陈顺兴到马来亚吉隆坡当锡矿工，无意中发现吉隆坡鹅麦锡矿中挖出的泥土是可以制陶的陶土。他对这一陶土资源非常敏感，决定利用这里的资源和在枫溪学到的制陶技艺，与同乡合作生产陶器。1920 年，陈顺兴和同乡人吴尚高在吉隆坡创办了简陋的和发陶作坊。后因同行竞争激烈，陈顺兴觉得这样长途运输陶器成本较高，效益较低，于是他决定将和发的股份转让给对方，自行到马六甲创建陶瓷厂。1922 年，他到马六甲创立万和发制陶作坊，并写信给枫溪的兄长，请他安排几个子侄到马六甲协助生产，当时工人有十人左右，主要产品为陶管及屋瓦等粗陶器。之后因橡胶种植业开始大兴，万和发应势大力生产胶杯。万和发的产品除供应当地市场需求外，还销往新加坡、吉隆坡、柔佛等地，因马六甲陆上交通不便，陆运的货物经常需要陈顺兴亲自送货及收货款，在多次经过新山亚依淡之后，陈顺兴发现亚依淡蕴藏着丰富的可制瓷的高岭土，便将瓷土带回万和发试制，结果发现这些高岭土是优质的瓷土。而且亚依淡是柔佛州的中心地带，往各地运送货物路程均较方便，于是陈顺兴开始考虑往亚依淡发展。

马来西亚马六甲万和发生产的屋瓦

1935 年，陈顺兴便在亚依淡开始置地建设柔佛缶涵公司，开始生产陶器，主要产品为胶杯及粗陶管。马六甲的万和发交给长子钦安管理，产品仍以胶杯为主。亚依淡的柔佛缶涵公司则由陈顺兴及二子宗煌（1923—1949）负责。陈顺兴经常两地奔波，平时主要在亚依淡，每周会抽空两三天回马六甲兼顾万和发。当时的亚依淡荒无人烟，周围都是丘陵地带，森林茂密，交通不便。刚开始工厂只有十多名员工，陈顺兴既当老板，又当工人。随着枫溪长美一带的大批移民到达马来亚，这里的人气才渐渐多起来。这些到南洋谋

马来西亚亚依淡缶涵公司龙窑

生的潮人大部分是通过家乡的亲友介绍，或是寄信给南洋的潮人老板寻求工作。当中有不少人投靠到陈顺兴的工厂，寄食寄宿，闲时也参与帮工，一些找不到其他工作的便直接成为他的员工。陈顺兴和这帮家乡人靠着手工作业，利用简陋的设备烧造陶器。

当时，潮州到马来亚的船程虽需要一个月，但还算方便，到异地谋生的潮人大多家有妻儿，赚到钱之后都会寄回家乡供家人生存。落叶归根是他们的情结，他们认为家在唐山，这里只是他们“赚食”之地。陈顺兴的工人大部分为枫溪人，他们到这里工作，食宿全由工厂提供，以 1938 年为例，工钱每月为十五元，另外剪头发的费用会再补贴五毛钱。工人们基本不识字，他们与家乡的联络，如写信、每年清明节、中元节、中秋节及春节等节日，工厂财务都会根据员工的要求将钱寄往新加坡，再中转到家乡。创业初时，很多工人离乡背井到这里工作，最后都无法回到家乡，陈顺兴便在工厂外建了一间小庙堂，庙堂门联写着“陶业当年初创君等多贡献，瓷艺今日有成我们常追思”。庙堂内供奉着菩萨，旁边有间小室供奉地藏菩萨，并把曾在工厂工作的伙计灵位放在这间小室内，让他们的灵魂在异国他乡有个安息之所。每逢清明节及中元节，陈氏后人都会举办庄严的祭拜活动，供奉三牲等丰盛祭品以寄哀思，并将祭品于当日给全厂工人加餐。祭拜习俗至今仍保留，但因宗教信仰关系，现改用水果糕点等祭品，但每年七月十五祭拜日仍会准备三牲犒劳员工，这种浓厚的家乡习俗成为这个现代化陶瓷企业的企业文化之一。

马来西亚新山亚依淡缶涵公司的怀旧祠

1941 年，马来亚沦陷，缶涵公司被迫停产。1942 年，陈顺兴为安顿三十多名工人，组织他们耕种木薯、番薯、水稻等农作物。“二战”期间，由于太平洋被美国封锁，中国的货物无法运送到这里，其中包括一直依赖进口的缸、瓮及日用瓷器，由于日本人日常生活需要餐具及装盛食物的各类日用陶瓷器，当地市场也需要大量中国陶瓷器，于是日方要求缶涵公司生产各类陶瓷器，并在工厂门口挂上“军队指定的工厂”的牌子。陈顺兴一方面被迫寻找制釉原料为日本人生产酱油瓶、盘、碗之类的日用瓷，这一时期的主要产品为印花、大窑彩、釉上彩的日用瓷器，其中便有潮瓷标志性的鸡蕉碗，也是马来西亚陶瓷制造业的开端；另一方面他积极参加马六甲等地的抗日筹赈会，以一颗爱国爱乡之心帮助家乡父老度过那段艰难的时日。

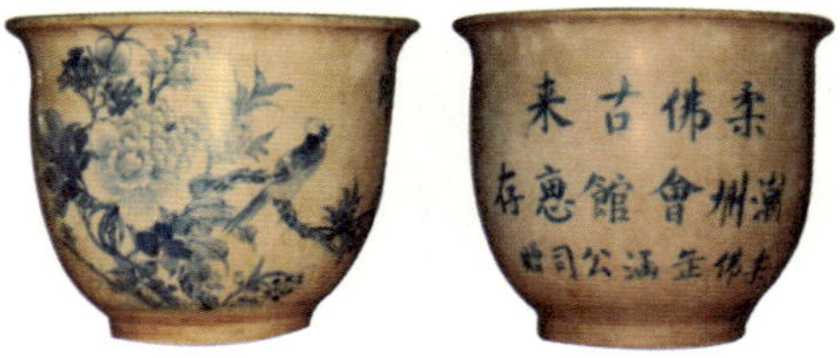

缶涵公司赠予潮州会馆的篮彩花鸟纹花钵

1945 年，日本投降。1946 年，马来亚解除进口禁令，缶涵公司在外来产品的冲击下艰难求存，公司产品向胶杯和陶管转型。战争停息后，陈顺兴回枫溪故里省亲，热心为家乡各种水渠水沟的建设捐款。他在乡期间考察了陶瓷的生产情况，认为大可发展，于是买了十间作厝（作坊）和几亩田地，准备让儿子回来经营日用瓷生产，不料在他回到马来亚之后，中国的政局发生了变化，他只能放弃家乡的产业，继续留在马来亚。1949 年，二子陈宗煌不幸因车祸去世，四子陈宗正（1929—2016）开始帮助父亲管理亚依淡的缶涵公司。

1950 年缶涵公司工厂

1950 年，英国殖民政府在新、马两地设立房屋局，为在战争中房子被摧毁的人民建筑房屋。陈宗正紧抓这个机会，想方设法投入卫生洁具的生产。同时期，英政府以环境卫生为由，开始着力于下水道系统的建设。1951 年吉隆坡市政局准备开展第一期排污系统工程，陈宗正也借着这个机会切入陶涵的生产。为了生产将合英政府规格的陶管，他筹借了三万元向英国 Wootten Bros Pipe Machinery 订购陶管制造装备。这是 Wootten Bros 的机器首次在马来亚装置。这让资金原本脆弱的缶涵公司面临严重的财务危机的，几乎无法经营下去，幸于 1952 年，公司得到公共设施部门要求制造直径 3 厘米的滤水陶瓷球粒订单。这桩为期两年的生意让公司得以偿还债务，免于倒闭的命运。柔佛缶涵公司也是东南亚第一间生产符合英国规格的陶管及卫生洁具的公司，至此公司迅速扩大生产规模，开始大量生产这类产品，缶涵公司因此得到迅猛发展。1951 年缶涵公司成为马来亚第一家生产“活动接套陶土管”的厂商，所生产的釉面陶土管道是第一批被吉隆坡污水系统处理署所采用的产品。由于当地卫生条件比较落后，环境卫生部门规划了大量排污工程，排水陶管的需求数量惊人，另外城市建设需要大量卫生洁具，橡胶种植业的发展需要大量胶杯，园艺陶缸的需求量也很大，所以陶管、卫生洁具、陶缸、陶瓮等成了这一时期缶涵公司的主要产品。

陈顺兴在管理上较为信任家人，也希望子孙能继承他的事业，于是他对长孙崇祥说，我小时候没读书，如今也能做生意当老板，你就跟着我学，以后也能做生意当老板，然后把公司的经营交给崇祥负责。

1957 年，陈顺兴在马六甲去世，马六甲的万和发由养子钦安继承，其时万和发的产品仍以胶杯为主，之后钦安二子崇旭决定移民新西兰，遂将万和发出售。亚依淡的缶涵公司则由二十九岁的陈宗正负责管理经营。1958 年，完成大学学业的陈宗禧（1932—　，生于马六甲）从英国回到企业负责管理工厂的生产技术，成为陶瓷工程师。其时马来西亚政府开始着力于城市建设，陶管及卫生洁具需求空前，陈宗正和陈宗禧兄弟二人分工合作，抓住机遇，开始投入卫生洁具的生产，陈宗正负责市场销售，陈宗禧负责研发陶器产品，共同掌舵整个家族企业。

公司成立初期经历战争、戒严、进口货的激励竞争等危机，在绝境中挣扎求存，曾几乎无法经营下去。为此陈宗正四处奔波，只图争取任何生意让公司得以继续经营，这也是后来公司产品多样化的由来。1965 年，陈宗正成立陶业有限公司，专注卫生洁具的生产及提升其品质，并开始进军国内外卫浴市场，所生产的卫浴洁具获得国内外许多经营者及消费者的好评。

20 世纪 60 年代，缶涵公司开始与外国进行技术交流，在 70 年代产品开始出口国外。1968 年，陈宗正和陈宗禧鉴于世界科技的进步和自身生产设备的落后，大胆引进英国陶瓷生产设备，花费三十多万为陶业公司进口英国现代化的隧道窑，几乎倾尽所有积蓄，窑长达 70 多米，宽 1.5 米，高 1.3 米，是东南亚第一条现代化的燃油隧道窑，三十二分钟能够烧成两米长的一窑车瓷器，大大提高了生产效率和产品质量。其中他们所出品的马桶荣获美国 ASME、加拿大 CSA、新加坡和澳大利亚的 4.5 升冲水量第一级产品等奖项，打下了后来陶业进军国际市场的基础。20 世纪 70 年代之后，亚依淡工厂内的瓷土基本被开发完，已经无法满足工厂的生产需要，缶涵公司开始从马来西亚其他地区和英国、泰国、中国等国进口瓷土进行配比生产。1975 年，马来西亚政府鼓励企业与日本合作。陈宗正与日本日光瓷器（Nikko）合作，在峇株巴辖创立了陶光，以西式设计生产高端日用瓷具，并以先代工后开创品牌的方式拓展国际市场。同年，公司创佳丽登品牌。之后，陈宗正与日本方拆股，完全取得东方瓷业的控制权，并沿用陶光的名字。1976 年，东方陶瓷开始商业化量产英式陶质餐具，并成为东盟国家地区陶瓷餐具工业第一个出口该类产品至美国的制造商。1996 年，佳丽登开始为英国韦奇伍德集团旗下约翰逊兄弟贴牌生产餐具。1980 年，陶业为日本市场贴牌生产卫生洁具；1982 年，开始为英国市场供应卫生洁具。1991 年开始为澳大利亚和新西兰市场贴牌生产卫生洁具。2001 年，佳丽登的餐具产品被马来西亚设计理事会授予“优良设计标识”。2004 年，陶光开始为英国斯波德（英国第一家骨瓷公司）贴牌生产餐具。2007 年，陶业公司成为东盟地区第一个生产高温耐火陶瓷水槽及洗手盆的厂商。

20 世纪 60 年代缶涵公司的隧道窑

卫生洁具生产场面

1983 年，为适应现代精致陶管的要求，陈宗正成立陶涵有限公司，成为家族企业中第二间生产红陶管的陶瓷厂，主要承接下水道工程，配合第五个马来西亚计划的发展，生产精致的推压式陶管。此外，陶涵还因能够生产直径 600 毫米的陶瓷管道，在东南亚久负盛名，也是全东南亚唯一能生产直径 700 毫米陶瓷管道的陶瓷厂。

20 世纪 80 年代，陈顺兴长子钦安回枫溪省亲，在侄子陈德衍的提议下，兄弟三人合资在枫溪小学路口捐建凉亭，供当地老年人闲聚乘凉，并以他父亲的名字命名为“顺兴亭”，以示对先人的怀念。陈宗正多次回潮州考察陶瓷生产情况，并订购卫生洁具等陶瓷产品，还从惠来等地采购瓷土运往马来西亚进行生产。

1995 年，陶和有限公司成立，由陈崇伟负责管理，主要生产餐具及厨具等炻器，主攻东南亚市场，包括餐饮业、航空餐具和本地餐具零售业等。之后，陶和公司又成功研发出无铅餐具。2009 年，佳丽登集团参加由中国政府在广西主办的东盟博览会，以其成功研发的独特陶土配方，推出了全球首创的清真餐具，开辟了穆斯林日用陶瓷餐具市场。

由于佳丽登品牌知名度的不断提高，佳丽登也成为集团的名号，旗下有缶涵、陶涵、陶业、陶和、陶光（东方陶瓷）等五家公司，分布在亚依淡，缶涵和陶涵主要生产陶管，陶业主要生产卫生洁具，陶和及陶光主要生产日用瓷器和炻瓷；另外集团还拥有马六甲、吉隆坡、澳大利亚、英国、新加坡陶苑有限公司六个销售机构，并在各主要城市设立几十家陶苑专卖店。目前，佳丽登集团旗下五家公司共占地一百多英亩，拥有员工千余名，其中来自越南、尼泊尔及缅甸的员工约有 1 200 人，集团产品囊括陶管、卫生洁具、日用瓷、炻器及手工艺品，正常情况下工厂每月出货一百个货柜左右，出口产品以卫生洁具和日用瓷为主，其中卫生洁具出口量最大，产量从 1953 年的 1 500 件提升至现在的 150 万件。陶管主要内销，因为本地需求非常大，产品基本供不应求，每月从各地进口的瓷土六七十个货柜。陈宗正于 2016 年 4 月去世，现佳丽登集团主要由陈宗禧和陈宗正的下一代共同负责经营。

佳丽登定制五件套肉骨茶餐具

佳丽登生产的日用餐具

佳丽登马六甲陶苑有限公司（左起依次为陈德育、陈崇皓、李炳炎）

佳丽登员工生产场面

佳丽登陶管生产场面

陈宗禧主持佳丽登高层会议

佳丽登的第三代精英有陈宗正的双胞胎儿子陈崇伟和陈崇仁。陈崇伟是陶涵及陶和的董事，陈崇仁是陶光的董事，陈宗禧的儿子陈崇轩担任集团市场开发经理，主攻国外市场，也主持澳大利亚陶苑业务。他们从国外学成归来后，都在集团的不同部门学习，从中积累经验，逐步独立负责各部门工作。①

佳丽登集团是近代潮人在马来西亚创办的知名陶瓷企业之一。它从最初生产陶器的简易工厂发展成为今天世界级的优秀陶瓷企业，其中经历了几代人的努力。一个优秀陶瓷企业的成功，一是靠经营者的辛苦拼搏，二是靠卓越的品质，三是靠与时俱进、敢于创新，四是靠市场营销手段。在竞争日益激烈的陶瓷领域，企业要立于不败之地，四者缺一不可，这从佳丽登的发展历程可以得到证明。佳丽登集团的经营者在事业成功之后都不忘回报社会，经常为社会公益事业捐款，尤其对教育事业的建设更是慷慨解囊。

佳丽登广告牌

佳丽登 95 周年纪念海报（左李炳炎，右陈宗禧）

二、陶园

马来西亚柔佛新山亚依淡的陶园创办者为潮人欧英光。陶园内设有龙窑一条、手拉坯作坊、各种色釉调配工作室、历年产品陈列室，以及陶瓷产品商场等。根据 1973 年记述：“欧英光先生长于潮州陶瓷世家，二十余年创设陶厂于柔佛州，子女汉森、耀森、耀林、耀木、丽华集体创作树崭新陶艺面目，成为陶艺旅游观光的好去处，深受国际友人赞赏。”②

陶园龙窑

欧英光之长子欧汉森，现在马来西亚槟城经营工艺陶瓷，次子耀森在马来西亚新山亚依淡经

① 口述资料，口述者：陈宗正、陈宗禧；采访者：李炳炎；采访时间：2011 年 9 月 26 日；采访地点：马来西亚亚依淡陶业公司；在场者：陈德育、陈崇德。

② 李炳炎：《枫溪潮州窑（1860—1956）》，广州：岭南美术出版社 2013 年版，第 112 页。

营陶园，三子耀林在马来西亚新山亚依淡生产马桶，四子耀木在马来西亚怡保经营陶窑，生产粗陶花盆。①

新山亚依淡的潮人陶瓷业是近代以来潮人在海外开创陶瓷业的成功典例。它初期依靠生产简单陶管及胶杯等粗陶器，之后随着马来西亚经济和政策的发展，顺应市场需求变化，适时调整产品结构，发展到现在的大型现代化陶瓷生产工业，对当地经济产生影响，从而使新山亚依淡成为享誉马来西亚的陶瓷之乡。

附　录　马来西亚潮人陶瓷业者访谈录

黄龙河先生、黄彩真女士、黄龙华先生访谈录（节选）

采访黄龙河先生（中）、黄龙华先生（左）

采访黄彩真女士

采访时间：2011 年 9 月 22 日

采访地点：马来西亚陶海滨瓷厂

受访者：黄龙河，男，1931 年出生于马来亚，马来西亚北海陶海滨瓷厂创办人黄木荣之子；黄龙华，男，1939 年出生于马来亚，马来西亚北海陶海滨瓷厂创办人黄木荣之子；黄彩真，女，1942 年出生于马来亚，马来西亚北海陶海滨瓷厂创办人黄木荣之女

① 口述资料，口述者：蔡树祥；采访者：李炳炎；采访时间：2016 年 12 月 15 日；采访地点：新加坡滨海湾金沙展厅。

采访者：李炳炎
在场者：陈剑虹、陈景熙、陈贤武等

（从槟城前往陶海滨的路上）
李炳炎：这条窑的名字为什么叫陶海滨？
黄龙华：就是在海边做陶器的意思。
李炳炎：您今年多大？
黄龙华：我属兔的，今年 73 岁。
李炳炎：您父亲以前烧窑的情况，您都知道吧？
黄龙华：那个时候我还小。
李炳炎：您读书之前有在工厂帮忙吗？
黄龙华：没有。我的兄长们就有，我们的家族非常大，我父亲娶了三个老婆，我们兄弟总共有十二人，还有七个姐妹。
李炳炎：您的家乡是枫溪，对吗？
黄龙华：早前听我父亲说是枫溪乡池顶。
李炳炎：您是排行第几？
黄龙华：儿子当中我排行第九。

（到达陶海滨工厂，开始参观工厂）
李炳炎：这边都是做陶的？
黄龙河：是。
李炳炎：现在还有生产胶杯吗？
黄龙河：没有，现在都用塑料的胶杯。
李炳炎：现在生产都是用机器压坯？
黄龙河：是，压坯之后就要拿出去晒干。
李炳炎：现在还是生产花盆？
黄龙河：是。
李炳炎：这个窑建得非常规范。
黄彩真：1976 年的时候有四条龙窑，生产规模很大，产品经常不够卖。
李炳炎：以前烧窑的时候有拜窑神吗？
黄彩真：有。
黄龙河：这个是砖窑，烧红砖的。
李炳炎：这些砖是刚出窑的吗？
黄彩真：是。做一窑需要五天时间，烧窑一般是早上八点钟到十点钟小火烧窑，然后十点之后就一直大火烧到隔天早上五点，从窑头到窑尾一段一段地烧，烧好一段就盖一段，一直烧到窑尾，然后等它冷却了，就可以开窗出缶。
李炳炎：工厂总共有四条龙窑，是吗？
黄彩真：以前有四条龙窑，后来有一条窑拆掉了。

李炳炎：全部都是生产花盆和胶杯吗？

黄彩真：是，到了70年代之后就没做胶杯了，以前其他缶窑也都是生产胶杯。这些是胡姬花盆，我们的胡姬花盆非常好，因为我们的泥土含沙量刚刚好，所以做出来的花盆表面比较粗糙，但是吸水率很好，很适合种胡姬花。

李炳炎：这些土是哪里来的？

黄彩真：就在这附近挖的。怡保那边的瓷土做出来的胡姬花盆很光滑。现在胡姬花盆销量不好，因为种植园都用塑料的花盆，塑料花盆占地少，轻便实用，价格也便宜。以前我们的泥土就是在工厂门口挖的。

李炳炎：这些龙窑当时是谁建造的？

黄彩真：请怡保那边的人来建的。

李炳炎：砖窑一次装烧多少条砖？

黄彩真：八万多接近九万条。

李炳炎：是不是塑料花盆出现之后胡姬花盆没有市场才开始转为生产红砖？

黄龙河：不是，砖是抗战前就已经有生产了。日本入侵的时候，我们的产品都要交给日本人开的公司进行销售，之后日本人再将货款打回给我们。

李炳炎：日本入侵的时候主要生产什么产品？

黄龙河：陶钵之类的产品。

李炳炎：您父亲本身会做陶瓷吗？

黄龙河：他会做，但是他很少自己做，以前都是手工制作。

李炳炎：这些陶瓷师傅有从枫溪请来的吗？

黄龙河：师傅都是从中国来的，做陶瓷的多数都是潮人。

李炳炎：陶海滨是槟城最早开的一家陶瓷厂吗？

黄龙河：最早开的其中一家。

李炳炎：现在只剩你们一家吗？

黄龙河：是，我们现在陶瓷做的也少，主要是做砖。

李炳炎：现在这些砖的利润高吗？

黄龙河：一条砖也就卖三毛多钱，去年一条砖才两毛钱，扣除原料和人工，赚得很少。

李炳炎：这些砖主要销往哪里？

黄龙河：我们生产的能应付槟城的需求就不错了，因为建筑砖的用量非常大。

李炳炎：一个月能烧几窑砖？

黄龙河：一个月烧三窑。

李炳炎：几条窑在生产砖？

黄龙河：三条窑。现在土也成问题，工厂这边的土都已经挖得差不多了，以后不知道要去哪里找土，现在地价又那么贵。

李炳炎：现在这个工厂由谁打理？

黄彩真：主要是我跟我哥在打理，其他人有股份。

李炳炎：你们兄弟姐妹几人的名字是？

黄龙河：我是黄龙河，排行第七，刚才那个是最小的彩真。

黄龙华：我是黄龙华，我是工程师。
李炳炎：您有经营陶瓷吗？
黄龙华：没有。
李炳炎：总共有几个兄弟姐妹参与陶瓷经营？
黄龙河：龙山、龙海、我和彩真。
李炳炎：第三代有参与经营吗？
黄龙河：小儿子宏耀有参与。
李炳炎：工厂名字是陶海滨有限公司？
黄龙河：是。
李炳炎：工厂占地多大？
黄龙河：十三公顷。
李炳炎：最开始的产品是什么？
黄龙河：大水缸，装糖之类的罐子，酱油厂用的瓶和瓮，还有胶杯，胶杯在1950年至1953年销售非常旺，工厂就是在这个时候发展起来的。
李炳炎：日本入侵时期，工厂如何经营？
黄龙河：产品全部要交给日本人，交给他们开设的南洋商行。日本人走后，就到工厂帮忙，日本人来的时候我也有在工厂帮忙，那时候日本人还在工厂监督。
李炳炎：主要为日本人生产什么？
黄龙河：主要是瓮，还有市场需要的产品。
李炳炎：砖是什么时候开始生产的？
黄龙河：抗战前就有生产。
李炳炎：您是哪一年出生的？
黄龙河：1931年。
李炳炎：黄龙山呢？
黄龙河：1929年。
李炳炎：他是什么时候去世的？
黄龙河：2002年。
李炳炎：彩真是什么出生的？
黄龙河：1942年。
李炳炎：宏耀是什么时候出生的？
黄龙河：1981年。
李炳炎：这个工厂是十九个兄弟姐妹都有股份吗？
黄龙河：七个兄弟有股份。因为早前有两个工厂，一个在槟城，一个在北海。
李炳炎：槟城的也是做陶瓷的？
黄龙河：槟城的是经营陶瓷的。
李炳炎：店名是什么？
黄龙河：鸿裕栈，这个只有大哥有股份。另外还有一个鸿益。
李炳炎：鸿益是不是有在枫溪定制陶瓷到这边销售？

黄龙河：早前有的。
李炳炎：花盆和胶杯是一起生产的吗？
黄龙河：胶杯是很早前就有做，朝鲜战争之后，胶杯变得非常值钱，销量非常好，那个时候是做胶杯的黄金时代。
李炳炎：您哪一年到工厂帮忙的？
黄龙河：1944 年、1945 年吧。
李炳炎：工厂的订单是怎么来的？
黄龙河：我们要到各地去找生意。
李炳炎：谁负责出去找生意？
黄龙河：因为一些客户是早前就有的，所以我就负责打电话跟他们联系。
李炳炎：您最开始就是负责销售？
黄龙河：最开始是在作坊做工，后来才负责销售。
李炳炎：鸿裕的货是工厂这边提供的吗？
黄龙河：鸿裕销售的是出口的精细陶瓷，不是工厂粗陶。
李炳炎：鸿裕就是您大哥一个人经营的？
黄龙河：是我大哥添福和姑姑家的表姐夫郭潮鸿合作的。
李炳炎：您父亲在经营上有什么独到之处吗？
黄龙河：其实也是时机的问题，当时都是别人来订什么产品就生产什么，市场需要什么就生产什么，早期都没有什么市场预测还是先进设备，都是用手拉坯这样的手工制作。
李炳炎：当时工厂应该有很多制瓷师傅？
黄龙河：很多，都是从枫溪请过来的，做缸瓮的有一个黄海炎、陈新江和黄顺告。
李炳炎：他们是什么时候到这边工作的？
黄龙河：抗战前就来了。
黄彩真：我们的工厂离槟城八英里。枫溪的老家在大宫前。
李炳炎：这些窑最高能烧到多少度？
黄龙河：最高差不多到 1 100℃。
黄彩真：一般是烧大件的施釉产品才到这个温度。
李炳炎：这些釉是自己制作的吗？
黄彩真：早前是自己做的，蓝色釉就是买的。
李炳炎：是灰釉吗？
黄彩真：草木灰、谷壳灰、石灰和海土做的。
李炳炎：这些釉是您父亲做的吗？
黄龙河：他教工人制作。
李炳炎：这些胡姬花盆是本地家庭用的还是出口？
黄彩真：主要出口。
李炳炎：现在你们的孩子都是从事别的行业是吗？
黄龙河：是，他们都嫌陶瓷这行太脏太辛苦。

李炳炎：您是出国留学的吗？
黄龙华：我是1959年到伦敦读大学的，读到1964年回来。
李炳炎：学什么专业的？
黄龙华：建筑设计。

【访谈后记】

黄龙河、黄龙华、黄彩真均为马来西亚陶海滨创办人黄木荣的子女。黄木荣1916年下南洋到马来亚北海创办陶海滨，主要生产胶杯及胡姬花盆、水钵、罐、豆油瓮、豆油瓶及建筑用砖等陶器。之后他开始经营瓷器进出口贸易公司及瓷器行，20世纪70年代后，转为生产花盆和建筑用砖。1944年，黄龙河开始参与工厂的运作。1965年，黄木荣去世，陶海滨由黄龙河、黄彩真等负责经营。黄龙华留学归来之后从事工程顾问工作。陶海滨是近代潮人在马来西亚创办陶瓷业的知名企业之一。它伴随着马来西亚社会经济的发展，应时调整经营，取得了良好的经济效益。我们通过黄龙河、黄龙华、黄彩真的采访资料，梳理出陶海滨的发展历程，并了解到目前企业第二代经营者已年迈，又受工厂用地及生产资源等因素的影响，陶海滨的经营日益艰难，随着东南亚部分潮人陶瓷业的结业，对东南亚潮人陶瓷业的研究更显得刻不容缓。

陈宗正先生、陈宗禧先生访谈录（节选）

采访时间：2011年9月26日
采访地点：马来西亚新山依淡陶业公司
受访者：陈宗正，男，1929年出生于马来亚马六甲，马来西亚佳丽登集团前任总裁；陈宗禧，男，1932年出生于马来亚马六甲，马来西亚佳丽登集团负责人之一
采访者：李炳炎
在场者：陈德育、陈崇德

采访陈宗正先生、陈宗禧先生、陈崇德先生（左起依次为：李炳炎、陈宗禧、陈宗正、陈崇德）

李炳炎：我先了解一下你们公司的产品。
陈宗禧：外面是我们生产的水涵。
李炳炎：我搜集的资料里也有提到，这个是20年代的产品，现在还在生产？
陈宗禧：是。
李炳炎：每一个都带有胶圈？
陈宗禧：是。这个是我们从英国引进的第一个隧道窑。
李炳炎：是60年代吗？
陈宗禧：是，是这边最先进的一个窑。
李炳炎：公路两边的这两个工厂占地多大？

陈宗禧：应该有三十多公顷。

李炳炎：我们明年打算出一本关于近代枫溪潮州窑的书，其中有一部分是讲述枫溪人在东南亚开创陶瓷业的过程，和两地陶瓷业之间的关系。我了解到你们的企业在马来西亚陶瓷业中名列前茅，你们企业能够发展壮大应该是因为第二、第三代接班人留学归来之后能把学到的知识运用到企业管理中来。

陈宗正：现在要了解这个创业过程，第一代人已经不在了，第二代人剩下的也不多，就像我们家族，第二代就剩我一个，第三代都不清楚这个创业过程。

李炳炎：您父亲三兄弟分别是陈林顺、陈顺兴、陈林泉，他们是 20 世纪初从枫溪到这边来，枫溪老家是在和长美交界的埔美月英池对吗？

陈宗正：是在涸堀墘。最开始是我父亲先过来，后来才把兄弟都接过来。我父亲最开始是到印尼棉兰，是在第一次世界大战之前，应该是 1916 年，好像是卖身到那边，要工作三年才可以离开。大概 1919 年就到了马来亚吉隆坡，当锡矿工，他在挖锡矿的时候就发现有很多很好的陶瓷泥土。当时他们一帮人中就有几个人合作开了小工厂，是在吉隆坡那边开始的。马来亚的陶瓷工业发展主要在吉隆坡、槟城以及新加坡的德光、裕廊、后港这几个地方，这些都是我去过的地方，其他没去过的我就不讲了。马来西亚最开始发展陶瓷业的是吉隆坡，因为在吉隆坡发现了这些瓷土，马来西亚另外一个发展陶瓷业的地方就是霹雳州的怡保，还有就是槟城北海。当时潮人在吉隆坡比较成规模的陶瓷作坊就有我父亲的和发，还有另一个枫溪人的吴万发，还有一个叫雪兰莪陶瓷业，总共我知道的就这三家。每一家有十多个人在做工，都是乡里邻居，看谁没工开就叫他过来做。每个作坊之间也会相互帮助，每个人做的产品都不同，有的做大件的缸，有的做小件的，每个作坊接到跟自己产品不一样的订单，就会把订单给做这种产品的同乡。

李炳炎：后来吉隆坡的作坊是怎样发展的？

陈宗正：后来因为潮人做了陶瓷业之后，福建人也跟着做，就出现了竞争，我父亲就把这个股份卖给他姓吴的同事，1922 年他就到马六甲。马六甲的字号就是万和发，因为吉隆坡那个是和发，所以这个就加了一个万字。

李炳炎：马六甲这个是独资的？

陈宗正：是。

李炳炎：所有股份都卖了？经营的时间很短？

陈宗正：是，大概经营了两年。因为早期的规模都是很小的，福建人的加入形成了竞争，我父亲觉得不能发展就去马六甲。

李炳炎：和发当时的产品是什么？

陈宗正：应该说是陶器、陶缸这一类的，因为当时还没有玻璃、钢铁、塑料这类材质的器具，所以装水这些都是用陶器。当时我们的潮人到了这边之后，就利用这边的社会需求发展我们的手艺，获得生存。

李炳炎：马六甲万和发的产品也一样？

陈宗正：做的东西还是一样，不过规模要大一些，之后就开始生产胶杯。因为第一次世界大战之后，英国就到马来亚发展橡胶种植业，那个时候做胶杯就是大规模的生意。

李炳炎：1922 年有多少工人？

陈宗正：十多个人，都是潮人。当时潮人出来谋生，都是投靠亲戚或者同乡，潮人有一个非常好的传统，初到南洋的时候都可以到同乡的工厂帮忙，寄宿寄食，等找到工作再离开，有的找不到工作就干脆留在工厂打工，生活非常简单，一个月有七八元的收入，已经算是很好的收入，后来能赚到二十多元。

李炳炎：大概是什么时间？

陈宗正：20 年代的时候。我听父亲说，当时在家乡一个月才只能赚到一元。当时这里都是森林，老虎经常出没。很多中国人觉得下南洋很好，其实在马来亚的生活非常艰辛，也容易跟当地的土著发生矛盾，都以为能在这边过富贵的日子，其实是到这边来拼命的。到这边打工的人，十个人都不知道有没有三个人是能回去的，多数是死在这边。一个月赚的几元钱除了寄平安批回去养活父母妻儿，还有自己日常的开支外，所剩无几，都无法回去。所以我们有一个地方专门祭拜他们（注：设在工厂内的怀旧祠），在固定的日子祭拜他们。

李炳炎：什么时候到新山的亚依淡发展的？

陈宗正：1935 年，因为早期交通不方便，没有车，货要走水路，走水路非常辛苦。我父亲去新山收货款经常都要走一两个星期，回来的时候在这边歇脚，就想在周围找找看有没有原料，最后就找到那两个水池的土，于是就买了这块地，用这些土做原料，这里原来都是森林，就用这些树木作为燃料，都是就地取材。

李炳炎：在吉隆坡生产的产品是销新加坡？

陈宗正：吉隆坡和马六甲的产品都是销新加坡。

李炳炎：刚好路过这里就找到这里的瓷土？为什么会有这两个水池？

陈宗正：这两个水池的土被挖出来做原料。

李炳炎：地是当时买的？

陈宗正：是，一亩地差不多一百马币，1935 年的时候地很便宜的。

李炳炎：所以就一下子买了很多地？

陈宗正：也没有很多，买了大概十亩，其他的是后来不断扩大不断买的。

李炳炎：现在总共有多少亩？

陈宗正：有一百多亩。

李炳炎：您接手经营之后还有买地吗？

陈宗正：有。周围有人不做了，我就买下来。这边的政府为了发展和税收，土地政策都是比较宽松和人性化。

李炳炎：当时从汕头坐船到这边航程是一个多月对吗？

陈宗正：对，早期是帆船。

李炳炎：那火轮呢？

陈宗正：后来坐火轮只需一个星期。帆船是第一次世界大战之前的。

李炳炎：到了亚依淡之后怎么会出现缶涵这个公司名？

陈宗正：早期是做水涵。这里是柔佛州，1935 年到这边的时候就叫柔佛缶涵公司。因为当时卫生环境差，到处积水，蚊子很多，有蚊子叮人之后会致命，政府就需要这些陶涵来排水，每一个要发展和住人的地方，政府都要用到这些水涵来排水。

李炳炎：当时还是英国政府？

陈宗正：是。

李炳炎：水涵的需求量非常大？

陈宗正：是，就是从这些水涵做起的。还有胶杯。

李炳炎：胶杯是什么时候开始生产的？

陈宗正：胶杯是从一开始就有生产的。这两种是主要产品。第一次世界大战之后英国就在马来亚发展橡胶业，所以一直需要胶杯。早期我听说是从枫溪运过来的，后来这些人才开始在这边做胶杯。

李炳炎：工厂现在还有以前的胶杯吗？

陈宗正：没有。

陈德育：现在这边都没什么橡胶园了。

陈宗正：没有，政府现在不发展。橡胶园的工作非常辛苦，橡胶树的树胶是日出前流出的，日出后就不流了，所以这些橡胶园的华人妇女都要三点就起床做饭，四点就要出去割胶，六点才收工，三更半夜的蛇和蚊子都多，她们都要包得严严实实的，头顶有一个灯，然后手里提一个灯这样工作，非常辛苦。

李炳炎：到亚依淡刚开始做陶涵和胶杯，后来又是怎样发展？

陈宗正：之后的发展都是依赖生活的要求和社会的发展，不是一开始就能计划到的。1935年之后做了没几年，1941 年 12 月日本就侵略马来亚，就什么都不能做了。后来是海上航线被美国封锁了，货物无法出入，日军的司令就让我们做瓮。因为日本人吃酱油多，需要用这些瓮，当时他们还是用椰子壳吃饭，就问我们能不能做杯盘。因为盘碗也是用手拉坯做的，所以就尝试做杯盘，所以杯盘是在日本侵略的时候开始做的。

李炳炎：杯盘是瓷的吗？

陈宗正：也是陶的。

李炳炎：有上釉吗？

陈宗正：有。

李炳炎：是上白色的釉吗？

陈宗正：透明的。

李炳炎：类似于炻瓷。这个的烧成温度是多少？

陈宗正：1 250℃到 1 300℃。

李炳炎：那就是高温的。

陈宗禧：当时虽然没有科学的仪器，但是看火的颜色应该有这么高。英国的科学家就把陶瓷分成两类，一种是瓦器，一种是精陶，精陶的原料是经过淘洗提炼的。

李炳炎：那这类产品的名字是什么？

陈宗禧：应该是炻瓷。

陈宗正：工业的发展都是跟随社会的发展，1945 年日本投降，第二次世界大战结束后，英国政府在1950年由军政府管理马来亚，军政府就认为应该为人民提供公租屋，1950年就开始兴建组屋。这些组屋一般是一个单位有两个房间，每个房间里面都有一套简单的卫生洁具，所以我们也跟随需求变化产品。

李炳炎：就是这个时候开始生产卫生洁具?

陈宗正：是，从1950年开始的。那么做了洁具之后就需要配套的下水管，英国政府就要求我们做这些陶管。这些陶管跟以前的是完全不一样的，要求非常严格的，所以才开始生产由英国政府批准、符合英国政府标准的这些陶管。

李炳炎：这个时候公司名称还是缶涵?

陈宗正：是。到1965年，因为生产规模越来越大，而且产品不只是卫生洁具，缶涵这个名字已经无法概括所有的产品，所以就另外注册一个陶业公司。到1965年这十几年都是主要做卫生洁具。除了生产政府需要的产品，随着人们生活的提高，我们也生产一些精致的产品，公司的成长是随着人们生活质量的提高而发展的。

李炳炎：英国政府的标准很严格吗?

陈宗正：很严格的，当时都是要把产品寄到英国检测，因为这边没有这些检测设备。我们公司也是唯一一家达到英国政府标准的。

李炳炎：马来亚就你们一家达到标准?

陈宗正：当时只有我们一家，后来吴万发成为第二家。

李炳炎：那么陶业成立之后的产品是什么?

陈宗正：陶业主要生产瓷器，应该是半瓷器，杯盘、卫生洁具都算是半瓷，胶杯也没有做了，已经不是生产陶器。英国人的经营模式是先打好基础再发展，我们是没有办法，最开始是只要能赚钱就行，赚到钱之后再来打基础。

李炳炎：也就是利用缶涵的基础来发展陶业?

陈宗正：最开始也是什么能卖就生产什么。赚到的钱首先用来生活，剩下的钱才能用来购买机器设备。

李炳炎：1965年就开始大量生产卫生洁具?

陈宗正：最开始生产卫生洁具的时候非常辛苦。因为没有设备，所以做出来的产品都不好，卖出去的产品也都是一片骂声。

李炳炎：那时候还没有这条隧道窑?

陈宗正：没有。1968年我们才开始有这条窑，才算是有做陶瓷工业的基础，在此之前完全没有科学的设备。

李炳炎：这条隧道窑是怎样进口的?

陈宗正：因为50年代我是做新加坡的生意，主要是盆之类的产品，生产一百个至少有五十个不合格，因为用龙窑烧造，炭灰会落到产品上变成黑点，产品大都不合格。建这条窑总共需要二十五万，最后就通过银行贷款建了这条窑。建了这条窑之后烧出来的产品好了很多，才开始扩大市场，慢慢做起来。

李炳炎：这条窑是烧煤气吗?

陈宗正：早期是烧重油，我们是东南亚第一家有这个窑的。

李炳炎：这条窑有多大?

陈宗禧：长 70 米，宽 1.5 米，高 1.3 米。烧的时候是算每天车走的速度，所以烧出来的量是根据车走的快慢来计算的。

李炳炎：这个窑是全自动的？一边进泥坯，一边出产品？

陈宗正：是。

李炳炎：一次能进去几个车？

陈宗禧：每辆车是 2 米长，每 32 分钟就放一辆车进去。

李炳炎：有了这条窑之后，产量和质量就都提升了，名声也提升了。建这个窑的钱需要多少年才能还清？

陈宗正：五六年。

李炳炎：然后到了 1975 年就开始生产餐具？

陈宗正：是。政府实行新经济政策，鼓励发展马来亚的工业，所以我们就开始生产餐具。

李炳炎：之后又是怎样发展的？

陈宗正：1983 年之后就开始做海外市场。

李炳炎：1983 年是不是又成立了一个新公司？

陈宗正：陶涵。开始的时候是什么产品都在同一个车间生产，这个时候就开始分开了，陶器和瓷器分开生产。

陈宗禧：陶管跟瓷器这些分开生产，艺术陶也是分开来做。

李炳炎：那些艺术陶也算陶器？

陈宗禧：应该算是炻瓷。

李炳炎：1995 年就成立了陶和？

陈宗正：对，由崇伟负责。

李炳炎：主要生产什么？

陈宗禧：主要生产炻瓷，餐具、厨具之类的。

李炳炎：厨具主要指什么？

陈宗正：陶锅之类的。

李炳炎：2009 年就研发制作清真餐具的陶土？

陈宗正：是。政府鼓励我们要去参加在中国南宁举办的东盟展览会，陶瓷主要产自中国，我们去了能竞争什么，所以我就生产了这些适合穆斯林用的餐具，到了那边之后受到穆斯林的喜爱。政府就鼓励我们，只要生产这些清真餐具，政府会给予优惠和支持。

李炳炎：是税收的优惠吗？

陈宗正：可以根据自己的需要提要求。因为这个清真餐具的制作要求非常高，必须整个生产过程和环境都没有伊斯兰教忌讳的东西，如果真要发展起来必须重新建一个严格的工厂，所以这个产品只有生产，没有大规模的发展。

李炳炎：有没有谁具体负责这一个？

陈宗正：目前没有，不过以后可能会往这个方向发展，毕竟也是一个市场。

李炳炎：2009 年之后还有没有什么新的发展？

陈宗正：暂时没有。

李炳炎：门口这些红色的陶涵是什么时候的产品？
陈宗正：这些就是陶涵的产品。
李炳炎：那这个新工厂有购进新的设备吗？
陈宗正：有。
李炳炎：这些新设备是哪个国家的？
陈宗禧：英国和德国的。
李炳炎：这些陶管有自己的品牌吗？
陈宗正：JPC。
李炳炎：JPC 就是你们的品牌？
陈宗正：JPC 是早前公司名的缩写，这个名字里面就包含了我们家族的姓，还有就是钻石的意思。
李炳炎：现在已经有很多个公司了，但是都是在这个地方生产，每个公司都有一个负责人吗？例如崇伟管理陶和，还有谁负责管理那个公司。
陈宗正：这边是大公司，所以三四个人都在这边。
李炳炎：现在管理层中来自你们家族的有多少人？
陈宗正：管理层有几十个人，家族的人也就差不多十个人，大约占六分之一。有些营业的公司是在新加坡或者澳大利亚，像崇愈是在新加坡，崇轩是在澳大利亚。制造的有陶业、陶和、缶涵、陶光四个公司，营业的有六个公司。
李炳炎：陶光刚才没讲到，陶光是什么时候成立的？
陈宗禧：1975 年。
李炳炎：是生产日用餐具吗？
陈宗正：餐具。
李炳炎：这四个制造的公司主要是谁在管理？
陈宗正：就是我们两个。
李炳炎：新加坡的公司名称是？
陈宗正：陶苑有限公司。
李炳炎：谁负责的？
陈宗正：崇愈。
李炳炎：澳大利亚的呢？
陈宗正：陶苑澳大利亚有限公司由崇轩负责。每个地方的公司名都是陶苑加地方名。陶苑的总公司是在吉隆坡注册。国内有吉隆坡、马六甲、槟城、新山、古晋等六个销售公司，国外有英国、澳大利亚、新加坡。
陈德育：现在越南也有在做吗？
陈宗正：越南和印度尼西亚现在是在开拓市场，要多开拓两个市场。
李炳炎：您是哪一年到英国读书的？
陈宗禧：1956 年。
李炳炎：哪一年到工厂工作？
陈宗禧：1958 年。

李炳炎：这个莲花池就是挖土挖出来的？
陈宗正：是。
李炳炎：现在土需要到外地采购吗？
陈宗正：是，早期都是就地取材，早期的土很好。
李炳炎：现在关键就是看第三代接班人的能力，您要多休息，多交给年轻人去做。您是1937 年到工厂工作的？
陈宗正：是，最开始是学做胶杯，跟着父母亲学的。
李炳炎：您是属什么的？几岁开始工作？
陈宗正：我属蛇的，今年 83 岁，刚开始学的时候大概 8 岁，白天就做工，晚上就学英文。
李炳炎：他（陈德育）的父亲也是 1937 年到工厂工作？
陈宗正：他的父亲要比我早差不多两年，大概是 1936 年。
李炳炎：也是在亚依淡这边？
陈宗正：1936 年是在亚依淡这边。他父亲应该也有在马六甲工作过。
陈德育：我父亲最开始应该是到马六甲那边。
李炳炎：他到马六甲的时候大概多大？
陈德育：十多岁吧，还没结婚。
李炳炎：现在您的这些厂房已经比较落后了。
陈宗正：这些都已经有五六十年了，我们是赚多少钱就办多少事，机器不是德国的，就是英国或者日本的，机器设备都是先进的，厂房我们就没有特殊的要求。我们现在一年生产的卫生洁具大约有两百万件，创业的时候是一年一百万件。最近是政府要求我们要把企业形象做得好一些。
李炳炎：是不是经常会有政府的领导过来参观？
陈宗正：是。
李炳炎：刚才入门摆的那些给英国代工的产品是低温的吗？
陈宗正：那些贴花的餐具是 1 200℃左右。
李炳炎：外面的人一般是怎样称呼我们的工厂？
陈宗正：像要买卫生洁具的人就会找陶业，买什么产品就找哪个公司。
李炳炎：公司没有一个集团的名称吗？
陈宗正：就是陶业。
李炳炎：佳丽登又是什么意思呢？
陈宗正：佳丽登就是英文的，因为这边都是用英文，所以就用陶瓷的英文加上我们的姓氏。佳丽登这个名字也有在中国注册，我本来打算在中国淄博建一个工厂，最后因为很多原因没有建成。
李炳炎：工厂门口的庙堂体现了一种中国文化，还有企业家的责任。
陈宗正：这是我们的文化。老员工过世了，过年过节我们会祭拜他们，像清明节就会祭拜，祭拜之后就会和老员工一起吃饭，我们把家乡的风俗也带到这边。
李炳炎：您父亲工作到什么时候？
陈宗正：他是一直工作到去世。

李炳炎：什么时候去世的？
陈宗正：1957 年，他去世之后就是我在做。
李炳炎：由您接手到现在也有五十多年了。新山开采瓷土矿的许国深您认识吗？他说亚依淡十几个公司的瓷土都是他出售的。
陈宗正：卖瓷土的我只知道公司的名称，不知道负责人的名字。
陈德育：亚依淡现在有十几家陶瓷工厂吗？
陈宗正：三个而已，欧英光现在也没有生产，还有一个吴姓工人的儿子在那边做。
李炳炎：这些有一只鹰标志的炖盅是你们以前的产品吗？
陈宗正：是。
李炳炎：现在工厂有多少工人？
陈宗正：一千多人，现在很多都是机械化了。
李炳炎：最高峰的时候有多少人？
陈宗正：两千人。
李炳炎：庙堂里供奉的是对工厂比较有贡献的人吗？
陈宗正：主要是没有子孙后代的工人，有子孙的那些，他们的后代都拿回去祭拜。
李炳炎：我拍一下工厂的概况和门口的庙堂，非常感谢您的招待。

【访谈后记】

陈宗正、陈宗禧为马来西亚马六甲万和发、亚依淡缶涵公司创办人陈顺兴之子。20 世纪初陈顺兴兄弟三人在枫溪经营陶器作坊。1916 年，陈顺兴以契约华工身份到印度尼西亚棉兰从事种植业。1920 年，陈顺兴和同乡人吴尚高在吉隆坡创办和发陶作坊，生产缸及水瓮等陶器。1922 年，陈顺兴到马六甲创立万和发制陶作坊。1935 年，陈顺兴在亚依淡创柔佛缶涵公司，主要生产胶杯及粗陶管。1957 年，陈顺兴在马来西亚马六甲去世，马六甲的万和发由养子钦安继承，亚依淡的缶涵则由陈宗正负责管理经营。1958 年，陈宗禧加入经营。1965 年，陈宗正成立陶业有限公司，开始进军马来西亚国内外卫浴市场。1975 年，陈宗正与日本合作成立陶光，主攻西方日用瓷。同年创佳丽登品牌。1983 年，陈宗正成立陶涵有限公司，主要承接下水道工程。1995 年，陶和有限公司成立，由陈崇伟负责，主要生产餐具及厨具等炻瓷。目前，佳丽登集团旗下旗下有缶涵、陶涵、陶业、陶和、陶光（东方陶瓷）五家公司分布在亚依淡。2016 年 4 月，陈宗正先生离世，佳丽登集团由陈宗禧和陈宗正的长子陈崇德共同负责经营。佳丽登集团从最初生产陶器的简易工厂发展成为今天世界级优秀陶瓷企业，经历了几代人的努力，是近当代潮人在马来西亚创办的最知名的陶瓷企业之一。我们通过陈宗正先生、陈宗禧先生的采访资料，清晰了解整个佳丽登集团的发展历程，我们可以看到潮人勇于拼搏和刻苦努力的优秀品质。从工厂庙堂的设立可以看到传统潮州文化在马来西亚的传播和传承。2016 年 6 月，我们再次造访佳丽登集团，可惜与陈宗正先生失之交臂，希望在此表达对陈宗正先生的怀念。

黄细妹女士访谈录（节选）

采访时间：2014 年 3 月 18 日
采访地点：马来西亚古晋黄细妹家
受访者：黄细妹，女，1928 年生，马来亚古晋吴丰成号创办者吴亚扶之妻
采访者：李炳炎
在场者：黄玉武、李沐龙、吴文星

采访黄细妹女士

李炳炎：吴亚扶是什么时候到马来西亚的？
黄细妹：他 14 岁就从潮州到这里，半路晕船很辛苦，就希望船漏水可以回家。51 岁的时候回过潮州，他的母亲 80 多岁还健在。
李炳炎：14 岁到这边之后怎么样开始做缶的？
黄细妹：来了之后就一直是做缶窑，他在枫溪的时候就已经会做缶。
李炳炎：当时是直接在这边自己做缶还是到别人的缶窑做缶？
黄细妹：他的舅舅在这边做缶窑，就把他带到缶窑做缶。
李炳炎：他是过来投靠舅舅的？
黄细妹：在潮州那边有人带他坐船，然后就到缶窑这里。一个月赚七块钱，还要寄批回家，他一直寄批都说要回家，可是赚不到钱可以回家，一直在缶窑做工，20 多岁的时候就娶了龙光的奶奶，然后就自己经营一家小店。
李炳炎：这个店经营什么？
黄细妹：什么都有，都是一些杂货。结婚六年后龙光的奶奶去世了，就又娶了一个，结婚六年后就离婚了，他就又回到舅舅的缶窑做工，38 岁的时候就娶了我，当时是日本统治时期，我才 16 岁。
李炳炎：您今年多少岁？
黄细妹：87 岁。
李炳炎：您的名字是？
黄细妹：黄细妹。
李炳炎：您的老家是？
黄细妹：我是广府人。
李炳炎：您属什么？
黄细妹：属龙的。
李炳炎：跟您结婚之后是不是就开始自己做缶窑？
黄细妹：跟朋友合做缶窑。
李炳炎：您有多少个孩子？他们也做缶吗？
黄细妹：我有十一个孩子，老大、老三和老四都会做缶。
李炳炎：吴亚扶经营到什么时候？

黄细妹：做到 71 岁。
李炳炎：现在家族做陶瓷做得比较大的就是吴文星？
吴文星：现在家族就剩我一个在做。
黄细妹：缶窑就剩他一个人在做了。
李炳炎：当时做缶赚得多吗？
黄细妹：很好，能寄钱回家，77 岁做寿的时候摆了三十九桌。
李炳炎：寄钱回家是怎么寄的？
黄细妹：寄批。寄到潮州枫溪乡三格楼。我大孙子回去祭拜过祖先，老三也回去过。
李炳炎：寄批寄到什么时候？
黄细妹：他回家乡之后再回来就没再寄了。
李炳炎：寄给谁呢？
黄细妹：寄给我的公婆。公公的名字是吴宝来，婆婆姓佘。
李炳炎：好，非常感谢您！

【访谈后记】

黄细妹为马来西亚古晋吴丰成号经营者吴亚扶之妻。吴亚扶祖籍枫溪，1919 年到古晋舅父经营的缶窑打工，后经营杂货小店，再经营缶窑，自此一直以造水瓮、胶杯等陶器为生。而后在孩子吴龙光等的协助下经营壮大，产品延伸至泥炉、花瓶、罐等工艺瓷，在缶窑一带稍有名气。黄细妹作为吴亚扶的妻子，也是马来西亚古晋潮人陶瓷业的亲历者之一。我们通过黄细妹女士的采访资料，对整理和研究吴丰成号的发展历程及了解整个古晋潮人陶瓷业起到重要作用。

吴文星先生访谈录（节选）

采访时间：2014 年 3 月 18 日
采访地点：马来西亚古晋朋里逊路联陶器制造厂
受访者：吴文星，男，1955 年出生于马来亚古晋，是马来西亚古晋华联陶器制造厂的创办人
采访者：李炳炎
在场者：黄玉武

采访吴文星先生（左起依次为：黄玉武、吴文星、李炳炎）

李炳炎：黄和成的创办人是您的亲戚？
黄玉武：我的堂伯父，他叫黄和安，他刚开始到古晋做生意，后来又去了印尼，印尼发生排华事件后，他又回到古晋，在我父亲的工厂做工，做了七八年之后，自己开了黄和成这个工厂。我父亲是比较早开工厂的。
李炳炎：现在和成经营得还可以，就是产品档次偏低，全部都是中温陶瓷，没法烧成高温陶瓷。

黄玉武：他们可以做那种市场的一般产品，因为买的人很多。如果做高端的产品，可能每一件的利润可以高一些，当时销量不会很多，做高端的东西可以成为招牌，成为吸引客户的重点。

李炳炎：您父亲的字号是？

黄玉武：永发兴。以前的产品就是黑和白，非常流行的，当时军队在这边，从马来亚、吉隆坡那边调过来的军队，那些军人回家都要买纪念品，都买这些上黑釉的陶瓷。以前我父亲做的黑釉，刚上的时候看起来是红色的，烧出来就变成黑色。

（到达华联陶器制造厂）

吴文星：这些产品（色釉剔花陶器）是我祖父以前做的，新加坡总统府有收藏这些产品。

李炳炎：这些是什么时候的产品？

吴文星：是六七十年代的。

李炳炎：这些纹饰是什么文化？

吴文星：土族的文化。

李炳炎：是不是达雅文化？

吴文星：是。这家公司是我重新做的，已经有几十年了。

李炳炎：您在枫溪的叔父也是做陶瓷的？

吴文星：是的，吴木海和吴木镇。

李炳炎：您的产品主要外销到哪里？

吴文星：以前有销往澳大利亚、德国，现在没有了。

李炳炎：都是销东南亚？

吴文星：主要销沙巴、文莱这些市场。

李炳炎：也就是主要销婆罗洲？一个岛的销量有那么大吗？

吴文星：是的。

李炳炎：一年生产多少件产品？

吴文星：我这七台机器做花盆一天大概小的可以生产一千件，大的三百件。

黄玉武：我父亲做陶瓷的时候你有在工厂做吗？

吴文星：有，我跟你父亲学手拉坯。后来我就自己成立公司，成立公司就要追求效益，没有去研究这些艺术。

李炳炎：您是什么时候出生的？

吴文星：1955 年。

李炳炎：在这边出生的？

吴文星：在缶窑出生的。

李炳炎：您是接替您父亲来经营这个工厂的？

吴文星：刚开始我是在祖父的工厂工作，70 年代的时候我就去沙巴打工，工作一年之后就回到缶窑，到他（黄玉武）父亲的工厂工作。

李炳炎：是哪一年？

吴文星：差不多是 1980 年，跟他父亲学了几年，我这个华联是 1982 年成立的。

李炳炎：是您自己创立的？
吴文星：是。
李炳炎：这个工厂占地大概多大？
吴文星：四万方寸。
李炳炎：有多少台机器？
吴文星：七台。窑炉是台湾的技术。
李炳炎：机器每天可以生产多少件？
吴文星：小的一千个，中的三四百个，大的两百个。
李炳炎：每个型号是什么尺寸？
吴文星：大的二十四寸，中的十二寸到十六寸，小的六寸到八寸。
李炳炎：平均多少钱一件？
吴文星：出口大的七十元一个，中的十多二十元，小的三四元。
黄玉武：有出口到中国的吗？
吴文星：很少。
李炳炎：在中国这个价钱当地人就可以做。您几岁开始做陶瓷？
吴文星：在缶窑出生的，七八岁就跟着做工。
黄玉武：我十一岁就开始做工，做土，一天工作八小时赚一块二马币。
李炳炎：这个胡姬盆很漂亮，有纹饰的。
吴文星：差不多四十年前的。
李炳炎：现在工人的工资一个月大概是多少？
吴文星：老工人在这里已经工作三十多年了，一个月两千马币，新来的外劳一个月一千。对老员工能多照顾就多照顾，毕竟他们的青春都在这里。

【访谈后记】

吴文星为马来西亚古晋吴丰成号经营者吴亚扶之孙。其父吴龙光 1976 年接手管理吴丰成号。吴文星 1980 年加入吴丰成号工作，1982 年他凭借跟黄柿核学到的制陶技术，创立华联陶器制造厂，创作了一批融入达雅族生活场景、民俗风情及信仰图腾等元素纹饰的作品。1987—1988 年，吴文星邀朋友合资引进澳大利亚煤气窑生产下水道陶管，后因接纳大量花盆订单，窑体容量无法满足生产，他便独资购建引进台湾技术制造的煤气隧道窑，迅速发展壮大。吴文星是古晋潮人陶瓷业的亲历者之一，熟知古晋陶瓷生产情况，他跟随第一代潮人陶瓷业创业者学习，成为第二代创业的潮人陶瓷业者。吴文星先生的采访资料，有助于我们对马来西亚古晋潮人陶瓷业的研究。

陈镇源先生访谈录（节选）

采访时间：2016 年 2 月 29 日
采访地点：潮州市颐陶轩潮州窑博物馆
受访者：陈镇源，男，1948 年出生于马来亚怡保，马来西亚怡保陶裕窑厂经营者

采访者：李炳炎
在场者：陈镇源夫人、陈德衍、林峰

采访陈镇源先生（中）

李炳炎：我们现在开始采访。您祖父的名字是？
陈镇源：陈荣裕。
李炳炎：您的父亲呢？
陈镇源：陈振松。
李炳炎：您的祖父是哪一年出生的？
陈镇源：不知道。我的父亲是1926年在中国潮阳出生的。
李炳炎：潮阳哪个地方？
陈镇源：美林村。他说他两岁就跟着祖父到马来西亚怡保。
李炳炎：当时祖父过去的时候已经懂得生产陶瓷？
陈镇源：是，他在潮阳的时候已经在陶瓷作坊工作。
李炳炎：祖父过马来亚的时候大概几岁？
陈镇源：我是1948年出生的，那时候父亲到马来亚已经差不多二十年了。至于我祖父是什么时间去的，我就不知道了。
李炳炎：那您祖父应该是二十多岁的时候过去那边的。
陈镇源：父亲三兄弟都过去马来亚怡保做陶瓷的。
李炳炎：您父亲是排行第几？
陈镇源：最大的。另外两个是后来跟过去的。
李炳炎：为什么会到怡保做陶瓷呢？
陈镇源：因为那时候怡保已经有很多潮阳的同乡在那里，他们会手拉坯，到了那边之后就开设作坊做陶瓷，制作胶杯、花盆这些比较粗糙的产品，主要是胶杯，因为胶杯销量比较好。
李炳炎：也就是说1928年的时候怡保已经有一批潮阳人在那里做陶瓷业？
陈镇源：已经有人在那边做陶瓷，他们是陆陆续续过去的。
李炳炎：那最开始在怡保做陶瓷的是什么人？
陈镇源：就是潮阳这帮人。
李炳炎：没有潮州其他地方的人？
陈镇源：没有。都是潮阳人，到现在也多是潮阳人在做生意。
李炳炎：那在整个过程中有没有哪个时期比较兴盛？
陈镇源：这个我就不太清楚，我只知道那个时候做的胶杯销量很好，挣到一点钱，就慢慢开始做一点其他产品。
李炳炎：胶杯到什么时候就不好卖了？
陈镇源：我记得1960年的时候还在做胶杯。
李炳炎：现在还有吗？
陈镇源：现在没有了。

李炳炎：做到最后是？
陈镇源：差不多1960年的时候，因为橡胶园不再用这种产品了，胶杯销量也不好了。之后就转做花瓶、大缸、花盆、排水管这些产品，后来怡保做花盆比较多，胡姬花盆当地用得多。
李炳炎：目前怡保有多少家陶瓷工厂？
陈镇源：大大小小总共大概有四十家，还在生产这些产品。
李炳炎：都是做陶器的？没有瓷器吗？
陈镇源：瓷器的有，不多，有两三家。
李炳炎：瓷器的产品是什么？
陈镇源：有一家是做卫生洁具的，有一家是做花瓶和香炉等祭器的。
李炳炎：您祖父建立的工厂字号是？
陈镇源：陶裕窑厂。
李炳炎：您知道现在怡保陶瓷业的年产值是多少吗？
陈镇源：没有一个具体的记录，我们讲外销的一年大概有两千个货柜。本销那些陶管的没有做记录。
李炳炎：主要外销到哪里？
陈镇源：美国、英国、德国、澳大利亚都有，主要以花盆为主。
李炳炎：最大的工厂名字是什么？
陈镇源：大的工厂现在有四间，新捷成（陈文秋）、新泰盛（陈武松）、万利成（叶广清）、亚洲陶瓷（城内南门人创建，两年前一个福建人买后成为上市公司）。
李炳炎：这几家也都是潮人经营的？
陈镇源：都是潮人，新捷成、新泰盛、万利成三家是潮阳人，亚洲陶瓷是潮人。
李炳炎：这个陶瓷业的产品结构就是一直变化不大。
陈镇源：现在这个行业在走下坡路，所以能保持下去就好了。
李炳炎：现在都是烧煤气的吗？
陈镇源：不是，烧柴油的。
李炳炎：是龙窑吗？
陈镇源：不是，那个窑是铁皮的，四四方方的。
李炳炎：烧砖的那种窑？
陈镇源：对。有2米高，差不多6米宽，20米长，这种窑烧比较划算。
李炳炎：我在槟城北海看过这种窑，它那个外面是贴红砖的。那燃料是？
陈镇源：油渣。
李炳炎：没有用天然气这些的？
陈镇源：有啊，亚洲陶瓷就是用天然气的，他的工厂在另外一个地方有天然气供应。其他的都是烧柴油。
李炳炎：以前是用什么窑？
陈镇源：以前是用龙窑，现在还有人在烧龙窑，用木材。
李炳炎：龙窑是一直都有？

陈镇源：一直都有，还没有被淘汰，就是产品烧出来不美观，出口人家不要。

李炳炎：政府允许烧龙窑？

陈镇源：政府都是鼓励用煤气或者油渣，他们也会要求做一些措施，烟囱要设置过滤器，我们都能做到这一点。

李炳炎：以前怡保有多少龙窑？现在又剩下多少？

陈镇源：以前将近有50条，现在也还有三四条龙窑在生产。

李炳炎：龙窑有多长？

陈镇源：大概30米长，1.5米宽。

李炳炎：在成型制作上，以前和现在有什么区别？

陈镇源：以前是手拉坯，到了三四年前就改用铁压模机，就是一个模子，一块泥土压下去就成型了。

李炳炎：跟吴文星那个一样的？

陈镇源：吴文星那个机器是从怡保这边买过去的，他工厂里的那些机器都是从怡保买过去的。也有一帮人在那边生产和修理这些机器。

李炳炎：怡保有这个产业的配套？

陈镇源：有机械压坯机、练土机。以前练土是用牛来踩。压坯成型合格之后再加工，根据客人的需求做成各种产品。到我手里的时候已经转型了，转做水管这些了，比较容易做，不用做手拉坯那些。以前我每天都要自己下手去做陶管，机器做出来以后就拿出去晒干，加工，进窑烧，再出窑，还要送货，很辛苦，做一窑差不多要四五天。我都要自己带头做，不然工人都是慢慢做的。

李炳炎：您什么时候开始做陶瓷的？

陈镇源：读书毕业后就开始做了，22岁就跟着我老爸做陶瓷了。

李炳炎：父亲现在还在经营砖厂？

陈镇源：90岁还在经营砖厂，和弟弟一起经营。

李炳炎：当时的工厂有多大？

陈镇源：没有量过，可以容纳十多个工人，房子都是木材盖的，因为地是租的。

李炳炎：现在的工厂呢？

陈镇源：现在已经搬到工业区了。

李炳炎：什么时候搬到工业区的？

陈镇源：大概二十年前。

李炳炎：当时是政府规划的吗？

陈镇源：对的，政府鼓励我们搬去那边。第一是那边环境比较好，第二是我们搬到那边不会有很多污染，把烧木材的集中起来，做好的窑；烧煤气或者油渣的，就对环境没有造成很大的污染，所以政府把地便宜卖给我们。我的孩子现在也不跟我做这行，他不感兴趣，我也不想他做这行，赚得少，又脏又辛苦。这个陶瓷业要做得好，得客户好，工作好才能做得好。像我现在做的这个花盆脚寄到英国去，也是英国客户对我有信心，所以才给我订单，订单也不多，现在有七八个人在做这个。

李炳炎：您什么时候接手父亲的工厂？

陈镇源：四十五年前。因为行业和客户这些都是我比较熟，我二叔和三叔他们都不熟这些，所以父亲就交给我管理。我们的陶瓷公会有很多会员，我们都相处得很融洽，我自己对这行有兴趣，对这行有感情了，所以我们都愿意坚持下去，做到没有订单了，那我们就停业了。陶瓷公会是 20 世纪 70 年代成立的，每两年换一届会长，我曾经当过一届会长。

李炳炎：您祖父是什么时候去世的？

陈镇源：1972 年。

李炳炎：他在潮阳的时候就一直是做陶瓷的？

陈镇源：是。他会做抽鸦片的那个枪头。

李炳炎：现在怡保的陶瓷大工厂有多少工人？

陈镇源：大工厂一般是八十到一百个工人。

李炳炎：中型的？

陈镇源：中型的三四十个工人。

李炳炎：小型的？

陈镇源：十个左右，像我的工厂才雇了四个工人。

李炳炎：那现在怡保有多少人从事这个行业？有两千人吗？

陈镇源：有，大概有四十家，还有一些外劳，孟加拉人、印尼人、尼泊尔人，都是靠这些外劳，本地人都不想干这行了，大概有三千人。

林　峰：您的儿子现在做什么工作？

陈镇源：大儿子四十四岁，是做塑胶袋的，二儿子四十岁，是做五金贸易的。

李炳炎：现在整个马来西亚除了怡保和亚依淡，其他地方的您知道吗？

陈镇源：零零碎碎的，怡保是做陶的，亚依淡是做瓷的，亚依淡有两家，吴万发现在没怎么做，万和发与吴万发的创建人刚开始是合作的，吴万发是吴姓人经营的，现在是做地产的。

【访谈后记】

陈镇源是马来西亚怡保陶裕窑厂创办人陈荣裕之孙。陈荣裕 20 世纪初出生于今潮阳两美镇美林村，少时在陶瓷作坊工作，熟练掌握陶瓷生产技艺，1928 年他带着大儿子陈振松到怡保创业，与同乡合创陶裕窑厂，之后由陈振松兄弟三人继承。1970 年，陈镇源加入窑厂工作，之后陈振松将窑厂交由他管理。陈镇源接手后跟随市场需求调整产品结构，产品从花盆、陶管到花盆垫脚，一直经营至今。我们通过陈镇源的采访资料，初步了解马来西亚怡保潮人陶瓷业的情况，开启了我们对怡保潮人陶瓷业的研究。

第五章

泰国的潮人陶瓷业

泰国，全称泰王国，是东南亚国家之一。14 世纪，泰国境内中部暹国和罗斛国合并，称“暹罗国”。16 世纪起，葡萄牙、荷兰、英国、法国等先后入侵。19 世纪末成为英国、法国殖民地之间的缓冲国。1939 年改称“泰王国”。1941 年日军入侵，1945 年日本投降后恢复国名“暹罗”。1949 年再改称“泰王国”，简称“泰国”。至近代，潮人一直称泰国为暹罗。

泰国地处中南半岛中部，东南临泰国湾（太平洋），西南濒安达曼海（印度洋），西和西北与缅甸接壤，东北与老挝交界，东南与柬埔寨为邻，疆域沿克拉地峡向南延伸至马来半岛，与马来西亚相接，其狭窄部分居印度洋与太平洋之间。国土总面积 51.4 万平方千米，分中部、南部、东部、北部和东北部 5 个地区，现有 76 个府。截至 2014 年 3 月，泰国总人口 6 450 万，华人约有 900 万，占总人口的 14%，是除泰人之外最大的族群。华人大批移居泰国主要集中在 19 世纪下半叶到 20 世纪 30 年代，他们的足迹遍布泰国各个乡镇。

泰国在历史上一直是以农业经济为基础的国家，早年泰国经济文化和生产技术十分落后，中国的农业、手工业和商业的生产技术和经验都比较先进，所以早在元代，泰国王便通过朝贡贸易，从中国带回建筑师、陶瓷工匠等技术人员。因潮州地窄人稠，潮人特别懂得精耕细作，更具有丰富的生产经验。他们将种子和农具带到泰国，在泰国开荒种植，促进了泰国经济和社会的现代化事业，成为推动泰国民营经济发展的主力之一。

泰国的陶瓷生产史可追溯到 12 世纪前后，当时傣族由中国西南部往东南亚大陆部的中央迁徙，宋加洛北部的西萨查那莱窑就在此前后开始烧制陶器。最初的产品是无釉陶器，接着生产施黄绿色釉的灰釉陶器，称为孟陶，制作年代较早，约为 14 世纪后半期。15 世纪是泰国高温陶瓷生产的黄金期，主要窑场集中在今泰国中、北部自然资源丰富、靠山临水的地区。[①]

---

① 参见陈龙春译：《南邦陶瓷 2002》，《南邦上善堂德教会紫南阁成立五十周年五彩金禧大典纪念特刊》，南邦：南邦紫南阁 2010 年版；苏琴达：《泰国的陶瓷工业》，《陶瓷研究》1996 年第 44 期。

第一节　泰国潮人陶瓷业的发展概况

早在清中期，潮州与泰国之间已有频繁的贸易往来，长期的贸易往来使泰国成为潮人聚居之地。清末民初，大量潮人下南洋谋生，泰国以潮人数量多和潮人享有特殊待遇的优势，吸引大批潮人移居。长期的贸易往来使潮州特产在当地市场需求扩大，大量的移民带动文化的交融，潮州陶瓷器作为当地生活之需，又为潮人解除乡愁之物，拥有广大的市场。

泰国潮人陶瓷业的兴起，除了源于当地市场对中国瓷器的需求之外，还因当地蕴含大量的优质瓷土。泰国陶瓷资源相当丰富，高岭土、长石等陶瓷原料分布遍及全国。随着这些瓷土的发现，泰国的陶瓷业逐步得到发展。

早在20世纪初，泰国的叻丕、春武里、佛统等沿海地区就以其港口优势成为潮籍陶瓷业者的活跃之地。20世纪30年代之前，泰国所需的陶瓷器基本从中国进口，小部分从日本进口。

泰国华侨在江河、运河为主要运输通道的时代，是沿着江河向内地发展的。假若沿河两岸有村庄，便在水上浮起竹筏来经商，其后由于泰国国内市场的发展，以及行政管理方面的需要促进了交通的发展，这种竹筏商店便迅速发展起来。到了19世纪末，铁路修筑，华侨沿着这种交通线路很快进入内地，各地的车站都有华侨商店。进入20世纪之后，公路的兴建，华侨又随着这种交通线路迅速发展。① 华侨在泰国的商业发展基本是从沿海地区沿江河、公路、铁路向内陆发展，以商业带动的华侨工业基本也是沿袭这一发展规律。

自20世纪30年代开始，受世界经济危机影响，泰国改变经济策略，限制从中国进口陶瓷器。当地市场需要大量的陶瓷器，仅依靠从日本进口远远不足。这一市场短缺为潮人陶瓷业者提供了机会，他们为求生存立足，开始在泰国寻觅瓷土，兴建龙窑，利用潮州窑的生产工艺发展陶瓷业。叻丕的陶瓷业正是在这一时机下发展起来的，叻丕以其优越的地理位置和瓷土资源，成为早期潮人陶瓷业的发展地，主要生产砂锅、水缸、花盆、陶缸等日用陶器，以手拉坯成型，龙窑烧制，产品较为粗糙。

1941年太平洋战争爆发，日本为控制泰缅边境，阻止华人开展救国活动，要求泰国与缅甸交界地区的华人须在三天内撤到泰国中部，泰国的潮人陶瓷业被迫停止。1945年战争结束，陶瓷经营者纷纷回到工厂继续经营，生产具有潮州窑特色的陶瓷产品，陶瓷业在多个地区开始得到发展。②

1957年之后，受国际政治因素影响，中国与泰国贸易受阻，泰国当地陶瓷市场货物紧缺。泰国政府开始着力发展本土产业，鼓励发展陶瓷业，泰国的陶瓷业迎来重要的发展时期。泰国各地的潮人纷纷寻觅瓷土，踏上发展陶瓷业之路，陶瓷业逐渐发展起来。佛统的

① 李益杰：《海外潮汕华侨华人集中于泰国的原因浅析》，《东南亚》2004年第1期，第52页。

② 口述资料，口述者：邱玉锐；采访者：李炳炎；采访时间：2015年12月10日；采访地点：泰国南邦陶瓷展览会会场；在场者：李沛霖。

潮人陶瓷业主要生产彩绘瓷，生产工艺与潮州窑的青花瓷及大窑彩工艺相近，采用龙窑烧成，产品较为精致。叻丕则以生产陶缸和仿古瓷为主，是泰国龙纹陶缸的主要产地，所生产的贴塑龙纹陶缸在当地市场热销，并得到传播，另外还生产仿明清官窑瓷器。一些产品在坯胎底部以钢印盖上大明宣德年制、宣德年制、大清康熙年制、康熙年制等凹印纹，这些仿古瓷大量销往印度尼西亚及欧美等国，为潮人陶瓷业发展提供契机。南邦的潮人陶瓷业则生产潮瓷最具标志性的公鸡碗，他们利用手拉坯制作粗碗，再画上公鸡、蕉树和牡丹的图案，彩绘工艺传承了潮州窑公鸡十三笔的画法，以龙窑烧制，产品虽粗糙却趣味十足。公鸡碗是近代潮州窑的一大特色产品，也是潮人的集体回忆。公鸡碗的成功烧制，打开了当地的陶瓷市场，也开启了南邦的陶瓷业。

20 世纪 60 年代之前，泰国各地的陶瓷业产品基本延续了潮州窑的工艺特点。60 年代之后，随着大量瓷土的发现，泰国政府着力发展陶瓷业，将陶瓷业纳入工业发展计划，加之潮人陶瓷业者无私地传播陶瓷生产技艺，泰国多地的陶瓷业进入生产高峰期。泰国北部蕴含丰富的瓷土资源，以中小规模工业为主；南邦和清迈是主要的陶瓷产区，清迈以生产青瓷为主；中部陶瓷工业配有从意大利、日本引进的先进设备，产品达到世界水平，其中叻丕生产的龙纹陶缸是一大特色产品；东北部和南部陶瓷厂很少，规模也较小，产品主要满足当地市场需求。[①] 这一时期的泰国陶瓷业产品以当地日常需求及文化需求为主，泰族文化及佛教文化逐渐开始融入陶瓷业产品中，一些潮人陶瓷工厂精工生产描金五彩图案纹的系列日用瓷，这些色彩富丽堂皇的精致产品被作为泰国宫廷及佛寺的日用瓷，至今仍保持纯手工的彩绘工艺。这也使泰国潮人陶瓷业开始区别于传统潮州窑，有了自身的文化特点，逐渐完成在地化生产。

20 世纪 70 年代之后，泰国多个地区的陶瓷业通过引进欧洲、日本和中国台湾等地的陶瓷生产设备，从龙窑转变为煤气窑，从手拉坯转变为机器制坯，产品结构除迎合当地市场需求外，还应国际市场需求，产品包括日用瓷、卫生洁具、建筑陶瓷、园林陶瓷、工艺陶瓷等种类，以欧式的成套咖啡茶具、成套日用餐具等为主，销售市场也逐步走向海外，大量出口至世界各地。泰国叻丕、佛统、南邦等地的陶瓷业在潮人的引领下，发展成为当地主要的经济产业。泰国潮人陶瓷业者也特别重视学习先进的陶瓷生产技术。1981 年 5 月，泰国轻工业部、工业促进局局长卡赛・彼塔帕旺率领陶瓷工业考察团共十人，到中国的广东省枫溪工业研究所考察，并进行技术座谈。南邦府的陶瓷从业人员总计九千多人，年总产值四亿至六亿人民币，2013 年荣获“南邦—陶瓷之乡”的殊荣，是泰国家喻户晓的陶瓷之都。[②] 短短几十年，泰国的陶瓷业迅速跻身国家重要的工业经济支柱产业之列，为国民提供就业机会和收入，这得益于泰国本土丰富陶瓷原料及政府对陶瓷工业的投资力度和对陶瓷工业的扶持作用。泰国潮人陶瓷生产业经营者情况如下：

① 苏琴达：《泰国的陶瓷工业》，《陶瓷研究》1996 年总第 44 期，第 211 页。

② 参见陈龙春译：《南邦陶瓷 2002》，《南邦上善堂德教会紫南阁成立五十周年五彩金禧大典纪念特刊》，南邦：南邦紫南阁 2010 年版。

泰国潮人陶瓷业情况表①

泰国陶瓷业分布	企业名称	创办人	经营时间	祖居地
春武里	复兴陶瓷厂、通兴瓷厂	吴佩珊	20 世纪 50 年代—?	枫溪灶脚
叻丕	陶成利瓷器厂	黄芝孟、张松丰	20 世纪 30 年代—?	潮安古巷孚中
	陶丰泰	张松丰	1954 年至今	枫溪石桥头
佛统	昌盛号	吕玉昌	1954 年至今	普宁
		吴五（吴成业五弟）	创办时间不详，至今仍营业	枫溪
南邦	泰发陶瓷厂	谢源茂	20 世纪 50 年代至今	丰顺汤坑
	艺术瓷厂	詹集成	20 世纪 60 年代至今	饶平九村
	心如瓷碗厂	陈心如	1965 年至今	大埔平原
	乍仑工业瓷器厂	郭修钦	1965—?	大埔桃源
	英达公司	吴成业	1977 年至今	枫溪
		郭华明	创办时间不详，至今仍营业	大埔
		郭攀禄	创办时间不详，至今仍营业	大埔
		郭华明之弟	创办时间不详，至今仍营业	大埔平原
		郭俊兴	创办时间不详，至今仍营业	大埔
		李铁财	创办时间不详，至今仍营业	揭阳
		素巴妮	创办时间不详，至今仍营业	曼谷（夫籍大埔）
		他纳促	创办时间不详，至今仍营业	潮阳
		陈奋生	1996 年至今	澄海隆都

时至今日，陶瓷业仍是泰国一项重要的经济产业，叻丕、佛统、南邦等地的潮人陶瓷业逐渐形成了以集团公司为主，众多中小型工厂为辅的局面，陶瓷生产规模日益壮大，生产设备不断更新，生产线不断延伸，产品国际竞争力日益提升，是当地主要的经济产业，

① 此表根据作者近十年来在东南亚实地调查的口述资料整理。

为当地经济发展做出重大贡献。

近当代泰国潮人经营的陶瓷业主要集中在中部的春武里、叻丕、佛统和北部的南邦等地。根据 1960 年泰国工商业调查：“万佛岁（春武里）府瓷器业有复兴、陶海丰；也拉府瓷器业有义桥、裕源隆、瑞源隆；披集府瓷器业有是里硕、林潮兴隆；华富里府瓷器业有荣发栈、源和、财利；叻武里（叻丕）府瓷器业有泰南、陶然玉、陶盛发、有隆信、有隆信分厂、陶盛泰、陶生泰、陶合利、陶顺隆。”① 清迈府今仍有约 20 家陶瓷厂，主要生产建筑用材及园林陶艺。

第二节　春武里的潮人陶瓷业

泰国春武里府旧名“万佛岁”，又名“琼布里”，华人习惯称为春武里，位于曼谷东南方向不到 150 千米，是泰国南部城市，西面和西南面紧靠泰国湾，北部有一些丘陵地带，南面的涟洽邦是泰国的第一大深水港口。

吴佩珊先生像

20 世纪 50 年代，春武里由于深水港口的优势，商业贸易旺盛，陶瓷业随之得到发展。主要的陶瓷砖瓦业厂家有复兴、陶海丰、谢广源、通兴、杨成发等数家，其中以吴佩珊经营的复兴陶瓷厂及通兴瓷厂最为知名。②

1960 年《泰国工商业调查汇志》“华侨陶瓷器界先进”中对吴佩珊的记述为：“吴佩珊先生，粤之潮安县枫溪乡人也，幼受私塾教育，天资聪敏，胆识兼优，查先生之故乡，业陶瓷器者多，潮州枫溪陶瓷业之著名，遐迩咸知，先生对瓷器精巧技术，是属当然。年廿一，即任职广州陶荣瓷器行司理，运筹帷幄，蜚声于时，然先生意志轩昂，抱负颇大，决心将陶瓷业伸向海外发展，居广州越四年，遂买舟来泰，抵步后，初任曼谷暹罗陶瓷厂（为其令兄世光君所创）要职，复至其兄于万佛岁分创春武哩府陶瓷厂任职，精明能干，建树弥多，当先生 38 岁时，自创复兴陶瓷厂，苦心经营，锐意创新，不数年，复亲研究，以其心得制造色釉瓦（也称琉璃瓦），出品优良，销途甚广，该厂今日之业务，突飞猛进，已握春府陶瓷界之牛耳。先生令侄吴炯铭君，青年英俊，对陶瓷业亦深有造就，予先生助力殊大，叔侄间极为相得，每共研究改良之方法，逐步改进厂内设备，刻部分用机器代替，已渐步现代新式装备之机械化阶段矣。先生

1960 年泰国春武里复兴陶瓷厂广告页

① 杨奕凯主编：《泰国工商业调查汇志》，曼谷：大东亚出版社 1956 年版，第 523 页。
② 杨奕凯主编：《泰国工商业调查汇志》，曼谷：大东亚出版社 1956 年版，第 145 页。

能干精神，以祖国之陶瓷业于泰国发扬光大，此不仅为我国工业争光，于当局经济上之贡献亦殊大，诚泰华工业界之明灯也。刻该行营业之盛，名驰海内外，不远千里而来的顾客，络绎不绝，门庭如市，前岁联合国工业小组委员（有英、美、日、法等十四国代表）至该厂参观，具见该厂营业发展，日新月异之趋势，而引起国际人士重视之一斑。先生态度谦逊，宅心仁厚，热心公益，举凡社会福利事业，如学校，医院咸能慷慨解囊，赞助襄成，诚有慈善家之风度。”①

从这一记述内容可知，吴佩珊年轻时为拓展陶瓷市场曾居广州，之后直接到泰国协助其兄长经营陶瓷厂。后来自己创办复兴陶瓷厂，经营旺盛时，门庭若市，远近顾客络绎不绝，更驰名泰国、新加坡等东南亚国家。1955 年，联合国工业小组委员（有英、美、日、法等十四国代表）到该厂参观，纷纷表示该厂大有发展之势，也因此引起了国际人士的关注及重视。

春武里的潮人陶瓷业始于 20 世纪 50 年代，其中以吴佩珊创立的复兴陶瓷厂为经营之最。据《泰国工商业调查汇志》记载，该区陶瓷工业主要生产砖瓦及陶器。至于目前经营状况如何，尚未有确切的资料可循，有待日后进一步调查。

第三节　叻丕的潮人陶瓷业

叻丕是泰国的一个府，也叫叻武里，属于中部地区，距首都曼谷约 80 千米。20 世纪 30 年代，黄芝孟、张松丰等潮人陶瓷业者在这里开创发展陶瓷业，至今这里已有陶瓷业作坊近百家，以生产贴塑龙纹陶缸为主。

一、近当代叻丕陶瓷业的开创者黄芝孟

黄芝孟先生像

黄芝孟，1907 年出生于今潮安县古巷镇孚中乡，自幼喜欢学习制瓷工艺。1925 年他南渡至马来亚槟城，在北海黄木荣经营的陶海滨瓷器厂任技师数年。1929 年回国，1930 年到泰国三升兴盛瓷器厂任技师，一年多后辞职。他寻找到叻丕储量较大的陶土作为样本，在曼谷的林瑞合窑口进行测试，确定了这种陶土的优良质量之后，便在叻丕寻找理想地点与朋友一起合创陶成利瓷器厂（Tan Seng Lee），主要生产装鱼露用的小瓷罐及用来储水的大瓷罐，以及种植植物的钵子。之后又创建陶成泰瓷器厂。因善于制造陶瓷，加上刻苦耐劳，他在经营上稳操胜券。数年后，他又创建陶盛泰瓷器厂，业务突飞猛进，逐步改变泰国陶瓷依赖进口的局面。20

① 杨奕凯主编：《泰国工商业调查汇志》，曼谷：大东亚出版社 1956 年版，第 149 页。

世纪 50 年代，叻丕的陶瓷生产已发展成为泰国七十一个府的首位，瓷器工厂有十多家，工人数千人，产品品质优良，畅销各地，泰国实业部长呖挽若参观黄芝孟的工厂时大加赞许。黄芝孟是首位在叻丕开创陶瓷业的潮人，也是叻丕陶瓷业的开创者，对泰国陶瓷业发展有重大贡献。黄芝孟先生在事业成功之后，不忘回馈社会，热爱公益事业，成为海外潮人的楷模。

1960 年《泰国工商业调查汇志》“华侨陶瓷器界先进”中对黄芝孟（1907—?）的记述为：“黄芝孟先生，原籍潮安县第二区孚中乡人，自幼喜习瓷器工艺，稍有造就，十八岁南渡至梹城，任技师于陶海滨瓷器厂数年，多所贡献，廿二岁返国，翌年来泰，任职于三升兴盛瓷器厂为技师，年余辞职，遂至叻丕与友人合创陶成利瓷器厂，又创陶成泰瓷器厂，因先生对瓷器有特长技能，兼以刻苦耐劳，故所营得操胜券，越数年，复扩创陶盛泰瓷器厂，业务突飞猛进，刻称该业之雄者。查吾侨于叻丕创办瓷器业，先生为首创之第一人，当先生初至叻丕时，即研究叻丕之土质，色雅质固，最合陶制，用其心思，布其所长，历相当岁月时间之奋斗，果而得偿所愿，以今日叻丕瓷器业之发达，蓬勃繁荣，为全国七十一府之冠，瓷器厂多达十数家，工人则以数千之众，出品优良，通销各地，其情形可想而知！泰国实业部长呖挽若尝至该厂参观，大加赞许。此为吾侨在泰发展瓷器业之光荣，亦即为先生之大贡献也。先生现年四十九岁，体格魁梧，平素对于社会公益事业，热心爱护，为埠众所共仰！”①

1960 年泰国叻丕陶盛泰瓷器厂广告页

二、当代叻丕陶瓷业的传播者张松丰

张松丰便是与黄芝孟合办陶成利瓷器厂的合伙人。其父以打银为业，祖居为城区南门，之后迁至枫溪，仍操旧业，张松丰出生于枫溪石桥头，自小未进学堂，懂事时便到瓷厂工作，由于个子较小不适合做粗活，被安排做陶瓷原料调配的工作，他因此学会了瓷土及色釉等原料的调配技术，例如什么样的泥土和色釉烧出来是什么样的效果，这些技术为他日后的事业奠定了基础。之后，他与乡里的朋友一起下南洋，先到马来亚的陶瓷厂打工，主要从事陶质水管的生产，不久后回家乡完成婚姻大事，大女儿出生后，他又到泰国寻求发展机会，先到曼谷的湄南河港口附近做小买卖，希望通过小买卖累积资本，再图发展。在他做小买卖的地方对面便是曼谷的一家陶瓷工厂，他也结识了很多陶瓷厂的工人。他经营小买卖积累了一定的资本后，便与这里的几个朋友到叻丕合伙创办陶瓷厂，他们选址后，以人工垒土筑建平地龙窑，开始生产砂锅、水缸、花盆等日用陶器。之后又发展贴

① 杨奕凯主编：《泰国工商业调查汇志》，曼谷：大东亚出版社 1956 年版，第 526 页。

塑龙纹大陶缸的生产。这种产品和图案后来与叻丕府联系在一起。为了制作出这种龙纹装饰图案，他们不得不从中国进口白色陶土。于是张松丰和黄芝孟从最初和合伙朋友成立的第一家陶成利工厂中独立出来，建立自己的工厂。1954 年，张松丰独立经营陶丰泰（Tao Sae Tai）。产品也以装饰有龙纹图案的大型棕色水罐为主。之后他与两个儿子，即张培川（1942—　）兄弟一起经营，张松丰长期严格教育儿子并把大儿子张培川培养成为德才兼备的第二代接班人。20 世纪 70 年代初，张培川创办了叻丕陶瓷公会，请张松丰向学员传授陶瓷生产技艺，将张松丰在枫溪学到的陶瓷生产技术和在泰国经营的经验传授给更多的人，目的是为了帮助更多人实现自己的创业梦想。这些陶瓷学会的学员通过努力，先后在叻丕创办了六十几个生产陶器的工厂。目前泰国叻丕已成为生产贴塑龙纹陶缸的特色瓷产区，叻丕陶瓷业的发展与张松丰的无私贡献和致力推广是分不开的。①

泰国叻丕陶丰泰瓷厂陶缸生产场面

泰国叻丕陶联丰瓷厂

三、当代叻丕陶瓷业的发展者张培川

张培川是张松丰的儿子。张培川儿时读过几年书，之后便协助父亲经营陶瓷厂，父亲常跟他们说“有枫溪缶，正有今日”，意思是我们是因为有家乡枫溪的陶瓷生产技艺才有今天的发展。他的父亲为了让出生于泰国的他们记得自己的家乡，严格要求他们在家沟通交谈都必须用潮州话。张培川在父亲的教导下，不仅认真学习陶瓷生产技术，还不断增加产品的品种。除传统的贴塑龙缸外，他还通过研究陶瓷的胎釉配方，创新产品。二十世纪五六十年代，由于中国古陶瓷限制出口，

泰国叻丕陶丰泰瓷厂青花瓷生产场面

① 口述资料，口述者：张培川；采访者：李炳炎；采访时间：2015 年 1 月 12 日；采访地点：泰国叻丕陶丰泰瓷厂；在场者：黄玉武、陈佩珊；泰文翻译：陈佩珊。

欧洲及东南亚的古玩店一时货源短缺，此时印尼的华人将欧洲人需求的中国古陶瓷样品带至陶丰泰，请求张松丰、张培川父子批量仿制。一般情况下，交货需要半年甚至一年的时间，他们需要寻找一流画师进行临摹，熟悉之后才能投入生产。产品以康熙时期景德镇青花人物题材为主，还借鉴欧美博物馆馆藏的中国历代艺术陶瓷造型，仿制中国古代民窑产品，如唐三彩罗汉坐像、哥窑狮子，以及青花、五彩描绘的各式器皿等，而且在体量上，力求与原作一致。产品受到欧美、东南亚等地外商的青睐，泰国王室也向其定制产品。

叻丕陶丰泰瓷厂生产的五彩莲池纹罐

张培川为人低调，严以律己，敢于担当。他主持经营后，不断扩大陶丰泰的生产规模，逐步拓展市场营销，产品销往欧洲、美洲和大洋洲等地市场。前期生产采用的是龙窑，因竹篾等燃料燃烧后造成的环境污染较大，被政府禁止而改为燃气窑，但陶丰泰有意保留一条龙窑作为烧造历史的见证。目前工厂用地在张培川父亲经营的基础上扩大了三倍多，拥有八条燃气窑和近百名工人，工厂从原料研究、产品设计、生产销售等环节都配备齐全。陶丰泰一直注重釉色的研究，使产品釉色丰富多彩，造型品种繁多，产品个性鲜明。为满足广大客户的需求，不仅生产各种各样的中国传统陶瓷产品，还通过现代设计生产具有东西方文化特征且受年轻人喜爱的时尚产品。张培川兄弟二人学会陶瓷生产的各个环节，并且注重发展自己的特殊工艺，这些独特的工艺帮助陶丰泰成就“优秀陶瓷生产家”和“优秀陶瓷生产商”的美名。

目前陶丰泰新一代的继承人为张培川的儿子 Pongsak，以及张培川二弟的儿子 Wasinburee，他俩为同岁的堂兄弟，从小便耳濡目染家族陶瓷业的发展，今天由他们传承陶丰泰的传统。Pongsak 在美国获得了硕士学位，负责大部门的库存控制和市场营销，维持客户关系，以及监督工匠和艺匠；Wasinburee 在德国学习陶瓷技术多年，负责生产以及设计方面的工作，他的才华媲美当代世界顶尖的艺术家，他不断创造产品的设计，并研制出新的釉料，他的许多作品已多次登上泰国电视节目和诸如 *Dichan* 等泰国一流杂志，目前他还在泰国几所大学教授陶瓷艺术。①

叻丕的陶瓷业开始于 20 世纪 30 年代，是由潮人黄芝孟和张松丰发展起来的。它的兴起主要是受世界经济危机及泰国经济政策影响。这一时期的产品主要为生产长期依靠中国进口的砂锅、水缸、花盆、陶缸等日用陶器。60 年代之后，随着泰国政府着力发展陶瓷业，叻丕的陶瓷业开始引进国外先进设备，并发展特色龙纹陶缸的生产。70 年代之后，在张松丰与张培川的努力传播下，叻丕的陶瓷业成为当地重要的经济支柱，也成为泰国著名的龙纹陶缸生产地。时至今日，叻丕拥有众多陶瓷工厂，陶瓷生产规模日益壮大，生产设备不断更新，生产线不断延伸，产品包括日用陶瓷器、特色龙缸及仿古陶瓷等，是当地主要的经济产业，为当地经济发展做出了重大贡献。

① 口述资料，口述者：张培川；采访者：李炳炎；采访时间：2015 年 1 月 12 日；采访地点：泰国叻丕陶丰泰瓷厂；在场者：黄玉武、陈佩珊。

第四节　佛统的潮人陶瓷业

佛统府是泰国中部的一个府。佛统府在古代非常繁荣，是泰国最古老的城市，是印度佛教最早传入泰国的地方。佛统府距首都曼谷约58千米，北连素攀府，南濒夜功府及龙仔厝府，东接暖武里府及曼谷，西临佛丕府及北碧府。

20世纪50年代开始，佛统的艺术瓷生产逐步得到发展。出生于叻丕水门的枫溪籍人吴五，采用纯手工粘贴成型，产品有香炉、果盘、盖罐，产品工艺精致，其生产的青瓷釉色淡雅。另外还有近十家生产青花瓷（蓝彩）的工厂，其中以潮人吕玉昌经营的昌盛号质量最为精致。

佛统吴五生产的青釉贴花熏炉

佛统昌盛瓷厂生产的青花描金麒麟纹盖罐

佛统昌盛瓷厂青花瓷生产场面

吕玉昌（1934—　）的父亲出生于普宁，12岁便下南洋谋生，从事种植业。1934年吕玉昌出生，在他十二三岁的时候，遇上来佛统参与陶瓷生产的枫溪人凤阳（音译名）师傅，便暗中向他学习瓷艺，大致掌握了陶瓷的生产程序。1954年，吕玉昌便大胆尝试创业，建立昌盛瓷厂，产品品种单一，主要生产鸡盅和砂锅。1962年之后，由于当时市场仿古瓷非常畅销，特别是印尼对青花瓷的需求量很大，他便开始生产青花瓷。吕玉昌聘请了一位来自枫溪的画师和一位来自高陂的画师，还有一位手拉坯的师傅参与工厂的生产，高陂的师傅负责描绘人物。还招聘了一些当地的年轻人，让他们跟师学艺参与生产。几年后，他的工厂便培养出一批能够生产青花瓷的熟练工人，产品造型和纹饰都与近代枫溪窑的产品类似，主要品种有提梁壶、盖罐、汤窝等，主要图案有狮球、鱼樵耕读、山水、人物、花鸟等，产品烧成温度为1 280℃。2000年左右，吕玉昌的工厂通过提高技师的彩绘水平，扩展釉上彩产品的生产，并开始融入泰国文化元素为主题的精致图案，产品造型有塔顶盖罐、将军罐、咖啡具、杯、盘、碗、烛台、台灯座、动物玩具等。这些产品风格独特，成为泰国的特色瓷器，主要销往泰国各地及欧洲各国。吕玉昌还曾将昌盛号生产的五彩描金大盖罐献给泰国国王。泰国国王也在48岁寿辰时向昌盛号定制了一批精致的艺术瓷，并以王室的名义赠送给寺庙。近年，由于工值高涨，金釉等原材料价格提高，这类精致的釉上彩艺术瓷产量明显减少，又转为青花瓷的生产。吕玉昌的太太为泰国人，育有两男两女，目前大儿子吕素谦及大女儿吕素君分别承担瓷厂的经营及生产业务。①

佛统昌盛瓷厂生产的五彩花卉图案纹盖罐（左）、五彩描金花卉图案纹盖罐（右）

佛统的潮人陶瓷业在20世纪50年代开始得到发展，产品主要为艺术陶瓷，其中以潮人陶瓷厂昌盛号为佼佼者。60年代之后，随着泰国政府着力发展陶瓷业，佛统的陶瓷业开始引进国外先进设备，并发展特色工艺瓷的生产。至今，佛统已成为泰国著名的工艺陶瓷生产地，佛统昌盛号所生产的傣族纹饰瓷器曾是泰国皇室的定制瓷，足以说明佛统工艺瓷的生产水平。

第五节　南邦的潮人陶瓷业

南邦府是泰国北部的一座古城，原名克兰那空，始建于680年。南邦府属洼地平原，平均海拔268.8米，群山环绕，主要河流有汪河、兑河、扬河、章河四条，汪河边有部分平原，北部为深山密林，南部为阔林地带。南邦现在是泰北交通枢纽，交通发达，可乘坐汽车、火车或飞机直达南邦，同时南邦也是通往北部清迈、清莱、帕、达、素可泰等府的必经之地。南邦面积12 553平方千米，现有人口约80万人，行政区域分为13个县。

南邦被誉为“马车之城”，也被称为“瓷器工业城”。南邦府蕴藏着全泰国最多的瓷土矿，约占全泰国总产值的65%，瓷土矿质地坚硬且耐高温，烧制出的陶瓷成品洁白亮

① 口述资料，口述者：吕玉昌；采访者：李炳炎；采访时间：2015年1月12日；采访地点：泰国佛统昌盛瓷厂；在场者：黄玉武、陈佩珊、吕素谦、吕素君；泰文翻译：陈佩珊。

丽。南邦府的优质黏土约占全泰国的93%。南邦的陶瓷业起源于20世纪50年代末，潮人在当地发现瓷土，利用潮州窑技艺进行陶瓷生产而得到发展。泰国政府自第二次世界大战结束后，开始发展各项工业，于1959年开始着力发展南邦陶瓷工业。在当地瓷土资源丰富、政府支持陶瓷工业发展、行业协会协助等多方面有利因素的影响下，陶瓷业在20世纪70年代开始发展迅猛，进入21世纪之后步向鼎盛。原先以竹为燃料的龙窑转化为用煤气当燃料的梭式窑，以及能连续大量生产的隧道窑和辊道窑；原采用的手工捏制瓷坯，现在改用先进的自动冲压成型机；原先只生产内销餐具，现在生产种类繁多的外销瓷器。目前，陶瓷工业已成为南邦的主要产业，南邦府的陶瓷业已传承了五十年，是泰国家喻户晓的陶瓷之都，每年都会举办瓷器展销会，这成为南邦旅游业的重要项目之一，每年吸引大批游客前来参观和购买，对增加地方收入、促进南邦的繁荣有着重要的贡献，是泰国的一项重要经济产业。

陈心如先生像

1950年，在偶然的机会下，潮人陈心如（1911—1994）发现村民使用的磨刀石中含有瓷土，这一发现引起他对南邦瓷土的探究。后来，他与郭修钦（1913—?）一边工作，一边探听瓷土的消息，当他们知道姐宏县有瓷土，立即与友人郭汉（因为郭汉先生曾经在曼谷罗斗圈一家陶瓷厂工作过，所以有一定的技术和经验)、徐石为（创泰密陶瓷厂）等骑着脚踏车到处寻找瓷土。当时，南邦至姐宏县的途程五十余千米，尚未有公路，只有可通牛车的红土路，崎岖不平，当雨季时，泥泞及膝盖，交通断绝，仅夏冬两季，路面干燥，路上尘埃飞扬，颠簸起伏，但他们愿受日晒雨淋，不怕辛苦，坚持探寻瓷土，便骑脚踏车前往，到姐宏县过一宿。翌早他们询问当地村长说明来意，请乡民引导到该山挖瓷土回来，并用种种方法研究。经过一年的时间，尚未能确定，便携带瓷土到泰京试验，用高熟度烧炼，最后取得成功，证明该瓷土确实是优质瓷土。郭修钦和陈心如也因此得到泰国工业部的嘉奖，成为南邦潮侨的光荣。丰富的瓷土资源使南邦迅速成为全泰出产瓷土最多、质地最优良的地方。这一优越的自然条件也使南邦逐步发展成为泰国的瓷器工业城。[①]

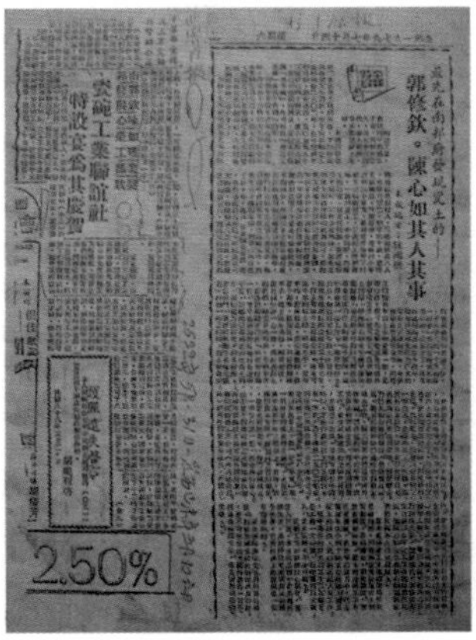

泰国媒体对陈心如及郭修钦的报道

南邦陶瓷业的发展不仅因为南邦拥有优质的瓷土资源，更重要的是因为有一帮刻苦耐劳并充满活力的潮人。20世纪初，这帮潮人在下南洋的风潮中，从丰顺、大埔、潮安、饶平、澄海、揭阳、潮阳等地来到泰国，一部分潮安枫溪人在曼谷、春武里、叻丕、佛统等地从事陶瓷业生产。20世纪50年代之后，国际政治形势发生变化，中泰贸易受阻。泰国除从其他国家少量进口陶瓷外，着力于发展自己的陶瓷产业。1957—1962年，有一批大埔籍的华侨相继到南邦设厂生产日用餐具。随着南邦

① 《最先在南邦府发现瓷土的——郭修饮、陈心如其人其事》，《新中原报》，1979年7月14日。

大量优质瓷土的发现，加之南邦府工人的工资相对其他地区属于偏低，当地人的工艺水平却不低，这些因素吸引了来自丰顺、大埔、潮安等地的陶瓷业者纷纷前往创业。他们仿制生产潮州的高陂、九村、枫溪出品的日用粗碗——公鸡碗，图案以公鸡、牡丹、香蕉为主，也称鸡蕉碗。早期采用高温烧制，以釉下红绿彩装饰，但质量大多不合格，之后改用在白胎上进行釉上彩绘，产品质量得到提高。1962—1967 年，南邦周围其他府的华侨纷纷到南邦投资兴建陶瓷厂，采用龙窑、梭式窑及隧道窑烧制盘碗等餐具。由于靠近原料产地，加上制造技术相对落后，原材料大量被浪费，所生产的产品质量也不均匀，只能在当地或曼谷小区域内低价出售。1967—1969 年，随着经济形态和市场需求的转变，泰国科学局开始重视南邦的陶瓷工业，也曾在汶耶越佛寺举办餐具展示会，并召开研讨会，指导投资，支持企业到国外参观考察，以便扩大陶瓷生产规模，使陶瓷业得到更好的发展。70 年代，由于陶瓷业迅速发展，曼谷及南邦的陶瓷艺术学校培养了大批的专业技术人才。这些专业人才的加入，为南邦陶瓷业的发展起着重要的推动作用。

陈心如龙窑公鸡碗广告页

1973 年，泰国南邦泰乍仑工厂的林锦山利用良好的社会关系联络陶瓷同业，商讨餐具的合理价格，提出不削价竞争，使原先每件只卖泰币五十士丹的瓷碗提升到每件一泰铢十士丹。1974 年，在他的促进下，泰国南邦陶瓷同业联谊社成立，会员有十八个，由 Stienraparp Lampang 工厂的素越・丁沙军（Suwat Thengsakul）任首届主席。1976 年，泰国南邦陶瓷同业联谊社盛阿仑和吉滴洛两家会员引进燃气窑，之后得到广泛应用，大大提高南邦瓷器的知名度。由于燃气窑需要大量煤气，1983 年南邦陶瓷同业联谊社的成员合资统一购买比原价便宜 10% 的煤气，每周达两千多桶，全部供应会员使用。1987 年，联谊社带成员参加泰国清迈北部工艺品展览。1989 年，联谊社最后一任社长洛乍那陶瓷厂的尼塔・吉滴洛乍那为配合政府部门的出口政策，在其协助下将联谊社改为南邦陶瓷协会，由英达陶瓷厂的吴成业任首届协会主席。同年，协会配合政府部门及北部扶助工业中心在南邦举办首次北部陶瓷展示会（后来改名为陶瓷展销会），并相继在泰国其他地方举办。1990 年，协会在南邦和清迈的交接处举行陶瓷博览会。1993 年，建立南邦陶瓷中心后，在南邦陶瓷中心第一次举行陶瓷博览会。1995 年，协会第一次自主举办陶瓷博览会，并开始为成员出版杂志。

南邦陶瓷展览会

为了提高南邦的工业生产水平，泰

国工业扶助局曾到南邦调查和了解南邦陶瓷厂的生产状况和问题所在。当时协会同仁汇集相关资料并送给正在清迈府开会的巡回内阁部长，申请在南邦府成立北部陶瓷工业中心。这一申请在1989年获准后便开始动工，建筑经费合计11 900万泰铢，同时还获得日本的JICA（Japan Internation Cooperation Agency）提供的机器设备和研发经费总计25 000万日元。北部陶瓷工业中心顺理成章地成为陶瓷业发展制造技术、优化产品质量、传授知识、培养人才的重要基地。

自1987年开始，随着泰国国家经济的高度发展，南邦的陶瓷工业也迅速扩大，每年新增注册的陶瓷工厂由原来的二十家增加至四十家。陶瓷制造技术也在不断提升，产品丰富多样，除了餐具外还有房屋装饰品、瓷栏杆、电器绝缘体、卫浴设备、瓷砖等。进入21世纪以来，在经济全球化的影响下，泰国陶瓷业面临机会与挑战，泰国陶瓷工业发展中心致力于优质瓷土的调配利用、高档新产品的开发、艺术陶瓷的设计、陶瓷废料的利用等方面的研究；同时，南邦陶瓷协会有效地对陶瓷经营和生产业务及相关活动进行协调和指导，为会员企业和政府部门之间的联系沟通发挥桥梁和纽带作用，促进企业与国内外工商、经济组织机构的广泛交流与合作。2002年，南邦府副府尹（省长）Direk Kornklip建议陶瓷博览会改为南邦陶瓷博览会。2005年，协会从南邦府获得经费举行泰国陶瓷博览会，展台有四百个。2008年，南邦陶瓷博览会已被提上旅游和体育部的日程。①

近年来，南邦陶瓷业通过引进欧洲、日本和中国台湾等地的陶瓷制作设备，形成了Kasalong Ceramics Co.，Ltd.、英达陶瓷有限公司（Indra Ceramic Co.，Ltd.）、亚洲艺术瓷厂有限公司（Lampang Silpanakorn Co.，Ltd.）、Dhanabadee Art Ceramic Co.，Ltd.、意大利人经营的Wald Pottery CO.，Ltd. Ceramic Manufacturer等集团公司。在产品工艺方面采用拉坯、模注的成型工艺，以及雕塑、贴塑、色釉、釉上彩绘、釉下彩绘、贴花等装饰工艺，并形成了餐具、礼品、家居装潢、建筑四大产品门类，呈现繁荣的局面。目前，南邦的陶瓷工厂有两百多家，其中一百多家是属于家庭企业的小工厂，另有三十家规模较大的，每家工人六十至一百人，半数厂家生产外销产品，虽然有了现代化科技设备，但仍有四五家工厂采用传统方式烧制瓷器。南邦陶瓷业年总产值达三十亿泰铢以上，从业人员总计九千多人。

南邦的陶瓷业在南邦陶瓷协会的有效协调下，取得很大的成果。南邦陶瓷业经过四十年的努力，于2013年荣获"南邦—陶瓷之乡"的殊荣。南邦陶瓷业除了南邦陶瓷协会的协调外，还有泰国促进工业局通过北部陶瓷工业发展中心给予的援助和促进外销局给予的市场指导，并鼓励厂家赴国外参展。为参与国际市场上的竞争，陶瓷业者均采用先进设备，不断改良制造技术，提高生产效能，以扩大出口市场。泰国科学局还在研发及培训人才方面予以协助。泰国保护能源中心采纳德国的G. T. Z部门推介节约能源的方案和利用玻璃纤维结合制窑的新技术。②

---

① 口述资料，口述者：陈奋生、邱玉锐；采访者：李炳炎；采访时间：2015年12月10日至12日；采访地点：泰国南邦陶瓷展览会会场；在场者：李沛霖。

② 参见陈龙春译：《南邦陶瓷2002》，《南邦上善堂德教会紫南阁成立五十周年五彩金禧大典纪念特刊》，南邦：南邦紫南阁2010年版。口述资料，口述者：黄玉武；采访者：李炳炎；采访时间：2015年1月16日；采访地点：泰国曼谷；在场者：陈佩珊。

近当代南邦陶瓷业是由潮人陈心如、郭修钦、吴成业、谢源茂及詹集成等几大家族创立、发展起来的。

一、龙窑

龙窑的创办人陈心如祖籍潮州大埔，他和其表弟郭修钦是最先在南邦发展陶瓷业的人。陈心如1911年出生于大埔平原，自小便在陶瓷作坊工作。1947年，他从越南（安南）到泰国清迈。陈心如的表弟郭修钦得知其到达泰国清迈，便推荐其到林盛利陶器厂一起工作。1950年，在偶然的机会下，陈心如发现村民使用的磨刀石中含有瓷土，这一发现引起他们探究南邦瓷土的兴趣。后来，郭修钦闻知南邦华光区正建乃巴允陶器厂，专制烛烟长管及花盆等，便与陈心如决定辞职，一起前往南邦华光区乃巴允陶器厂工作。他们一边工作，一边探听瓷土的消息，当他们知道姐宏县有瓷土，立即与友人郭汉、徐石为（创泰密陶瓷厂）等骑着脚踏车到处寻找瓷土矿，由于郭汉先生曾经在曼谷罗斗圈一家陶瓷厂工作过，所以有一定的技术和经验。他们闲时便前往姐宏县寻找瓷土。经过一年多的时间，他们终于确定该瓷土是优质瓷土。他们喜出望外，开始磋商创建陶瓷厂，却因两人都为工薪阶层，没有资本投入，于是决定招股投资。两人便辞去乃巴允陶器厂的职务，重返清迈，陈心如在讪巴通市郊外经营菜园，将自种的蔬菜拿到早市售卖，卖完后便到郭修钦工作的地方研究讨论。因为招股不能空口无凭，需要拿试验成功的瓷碗作证明，两人经过七年的时间，才获得数位朋友的投资。1959年，陈心如与郭修钦在南邦府直辖县巴坎村合资兴建南邦府第一个陶瓷厂三目欺两合公司瓷碗厂，约三年后因火灾而结业。但陈心如和郭修钦仍不气馁，两人再次寻找股东创建运联盛公司，约两年后因股东有歧见无法合作而结业；后两人又另招新股东再创联友公司瓷器厂，约四年后结束营业。之后陈心如和郭修钦认为合作经营的方式无法发展，于是两人决定各自创业。①

南邦陈心如龙窑

1965年，陈心如独立重起炉灶，创心如瓷碗厂。他在白胎盘碗上彩描上家乡最常见的公鸡牡丹蕉叶纹碗，这一趣味十足的传统公鸡碗创烧成功后，便畅销各地，经久不衰。随着公鸡碗的盛销，当地的潮人和泰人纷纷建厂生产公鸡碗，使公鸡碗逐渐成为南邦陶瓷业的标志。后来，公鸡碗因泰国政府原因停产。陈心如对南邦陶瓷业贡献良多，受到泰国工业部的嘉奖，是南邦华侨引以为傲的典例。

陈心如致力于打造自己家族的陶瓷产业，晚年的他，为此打破传统技艺“传内不传外”的习俗。他的大女儿陈如平美术专业大学毕业后加入工厂的经营，将现代的陶艺带入

① 《最先在南邦府发现瓷土的——郭修钦、陈心如其人其事》，《新中原报》，1979年7月14日；《世界日报》，1979年5月31日。

家族工厂，为其增添新的活力。1977 年，他的大女儿陈如平全面掌握陶瓷生产技艺，并开始尝试将现代美术学融入公鸡碗的绘制。1997 年，陈如平决定重新生产公鸡碗，并把公鸡碗带到曼谷参加展销会，受到外国客户的青睐，开始着力发展公鸡碗的生产，龙窑得到很好的发展。2003 年，企业搬进新的大厂房，拥有两百多名工人。2011 年，原来的家庭工厂由于邻近居民对龙窑烟囱污染的投诉而停产，现已改造成为陈心如龙窑艺术馆，向观众展示陈心如的创业历史及陶瓷的生产工艺。①

陈如平手绘公鸡碗

南邦陈心如龙窑陶瓷博物馆

二、乍仑工业瓷器厂

郭修钦，1913 年出生于大埔县商坡区桃源村，兄弟姐妹共八人，他排行第二。他童年时天赋聪慧，性情活泼，在乡村小学毕业后，便到章溪沙坪下村顺玉瓷碗厂工作，从泥料工到制作碗，一直到彩绘，得到厂主的器重，提升为技师，前后历时十余年。之后，他见很多人下南洋谋生，于是他也告别亲友到泰国谋生。初到泰京时，他与叔父郭裕元从事打铁工作约一年，后得知清迈府有陶瓷厂，而他对陶瓷制作更为驾轻就熟，便离开泰京到清迈府的汇乔区林盛利陶器厂当陶瓷技师。约两年后，郭修钦的表哥陈心如得知其也在清迈，便约其见面。郭修钦知陈心如在家乡时也曾在瓷碗厂工作，两人交情甚好，便引荐他到林盛利陶器厂工作。不久郭修钦便与当地姑娘娘乔结婚，成家后又在林盛利陶器厂工作了两年。1950 年，陈心如偶然得知村民使用的磨刀石中含有可制瓷的瓷土，于是他们两人便开始探寻南邦的瓷土。经过七年的不懈努力，他们终于成功寻找到瓷土资源，并且招股合资创建陶瓷厂。经过近十年的多次合资经营，郭修钦认为合作经营的方式无法发展，于

① 口述资料，口述者：陈如平；采访者：李炳炎；采访时间：2015 年 12 月 11 日，2016 年 6 月 19 日；采访地点：泰国南邦陈心如龙窑博物馆；在场者：2015 年为邱玉锐、李沛霖；2016 年为林峰。

是决定独自创业。1965 年，郭修钦创乍仑工业瓷器厂。

郭修钦和陈心如对南邦陶瓷业的发展具有开创性的贡献。他们刻苦勤劳，开发了南邦的瓷土资源，首创陶瓷厂，使南邦陶瓷业从无到有，并逐渐壮大。陶瓷业促进南邦府的经济迅速发展，解决当地人民的就业问题。郭修钦和陈心如得到泰国工业部的嘉奖，是南邦潮侨的光荣。南邦瓷碗工业联谊社为庆贺郭修钦和陈心如荣获泰国工业部嘉奖，以及表扬其发现瓷土使南邦陶瓷业获得非凡成就，特举办庆宴，庆宴邀请南邦府工业局局长乃哇讪与工业局长助理及中泰文记者参加，庆宴上工业局长乃哇讪代表工业部为两人颁奖，并致辞褒扬，表示为更好地促进南邦府陶瓷业的发展，已向泰国政府申请准许南邦陶瓷工业界组团到韩国、日本及中国台湾等地进行实地考察，以改良产品质量和提高生产效率，得到政府的批准和支持。①

郭修钦作为南邦潮人陶瓷业的开创者，是南邦潮人陶瓷业的关键人物之一。

三、英达公司

英达公司创办人吴成业（1923—2012），出生于泰国，是泰国知名的窑炉专家。吴成业的父亲吴时光出生于潮州枫溪，年少时从事陶瓷彩绘工作，之后到泰国谋生。初到泰国的他曾在曼谷从事农业种植工作。1936 年，他利用在枫溪学到的陶瓷彩绘技艺开始在曼谷加工陶瓷，农闲时便从高陂或枫溪购进一些白胎瓷进行加彩出售，主要为釉上彩的瓷碗。吴成业少时曾在亲戚的瓷厂打工，熟悉陶瓷窑炉的生产技艺。1941 年，吴成业在曼谷龙仔厝创建了第一个陶瓷厂，开始陶瓷生产，产品有釉上彩的盘碗等日用器具和青花瓷器。吴成业在曼谷的工厂接待过泰国的王子，并作为经理为王子讲解。1973 年，吴成业建成第一条燃气梭式窑，开始从事窑炉专用的耐火砖及陶管道生产，专业为各地陶瓷工厂建造窑炉，先后应邀为新加坡、马来西亚及泰国的众多陶瓷厂构建多达两百条的燃气窑，成为远近闻名的窑炉专家。建造窑炉和生产窑炉耐火材料是吴成业早期最主要的收入来源。他和泰国叻丕陶丰泰的张培川是同窗，也曾为陶丰泰建造窑炉。因吴成业的陶瓷厂位于曼谷市区，龙窑生产造成污染。1977 年，在张培川的建议下，吴成业到南邦建造龙窑，创建自己的工厂，并成立英达公司，开始生产色釉陶器、砖瓦、龙窑耐火材料等。1978 年，工厂改用燃气窑。之后，英达公司在产品上进行全面发展，生产手拉坯镂空大花瓶、青釉陶瓮、褐彩瓷器、青花瓷、釉中五彩。吴成业的儿子们陆续加入企业的管理队伍中，开始帮助企业拓展业务并发展出口订单，1978 年吴安乐大学毕业后加入企业工作。80 年代初，吴成业在南邦建造燃气梭式窑，使产品质量更趋稳定，并适应批量标准化生产，产品主要为中温色釉日用瓷器、青花玩具、动物、圣诞用瓷。随着欧洲各国订单的增加，1988 年，吴成业注册成立英达陶瓷有限公司。他扩大生产规模，招聘大量

南邦英达公司生产的青花双系瓶

① 《瓷碗工业联谊社特设宴为其庆贺》，《世界日报》，1979 年 7 月 14 日。

当地工人，培训员工熟悉掌握陶瓷生产技艺，生产的圣诞瓷、工艺礼品瓷大量外销。泰国王子再次参观英达公司时，吴成业作为厂主进行接待。王子在参观过程中挑选吴成业所制作的瓷器作为礼物，准备参加国王的寿辰庆典活动。1989 年，英达公司根据欧洲客户的需求开始专注于各类餐具的生产，并出口世界各地。之后，英达公司产品逐渐以日用餐具为主，成为世界闻名的釉下手绘餐具生产商。20 世纪 90 年代末至 21 世纪初，为实现规模化生产，英达公司采用燃气隧道窑，在产品的数量和质量上有了质的提高。2005 年之后，英达公司着力于产、贸、销的全面发展，引入先进的美式卖场模式，英达公司已在南邦、清迈建成多家集文化、购物、旅游于一体的综合性陶瓷卖场，产品主要为日用餐具及工艺瓷。近年，英达公司月产量三十万件，销售额三百万人民币，工人三百多人。英达公司成功之后，吴成业及吴安乐等经营者不忘回报社会，热心公益事业的建设。吴安乐担任第五届南邦陶瓷协会会长、泰国潮安同乡会南邦分会副会长等职务。①

南邦英达公司卖场

南邦英达公司生产的釉上彩佛像盘；均高 2 厘米，口径 33 厘米，底径 23 厘米

南邦英达公司生产的手绘盖罐

① 口述资料，口述者：吴安乐；采访者：李炳炎；采访时间：2015 年 12 月 10 日，2016 年 6 月 19 日；采访地点：泰国南邦英达公司卖场；在场者：邱玉锐、李沛霖、林峰等；泰文翻译：邱玉锐；英文翻译：李沛霖。

四、泰发陶瓷厂

泰发陶瓷厂创办人谢源茂（1929—　），出生于泰国。八岁时他回家乡丰顺汤坑读书，十八岁回到曼谷，在其叔父经营的广盛号佛具店帮工。几年后，父亲希望他能独立创业，他便到北部南邦汪河河边桥头亲戚经营的杂货店打工。20 世纪 50 年代，谢源茂与十二位朋友合股（共十三股，每股一万发）建造陶瓷厂，尝试生产陶瓷。由于当时他们对窑炉的烧造没有经验，加之使用木材块做燃料，火势难以控制，产品火候总是不足，在曼谷市场无法售卖。最后谢源茂与十二位朋友拆伙，其他股东同意等他经营获利后再归还股本，于是他独自接手陶瓷厂的经营。谢源茂在接手陶瓷厂之后，利用周围大片竹林的自然优势，大胆尝试以竹作燃料，有效地控制了窑炉的火势和火候，成功烧造出足熟的产品。当时的产品主要为粗碗。1957 年之后，受国际政治因素影响，中国与泰国贸易受阻，泰国当地陶瓷市场货物紧缺，刺激泰国当地陶瓷业的发展，泰发陶瓷厂的生产和经营进入一个高峰期。最高峰时工厂拥有二十多目龙窑九条，工人三百多名，由于当时尚无陶瓷业配套产业，工厂工人包括上山砍竹的、编竹筐的、洗土的和生产的人员。产品主要为公鸡碗和电线绝缘珠等。后来泰发陶瓷厂附近居民投诉龙窑烧制时污染太大，政府要求泰发每年减少一条龙窑的生产，之后逐渐改为燃气窑。这一时期的产品有贴青花香炉、茶具、盘碗等。目前泰发由谢源茂的女儿谢美莲主导经营管理，谢源茂协助，工厂拥有梭式窑六条，产品主要为栏杆，销往柬埔寨、老挝、缅甸等国家。谢源茂事业成功之后不忘回报社会，曾任南邦善堂理事长。①

五、艺术瓷厂

艺术瓷厂创办人詹集成（1929—　），原名德群，出生于饶平九村锡坑乡。自小从事陶瓷工作，熟练掌握陶瓷生产技术。20 世纪 50 年代，他曾作为技术员到潮州枫溪参与龙窑改造工作。50 年代末他到香港皇后大道的彩庄从事彩瓷工作。1962 年他被泰国潮人陶瓷业者邀请到南邦从事陶瓷业生产。之后，他凭借自身掌握的陶瓷技术，创建艺术瓷厂。早期艺术瓷厂的产品在工艺上与九村的非常相似，主要生产工艺为高陂、九村的红绿彩、青花红绿彩及青花，描绘人物、八仙、双美读曲等古典人物及山水、莲池、花卉、葡萄、椰树等纹饰，器形有帽筒、将军盖罐、瓶、提梁壶、凤尾尊、天球瓶等。詹集成除发展陶瓷业，还投资开矿，从事矿业长达二十五年。艺术瓷厂自行调配混合气，另外还出产陶瓷釉料，南邦陶瓷业所用的釉料 80% 以上是艺术瓷厂生产的。现艺术瓷厂除传统瓷器外，还发展泰式佛像等雕塑瓷及陶瓷壁画，詹集成应社会文化需求对传统佛像进行改良，所设计的传统佛像和泰佛像面容和蔼慈祥，具有亲和力。詹集成在饶平育有两个儿子，在泰国育

① 口述资料，口述者：谢源茂；采访者：李炳炎；采访时间：2015 年 12 月 13 日；采访地点：泰国南邦泰发陶瓷厂；在场者：邱玉锐、李沛霖；泰文翻译：邱玉锐。

有四男一女，泰国的大儿子为南邦陶瓷协会会长。[①]

南邦艺术瓷厂生产的五彩公鸡纹盖杯

南邦艺术瓷厂生产的白釉佛像

附　录　泰国潮人陶瓷业者访谈录

张培川先生访谈录（节选）[②]

采访张培川先生（左）

采访时间：2015 年 1 月 12 日
采访地点：泰国叻丕陶丰泰瓷厂
受访者：张培川，男，1942 年出生于泰国叻丕，泰国叻丕陶丰泰第二代经营者
采访者：李炳炎
在场者：黄玉武、陈佩珊
泰文翻译：陈佩珊

李炳炎：张先生，您的祖籍地在哪里？

张培川：我祖父住在枫溪石桥头（注：枫溪有两个石桥头的地名，一为佘厝，一为市街及溪下附近，本处所指地点为后者）。

黄玉武：等这个采访完了，有空再带您去看李先生在潮州的博物馆，专门收集潮州陶瓷的，那里有差不多一千年前的陶瓷。

① 口述资料，口述者：詹集成；采访者：李炳炎；采访时间：2015 年 12 月 11 日；采访地点：泰国南邦艺术瓷厂；在场者：邱玉锐、李沛霖。

② 李炳炎：《潮瓷下南洋》，深圳：深圳报业集团出版社 2015 年版，第 72－80 页。

李炳炎：我想请您介绍一下我们枫溪人在这里发展陶瓷产业的简单情况。

张培川：我祖父是打银的。那个时候行情不好，就到这边来。这些我都不太清楚。

陈佩珊：他说他潮州话和普通话都不太好，表达不出来他想说的东西。

李炳炎：您用什么话说都可以，她来当翻译。

陈佩珊：他说陶瓷这个东西从中国过来的历史可能有一千多年，之前中国人从大陆上过来泰国这边，就是往南来的，然后是往缅甸或者老挝那边去的。这条路最先就是骑马或者骑驴过来的。

黄玉武：陆路。

李炳炎：先从陆路过来的，那就要从云南那边过来？

陈佩珊：对，就是中国人带着那些陶瓷一起过来的。

黄玉武：是带过来卖的吗？

陈佩珊：对，就是带这些陶瓷过来卖的。大约在 13 世纪的泰国素可泰王朝，他们也受到这个文化的影响，喜欢这些以绿色为主的陶瓷。以前的瓷器在使用者死了之后，便成为陪葬品。是在五六十年前吧，有人发现山坡的土地塌方处露出这些东西，或者是有人故意去挖掘，当时有很多日本人专门过来这边收购这些东西。他说素可泰王朝把这个窑叫作窑炉，它会把空气排到下面（倒焰圆窑），跟我们枫溪的龙窑是不一样的。素可泰王朝当时的第三位国王，派人到中国请一些陶瓷艺人来泰国传授制瓷技艺。不过他说，这个其实有点不太准确，应该是中国人从陆路过来之后，碰到雨季回不去，然后就得在这边停留几个月，这几个月要吃饭什么的，所以就利用这些制瓷技术来养活自己，做出来之后就卖出去，之后就把这个当成事业在这边发展。历史记载是说做得比较好，然后泰国这边也靠海，生产量大，便把产品销往海外，就销到菲律宾和马来西亚那边。

李炳炎：他父亲叫什么名字？

陈佩珊：张松丰。

李炳炎：他的名字呢？

陈佩珊：张培川。

李炳炎：您父亲是什么时候来到这里的？

张培川：父亲当时自己先过来这里。

陈佩珊：他说他父亲是枫溪人，因为那时候战乱，“一战”时，他父亲家里很穷，所以要跑到马来西亚那边。

黄玉武：是先到马来西亚？

陈佩珊：对，去马来西亚那边的工厂做水管，因为他父亲之前接触到制瓷这些工作。之后又回到中国结婚，有了自己的大女儿，也就是他的姐姐，后来自己来到泰国。先到曼谷那边，因为湄南河那边有很多港口，在那边做小买卖，卖那些小料大料等香料，辣椒、大蒜那些。然后他认为他做买卖不是在打工，只有这样才能累积到本钱，去做后来的大事业。他就问父亲为什么会做陶瓷这个行业，他父亲说之前在中国，在他去马来西亚之前没读书，所以只能去打工，因为年纪太小，个子小，所以他到做瓷器的工厂后，老板没有安排他去做粗活，安排他去做瓷土、色釉调配这一块，很快，这个工作从头到尾的工序他都懂。比如说泥土，要选什么样的泥土把它调配出来，然后用什么颜色拿去烧才能出什么样的成果，他说他父亲就是运气好，能负责这个技术工种，能够懂整个制瓷过程，懂得枫溪陶瓷是怎样做的，后来他来到泰国自己才有把握做这个事业。另外，父亲到曼谷之后，他做香料买卖的对面就是当时曼谷的一个陶瓷工厂，后来他就跟那边几个打工的朋友一起投资，到叻丕这里办这个工厂。

黄玉武：您记不记得您父亲是哪一年到叻丕的吗？

张培川：七十几年或者八十几年前来到这边的吧，他之前在曼谷做买卖。

黄玉武：您父亲来这边做工的时候，您出生了吗？

张培川：还没出生，我是在工厂出生的。我二姐也是在工厂那里出生的，她今年 74 岁。工厂开了有三四年，我母亲才过来的。工厂开到现在已经有七十七或者七十八年了。

李炳炎：您也是在泰国出生的？

张培川：我和我二姐都是在叻丕出生的。

陈佩珊：他说之前这边没有这些水缸，也没有这些龙缸。这个主要是从中国那边传过来的，因为中国人来的时候带腌制菜和豆酱那些，腌制品都放在缸里，之后那些人把东西带过来，有些自己吃完，有些卖掉了，然后用这个钱买些大米什么的，这些缸就这样留下来了。他说当时本地有一些装水的缸，但是它外面没有涂多一层防水的釉，泰国做的这些就是比较偏红色的，水会渗进去，这个技术没有中国的好。

黄玉武：以前那些装咸菜的缸，咸菜卖掉了，然后换些米什么的回去，大多数带什么回去呢？

张培川：米。

陈佩珊：还有一些木头。主要就是做买卖，中国没有的东西就买回去。

黄玉武：那是什么时候开始在这里做缸的？

李炳炎：您父亲在这里怎么创业的？

张培川：刚开始不是在叻丕这边，当时那个地是一块种田的地，土地比较便宜，后来城市扩展到那边，所以就要搬到这边。

李炳炎：这里就是叻丕？

陈佩珊：对，这个府就叫叻丕，当初就是他跟朋友一起投资的，就是几个朋友过来这边做，后来扩大了，要再起一个炉，然后他朋友就说，如果再起一个炉可能人手不够，就跟他父亲说要放掉那边的生意，过来帮忙才能做。

李炳炎：以前的窑炉是龙窑吗？

张培川：最开始做的时候就是龙窑。

李炳炎：这个龙窑有几米长？有多少目？

张培川：最大的是 75 目，我做的时候最大的是 65 目，宽是 2.4 米。一目大约 32 吞。一目放 3 排，一排 13 个，一共 39 个，每排都要堵牢固，不然就要倒。

李炳炎：我们的龙窑是在平地建起来的还是在山坡建起来的？龙窑现在看得到吗？

张培川：建在斜坡上。现在只剩下一条小小的龙窑。以前龙窑的燃料是柴，后来很难找到柴，自己种，还是不够用，后来就想做壁画，不做这些缸、瓮，那些缸一个才四五分银，上十分银，那时行情不好，价钱随人定，做出来后都没得赚，赚了还不够生存，太艰苦。我父亲本来就在枫溪做过，他说做这个卖不到钱，太辛苦了，不如做壁画（仿中国的古董瓷）。人家看这些壁画合眼，我们觉得价钱合适就卖，卖不出去的就留下。之后我们就做一些枫溪的彩蓝、五彩这些陶瓷产品。有一年，有人专门来买古董缶，经常有来买，泰国有一些地方都卖完了。当地有一些缶卖不出，就留着装水，有盖子的，一个就能卖千来块，一个两三千的价格，客户都买，后来有些买不到的就出价到六千。

李炳炎：是什么时候生产的？

张培川：是中国的，彩蓝那些。我们按一百多年前中国清朝的产品仿制。

李炳炎：我们的龙窑是在平地上用土垒建起来的吗？

张培川：是。

李炳炎：那就和我们枫溪的平地龙窑是一样的。

张培川：是，差不多要做一年。那个时候没有机器，都是用锄头和簸箕，日夜赶工。

李炳炎：建这个窑是哪一年？刚才说垒土建的这条窑是1950年之前的吧？应该是20世纪50年代之前的事吧？

陈佩珊：七十七年或者七十八年前，就是他出生之前不久的事。

张培川：第一条窑是三十至四十目。

李炳炎：大概应该还是1945年这个时候。

黄玉武：他爸爸学到这些技术，然后到这边来做买卖。

李炳炎：他刚才说的河边是指哪一条河？

黄玉武：曼谷的湄南河。

李炳炎：您祖父的名字您知道吗？

张培川：不认识，我们那时候还小，不能直呼名字，中文也认识不多。我大伯的孙子在枫溪做陶瓷。

李炳炎：现在还在做陶瓷？

张培川：现在有的，他刚开始来泰国的时候就来找过我。

李炳炎：什么时候来找您的？

张培川：他来过几次了，第一次来应该是二三十年前了。

李炳炎：您大伯的儿子叫什么知道吗？

张培川：叫天福。

李炳炎：他的工厂叫三泰是不是？

张培川：不清楚，大伯的另一个儿子就在吉隆坡娘宫那里做生意，他的生意不怎么样，经营化学产品。

李炳炎：也是大伯的儿子？

张培川：我大伯过继给我二伯的儿子，名字叫金春，他也（在马六甲）做缶，现在过世了。

张培川：（翻看《枫溪潮州窑（1860—1956）》书中的图片）这个陶瓷是哪里做的？

李炳炎：是枫溪民国时期的产品。

张培川：我是枫溪人，我也有做过这个。

李炳炎：你这里也有做？

张培川：我自己就是做枫溪陶瓷。

李炳炎：我刚才来的路上有看到，所以我基本就知道，您做的这些水缸、花盆是仿宜兴、石湾的，也有仿枫溪的。

张培川：我做的那些比较容易。

李炳炎：您父亲在泰国的湄南河港口做生意时，那里已经有一个陶瓷厂，也就是在此之前那边已经有陶瓷业存在？

张培川：那时候泰国的陶瓷是种花用的，做钵，就是花钵，还有揉粿的钵。

陈佩珊：做腌菜用的。

张培川：做咸菜、酸菜、菜脯用的瓷器，种花草的钵。

黄玉武：您父亲学会做色料是在家乡还是在湄南河港口那边的工厂？

张培川：是在枫溪学会做那些蓝彩料、釉色的。

李炳炎：这个是在枫溪学的，那意义就更大了。那么曼谷的陶瓷业可以说是您父亲发展起来的？

张培川：不是。曼谷这个工厂是合资的，然后请枫溪人来这里做粗瓷。

李炳炎：您父亲到这里之前，这里已经有人在做粗陶？

张培川：叻丕没有。叻丕就是做饭锅那些。

李炳炎：砂锅。

张培川：我父亲的一个朋友叫黄芝孟，叫他来这里的。

黄玉武：叻丕之前就有人做陶瓷？

李炳炎：叻丕没有，只是做砂锅而已。

黄玉武：那是他开创的。

张培川：砂锅及装糖的罐。

李炳炎：您父亲的朋友过来叻丕这边考察？

张培川：总共有八个人。

李炳炎：就是这八个人过来叻丕创办这个工厂。

张培川：建的第一条窑叫作陶成利。我是在陶成利出生的。

李炳炎：以前叫陶成利？成功的成？也就是创建了陶成利？

张培川：对。

张培川：合做生意，做不成就都很辛苦，埋头苦干，做得成就争利益。

李炳炎：一年后就拆开了是吧？

张培川：不是，我不到一岁的时候就拆开了。

李炳炎：合作有两年吗？

张培川：合作有五六年。

李炳炎：那现在你们工厂的商标就是陶丰泰？

张培川：是的，陶丰泰，用我父亲的名字，泰是泰国的泰，陶是陶瓷的陶。

李炳炎：这个陶丰泰是什么时候创办的？

张培川：那个时候我15岁，陶成利分生意，我父亲和芝孟叔就剩下两股，就创了陶盛泰。我16岁的时候，我父亲跟芝孟叔抓阄，看谁做陶盛泰的分行主席。陶盛泰在河边，有地。我父亲的陶丰泰就有厂没地，后来才买的地。

李炳炎：两个人分开经营是哪一年的事？您大概几岁？

张培川：陶成利分生意时我15岁，然后就到陶盛泰，陶盛泰到我16岁时就分生意。

李炳炎：然后您父亲就创了这个陶丰泰。

张培川：这个工厂是陶盛泰的分厂，属于两个人的，然后一人分一份，陶盛泰是那边老厂的名字，这边就是陶丰泰。

李炳炎：之后陶丰泰就是自己经营的？

张培川：父亲经营的陶丰泰有十二莱地，之后这些给家里的三兄弟。后来，我又买了十三莱，又在那边买了三十莱，现在，总共有五十五莱用地。

陈佩珊：一莱约为四百平方米，市场价值大概有一千万泰铢。

（张培川拿出一本记载陶丰泰发展过程的书，为李炳炎介绍其家族成员）

陈佩珊：这个协会成立了大概有四十年，就是张培川先生组织成立的，因为当时被当地政府欺负。

李炳炎：什么时候创办的这个协会？

陈佩珊：四十年前。

黄玉武：四十年前的陶瓷业公会。

李炳炎：这些全部都是叻丕的工厂，不是整个泰国的。

黄玉武：这些窑厂是叻丕的，还是整个泰国的？

张培川：只是叻丕的。

李炳炎：那您现在几个孩子在工厂帮忙？

张培川：一个而已。

李炳炎：他的中文名字叫什么？

黄玉武：有中文名吗？

张培川：叫佳骓（音译名）。

黄玉武：您有几个孩子？

张培川：我有三个，两个是儿子。

陈佩珊：您说的那位就是，他们有些东西要发到大商场里面，那位就是管这些的。

李炳炎：他的哥哥？

陈佩珊：对，就是他的哥哥。

陈佩珊：就是他们自己有做一个大商场，他负责管理这个。

李炳炎：他的名字叫什么？

黄玉武：益骓（音译名）。我们是不是可以回去看看那个商场？

陈佩珊：可以。他说那个商场不是卖陶瓷的，就是把这个大商场的地方做一个市场租给别人的，现在主要就是在卖电脑手机那些的。

李炳炎：那南邦的情况您知道吗？

张培川：南邦的就不清楚。

李炳炎：四十年前创办这个陶瓷业公会的是您父亲，还是您？

张培川：是我。南邦有一家陶瓷厂是枫溪人的后裔经营的。

陈佩珊：在南邦那边有一个叫英达的陶瓷厂。

张培川：是枫溪人，他是我在曼谷读书的同学，叫吴成业，他大我好几岁。他过世了，他今年在的话有八十岁了。他最初在泰国的吴瑞安的工厂那边做白瓷，就是瓷碗，卖这些白瓷的。他父亲是枫溪来的，当时他父亲在曼谷这里种田。后来在家乡买白瓷到这里加彩，那个时候生意很好，彩的是泰国的风景、花草，用中国的白瓷。他是帮人做窑的，后来我鼓励他应该自己建立工厂。

李炳炎：吴佩珊的复兴陶瓷厂您认识吗？

张培川：复兴是做瓦片生意的，主要卖给寺庙的。复兴是吴成业的叔伯兄弟的。

李炳炎：南邦的陶瓷厂是高陂人过来建的吗？

张培川：那时候多数是用龙窑，用竹做燃料。后来就建了这个煤气窑。

黄玉武：那个时候生活有没有煤气？

张培川：有煤气，但是用起来很贵。

李炳炎：现在工钱涨了吗？

张培川：一天不会超过三百四十泰铢。

黄玉武：除了南邦和叻丕，还有哪些地方有枫溪人做的陶瓷业？

张培川：现在已经没有了，只剩下一些做瓦片的了。

李炳炎：那南邦的陶瓷业从什么时候开始？

张培川：南邦一开始只是做那些鸡碗，卖粿条、白粥的这些碗。后来日本也到这里（泰国）卖咖啡杯子、盘、碗等。

李炳炎：日本人也有到南邦做缶吗？

张培川：有的，日本来（日本人侵东南亚）的时候，有来做军缶（军队专用瓷），做什么的都有。

李炳炎：南邦鸡碗是什么时候做的？

张培川：六七十年前的了，叻丕的陶瓷业发展之后，不久南邦才有。

李炳炎：日本人来之前，开始做鸡碗了吗？

张培川：没有，日本人来之后，盘碗没从外国来（进口），泰国这里才做起来。陶盛泰有做碗、咖啡杯等陶瓷产品，只有彩蓝，没有五彩的。

李炳炎：日本在南邦做咖啡杯是什么时候的事？

张培川：南邦有，叻丕都有。当时是由被日本殖民的台湾人创办的，台湾人和泰国人。这是三四十年前的事。

张培川：台湾人的陶瓷生产技术，原先是台湾当时被日本侵占时，做他们的基地，日本人教他们做缶、做船，造船厂是做军事的，日本人的造船厂，台湾人是工人。

李炳炎：泰国有几个城市还在做陶瓷？

张培川：南邦、清莱都有。

陈佩珊：就是清迈隔壁的一个府。

张培川：清迈也有。
黄玉武：那里是什么人在做？是枫溪人？
张培川：不是，是本地人，做这些小的瓷器，有刻花的。
李炳炎：清莱就是做青瓷的。那春武里是做什么的？
张培川：春武里做这些建筑砖瓦的。
李炳炎：叻丕是做什么的？
张培川：水缸、花盆，那时候做这些都非常辛苦啊。
李炳炎：中国的陶瓷产品现在对这里有什么影响吗？
张培川：泰国比较落后，都是手工制作，工钱一天比一天贵。就像当时美国、德国做的那个价格，普通人是无法买的。日本的也是一样，很科学，无法跟他们一样做。
李炳炎：现在您的工厂有多少工人？
张培川：八十人。
李炳炎：您退休了？
张培川：不做了。
李炳炎：您什么时候退休的？
张培川：很多年了，做累了。
李炳炎：现在是您的大儿子在做？
张培川：两个人，一个是二弟的大儿子，还有我的儿子。
黄玉武：堂兄弟，两个人都去外国读书。
张培川：一个是去美国，一个是去德国读书。

【访谈后记】

张培川是泰国叻丕陶丰泰创办人张松丰之子。张松丰和黄芝孟是最先在叻丕发展陶瓷业的人。他们合办的陶成利瓷器厂主要生产砂锅、水缸、花盆等日用陶器。1954 年，张松丰独立经营陶丰泰，产品也以装饰有龙纹图案的大型褐釉水缸为主。张培川自小跟随父亲在陶丰泰工作。20 世纪 70 年代初他创办叻丕陶瓷公会，请张松丰向学员传授陶瓷生产技艺，这些学员先后在叻丕创办了六十几个生产陶器的工厂。目前泰国叻丕已成为生产贴塑龙纹陶缸的特色瓷产区，叻丕陶瓷业的发展与张松丰的无私贡献和张培川的致力推广是分不开的。目前陶丰泰由张培川的儿子及侄子接手经营，是泰国知名的工艺陶瓷工厂。我们通过对张培川先生的采访，完整地了解叻丕陶瓷业的发展过程，张培川先生对陶瓷技艺的无私推广和传播，使叻丕建立起规模化的陶瓷生产，这种无私的精神值得我们学习。

吕玉昌先生访谈录（节选）①

采访吕玉昌先生（左起依次为：吕素君、吕素谦、吕玉昌夫妇、李炳炎）

采访时间：2015 年 1 月 12 日

采访地点：泰国佛统昌盛瓷厂

受访者：吕玉昌，男，1934 年出生于泰国曼谷，泰国佛统昌盛瓷厂创办人

采访者：李炳炎

在场者：黄玉武、陈佩珊、吕素谦、吕素君

泰文翻译：陈佩珊

李炳炎：您的大名是什么？

吕玉昌：吕玉昌。

李炳炎：您的祖籍是普宁哪里？

吕玉昌：普宁广泰，没回去过。

李炳炎：是您祖父过来这边创业？还是您父亲？

吕玉昌：我父亲，我父亲过来的时候不是做这个行业的，他是做（种植）园的。

李炳炎：您父亲是什么时候来这里的？

吕玉昌：他 12 岁的时候就来了，后来回去结婚之后又再过来的。

李炳炎：具体是哪一年知道吗？

吕玉昌：不知道，那时候我还没出生，他也没说过。

李炳炎：您是在这个地方出生的吗？

吕玉昌：是在曼谷水门。

黄玉武：是在曼谷水门那个地方种植。

李炳炎：您几岁开始学做陶瓷的？

吕玉昌：开始做陶瓷是在 12 岁，我 13 岁就会做油灯。

黄玉武：您跟我一样，也是十一二岁开始做陶瓷。

李炳炎：您 12 岁就开始做陶瓷啊？那您当时做什么的？

吕玉昌：粗陶，主要做炖盅和砂锅，用瓷土做，那些瓷土比现在的白土要软，里面要掺很多沙子，才能烧。当时还没有发现南邦那边的白土（瓷土）。

李炳炎：之后还有什么产品？

吕玉昌：就这两种而已。

黄玉武：那您是跟谁学的？

吕玉昌：我是到了暹罗才学的，向枫溪人学的。

李炳炎：枫溪这个师傅的名字叫什么，知道吗？是在这个地方学的还是在别的地方学的？

吕玉昌：在叻丕附近学的，师傅名叫凤阳（音译名），他也是被请来这里做工的，他做的

① 引自李炳炎：《潮瓷下南洋》，深圳：深圳报业集团出版社 2015 年版，第 81 – 84 页。

时候我偷偷看的。
李炳炎：您是什么时候创业的？
吕玉昌：创业到现在有五十四年了。
李炳炎：那您创业的工厂叫什么？或者是您的商标是什么？
吕玉昌：叫昌盛。
李炳炎：那做炖盅和砂锅之后，什么时候开始转做青花瓷？
吕玉昌：在七八年后就做这个，当时青花瓷很好卖。
陈佩珊：产品主要卖到印尼那边，印尼人就叫这边的人做这些青花的东西，然后做成仿旧的样子。到印尼那边，店商就跟人家说是古代的东西。
李炳炎：什么时候做这些仿古瓷？
吕玉昌：四十多年前。
李炳炎：那这些青花瓷当时是谁教你们画的？
吕玉昌：在枫溪叫来两位师傅，然后叫暹罗人来学，在这里教了三四年。
李炳炎：三四年后他们就回去了吗？
吕玉昌：是，他们都老了，有七八十岁。
李炳炎：那后来这些产品是谁画的？
吕玉昌：之后我自己也学会了，现在这里还有一个画青花的，在这里工作了四十多年。
李炳炎：那像八仙这些是哪个师傅画的？
吕玉昌：是当地泰人画的。
李炳炎：我们这个品牌一直是叫昌盛吗？
吕玉昌：是。
李炳炎：每个产品都有盖昌盛吗？
吕玉昌：没有落款。
李炳炎：那这些镶铜是哪里镶的？
吕玉昌：自己工厂镶的。
李炳炎：这些都能自己做吗？
吕玉昌：自己能做。
李炳炎：为什么要做镶铜呢？
吕玉昌：有工厂专门做镶铜的，一个要二十元。
李炳炎：为什么要镶这个呢？是因为这样比较耐用还是因为美观？
吕玉昌：耐用。
陈佩珊：这个是泰国对瓷器装饰的传统习惯。
李炳炎：这个彩绘精致、金碧辉煌的釉上彩盖罐也是你们生产的吗？
吕玉昌：是，现在不做了，以前一个两万多。
李炳炎：现在这个要两万多元一个吗？
吕玉昌：是。
陈佩珊：彩料要加那个黄金上去，这个价值差不多有三十万泰铢，上面画的是黄金的。
李炳炎：这些是什么时候做的？

吕玉昌：十多年前，现在就没做了。
李炳炎：这些盖罐的纹饰是泰国的风格吗？
吕玉昌：是泰国的，美国人、日本人也来买。
李炳炎：现在还是以青花为主？
吕玉昌：是。
李炳炎：这些有贴花纸的吗？
吕玉昌：没有，这里全部没有贴花纸的，现在别的地方都是贴花纸的。
陈佩珊：这些客户都是老客户，只有认准我们的产品才买，别的地方他们不要。
李炳炎：现在这些陶瓷烧成的温度有多高？
吕玉昌：1 280℃。
李炳炎：这些土是南邦的？
吕玉昌：是从南邦来的。
李炳炎：这些青花产品主要销往哪些国家？
陈佩珊：主要卖到欧洲、美国。
李炳炎：卖给他们，利润很高吗？
黄玉武：那也不一定，很多人竞争。
李炳炎：销泰国国内和东南亚其他国家的多不多？
陈佩珊：差不多一半一半。
李炳炎：一年能做多少件？
陈佩珊：这个不太好说，客户下订单有时多，有时少。在规定时间内，工厂也做不了那么多，不能生产很多，主要是工人不好找，反正是有人订就做。
李炳炎：就是以销定产。您有几个孩子？
吕玉昌：四个，两男两女。
陈佩珊：这位就是他的大儿子素谦。
李炳炎：那现在都是交给孩子们在打理？素谦多大？
陈佩珊：他已经五十岁了。大女儿素君五十四岁。
李炳炎：二儿子叫什么名字？
吕素君：素鑫。
李炳炎：二女儿呢？
吕素君：素英。
李炳炎：现在这个工厂的生产是整个家族的人都在帮忙吗？
吕玉昌：三个孩子，小的那个在卖东西。
李炳炎：卖陶瓷？
陈佩珊：卖陶瓷和家具。
李炳炎：两个女儿也都在做缶？
吕玉昌：是，在家里帮忙。
陈佩珊：现在开工厂有一些主人还是中国人的血脉，不过工人都是泰国的。
李炳炎：整个泰国哪个地方的青花瓷做得最好？是不是昌盛做得最好？

吕玉昌：现在外面做的那些人都是在我这边学的。

李炳炎：都是您的徒弟？

陈佩珊：都是在这里学会，然后再出去自己做。这些都是他教的，因为他是经营者，他不教的话，都没人会做，就没工人。因为之前都是手工的，后来才有机器，现在都是用机器做的。

李炳炎：您总共有多少个徒弟自己出去创业？

吕玉昌：中等规模有五家，小规模的有七八家。

李炳炎：昌盛做青花瓷还是最好的？

吕玉昌：是，大多在昌盛买货的，去别的地方买的都不一样，颜色不一样，火候也不一样。

李炳炎：那这类描金五彩瓷呢？就是泰国风格纹饰的这些产品，哪家做得最好？

陈佩珊：现在还有很多作坊，都是私人做的。

李炳炎：泰国纹饰的盖盅也是你们工厂做得最好？

吕玉昌：以前是我们做得最多，现在没有做了，都是那些出去创业的工人在做。

陈佩珊：这些就是做出来后，献给现在的泰国国王，然后国王转送给国外的寺庙。

李炳炎：你们工厂为皇室生产定制产品？

陈佩珊：对，就是在这里做的。

李炳炎：是做这种描金五彩的泰国风格的产品吗？

陈佩珊：也有青花瓷这种，按照皇家要求定做的，这些产品是不能卖的。就是国王 48 岁那一年，他想做一些善事，然后就到这边来定制这些，赐给各个寺庙。这些产品现在被很多寺庙珍藏起来，连拍照都不让拍。

【访谈后记】

吕玉昌是泰国佛统昌盛瓷厂的创办人。他少时通过观察来自枫溪的陶瓷师傅工作学得生产技艺，1954 年建立昌盛瓷厂，主要生产鸡盅和砂锅。1962 年之后开始生产仿古青花瓷。他的工厂培养出一批生产青花瓷的熟练工人。昌盛生产的五彩描金大盖罐曾作为礼物献给泰国国王。泰国国王也在 48 岁寿辰时向昌盛号定制了一批精致的艺术瓷，并以王室的名义赠送给寺庙。目前昌盛由吕玉昌的子女继承。我们通过吕玉昌先生的采访资料，了解到一些泰国陶瓷业的发展情况以及近当代佛统陶瓷业的发展脉络，也从中见识到潮州陶瓷生产技术为泰国潮人陶瓷业者所带来的荣誉，更让我们以潮州窑为荣。

吴安乐先生访谈录（节选）

采访时间：2015 年 12 月 10 日

采访地点：泰国南邦英达公司卖场

受访者：吴安乐，男，1963 年出生于泰国曼谷，现为泰国南邦英达公司生产总监

采访者：李炳炎

在场者：邱玉锐、李沛霖

泰文翻译：邱玉锐
英文翻译：李沛霖

采访吴安乐先生（左起依次为：李炳炎、吴安乐、邱玉锐、陈觉壮）

李炳炎：您是哪一年开始烧造陶瓷的？
吴安乐：三十八年前。
李炳炎：这个（青花盖罐）是当时的产品吗？
吴安乐：不是，这个（陶管、耐火砖）才是。
李炳炎：最早是做这个陶管、砖，还有瓶？
吴安乐：是，这些陶的。
李炳炎：先做陶器。这个（青花盖罐）是什么时候做的？
吴安乐：六七十年代。
邱玉锐：原先没有做这个，从做这个之后就一直都有做。
李炳炎：先做陶，然后再做瓷，做青花瓷。您的老家是哪里？
吴安乐：枫溪。
李炳炎：枫溪哪个村？
吴安乐：不知道。
李炳炎：您姓什么？
吴安乐：姓吴。
李炳炎：吴姓是枫溪最大的姓。有去过潮州枫溪吗？
吴安乐：有。
李炳炎：枫溪吴姓做缶做得最大。
吴安乐：现在那边还有在做缶吗？
李炳炎：有。现在这些（陶管、耐火砖）还有在卖吗？
吴安乐：没有。我父亲以前是帮别人做窑炉的。
李炳炎：您父亲的名字是什么？
吴安乐：吴成业。
邱玉锐：成绩的成，事业的业。
李炳炎：您的大名是？
吴安乐：吴安乐。
李炳炎：这个卖场里面的陶瓷全部都是你们工厂生产的吗？
吴安乐：是。
邱玉锐：这些全部都是他们出品的。
李炳炎：这些东西哪里有卖？市场的古董店有卖吗？别人的店铺有卖吗？
邱玉锐：他说这个（20 世纪 70 年代初，吴成业生产的青花双系瓶）以前曼谷龙仔厝有卖。
李炳炎：这个卖多少泰币？
吴安乐：几千泰币。

李炳炎：这个（青花双系瓶）现在能买得到吗？
邱玉锐：他说现在要找十五寸的比较难，很少，这些都是手画的。现在没办法做得跟中国的艺术一样，只能做泰式的，做中国式的卖不出去。
李炳炎：龙仔厝是一个店名还是一个地方名？
邱玉锐：地方名。
李炳炎：这个鸡碗呢？
邱玉锐：他说鸡蕉碗是人人都知道是用来装饭、装粿条的。这个碗就是有鸡、草、蕉树、牡丹花这样的。刚开始做的时候，鸡蕉碗样子是有八个角那样的，有足。里面那个贴草木灰，然后就拿去烧成缶。有四种大小，五寸、六寸、七寸和八寸。鸡蕉碗本来是从中国广东省来的，是华侨带来泰国的。从 1937 年就开始在这边生产，到 1957 年开始被当地人接受。现在的鸡蕉碗有很多种，也做得比较漂亮，可以当纪念品，是南邦的标志。
李炳炎：这个（鸡碗）是什么时候做的？
吴安乐：1964 年。
李炳炎：这个（青花缠枝花开光五彩人物纹）将军罐呢？
吴安乐：这个是我做的。这个是送给南邦陶瓷协会的。
李沛霖：这个是他们赞助南邦陶瓷协会作为陶瓷博览会的礼品。
李炳炎：是什么时候的事？
吴安乐：十五年前的事。这个（釉上彩鸡蕉纹碗）是五十年前做的。
李炳炎：这个（五彩贴塑花卉纹瓶）也是你们工厂做的吗？
吴安乐：是。
李沛霖：他说是雕塑的。
李炳炎：您父亲是哪一年来泰国的？
邱玉锐：他说他父亲是在泰国出生的。祖父是从潮州来的。
李炳炎：您的祖父是从潮州来的，父亲是在这边出生的？
吴安乐：是。
李炳炎：这样的话移民已经有一百年了？
吴安乐：是。
李炳炎：知道祖父的名字吗？
吴安乐：不知道。
李沛霖：这个是他们做的更大的雕塑花瓶（进门展板背景画），他说他祖父就已经能够做这个花瓶，是在 1941 年。
邱玉锐：他祖父叫吴时光。
李沛霖：到南邦之前，他的父亲是做这些的（青花双系瓶）。
李炳炎：在龙仔厝做这个。
李沛霖：但是到南邦设厂，最开始是做这些（陶管、耐火砖），但是在这之前，他父亲是在曼谷某个地方做这些（青花双系瓶）。
李炳炎：生产青花瓷。他父亲是在泰国出生的？

李沛霖：是。
李炳炎：他父亲到了南邦之后就做这些大一点的（雕塑花瓶）？
李沛霖：是他父亲做的。
李炳炎：就是做这些雕空的花瓶。
李沛霖：他说这些是工厂的工人做的，这个（青花缠枝花纹钵）是他父亲做的，他自己手拉坯的。他父亲最开始有个工厂在曼谷的市中心，然后因为市中心居住的人太多，窑炉烧造过程污染太大，所以他就搬到别的地方。
李炳炎：什么时候搬来南邦？
李沛霖：他说他这些都有记录，但都是泰文，他现在要拿一本英文的给我。
李炳炎：您能说说您和您父亲的出生日期吗？
吴安乐：我是 1963 年，我父亲是 1923 年。
李炳炎：这些产品主要是销泰国吗？
吴安乐：南邦，一开始是做花盆。
李炳炎：是指南邦的工厂吗？
李沛霖：是，南邦的工厂。
（吴安乐拿出吴成业传略进行介绍）
李沛霖：这是泰国王子参观的时候，他的父亲作为经理进行接待，而不是作为厂主。
吴安乐：当时的工厂很大。
李沛霖：这是在龙仔厝的工厂，当时泰国王子参观的时候他的父亲作为经理进行接待，为王子介绍这些产品。这是另一次王子参观的时候，这次是在南邦，他的父亲作为厂主进行接待。他说王子明天要拿他们的产品作为礼物参加国王的寿辰庆典活动。
李炳炎：您能记得这个工厂是什么时候的吗？
吴安乐：大概是三十年前。这是我们工厂的第一个窑。
李炳炎：燃气窑？
李沛霖：是。
李炳炎：最开始是在南邦做花盆和窑砖？
李沛霖：是。
吴安乐：因为我父亲是帮别人的窑做材料的。他曾经为曼谷的工厂做窑，还有新加坡、马来西亚。
李沛霖：您记得是什么时候吗？
吴安乐：1977 年。做这些做了很多年。
李炳炎：1977 年才到南邦做是吗？
李沛霖：是，在南邦设厂是 1977 年。一开始用龙窑，第二年就做了一个燃气窑。一开始没有钱，所以用龙窑，第二年就开始用燃气窑，用煤气。一开始他们除了做陶瓷，还帮人做窑。
李炳炎：您认识陶丰泰的人吗？
吴安乐：我们帮他们做过一条窑。

李沛霖：陶丰泰原先是用烧柴的窑，然后他们帮陶丰泰做了一条燃气窑。
李炳炎：是帮他们做燃气窑？
李沛霖：是，是他们那个省的第一条燃气窑。现在陶丰泰已经传到下一代。
李炳炎：这两家人我已经把他们写到我的书里面。
李沛霖：他的叔叔也有一个工厂在生产青白瓷。
李炳炎：生产白瓷？
李沛霖：青和白。
李炳炎：您是什么时候接手工厂的？
吴安乐：我毕业之后就到工厂，二十四年前，帮助我的父亲。
李沛霖：他二十四年前毕业后到这个工厂做工人。他的哥哥和弟弟也在这里工作。他有一个哥哥，一个弟弟，兄弟三人，他的哥哥是第一个到工厂帮助父亲的。
李炳炎：这些青花瓷当时是请谁画的？
吴安乐：工人画的。
李炳炎：工人是潮州人还是本土人？
李沛霖：这些工人现在已经都有自己的工厂。这些工人是中国人还是泰国人？
吴安乐：泰国人。
李沛霖：一些是跟他父亲从曼谷过来的。现在很多人已经另立门户，拥有自己的工厂。这些出去设立工厂的人，除了生产青花瓷，其他种类的陶瓷产品都有。您能给我一张名片吗？
吴安乐：这是我妻子的。
李炳炎：我将您的资料整理好之后，发到您的邮箱，请您校正。
吴安乐：好。
李炳炎：现在这个工厂是谁主事？
邱玉锐：他们兄弟三人共同管理。
李炳炎：谁是主事人？
邱玉锐：他的大哥。
李炳炎：现在这个工厂一年的产值是多少？
吴安乐：一个月大概生产三十万件。
邱玉锐：大概一千五百万泰铢。
李沛霖：三百万人民币。
李炳炎：工人有多少？
李沛霖：三百五十人左右。他们在清迈还有一个这样的商店。
李炳炎：他现在是陶瓷协会的副会长吗？
邱玉锐：他是顾问。

【访谈后记】

吴安乐为泰国南邦英达公司创办人吴成业之子，吴成业 1923 年出生于泰国，是泰国知名的窑炉专家。吴成业少时曾在亲戚的瓷厂打工，熟悉陶瓷窑炉的生产技艺。1941 年，吴成业在龙仔厝创建了第一个陶瓷厂，开始进行陶瓷生产，产品有釉上彩的盘碗等日用器具和青花瓷器。1973 年，吴成业建成第一条燃气梭式窑，开始从事窑炉专用的耐火砖及陶管道生产，先后应邀为新加坡、马来西亚及泰国的众多陶瓷厂构建多达两百条的燃气窑。1977 年，吴成业到南邦建造龙窑，并成立英达公司，开始生产色釉陶器、砖瓦、龙窑耐火材料等。之后，英达公司在产品上进行全面发展，生产手拉坯镂空大花瓶、青釉陶瓮、褐彩瓷器、青花瓷、釉中五彩。1978 年吴安乐大学毕业后加入企业工作。之后，英达公司产品逐渐以日用餐具为主，成为世界闻名的釉下手绘餐具生产商。2005 年之后，英达公司着力于产、贸、销的全面发展，引入先进的美式卖场模式，英达公司已在南邦、清迈建成多家集文化、购物、旅游于一体的综合性陶瓷卖场，产品主要为日用餐具及工艺瓷。英达公司是泰国潮人陶瓷业的成功代表，吴成业所创建的陶瓷工厂两度接待泰国王子，其产品更被王子挑选为祝贺泰国国王寿辰的礼物。我们通过吴安乐先生的采访资料，了解到英达公司的发展历程，并从其中看到潮州窑技艺不仅传播到泰国，更绽放异彩。

詹集成先生访谈录（节选）

采访时间：2015 年 12 月 11 日

采访地点：泰国南邦艺术瓷厂

受访者：詹集成，男，1929 年出生于今潮州饶平九村，泰国南邦艺术瓷厂有限公司创办人

采访人：李炳炎

在场者：邱玉锐、李沛霖

泰文翻译：邱玉锐

采访詹集成先生（左起依次为：邱玉锐、詹集成、李炳炎）

李炳炎：这个地方就在刚才去泰国南邦陶瓷工业中心这条路的往市内方向，这里有一个南邦艺术瓷厂有限公司，是现在陶瓷协会会长的。他这个工厂非常大，自己有一个煤气库，而且有自己的炼土场。这里很多陶瓷可以看出是来自高陂的。

詹集成：我是潮州人。

李炳炎：很多可以看出是高陂的画法。

詹集成：是。

李炳炎：可能一些师傅是高陂来的吧？

詹集成：都没有师傅，只有工人。

李炳炎：不是，我指五十年前。

詹集成：也没有师傅。

李炳炎：那这些是谁画的？

詹集成：我啊。找不到师傅，就自己画。

李炳炎：您的工厂是叫南邦艺术陶瓷厂？

詹集成：是，南邦艺术陶瓷厂有限公司。我原名是德群。
李炳炎：那您觉得现在的东南亚潮人瓷业的着力点在哪里？也就是说近代这一百年来，是不是我们潮州人开创了新马泰的陶瓷业？
詹集成：可以这么说。大概是这六十年。
李炳炎：应该差不多是一百年。我这一本书就是说着这一百年来的东南亚陶瓷业是由枫溪和高陂的人在这边发展起来的。
詹集成：这边就是大埔人。
李炳炎：南邦是大埔人，叻丕是枫溪人。
詹集成：这个人是从安南过来的，从安南到这边寻找白土，找到之后就从南邦做起来。这个是他的功劳。
李炳炎：他叫什么名字？
詹集成：陈心如。
李炳炎：他是从安南过来的？
詹集成：是的。他的儿子是做设计的，画设计图。
李炳炎：他儿子的名字是？他建的是第一个陶瓷厂？
詹集成：是。
李炳炎：他是什么时候从安南过来的？
詹集成：几十年前。
李炳炎：也就是说，陈心如 50 年代初在这边寻找瓷土，找到瓷土之后又在这边设厂？
詹集成：是。带了一个乡亲一起来的。后期他的工厂被人买了，他就再建了一个。
李炳炎：他的厂名是什么？
邱玉锐：他的工厂就在我们等下要去的那个地方。
李炳炎：是不是做鸡碗的？
詹集成：是。
李炳炎：他当时来这边就是做鸡碗的吗？
詹集成：是啊。
李炳炎：从一九五几年过来这边就是做鸡碗，那他是哪里人？
詹集成：大埔平原的。
李炳炎：平原出产瓷土啊。是不是就是这个人（手机图片）？
詹集成：是啊。
李炳炎：这些产品现在哪里有卖？这些是您以前做的，卖到哪里？
詹集成：出口的。
李炳炎：没有在泰国卖？
詹集成：没有。
李炳炎：南邦这边的古董店有卖吗？
詹集成：没有。
李炳炎：那我现在想买这个，到哪里可以买到？
詹集成：买不到。我自己也是只剩下个别而已。

邱玉锐：一些是当地人做的。
李炳炎：这些帽筒是民国枫溪的画法，像猴子那些就是当地人的。您是负责拉坯？
詹集成：都是注浆的，到这边来做就没有手拉坯了。
李炳炎：您是哪一年来这边的？
詹集成：1962 年，我先到香港。
李炳炎：香港之后再到泰国？
詹集成：我到香港九龙皇后大道中帮人画缶。
李炳炎：那什么时候从香港到泰国的？
詹集成：我在香港住了一年多快两年。
李炳炎：那应该是 1963 年过来的？
詹集成：我 1962 年底就过来了。
李炳炎：您 1962 年底就到南邦这边？还是先到曼谷？
詹集成：直接到这边来。
李炳炎：直接就到南邦，这边的陶瓷业是不是也是那个时候才开始的？
詹集成：有工厂请我过来。
李炳炎：工厂用的这些土就是您自己的炼土场生产的？
詹集成：是。
李炳炎：这些土有卖给别的陶瓷厂吗？
詹集成：供自己工厂的生产。这些就是自己工厂用的，然后釉那些就还拿到外面卖，外面百分之八十多的都是我的。
李炳炎：现在南邦这些陶瓷厂的釉百分之八十都是跟你们买的？
詹集成：是。
李炳炎：瓷土就没有卖？
詹集成：自己工厂要用。
李炳炎：您工厂这些气罐怎么那么大？
詹集成：我自己做的气。
李炳炎：不是天然气吗？
詹集成：不是。
邱玉锐：他自己设计的。
李炳炎：那就是混合气。
詹集成：我也是没办法，没钱，就只能自己设计。这个是 1957 年，国家国会用瓷。
李炳炎：玻璃橱柜里的这些是手工的吗？
詹集成：手工的。
李炳炎：全部都是手工的？
詹集成：是。这些（盘碗）就不是手工的。
李炳炎：茶壶也是手工的？
詹集成：是。
李炳炎：您这些画得很好。是釉下彩吗？

詹集成：釉下的。
李炳炎：这个就是您设计的？
詹集成：是，这个比较难做。后来就做成小一点的。
李炳炎：这些佛珠是一颗一颗粘上去的吗？
詹集成：一颗一颗粘上去的。手工艺我们有啊，我们潮州人工艺是有的，非常多，就是太粗糙了，做得太快，都在赶着赚钱。
李炳炎：就是粗糙，太贵了又卖不出去。
詹集成：也有做这些（莲花瓶）和这些（壁画）。

【访谈后记】

詹集成是泰国南邦艺术瓷厂有限公司创办人。1929 年出生于今潮州饶平九村，自小从事陶瓷工作，熟悉掌握陶瓷生产技术，20 世纪 50 年代他曾作为技术员到潮州枫溪参与龙窑改造工作，50 年代末他到香港皇后大道中的彩庄从事彩瓷工作，1962 年他被泰国潮人陶瓷业者邀请到南邦从事陶瓷业生产。他之后凭借自身掌握的陶瓷技术，创建艺术瓷厂。早期艺术瓷厂主要生产日用瓷和工艺瓷。艺术瓷厂还出产陶瓷釉料，南邦陶瓷业所用的釉料 80% 以上都是艺术瓷厂生产的。艺术瓷厂是泰国南邦规模较大的陶瓷厂。詹集成除了发展陶瓷业，还投资开矿，从事矿业长达二十五年。我们通过詹集成先生的采访资料，了解艺术瓷厂的发展过程，并从中看到潮人勇于打拼的精神和善于经营的睿智。

谢源茂先生访谈录（节选）

采访时间：2015 年 12 月 13 日
采访地点：泰国南邦泰发陶瓷厂
受访者：谢源茂，男，1929 年出生于泰国，泰国南邦泰发陶瓷厂创办人
采访者：李炳炎
在场者：邱玉锐、李沛霖

采访谢源茂先生（左起依次为：邱玉锐、詹集成、李炳炎）

邱玉锐：他想了解南邦的陶瓷历史。
李炳炎：对，南邦潮州人经营陶瓷业的经过。
谢源茂：那很久远了，在排华的时候就不许中国人在南邦居住，限三天内退回曼谷。
李炳炎：是 1957 年吗？
邱玉锐：是“二战”的时候。
谢源茂：我祖父是潮州人，他到泰国来，我父亲是在曼谷出生的。我祖父回潮州之后就排华。
邱玉锐：我是战争结束后才出生的。
谢源茂：我 8 岁的时候我祖父就叫我回潮州，他回丰顺汤坑建新房子，之后这边排华了，

他就没法回泰国。

李炳炎：您的祖父是什么时候到泰国的？

谢源茂：我不知道。我只记得我8岁回潮州，18岁再回泰国。回到泰国之后不认识泰文，书也读不成。只能在家里的广昌号帮忙卖佛具，我叔父的是广盛号，还有一个广发号。后来他们就说你们八兄弟都没有本事分开吗，然后我就去南邦。我是在那边结婚的，结婚后到的这边，我的妻子是揭阳人，揭阳本水九肚与丰顺汤坑是相邻的，她60多岁就过世了，我今年88岁。

李炳炎：您是属什么的？

谢源茂：属蛇的。南邦的陶瓷业，那些到南邦来做陶瓷的人都没有我知道得多，我是很早就住在南邦的。刚开始缶总是烧不熟。陈心如和芝孟这些人，我都认识。

邱玉锐：您是什么时候开始做缶的？

谢源茂：我二十多岁的时候。刚开始做缶很不顺，那时候是跟心如、芝孟等十三人合资的，一人一股，一股一万元。做了两年都不顺，缶一直烧不熟，就拆伙了。刚开始是用柴烧，因为柴烧出来的火是一阵一阵的，不稳定也不够旺，缶总是烧不熟。当时工厂的地是租的，三百元一个月，其他股东就说可以让我欠着公司的钱，然后他们把股份全部转让给我，由我继续经营。后来我就到山上砍了一些竹子，然后晒干用来当燃料，结果缶就烧熟了。当时主要生产青花小碗，销往泰国其他地方，别人看到我的产品，就奇怪：公司都结业了，怎么还在生产？我才在工厂门口挂了一个红布条说明。

李炳炎：排华的时候是不是不能从中国进口陶瓷？

谢源茂：是。排华的时候泰国边境全部不能有中国人居住，曼谷聚集大量中国人。

李炳炎：您是什么时候到南邦的？

谢源茂：20多岁的时候。有一个亲戚去曼谷，说帮他打工一个月一万到一万二的工钱，在桥头的板房卖杂货，问我去不去，我就跟他到南邦了。

李炳炎：那您为什么要一个人到南邦？

谢源茂：我家里兄弟太多，不能全部留在家里的店铺，长大的就得自己去外面创业。我们兄弟六人，还有八个姐妹，他们全部在曼谷过世了。

李炳炎：之后就在桥头的杂货店打工？

谢源茂：我在曼谷也是做生意的，桥头杂货店的工作我觉得没前途。当时找我合股的这个人也是很有眼光的，当时做不了多久就拆伙了，然后他们就愿意把股份转让给我，然后等我赚到钱再还给他们。他们后来也是做缶，芝孟到曼谷的缶厂工作。南邦出瓷土，南邦的瓷土还出口到日本和中国台湾等地。我自己买车，去山上砍竹子来当燃料。

李炳炎：您的工厂当时有几条龙窑？

谢源茂：九条。政府就说我这样污染很大，烟囱的灰烬对附近居民影响太大，让我每年减少一条龙窑。工厂当时有三百多名工人，有砍竹子的、编竹筐的、挖土的，工人都是手工作业。

李炳炎：政府让您逐渐减少龙窑是在什么时候？

谢源茂：应该是四十多年前。山上采来的瓷土还得用机器舂碎，然后洗出土浆，然后才能用来做缶。我有八个女儿和一个儿子，他们愿意从事什么工作都可以，有的在银行工作，有的在医院工作，有三四个说愿意跟我做缶。

李炳炎：九条龙窑主要生产什么？

谢源茂：做鸡碗。

李炳炎：什么时候开始做这些建筑栏杆？

谢源茂：差不多十年。这些都是出口的。

李炳炎：出口到什么地方？

谢源茂：我不知道，都是我女儿打理的。我建了一个宿舍，有七十间房，每间租三千元。

邱玉锐：他的房子在大学的旁边。他捐款一捐就是一百万，他说他要用这些钱来帮助其他人。

谢源茂：我做过善堂的理事长，也做过丰顺会馆的理事。

李炳炎：您的龙窑一次能装烧多少个碗？

谢源茂：生产快的时候，每天都有烧窑。一窑能装多少要看窑的长短。当时的龙窑有七八目的，二十多目的，也有三十目的，三十目的就比较省燃料。

李炳炎：您这些龙窑是谁帮你建的？

谢源茂：当时的窑是自己建的，买了耐火砖就可以建，耐火砖一块一百多元。

李炳炎：您的窑有没有一些是吴成业做的？

谢源茂：没有。我们的煤气都是自己运输的。现在潮州陶瓷业好做吗？

李炳炎：很好。

谢源茂：你有做陶瓷吗？

李炳炎：没有。

谢源茂：当时泰国排华的时候，不允许进口中国的货物。潮州人就想着自己做一些来卖，结果刚开始也没做成功，一直没烧熟。我用十五万买了一块地，卖了四百万。

李炳炎：您后来跟陈心如还有合作过吗？

谢源茂：没有。

李炳炎：你们是同时做鸡碗的吗？

谢源茂：不是。

李炳炎：他比较早做鸡碗还是您比较早？

谢源茂：他先做。心如和芝孟他们先做，他们在曼谷南强工作。芝孟是我的朋友，他跟心如是朋友。

李炳炎：潮安同乡会有一本书介绍过芝孟。当时合股的十三个人里面有没有芝孟？

谢源茂：有。

李炳炎：枫溪人张松丰您认识吗？

谢源茂：不认识。心如做缶比芝孟还要早。

李炳炎：您的龙窑最长的是多少目？

谢源茂：二十多目。

李炳炎：产品就是鸡碗和栏杆？

谢源茂：是。我女儿又建了一个客栈，刚开始是三十间房，后来看生意好，就又建了七十间，总共一百间，一间租三千五百元。

李炳炎：您女儿也有做陶瓷吗？

谢源茂：有。

李炳炎：您女儿的名字是？

谢源茂：谢美莲。

李炳炎：您现在有几条窑？是不是六条隧道窑？

谢源茂：这些硅板一块一千多元。

李炳炎：这些板是哪里来的？

谢源茂：大多是日本的。泰国不知道有没有生产。

李炳炎：潮州也有生产，还很便宜。这些窑炉是哪里买的？

谢源茂：请人来做的，南邦没几个会做。做一条窑差不多要一百万。

李炳炎：总共有六条窑是吗？

谢源茂：如果人手够，一天六条窑都烧，烧六窑就是十万元。如果人手不够，就烧三窑，六七万。日本做的自动窑一条就要四五百万。现在都是我女儿在打理。

邱玉锐：现在就是一个儿子和两个女儿在做陶瓷。他儿子的工厂就在后面。这个工厂是他女儿的。

李炳炎：这里有多少工人？

谢源茂：五六十人吧。这边就是做土的地方，这些都是工人注模的。

李炳炎：最初是十三个人合股的工厂离这里远吗？

谢源茂：在那边而已，现在没有生产了，我的儿子不想经营，他去做汽车零件。这边是煤气管道。

李炳炎：工厂里设有一个煤气库。这些（贴花龙纹香炉）是以前的产品吗？

谢源茂：是。香炉也有做。这些是用花纸贴上去的。

李炳炎：雕塑是请别人做的还是厂里工人做的？

谢源茂：请别人做的。做好就拿到这边包装，这里有六七部包装的机器，一部要两万多元。

李炳炎：全部都是电动的，都是进口的。没有配套产业，所以工厂生产成本很高。这件产品（贴花龙纹香炉）是用龙窑烧造的还是煤气窑烧造的？

谢源茂：龙窑。

李炳炎：龙窑烧造之后再贴花纸？

谢源茂：这个就是贴花纸，这些孩子们的工厂都没有生产。做这一行不容易啊，现在工人一个要三百元啊。

李炳炎：非常感谢您！

【访谈后记】

谢源茂是泰国南邦泰发陶瓷厂的创办人。1929 年出生于泰国。8 岁回家乡丰顺汤坑读书，18 岁回到曼谷，在其叔父经营的广盛号佛具店帮工。几年后，他到南邦亲戚经营的杂货店打工。20 世纪 50 年代，谢源茂与陈心如、黄芝孟等十二位朋友合股建造陶瓷厂，由于他们对窑炉的烧造没有经验，加上使用木材块做燃料，火势难以控制，产品火候总是不足，无法在曼谷市场售卖，最后拆伙由他经营。谢源茂大胆尝试以竹做燃料，有效地控制了窑炉的火势和火候，成功烧造出足熟的产品。工厂经营旺盛时拥有二十多目龙窑九条，工人三百多名，主要生产公鸡碗和电线绝缘珠等。之后逐渐改用燃气窑生产色釉建筑栏杆为主，还有青花香炉、茶具、盘碗等。目前泰发由谢源茂的女儿谢美莲主导经营管理，谢源茂协助。谢源茂的大胆尝试和拼搏的创业精神使陶瓷业得到发展，也使泰发能够持续发展至今。谢源茂先生的采访资料，对研究近当代南邦陶瓷的形成意义重大。

第六章

潮州窑和潮文化对新马泰陶瓷业的影响

近代以来，在潮人下南洋的背景下，潮商通过海上丝绸之路将潮州窑产品大量销往东南亚，也把潮州窑生产技艺传播至当地；当代，新加坡、马来西亚、泰国等国家的陶瓷业基本由潮人主导，潮人陶瓷企业为当地社会的经济发展做出了贡献。本书以近当代新马泰潮人陶瓷业者为重点研究对象，通过多次实地考察，对几十位陶瓷业亲历者进行采访调查，查阅各地潮州同乡会、瓷商公会等相关文书，了解潮人陶瓷企业的发展变化，认为近代以来新马泰陶瓷业的贸易、生产与潮人关系密切。

在贸易上，近当代潮瓷的外销从潮州府城逐步向中国汕头、香港及新加坡等新兴海港城市发展；20 世纪 50 年代以后，中国外贸借助新加坡作为东南亚转口贸易中心，新加坡瓷商公会通过广交会取得潮瓷等国产日用品的区域代理权；改革开放后，随着经济全球化的发展，海内外瓷商营销出现了相互影响的新局面。

在生产上，近代潮州窑生产技艺对新马泰陶瓷业的发展产生重要影响，成就了一批潮人陶瓷企业，且其产品特征与同时期的潮州窑相同，属潮州窑系；20 世纪 60 年代之后，他们为适应市场竞争和发展本土文化，并在当地政策支持下引进先进设备和技术，发展成为当地产业，产品特征出现明显的本土及国际流行特色。

在经营与在地化生产的过程中，潮人从小商小贩起步，直至构建产销一体化的潮瓷销售网络，并利用族群和文化上的特征组建同乡同业组织维系经营，规范当地市场秩序，形成大盘、二盘、三盘的营销格局，对销量及售价制定了严格的行规。这种同乡商业网络的形成，在很大程度上解决了潮人的谋生和经营问题。对经营者来说，同乡商业网络为他们提供了保护伞。

潮人在移民过程中，也将传统的潮州文化带至当地。他们利用同一方血缘形成凝聚力，在艰苦的移民环境中抱团生存，又以亲戚带动亲戚的方式在当地发展事业，新马泰潮人陶瓷业就是在这种抱团生存和亲友相帮的情况下发展起来的。从整个新马泰陶瓷业的发展历程中我们可以窥见传统潮州文化对其深刻的影响，其中有利亦有弊。

近当代新加坡、马来西亚、泰国等国家的陶瓷主产区中，有不少潮人经营的陶瓷企业，其中不少形成企业集团，拥有知名品牌。今天，新马泰的潮人陶瓷企业已成为所在国重要的经济支柱之一，为当地社会的经济发展做出了贡献。他们的创业史是华侨史的一部分，是潮人引以为傲的典例。潮州陶瓷文化在新马泰陶瓷业发展中得到传播，成为当地陶瓷文化的一部分，对当地陶瓷业的发展有着重要的意义。

第一节　潮州窑对新马泰陶瓷业的人员输出

近代潮州窑在汕头港对外通商的作用下，产品大量外销，出现大批瓷商，他们活跃于国内及东南亚各地。

据1928年童子达编的《新加坡各业调查》载，新加坡经营瓷器的商号共有四十七家，按经营者祖籍地分，广州四家，福建二十八家，潮州十五家。具体经营情况详见表6－1：

表6－1　新加坡瓷器业之调查①

商号名称	地址	经营瓷器产地	经营者祖籍地
新隆兴	小坡碗店口1号	中国、日本、西洋	潮州
振华号	小坡碗店口3号	本坡	福建
振春号	小坡碗店口5号	中国、日本、西洋	福建
祥源号	小坡碗店口7号	本坡	福建
福昌	小坡碗店口2号	本坡	福建
开顺号	小坡碗店口3号	中国	潮州
振丰成	小坡碗店口17号	中国、日本	潮州
福美号	小坡碗店口3号	中国、日本、西洋	潮州
广潮发	小坡碗店口27号	中国	潮州
振祥号	小坡碗店口37号	西洋	福建
福盛号	小坡碗店口43号	本坡	福建
永丰号	小坡碗店口45号	本坡	福建
发成兴	小坡碗店口47号	本坡	潮州
福兴号	小坡碗店口49号	本坡	福建
振福裕	小坡爪亚街2号	本坡	福建
裕美号	小坡爪亚街3号	本坡	福建
茂兴号	小坡爪亚街4号	本坡	福建
同发成	小坡爪亚街5号	西洋	福建

① 童子达编：《新加坡各业调查》，新加坡：新加坡南洋工商补习学校1928年版，第54－57页。

（续上表）

商号名称	地址	经营瓷器产地	经营者祖籍地
永和号	小坡爪亚街6号	本坡	福建
荣茂号	小坡爪亚街7号	本坡	福建
裕成号	小坡爪亚街8号	本坡	福建
永益号	小坡爪亚街9号	日本	福建
怡丰和	小坡爪亚街9号之1	本坡	福建
新合兴	小坡爪亚街11号	中国	潮州
新全顺	小坡爪亚街50号	中国	潮州
南兴合记	大坡新巴杀4号	中国	潮州
吴生发	大坡新巴杀7号	中国	潮州
新南兴	马车街头11号	中国	潮州
义安号	大坡山仔顶	中国	广州
裕兴路	华英宝得力6号	中国	广州
源成兴	小坡美芝路304号	日本	福建
万德兴	广合源街83号	本坡	福建
合隆号	广合源街57号	本坡	广州
东源隆	牛车水戏园后21号	本坡	广州
新福美	牛车水戏园后17号	本坡	福建
源和美	牛车水戏园后15号	本坡	福建
福成号	牛车水戏园后7号	本坡	福建
怡成	赌间口		福建
源美	赌间口		福建
有源号	大坡赌间口40号	本坡	福建
源茂号	大坡赌间口44号	本坡	福建
成利号	大坡赌间口56号	本坡	福建
泉成号	大坡赌间口59号	本坡	福建
合记栈	大坡新巴杀9号	中国	潮州
两合利	大坡新巴杀11号	中国	潮州
吴春成号	大坡潮州街11号	中国	潮州
永顺盛	大坡潮州街13号	中国	潮州

根据新加坡瓷商公会会员登记资料，至1990年前后，新加坡的瓷器商号有五十家，其中大部分由潮人经营，具体情况详见表6－2：

表 6-2　新加坡瓷商公会会员名录①

序号	公司名称	代表人	祖籍地	地址
1	万丰私人有限公司	郭亦章（董事） 黄增忠（营业经理）	潮州	哥罗福中心大牌 462 号，门牌#01-67
2	义丰号	陈扬波（东主）	潮州	美芝路大牌 1 号，门牌#01-4765
3	开顺（私人）有限公司	纪仰益（经理）	潮州	美芝路 1 号，门牌#01-4767
4	中国友联（私人）有限公司	姚建中		加基武吉二路 9 号，门牌#01-13，高登货仓大厦
5	永益瓷器行	杨天禄	福建	美芝路 2 座，门牌#01-4795
6	永兴	吴显文（经理）	潮州	美芝路 3 座，#01-4817
7	永大瓷商私人有限公司	陈惠枝（董事） 林浩亮（董事）		美芝路大牌 3 号，门牌#01-4823
8	金利德贸易公司	吴国增（经理）		美芝路 1 座，门牌#01-4727
9	合顺公司	余锡彬（东主） 余勇忠（经理）	枫溪	新加坡桥北路白兰阁大厦底层，门牌#01-32
10	协发瓷器私人有限公司	陆植镇（主席） 陆镇源（董事经理）	潮州	明地迷亚路 70 号，协发大厦#01-01 室
11	协成	林道文（股东经理） 林道明（股东经理）	潮州	美芝路 85 号，#01-00
12	声发私人有限公司	陈俊文（董事经理） 潘先振（经理）	潮州	登婆街 9 号、11 号
13	苏裕兴私营有限公司	苏新焜（董事） 苏星侨（董事）	潮州	美芝路大牌 1 号，门牌#01-4753
14	吴和成	吴景礼	枫溪	潮州街 2 座，门牌#01-308
15	吴春成	吴景智	枫溪	潮州街 2 座，门牌#01-326
16	松发搪瓷公司	许松芳	潮州	里峇峇里路 296 号
17	炎成企业	吕如钦	潮州	美芝路 1 座，门牌#01-4745
18	绍昌私人有限公司	卓林茂（执行董事） 李玉君（私人助理）		乌美四道 227 号，Intrepid 货仓大厦
19	洪利成私人有限公司	洪文权（董事经理） 洪丙昌（副董事经理）		5, Kaki Bukit Boad 2, City Warehouse #01-03/#02-03
20	泉盛	许瑞荣（经理）	潮州	弗礼沙路 32 号

① 新加坡瓷商公会编：《新加坡瓷商公会会员名录》（内部资料），1990 年，第 1-24 页。

（续上表）

序号	公司名称	代表人	祖籍地	地址
21	信智贸易（私人）有限公司	李烈才（董事经理） 吴谦德（董事）	潮州	克罗士街上段大牌 531，门牌#02－55，芳林苑
22	美亚贸易有限公司	张延月（董事）	福建	香港街 4 号
23	南美出入口私营有限公司	陈玉珍（董事经理）	潮州	美芝路大牌 2 号，门牌#01－4803
24	南商公司	朱峻辉（东主）	潮州	亚拉街 27 号
25	南峪企业有限公司	陈源祥（董事经理） 陈文康（经理）	潮州	新加坡美芝路第 3 座，门牌#01－4855
26	泰南公司	吴荣坚	枫溪	水车路 333 座，门牌#02－25
27	逢兴（一九七七）有限公司	吴志洁（经理） 吴志光（助理）	潮州	美芝路 3 座，门牌#01－4825
28	顺泰祥	杨新生（董事） 杨咸春（董事）	上海	沙莪街 22 号
29	郭通发	郭秋松	潮州	桥北路门牌#01－37，白兰哥阁
30	益生瓷庄	郑树铭	枫溪	美芝路 269 座
31	陶生私人有限公司	胡若舟（董事主席） 胡康镛（董事经理）	潮州	美芝路 3 座，门牌#01－4819
32	陶源瓷庄	李秀凤（店主）	潮州	美芝路 1 座，门牌#01－4749
33	陶发新记	杨应青（股东经理）	潮州	大坡登婆街 3 号美芝路 1 座，门牌#01－4751
34	陶发	陈智足（股东经理） 陈智新（股东）	潮州	大坡登婆街 25 号，尼路 15 号
35	集利公司	杨祥德（东主）	潮州	美芝路 1 座，门牌#01－4769
36	裕和	曾添盛		美芝路 2 座，门牌#01－4791
37	富盛合记	张岳富	潮州	美芝路 3 座，门牌#01－4839
38	富华（私人）有限公司	郑春发（董事主席） 王文秋（董事经理）	潮州 枫溪	美芝路 1 座，门牌#01－4747
39	联业贸易私人有限公司	李克扬	潮州	美芝路 3 座，门牌#01－4821
40	联发（王记）公司	王鼎辉（经理）		德普巷 4006 座，门牌#01－54
41	源发	谢犹松（经理）	潮州	合洛路 29 座，门牌#01－627
42	锦兴	吴汉明	潮州 枫溪	奥云路 44 座，门牌#01－315
43	福成公司	陈亚九（股东）	潮州	芽笼岑鲁 1765 座，门牌#01－05

（续上表）

序号	公司名称	代表人	祖籍地	地址
44	益联成	洪文顺（东主） 陈惜英（财政）	潮州	宏茂桥四道大牌 163，门牌#01－422；实龙岗北四道大牌 534，门牌#B1－207
45	潮利发贸易公司	郑树喜（经理）	潮州	巴耶利峇路上段 362 座，达进工厂大厦#01－13
46	潮裕有限公司	郭昭宣（主席） 郭继章（经理）	潮州	牙伦街 41 号
47	华益瓷器私人有限公司	胡天德（董事）	潮州	双溪加株道 26 号
48	朱顺利	朱绍发	潮州	美芝路 14 座，门牌#01－4677
49	永南兴	郑潮财	潮州 枫溪	
50	合裕种子公司	佘道昭	潮州 枫溪	

1938 年魏何必等编写出版的《槟榔屿指南》中对 20 世纪 30 年代的马来西亚槟榔屿潮籍瓷商也有详细记载，详见表 6－3：

表 6－3　20 世纪 30 年代槟榔屿潮籍瓷商①

地址	店号	经营范围	店东、司理
中街 139 号	鸿发	瓷器、杂货	吴满旭
缎罗申街 177 号	鸿裕	瓷器、建材	林有泉
打铁街 241 号、243 号	乃裕	瓷器、土产	周植南
打铁街 245 号	陈仰成	瓷器、杂货	陈友三

1950 年《马来亚潮侨通鉴》统计，至 1949 年新加坡潮侨经营的竹篾陶瓷业主要商号有三合兴、永大、永利记、永成兴、永南发、合裕、合顺、合盛、合盛美发、吴春成、来记、利成、李庆发、成兴、和成、和成利、松成、明发、南兴合记、南成、南裕、南成发、南商公司、南发、美发、陶生、陶丰、陶发新记、陶发栈、陶源、瓷生、通发、泰成、益生、泰南、祥发、开丰、开顺、集发、森发、富华、惠成、协发、萃记、源裕生、新全顺、万成、万丰、德盛、锦兴、耀成、潮裕等五十二家。柔佛州潮侨经营的瓷器竹篾主要商号有玉元、成利、合适、利生、信发、竟成、源利七家。槟榔屿潮侨经营的瓷器杂

① 魏何必等编：《槟榔屿指南》，载自陈剑虹：《槟榔屿潮州人史纲》，槟榔屿：槟榔屿潮州会馆 2010 年版，第 49 页。

货商号有合兴、林信发、南华、益顺、峰发、振德昌、万发、隆兴、广义成、广潮发、联益顺十一家。吉打州巴冬色海也有潮侨经营瓷器店泰盛。①

1952—1995 年，马来西亚槟城有多家潮籍瓷商经营的店号。

表 6－4　马来西亚槟城瓷商公会 1952—1995 年会员资料②

时间	公会主席	会员数	会员商号
1952 年	林汉洲	25 家	天盛号、陶裕号、峰发号、鸿裕栈号、鸿成号、鸿益号、和昌号、合兴号、华东号、铭发号、铭记号、杨海松号、南成号、嘉华号、林德利号、联泰号、联成号、益新号、元发号、永昌号、乃裕号、裕华号、明远栈号、新光号、宗祥号
1953 年	林汉洲	24 家	天盛号、鸿成号、南成号、峰发号、鸿裕栈号、永昌号、元发号、华东号、陶裕号、裕华号、铭发号、永成隆号、铭记号、和昌号、鸿益号、益新号、林德利号、嘉华号、联成号、宗祥号、合兴号、乃裕号、联泰号、杨海松号
1954 年	苏震光	24 家	天盛号、鸿成号、南成号、峰发号、鸿裕栈号、永昌号、元发号、华东号、陶裕号、裕华号、铭发号、永成隆号、铭记号、和昌号、鸿益号、益新号、林德利号、嘉华号、联成号、宗祥号、合兴号、乃裕号、联泰号、杨海松号
1955 年	苏震光	24 家	天盛号、鸿成号、南成号、峰发号、鸿裕栈号、永昌号、元发号、华东号、陶裕号、裕华号、铭发号、永成隆号、铭记号、和昌号、鸿益号、益新号、林德利号、嘉华号、联成号、宗祥号、合兴号、乃裕号、联泰号、杨海松号
1956 年	杨少铭	25 家	鸿成号、南成号、峰发号、鸿裕栈号、永昌号、元发号、华东号、陶裕号、裕华号、铭发号、永成隆号、铭记号、和昌号、鸿益号、益新号、林德利号、嘉华号、联成号、宗祥号、合兴号、乃裕号、联泰号、杨海松号、汉公司、祥发公司
1957 年	杨少铭	22 家	鸿成号、南成号、峰发号、鸿裕栈号、永昌号、元发号、华东号、陶裕号、铭发号、永成隆号、铭记号、和昌号、鸿益号、益新号、林德利号、嘉华号、联成号、合兴号、联泰号、杨海松号、汉公司、祥发公司

① 潘醒农：《马来亚潮侨通鉴》，新加坡：南岛出版社 1950 年版，第 272－282 页。

② 资料来源：《马来西亚槟城瓷商公会 1952—1995 年会议记录》，马来西亚槟城潮州商会档案室藏，陈景熙博士提供。

（续上表）

时间	公会主席	会员数	会员商号
1958 年	郭潮鹏	24 家	鸿成号、南成号、峰发号、鸿裕栈号、永昌号、元发号、华东号、陶裕号、铭发号、永成隆号、铭记号、和昌号、鸿益号、益新号、林德利号、嘉华号、联成号、合兴号、联泰号、杨海松号、汉公司、祥发公司、玉发公司、永南栈号
1959 年	郭潮鹏	24 家	鸿成号、南成号、峰发号、鸿裕栈号、永昌号、元发号、华东号、陶裕号、铭发号、永成隆号、铭记号、和昌号、鸿益号、益新号、林德利号、嘉华号、联成号、合兴号、联泰号、杨海松号、汉公司、祥发公司、玉发公司、永南栈号
1960 年	杨少铭	24 家	鸿成号、南成号、峰发号、鸿裕栈号、永昌号、元发号、华东号、陶裕号、铭发号、永成隆号、铭记号、和昌号、鸿益号、益新号、林德利号、嘉华号、联成号、合兴号、联泰号、杨海松号、汉公司、祥发公司、玉发公司、永南栈号
1973 年	杨少铭	20 家	铭记号、鸿成号、峰发公司、庆发公司、新联丰、南成兴、潮兴栈、再兴盛、协成发贸易公司、永南栈、永成隆、联泰玻璃庄、新铭发、源祥公司、成发号、大进公司、华成贸易公司、南成贸易公司、国产贸易公司、国际贸易代理商
1974 年	杨作明	20 家	铭记号、鸿成号、峰发公司、庆发公司、新联丰、南成兴、潮兴栈、再兴盛、协成发贸易公司、永南栈、永成隆、联泰玻璃庄、新铭发、源祥公司、成发号、大进公司、华成贸易公司、南成贸易公司、国产贸易公司、国际贸易代理商
1975 年	杨作明	19 家	永南栈瓷器行、铭记号、永成隆、庆发公司、成发号、大进公司、华成贸易公司、联泰玻璃庄、源祥公司、鸿成瓷行、协成发贸易公司、潮兴栈、再兴盛、新铭发、新联峰、鸿益、国产贸易公司、南成贸易公司、国际贸易代理商
1976 年	杨少铭	19 家	永南栈瓷器行、铭记号、永成隆、庆发公司、成发号、大进公司、华成贸易公司、联泰玻璃庄、源祥公司、鸿成瓷行、协成发贸易公司、潮兴栈、再兴盛、新铭发、新联峰、鸿益、国产贸易公司、南成贸易公司、国际贸易代理商
1977 年	杨少铭	21 家	铭记号、鸿成瓷行、永南栈瓷器行、协成发贸易有限公司、永成隆、国产贸易公司、庆发公司、联泰玻璃庄、成发行有限公司、华成贸易公司、大进公司、再兴盛、潮兴栈、源祥公司、新铭发、泰隆栈公司、中信贸易公司、联盛贸易公司、南成贸易公司、泰发贸易公司、新联峰

（续上表）

时间	公会主席	会员数	会员商号
1978 年	李志煌	23 家	铭记号、协成发贸易有限公司、永南栈、联泰玻璃庄、永成隆、国产贸易公司、庆发公司、新铭发、成发行有限公司、源祥公司、大进公司、南成贸易公司、潮兴栈、中信贸易公司、鸿成瓷行、新联峰、再兴盛、国际贸易代理商、华成贸易公司、泰发贸易公司、泰隆栈公司、福昌、联盛贸易公司
1979 年	李志煌	25 家	联泰玻璃庄、铭记公司、大进公司、成发行有限公司、协成发贸易有限公司、永成隆、国产贸易公司、潮兴栈、庆发公司、永南栈有限公司、再兴盛、华成贸易公司、鸿成瓷行、中信贸易公司、南成贸易公司、联盛贸易公司、新泰发贸易有限公司、泰隆栈公司、新铭发、源祥公司、福昌进出口商、忠诚贸易公司、华丰贸易公司、升华有限公司、北海新联峰瓷庄
1980 年	李志煌	26 家	联泰玻璃庄、中信行有限公司、名记公司、南成贸易公司、大进公司、源祥公司、成发行有限公司、新铭发、协成发贸易有限公司、泰隆栈公司、永成隆、联盛贸易公司、国产贸易公司、新泰发贸易有限公司、再兴盛有限公司、福昌进出口商、华成贸易有限公司、忠诚贸易公司、庆发公司、升华有限公司、永南栈有限公司、华丰贸易公司、鸿成瓷行、北海新联峰有限公司、潮兴栈、国际贸易代理商
1981 年	李志煌	26 家	联泰玻璃庄、中信行有限公司、名记公司、南成贸易公司、大进公司、源祥公司、成发行有限公司、新铭发、协成发贸易有限公司、泰隆栈公司、永成隆、联盛贸易公司、国产贸易公司、新泰发贸易有限公司、再兴盛有限公司、福昌进出口商、华成贸易有限公司、忠诚贸易公司、庆发公司、升华有限公司、永南栈有限公司、华丰贸易公司、鸿成瓷行、北海新联峰有限公司、潮兴栈、国际贸易代理商
1982 年	李志煌	28 家	联泰玻璃庄、中信行有限公司、大进公司、成发行有限公司、协成发贸易有限公司、永成隆、潮兴栈、升华有限公司、源祥公司、泰隆栈公司、福昌进出口商、裕发贸易公司、财贸易公司、永南栈、鸿成瓷行、铭记公司、南成贸易公司、国产贸易公司、庆发有限公司、华成贸易公司、新泰发贸易有限公司、再兴盛有限公司、联盛贸易公司、新联峰有限公司、信隆贸易公司、合成兴有限公司、永发有限公司、新铭发

（续上表）

时间	公会主席	会员数	会员商号
1983 年	李志煌	26 家	联泰玻璃庄、中信行有限公司、大进公司、成发行有限公司、协成发贸易有限公司、升华有限公司、南成贸易公司、永成隆、潮兴栈、国产贸易公司、铭记公司、鸿成瓷行、华成贸易有限公司、新泰发贸易有限公司、国产贸易公司、源祥公司、再兴盛源祥公司、联盛贸易公司、泰隆栈公司、福昌进出口商、大恒出入口商、裕发贸易公司、金地有限公司、财贸易公司、永发有限公司、庆发有限公司
1984 年	李志煌	26 家	联泰玻璃庄、中信行有限公司、大进公司、成发行有限公司、协成发贸易有限公司、升华有限公司、南成贸易公司、永成隆、潮兴栈、国产贸易公司、铭记公司、鸿成瓷行、华成贸易有限公司、新泰发贸易有限公司、国产贸易公司、源祥公司、再兴盛源祥公司、联盛贸易公司、泰隆栈公司、福昌进出口商、大恒出入口商、裕发贸易公司、金地有限公司、财贸易公司、永发有限公司、庆发有限公司
1985 年	李志煌	29 家	联泰有限公司、中信行有限公司、大进公司、成发行有限公司、协成发贸易有限公司、永成隆、潮兴栈、南成贸易公司、福昌进出口商、国产贸易公司、新泰发贸易有限公司、华成贸易有限公司、庆发有限公司、升华有限公司、再兴盛有限公司、鸿成瓷行、铭记公司、源祥公司、泰隆栈公司、联盛贸易公司、永发有限公司、裕发贸易有限公司、隆发有限公司、财贸易公司、金地有限公司、新联峰有限公司、信隆贸易公司、合成兴有限公司、兴发公司
1986 年	李志煌	25 家	联泰有限公司、庆发有限公司、中信行有限公司、升华有限公司、大进公司、鸿成瓷行、成发行有限公司、源祥公司、协成发贸易有限公司、泰隆栈公司、福昌进出口商、金地有限公司、南成贸易公司、联盛贸易公司、永成隆有限公司、隆发有限公司、潮兴栈、兴发公司、国产贸易公司、永发有限公司、华成贸易有限公司、裕发贸易有限公司、新泰发贸易有限公司、财贸易公司、再兴盛有限公司
1987 年	李志煌	24 家	联泰有限公司、中信行有限公司、大进公司、协成发贸易有限公司、成发行有限公司、南成贸易公司、永成隆有限公司、国产贸易公司、潮兴栈、华成贸易公司、再兴盛有限公司、源祥公司、升华有限公司、新泰发贸易有限公司、庆发有限公司、财贸易公司、联盛贸易公司、鸿成瓷行、泰隆栈公司、福昌进出口商、裕发贸易有限公司、永发有限公司、金地有限公司、隆发有限公司

（续上表）

时间	公会主席	会员数	会员商号
1988 年	李志煌	27 家	联泰有限公司、中信行有限公司、大进公司、协成发贸易有限公司、成发行有限公司、南成贸易公司、永成隆有限公司、国产贸易公司、潮兴栈、华成贸易公司、再兴盛有限公司、源祥公司、升华有限公司、新泰发贸易有限公司、庆发有限公司、兴发公司、财贸易公司、联盛贸易公司、鸿成瓷行、信隆、泰隆栈公司、新联峰、福昌进出口商、裕发贸易有限公司、永发有限公司、金地有限公司、隆发有限公司
1989 年	李志煌	37 家	联泰有限公司、中信行有限公司、大进公司、协成发贸易有限公司、成发行有限公司、南成贸易公司、永成隆有限公司、国产贸易公司、潮兴栈、华成贸易公司、再兴盛有限公司、源祥公司、升华有限公司、庆发有限公司、财贸易公司、联盛贸易公司、鸿成瓷行、泰隆栈公司、裕发贸易有限公司、永发有限公司、荣兴公司、金地有限公司、隆发有限公司、福昌进出口商、合兴行、华山、信隆、金利、兴发公司、新联峰、荣兴栈、鸿源兴、中兴、兴发、远安、源成、益昌
1990 年	李志煌	38 家	联泰有限公司、中信行有限公司、大进公司、协成发贸易有限公司、成发行有限公司、永成隆有限公司、华成贸易公司、国产贸易公司、潮兴栈、源祥公司、联盛贸易公司、庆发有限公司、泰隆栈公司、鸿成瓷行、祥发公司、荣兴公司、金地有限公司、美真香有限公司、隆发有限公司、合兴行、华山、信隆、兴发公司、金利、鸿发、鸿成瓷行、陈贸易、新联峰、和焜、财贸易公司、圆方、南泰、福泉南、德兴、成兴、丰隆、辉本、裕发贸易有限公司
1991 年	李志煌	36 家	联泰有限公司、中信行有限公司、大进公司、协成发贸易有限公司、成发行有限公司、永成隆有限公司、联盛贸易公司、国产贸易公司、潮兴栈、源祥公司、华山、泰隆栈公司、鸿成瓷行、庆发有限公司、华成贸易公司、圆方、潮顺、南泰、和焜、新联峰、美真香有限公司、财贸易公司、金地有限公司、财贸易公司、再兴盛有限公司、南成贸易公司、宝松、志远、和焜、合兴行、裕发贸易有限公司、圆方、兴发公司、隆发有限公司、金利、信隆
1992 年	李志煌	34 家	联泰有限公司、中信行有限公司、大进公司、协成发贸易有限公司、成发行有限公司、永成隆有限公司、国产贸易公司、潮兴栈、源祥公司、庆发有限公司、泰隆栈公司、华成贸易公司、再兴盛有限公司、裕发贸易有限公司、隆发有限公司、信隆、华山、美真香有限公司、圆方、南成贸易公司、合兴行、潮顺、志远、南泰、金地有限公司、财贸易公司、和焜、新联峰、宝松、联盛、兴发、金利、永发、鸿成瓷行

（续上表）

时间	公会主席	会员数	会员商号
1993 年	李志煌	40 家	联泰有限公司、中信行有限公司、协成发贸易有限公司、成发行有限公司、永成隆有限公司、国产贸易公司、潮兴栈、源祥公司、庆发有限公司、华成贸易公司、再兴盛有限公司、泰隆栈公司、裕发贸易有限公司、隆发有限公司、圆方、信隆、华山、美真香有限公司、鸿成瓷行、亿联企业有限公司、永发、永德成、福承南、荣裕昌、南泰、陈贸易、成兴、联盛、财贸易公司、新顺发、金利、金地有限公司、潮顺、宝松、和焜、志远、兴发、新联峰、合兴行、南成贸易公司
1994 年	李志煌	37 家	联泰有限公司、中信行有限公司、协成发贸易有限公司、成发行有限公司、永成隆有限公司、国产贸易公司、潮兴栈、源祥公司、庆发有限公司、华成贸易公司、再兴盛有限公司、泰隆栈公司、裕发贸易有限公司、隆发有限公司、信隆、圆方、华山、美真香有限公司、财贸易公司、鸿成瓷行、亿联企业有限公司、陈贸易、金地有限公司、潮顺、永发、南泰、兴发、金利、南成贸易公司、合兴行、潮顺、宝松、新顺发、志远、和焜、新联峰、志远
1995 年	李志煌	33 家	联泰有限公司、中信行有限公司、协成发贸易有限公司、成发行有限公司、永成隆有限公司、国产贸易公司、潮兴栈、源祥公司、庆发有限公司、华成贸易公司、再兴盛有限公司、泰隆栈公司、裕发贸易有限公司、隆发有限公司、信隆、圆方、鸿成瓷行、财贸易公司、宝松、新顺发、兴发、永发、陈贸易、南泰、金利、金地有限公司、和焜、志远、潮顺、南成贸易公司、美真香有限公司、新联峰、亿联企业有限公司

东南亚的潮籍瓷商主要分布于新加坡、槟城、马六甲、曼谷、吞武里等新兴港口城市。他们利用港口优势进行潮州陶瓷产品的贸易，使潮州陶瓷产品稳占东南亚市场。

另据1950年《马来亚潮侨通鉴》载："潮人对于制瓷，素所擅长；因而陶瓷业商店亦多由潮侨所经营。马来亚沦陷时期，外货来源断绝，故制瓷工业盛极一时，潮侨于各地设厂制造，获利不赀。现规模较大，出品精妍者，首推吉隆坡之吴万发，芙蓉之广顺、池合成，吉隆坡之雪兰莪、泗岩末、潮顺隆、和发，柔佛亚依淡之柔佛缶涵公司，新加坡之陶兴公司及源泰缶窑等。马六甲之瓷涵公司、潮和兴、万和发砖窑及合众等。至制造土制之桌椅花盆者，以李金赐公司为早，兹新加坡之新光云石制造厂及新美云石制造厂二家，出品亦极精良。至于新加坡制造风炉工业，则全为潮侨所经营，现有风炉窑八家：四家在杨厝港者，为林贤合、蔡坤锋、友发及老贤丰；二家在后港柴山者，为老贤合及贤成；二家在碧山亭者，为新贤合及新贤发。全年可制成风炉二十余万个，供给马苏各地之用。工人七十余名中，少数为闽籍，其余全数为潮侨。”①

近当代新马泰陶瓷制造业的经营者大多为潮籍华侨，他们是当地陶瓷业的主导者，他们主要来自潮州枫溪及大埔。具体情况详见表6－5：

表6－5　近当代新马泰瓷业创办人籍贯表②

新马泰瓷业分布	企业名称	创办人	经营时间	祖居地
新加坡德光岛	龙窑	卢发桢	1930—?	枫溪
新加坡后港	蒙古包窑	吴亚瑞	1920—1938年	福建
	陶兴缶窑	亚七婶、谢成阳、赖平春、吴镜宏	1934—1951年	潮州
	聚联丰缶窑	佘锦成	1938—1977年	枫溪佘厝
	合成发、三美光缶窑	蔡应绍	1938—1994年	枫溪
新加坡裕廊	陶南发	吴炳丰	1935—1937年	枫溪
	九条石缶窑	陈天安、吴显深	1936—1983年	枫溪
	卢利发缶窑	卢来镇	1942—1983年	枫溪
	陶生缶窑	吴亚七	1942—?	枫溪
	裕美缶窑		1936—1938年	潮汕
	香利七龙窑	香利七	1942—?	枫溪
	源兴窑	朱金城	20世纪50年代至80年代	枫溪
	吴合顺缶窑	孙炳辉	20世纪40年代至日军入侵	枫溪
	吴合顺号	吴显武	1950—1983年	枫溪
	鸿兴窑	吴承桂	1954—1956年	枫溪
	陶发窑	邱炳全	1955—?	枫溪
	源发窑	李荣利	1959年至今	普宁
	陶光窑	陈钦赐	1965年至今	枫溪
马来西亚北海	陶海滨陶瓷厂	黄木荣	1916年至今	枫溪
马来西亚吉隆坡	吴万发	吴尚高、吴敬高	20世纪初至今	枫溪
		黄亚明祖父	创办时间不详，至今仍营业	潮州
马来西亚马六甲		张金春	创办时间、结业时间皆不详	枫溪

① 潘醒农：《马来亚潮侨通鉴》，新加坡：南岛出版社1950年版，第282页。

② 资料来源：笔者长期到新马泰等地进行实地考察，从各地档案馆、图书馆、陶瓷业公会、潮商组织等取得重要资料，并以亲历者的口述历史为佐证得出的结果。

（续上表）

新马泰瓷业分布	企业名称	创办人	经营时间	祖居地
马来西亚新山亚依淡	佳丽登集团	陈顺兴	1920 年至今	枫溪
	陶园	欧英光	创办时间不详，至今仍营业	潮州
马来西亚古晋	永发兴陶瓷公司	黄柿核	1960—2016 年	枫溪人家前
	吴丰成陶瓷厂	吴亚扶	创办时间不详，至今仍营业	枫溪大巷
	黄利成	黄利发	创办时间不详，至今仍营业	枫溪人家前
	黄和成	黄和安	创办时间不详，至今仍营业	枫溪人家前
	吴氏陶瓷厂	吴永河父子	创办时间不详，至今仍营业	潮州
马来西亚诗巫	黄善合缶厂	黄岳坤	1931 年至今	潮阳
泰国春武里	复兴陶瓷厂、通兴瓷厂	吴佩珊	20 世纪 50 年代—？	枫溪灶脚
泰国叻丕	陶成利瓷器厂	黄芝孟、张松丰	20 世纪 30 年代—？	潮安古巷孚中
	陶丰泰	张松丰	1954 年至今	枫溪石桥头
泰国佛统	昌盛号	吕玉昌	1954 年至今	普宁
		吴五（吴成业之弟）	创办时间不详，至今仍营业	枫溪
泰国南邦	泰发陶瓷厂	谢源茂	20 世纪 50 年代至今	丰顺汤坑
	艺术瓷厂	詹集成	20 世纪 60 年代至今	饶平九村
	心如瓷碗厂	陈心如	1965 年至今	大埔平原
	乍仑工业瓷器厂	郭修钦	1965—？	大埔桃源
	英达公司	吴成业	1977 年至今	枫溪
		郭华明	创办时间不详，至今仍营业	大埔
		郭攀禄	创办时间不详，至今仍营业	大埔
		郭华明之弟	创办时间不详，至今仍营业	大埔平原
		郭俊兴	创办时间不详，至今仍营业	大埔

（续上表）

新马泰瓷业分布	企业名称	创办人	经营时间	祖居地
泰国南邦		郭俊兴	创办时间不详，至今仍营业	大埔
		李铁财	创办时间不详，至今仍营业	揭阳
		素巴妮	创办时间不详，至今仍营业	曼谷（夫籍大埔）
		他纳促	创办时间不详，至今仍营业	潮阳
		陈奋生	1996 年至今	澄海隆都

根据目前可知的资料和表 6－5 显示，自近代以来，新加坡潮人陶瓷企业共有德光岛一家，后港四家，裕廊十三家；马来西亚潮人陶瓷企业共有吉隆坡两家，北海一家，马六甲一家，古晋五家，诗巫一家，新山亚依淡两家；泰国潮人陶瓷企业共有南邦由起初的六十多家发展至今有三百家左右，春武里两家，佛统两家，叻丕两家。另外据新马泰潮人初步采访资料显示，马来西亚亚庇有潮人陶瓷业十家，怡保四十多家，泰国清迈有十家。

从新马泰三地的陶瓷销售业及陶瓷制造业业主的籍贯可以看出，新马泰的陶瓷业从业者基本为福建人及潮人，潮人中又以祖籍枫溪及大埔的为多，其中福建经营者从初期与潮人数量相当到后来逐渐减少，变为基本以潮人为主，这一变化说明潮人在新马泰陶瓷业发展历程中逐渐掌控行业，成为主要经营者及主导者。他们从一无所有到成为行业代表，仅仅用了几十年的时间，他们共同构建起新马泰的陶瓷业系统，他们的创造力和适应力都是毋庸置疑的，他们对当地经济和文化的发展以及人员就业也起着非常重要的作用。新马泰潮人陶瓷业者对当地的陶瓷业具有开创性的贡献，是建设当地社会的重要一员，在当地社会发展史上占据重要的位置。从世界移民和当地社会发展史的角度看，潮人在整个东南亚社会发展史上都占据着重要的位置。

第二节　潮州窑在新马泰陶瓷业中的技术传播与文化创新

近当代新马泰陶瓷经营业的经营者大多为潮籍华人，他们集陶瓷生产和经营于一体，陶瓷制造业则是由潮人承载并发展起来。自 20 世纪 30 年代开始，潮籍陶瓷业者逐渐成为当地陶瓷业的主导者，经过长期的艰苦创业，最终使陶瓷业发展成为当地重要的经济产业。这一产业的发展主要得益于近代潮州窑的对外传播。之后，新马泰的潮人陶瓷业虽然经历在地化转变，在生产过程中，根据当地市场和文化的需求，逐渐发展成为具备当地特色的陶瓷业，但是，传统的潮文化依然深深影响着每一代的潮人企业家。

一、潮州窑在新马泰陶瓷业中的技术传播

近当代新马泰潮人陶瓷业早期采用潮州窑的传统生产技艺，无论是烧造系统还是造型工艺，都具有潮州窑的特色，成品与潮州窑产品非常相似。之后为适应市场需求，新马泰潮人陶瓷业逐步吸纳当地文化元素，形成本土化的工艺风格。

（一）窑炉

近代枫溪窑因地制宜在平地上垒土造坡度建平地龙窑，这在全国其他瓷产区是罕见的。传统的龙窑一般建造在丘陵山区，按山体的自然坡度选择方位方向进行筑造。枫溪坐落于平原，只能在平地按照龙窑坡度和方向的要求，夯实垒堆杂土成一定坡度再筑窑。枫溪平地龙窑的特点是在任何地方都能够按照要求建窑，不受自然坡度限制。《枫溪陶瓷历史》对平地龙窑有如下记载："枫溪陶瓷皆用龙窑煅烧，取其造价低和技术简，用田土筑成土角，土法砌成，简便易建，不用一寸钢铁材料，但火度低，一般只有 1 100℃—1 200℃，产品还不能达到瓷化程度，燃料多采用松萩，取其火力旺，灰烬迅速焚清，山草竹篾之类皆逊于松萩，况邻近县山区多栽松柏树，故自始至今，皆袭用松萩为惯。"①枫溪的龙窑最短为 18 目，最长为 22 目。以溪底窑为例，该窑长 22 目，约 25 米，每目长 1.1 米，烟囱高 3 米多，分火膛、窑室、烟囱三部分。火膛（俗称窑库）立面设三个进气口，排渣门，摊里面为炉架（俗称炉窗），柴草在炉架上燃烧，顶端为半球状，左右对称的两个孔为第一目，这两个圆孔较大，洞口用铁铸造，称为龙窑的一对虎眼；窑室（俗称窑仓）上端每隔一米便有左右对称的两个孔，按顺序排列，分别称为第二目、第三目……直至第二十二目，窑室一侧设置三至四个窑门，窑室内部为拱形洞状；烟囱为方形，烟囱与窑室相隔处设两个气口用于调控空气。② 枫溪平地龙窑采用中温氧化焰烧造，以竹木或萩草为燃料，生产过程中需要大量劳动力，如人工装坯、添加燃料等，烧造时间长，凭经验判断烧制时间与火候，从烧制到冷却出窑约需要 72 个小时。

枫溪平地龙窑模型

龙窑的装烧过程比较复杂。首先要把泥坯装入匣钵，匣钵有圆形、椭圆形、海棠形等，碗、盘、瓶、钵等圆器装入圆形匣钵，椭圆形的盘装入椭圆形匣钵，长流长把的壶、两耳盖窝装入海棠形匣钵，器物的泥坯一般可以混装叠烧，同一器物大小规格不同的可以叠烧，通常三件一叠或五六件一叠放入一个匣钵内，每一叠称为"一吞"。泥坯装入匣钵后，便可将匣钵装入窑室。窑室地面要铺平窑沙，陶器和瓷器可混合装烧。位于窑室前面

① 王惠：《枫溪陶瓷历史》（内部资料，手抄本），1962 年，潮州市颐陶轩陶瓷文化艺术研究所藏。

② 口述资料，口述者：佘梓楷先生；采访者：李炳炎；采访时间：2007 年 1 月 6 日；采访地点：枫溪陶瓷研究所。

靠近火膛的匣钵，因长时间处于火势猛烈的状态，一般要安置耐高温的产品或陶器，但也常常因过火而变形裂开，所以俗语有“堵窑头”之说。装匣钵前须先用瓷片或石块从空中抛到窑沙上以便校正垂直，装匣钵时要注意纵横间距，匣钵每个高三十厘米，每目装三排。俗语有“补鼎靠糊，装（潮音 zheng，意为装烧）缶靠堵”，意思是将匣钵装入窑室时需用黏土固定，这些黏土由牛粪渗入炉渣而成，密封性好，烧成后又松脆易拆，这样做既能牢固又能通火，一些匣钵之间会留有小孔，并放置测温试样。匣钵装毕便可封窑门和窑目，然后点火烧窑。窑工会在窑室顶部的前、中、后两侧放置十二个装满水的陶缸，以备消防之用。另外在窑仓上工作的窑工都要头戴竹笠，在投料口火焰冒出时可用竹笠堵住。烧窑点火前要先拜窑神，神位一般安于火膛一侧，以匣钵作香炉，点上油灯，供上干茶三杯、三牲和酒等。点火从虎眼开始进燃料，一眼一人，手执铁叉把萩草压入火膛，一般点火燃烧十至十二个小时后，把三个气口用窑砖封堵（烧氧火焰），留下观火眼的小孔、密封排渣门及虎眼，然后打开第二目、第三目，每目一人，左右共四人，逐目进燃料，并观察钩出的测温试样，进行补火保温，每目烧后即密封，下一目又再启封，经过二十至二十二个小时才能烧完整窑。之后经过二十个小时的冷却便可开窑出仓。一般二十二目的龙窑可装四百至四百五十柱匣钵，每柱匣钵共叠装十个左右。烧龙窑控制窑温有“慢火足熟”之说，意为要用慢火长时间地烧，使窑内温度足够，这样产品的釉面便会出现油润的效果。①

目前，由于窑炉的燃料发生变化，枫溪龙窑已荡然无存。但在异国他乡的马来西亚、新加坡、泰国等国家却还保留着老一辈潮州陶瓷业者建造的龙窑，有些甚至还在继续生产。如马来西亚亚依淡的佳丽登集团从早期的枫溪平地龙窑发展成今天拥有马来西亚规模最大的天然气隧道窑陶瓷生产公司，陶海滨工厂最高峰时有四条龙窑，现有三条龙窑在生产；怡保陶瓷产区最高峰时有龙窑五十多条，目前仍有三四条龙窑在生产。新加坡的后港和裕廊早期有几十条潮人经营的龙窑，现仍保留陶光及源发两条龙窑。泰国南邦的英达公司虽然已采用先进的窑炉设备，但仍在公司卖场设置早期生产所用的龙窑模型，可见龙窑对其公司的重要性；南邦陈心如龙窑博物馆，是早期陈心如创业的工厂，为纪念和保留龙窑，他将工厂改造成观光旅游的龙窑博物馆。泰国南邦陶瓷业发展初期，潮籍陶瓷业者采用传统龙窑，以木材为燃料，但因火势不易受控制，导致产品烧不熟，之后泰发陶瓷厂的谢源茂大胆采用竹竿作为燃料，因竹竿类似传统枫溪平坡龙窑所采用的萩草和苇草等燃料，火势得到控制，烧出足熟的产品，这一方法也得到南邦其他陶瓷厂的效仿，成为南邦龙窑烧造的一大特色。新马泰潮人陶瓷业的这些龙窑在结构上和枫溪平地龙窑基本一致，烧造过程基本相同，也都保留了祭拜窑神的传统。虽然自 20 世纪 60 年代开始，新马泰一些大型陶瓷企业开始引入日本、中国台湾的燃气窑生产设备，龙窑逐步走向衰落，但也仍保留平地龙窑。新加坡的龙窑也因为城市建设需要几乎拆除殆尽，尚存的几条龙窑被允许每年进行一至两次传承性的烧造活动。进入 21 世纪以后，马来西亚与泰国的龙窑因污染环境逐渐被限制。虽然龙窑已退出历史的舞台，但它对新马泰陶瓷业的贡献是不可磨灭的。

① 李炳炎：《枫溪潮州窑（1860—1956）》，广州：岭南美术出版社 2013 年版，第 30 - 31 页。

20 世纪 60 年代马来西亚缶涵龙窑修缮

马来西亚北海陶海滨龙窑

新加坡裕廊吴合顺龙窑

（二）成型

近代枫溪窑产品在成型工艺上采用手拉坯和模印等方法。圆器都以手拉坯成型，制作方法为：按器物大小取瓷泥放置于陶车的盾头中央，用脚蹬配以手力拨动陶轮，使陶车匀速转动起来，而后双手蘸水轻抱泥团，将泥团徐徐拉起并压下数次形成泥柱，而后按器物的口沿颈部、腹部的线条，用拇指往外压，拉成坯体；坯体形成后，用铁质或竹篾片切割坯体底部，移出转盘。将坯体移出并阴干后再将之放入陶车，用小弯刀、刮板、篾箍、竹签等工具进行修整，之后再粘贴上其他的器物附件，完成整体造型。雕塑瓷多以模印成型，一般要先创作造型，根据造型翻制模印，制作方法为：首先以产品的设计造型制作模印，然后制成范（俗称模母），再以黏泥制作出模印，以低温烧成，也就是陶印。之后采用手压模成型法进行制作，取适量的瓷泥直接压入模印内，用手指压实抹平后再进行表面修整，待阴干后脱模，然后将各部件组装，整体修坯后成型。

20 世纪 60 年代之前，东南亚潮人瓷业基本沿袭潮州窑的成型工艺，以手拉坯制作简单的花胶杯、胡姬花盆、电线绝缘体、钵、缸、瓮、罐等陶器，这些产品的生产技艺与潮州窑如出一辙。如早期马来亚古晋的陶瓷作坊均备有两三个手拉转盘，形如圆桌，高出地面两三寸，转轴置于地下。制粗坯时，将泥放置在转盘上，一面用脚转动转轴，一面用手制成各种形状。这种手拉坯制陶的基本技艺较为简单，但也十分辛苦，每日三个人在一个转盘上工作，可做出粗坯两三百个。粗坯制作完成后需要晒干，如泥土中有杂质，则影响成型质量，故晒干的粗坯需再检查才能放入龙窑烧制。60 年代之后，为提高生产质量两地陶瓷业在成型上大多采用石膏模具注入含“水玻璃”的泥浆成型，手拉坯成型工艺基本只应用于高档工艺陶瓷的生产。但也有一些陶瓷产区仍保留传统潮州窑的成型工艺，如叻丕陶丰泰瓷厂的陶缸制作，中小型陶缸依然沿用传统的手拉坯手艺，大陶缸的制作则采用传统枫溪围筑成型的工艺，成型之后再以青花或者五彩工艺装饰，纹饰上有传统潮州风格和泰国风格，与近现代潮州窑产品极为相似。目前新加坡的陶光、三美光陶艺和马来西亚的陶园等都设有手拉坯作坊，并对公众表演枫溪传统脚蹬蘑菇车的拉坯工艺。

新加坡裕廊陶光公司手拉坯工艺

（三）**装饰**

枫溪窑成品在装饰工艺上主要分色釉瓷和彩绘瓷。传统的枫溪色釉瓷，以白釉及米黄釉为主。至近代，市场竞争日益激烈，枫溪一些大瓷厂先后购进国外的陶瓷原料，成功烧制出宝石蓝釉、珊瑚红釉、黄釉、青釉、青绿釉等创新花色，这些色釉的出现丰富了枫溪陶瓷工艺的品种，也提高了产品的市场竞争力。枫溪的彩绘瓷主要为釉上彩和釉下彩。传统的釉上彩也称小窑彩，主要为五彩和粉彩。五彩为在白瓷胎上彩绘，经低温烤烧完成。粉彩则是为增加材料的立体感，在一些图案的轮廓线内填上玻璃白，使画面呈现立体效果。近代枫溪釉下彩也称大窑彩，一般为在泥坯上彩绘纯蓝或五彩后，罩上谷糠釉，一次入窑烧成；也可在晒干的釉面上，进行彩绘后入窑烧成。近代枫溪的大窑彩瓷在海外市场拥有较强的竞争力。最初的大窑彩还没有采用红、绿、赤等颜色，全部采用蓝色，所以也称为“画蓝”。画蓝是枫溪大窑彩最普遍的装饰方法，其效果与青花非常接近，故也把蓝彩称为青花。枫溪蓝彩以氧化钴为着色剂，产品以中温烧成，纹饰发色略微晕散，有时也可在氧化钴中加入一些辅料，使产品烧成后，纹饰发色鲜丽、图案轮廓清晰。这一装饰技艺在马来西亚和新加坡的陶瓷业中得到广泛的运用。而高陂和九村的高陂窑的传统青花瓷、釉上彩和利用进口高温彩绘原料创烧的青花红绿彩工艺则在泰国多地陶瓷业均可见到。

锦合款蓝彩花卉纹盘

新山亚依淡缶涵公司生产的蓝彩文字纹四系钵

1949 年新中国成立之后，国家外贸实行春秋两季交易的政策，即每年春秋两季举办广交会，东南亚一带的商人主要通过广州、香港的交易会订购中国产品。当时香港的商人在货物中转贸易中起了重要作用，潮州的枫溪及饶平、大埔瓷产区的业者，特别是彩瓷工人集中于香港青山道一带，生产彩瓷销往东南亚，之后一些工人受邀到东南亚各国进行陶瓷生产。20 世纪 60 年代之前，新马泰潮人陶瓷业大多沿用近代潮州窑的釉料制作工艺，如马来西亚陶海滨的创办人黄木荣将在枫溪学到的谷糠釉制作方法运用到生产中，将贝壳冲洗去除杂质后煅烧，然后加水使其变成粉状，按比例与谷壳混合均匀，阴火焚烧四五个昼夜，并经常翻动直至烧透，再将烧后的混合物舂碎，磨 30 多个小时，加水过滤（去碱），漂洗后便成为乌搪，把 40% 的乌搪与 60% 的飞天燕淘洗泥浆混合后磨制过筛，即成谷糠釉。谷糠釉一般以 1 150℃—1 280℃ 中温氧化焰烧成，其产品特征为釉面白中泛黄，当温度过低时，容易出现开片纹；当掺入的高岭土过多或烧成温度过高时，表面呈粉白色，温润亮泽。黄木荣不仅将这一制作技艺运用到陶瓷业中，还将这一技艺传授给工厂的工人。新马泰彩绘瓷沿用潮州窑传统釉上彩及枫溪蓝彩、大窑五彩，以及高陂、九村青花红绿彩等彩绘工艺，采用人工手绘，纹饰大多仿自30年代枫溪窑产品的图案，主要有鸡蕉、牡凤、花蝶、春江泛舟、渔樵耕读及戏剧故事、神话传说的人物形象。其中最为典型的是潮州窑最具标志性的鸡蕉纹饰碗，在新马泰等地的陶瓷业均可见。鸡蕉碗，也叫公鸡碗，是潮州窑的传统产品，自清中期至20世纪70年代一直保持生产并大量销往中国香港、澳门、台湾等地区和韩国、日本、越南、泰国及马来西亚等国家，纹饰由雄健的公鸡、盛开的牡丹和蕉叶组成，象征福寿富贵，家庭兴旺。公鸡为主要图案，彩绘时以十三笔成型，有“公鸡十三笔”之说。近代之后，随着潮州窑生产技艺传播至东南亚，马来西亚及泰国均有生产公鸡碗，其中以泰国南邦生产的最具代表性，一些公鸡碗还以中文或泰文题写纪念款。自50年代末由陈心如在南邦成功烧制之后，迅速在南邦传播，陈心如最初烧制出公鸡碗的龙窑工厂今已改建成陈心如博物馆，博物馆保存旧时的龙窑以及公鸡碗和其他陶瓷产品的生产设备供人参观，陈心如的女儿毕业后加入工厂的经营，将现代绘画技艺运用到公鸡碗的生产中，使公鸡碗重新焕发光彩，更适应现代市场，公鸡碗也随着陶瓷业的发展成为泰国南邦的城市标志之一。60—90年代，新马泰陶瓷业的纹饰逐渐以本土民族特色为主，如达雅族、傣族的信仰图腾、人文历史、生活情景和动植物等。马来西亚古晋的陶瓷业者在进入本土化发展之后，逐步以当地达雅文化及热带风情为主要纹饰，在纹饰上开始脱离潮州窑的风格，工艺上采用潮州窑及中国各大名窑的手法进行装饰，形成具有文化特色的风格。泰国陶瓷业者则选择从中国潮州及香港吸纳一些陶瓷技师充实泰国陶瓷工厂的技术力量，使瓷土、色釉、拉坯成型至彩绘捏塑等技艺得到全面的提升。当东南亚一带特别是印尼这个陶瓷消费大国在中国陶瓷供不应求的情况下，泰国各地陶瓷业者纷纷开始仿制印尼市场需求的中国古瓷器，如泰国叻丕的张松丰父子、佛统的吕玉昌及南邦的詹集成等便在原来生产传统潮瓷的基础上开始仿造中国唐三彩及明清官窑典型器；印尼的古玩商聘请泰国叻丕的张松丰父子为他们仿制中国明清古瓷器，这些产品在印尼乃至欧美一带的古玩店上销售。他制作的近两米高的哥釉对狮坐像，制作工艺高超，他还仿制美国大都会博物馆陈列的一米多高的唐三彩罗汉坐像；佛统的吕玉昌以手绘青花瓷出名，他的作坊至今仍保持传统的手绘工艺，产品造型有盘、碗、罐、瓶等，其装饰主要为青花及釉上描金五彩，青花瓷图

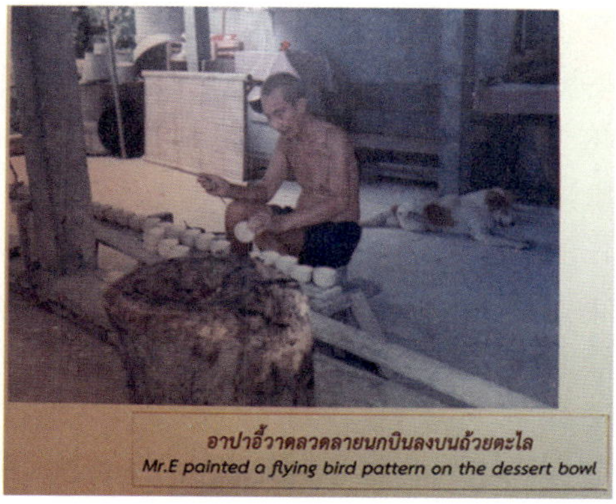

陈心如彩绘瓷器

叻丕陶丰泰瓷厂生产的唐三彩罗汉坐像（左张倍川，右李炳炎）

案主要为潮瓷传统的渔樵耕读、狮球、鸳鸯莲池、龙凤、缠枝莲、花卉纹、菠萝花等，昌盛瓷厂所制作的青花及五彩描金的泰国风格的盖盅成为泰国皇室的定制产品，泰国国王在48岁的时候，将它们作为礼物赐给各地寺庙；泰国邮政局还将潮人制作的精美瓷器作为邮票的内容，体现了潮州窑的工艺水平。佛统的吴亚五瓷作坊生产的特色产品为纯手工制作的青瓷贴塑，器形有盖罐、炉、果盘等；南邦的詹集成是泰国知名的瓷土专家，从60年代开始便以高陂、九村的红绿彩、青花红绿彩及青花彩绘技法，描绘人物、八仙、双美读曲等古典人物及山水、莲池、花卉、葡萄、椰树等纹饰，器形有帽筒、将军盖罐、瓶、提梁壶、凤尾尊、天球瓶等。他还制作泰式佛像、菩萨像等瓷塑产品；南邦的吴成业创作的青花瓷产品器型较大，纹饰精致，青花缠枝牡丹缸、青花飞天耳泰国佛教题材撇口瓶、青花开光花鸟纹绣墩、青花八角开光人物纹将军罐等，吴成业所制作的青花泰国纹饰花瓶，被泰国王子选定为参加国王寿辰庆典活动的礼物。90年代之后，在市场竞争作用下，新马泰各地陶瓷经营者紧跟国际陶瓷业的潮流，在胎釉的制作上呈现多样化、薄胎化的发展趋势，如泰国南邦英达公司生产的薄胎瓷。进入21世纪之后，很多企业采用贴花纸或印墨骨填色等生产工艺，彩瓷业逐步走向衰落，仅剩一些知名作坊及大企业保持手工彩绘。在彩绘方式上，除沿用传统工艺外，陶瓷企业还采用西方油画的彩绘方法，丰富了彩绘瓷的品种。新马泰的陶瓷业在胎釉方面更是取得不菲的成绩，马来西亚陶业首创的清真专用餐具，成功打开穆斯林日用陶瓷餐具市场。

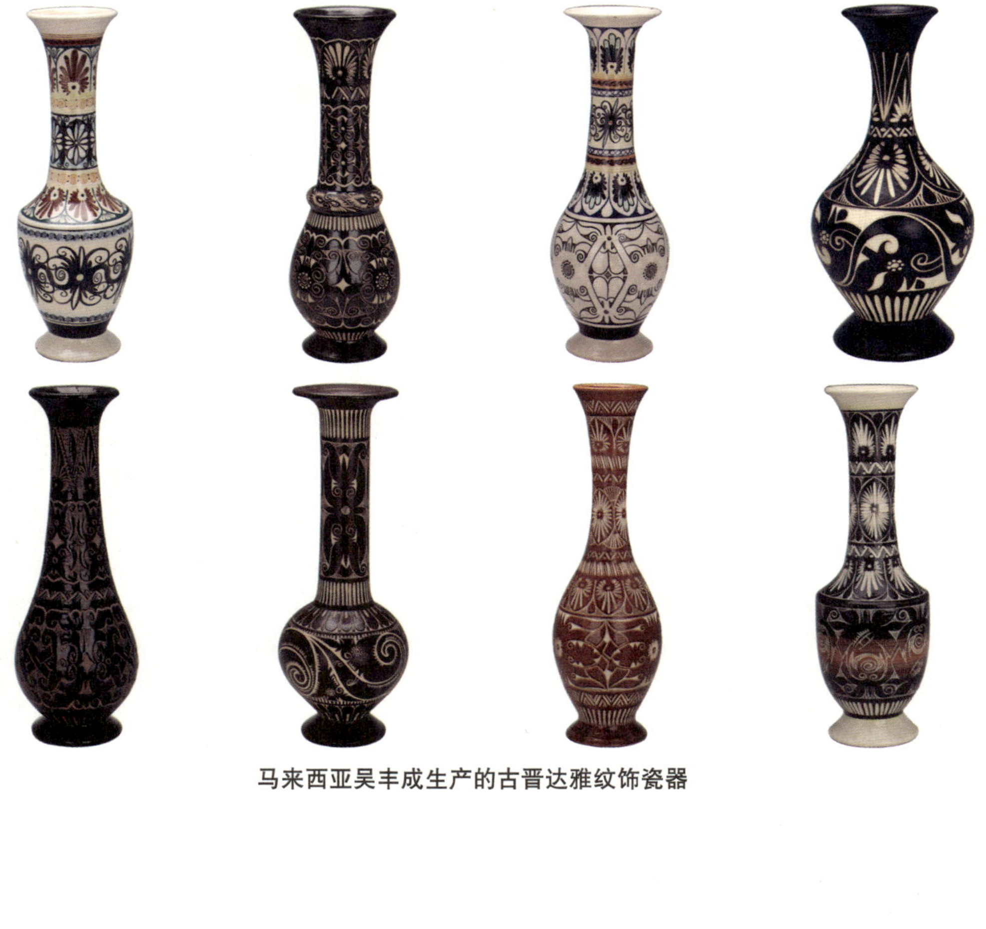

马来西亚吴丰成生产的古晋达雅纹饰瓷器

近代枫溪窑产品多在产品上印盖作坊名称作为款式，这一现象至 1956 年后基本消失。20 世纪 50 年代之前，一些新马泰潮人陶瓷作坊以中文在产品底部或手写或盖上印款，款式多为作坊名称。60 年代之后，大多数产品盖以中英文或当地文字的款式。泰国各地生产的仿明清官窑瓷器，一些产品在坯胎底部以钢印盖上大明宣德年制、宣德年制、大清康熙年制、康熙年制等凹印纹，这些仿古陶瓷生产一直延续至 80 年代初期。进入 21 世纪之后，产品款式基本为英文或当地文字，一些高档彩瓷产品会在底部标明手工彩绘的字样。

南邦公鸡碗

泰国南邦的公鸡碗标志

泰国皇室专用瓷器邮票

近当代新马泰的陶瓷业是由潮人承载并发展起来的。他们因地制宜，利用潮州窑的生产技艺进行陶瓷生产。初期大部分潮人延续潮州窑的生产工艺，产品主要是服务于日常生活及生产需要的陶瓷器，器形及纹饰上大多与潮州窑产品相同。之后随着国际环境的变化及中国改革开放政策的实施，大量中国瓷器倾销东南亚，新马泰潮人陶瓷业者引进先进的窑炉及生产设备，采用现代化管理模式，吸纳本土文化，顺应市场要求，生产或具本土文化特色或符合国际市场的现代精美瓷器以及满足古玩需求的仿古瓷，产品从艺术性转向工艺性，手工生产逐步转向机械生产，生产规模从小型作坊转向现代化生产的工业园，使企业立于不败之地。近当代的新马泰陶瓷业在潮州窑生产技艺的基础上，因时而变得到传承和发展，从窑炉结构、工艺特征上看，是潮州窑技艺在海外的传播和发展，属近当代潮州窑的研究范畴。

新马泰的潮人陶瓷业虽然已实现本土化，但早期未本土化之前应是近当代潮州窑在海外的一个分支，完成本土化之后的新马泰陶瓷业也是在潮州窑传播的基础上发展起来的，潮州窑对近当代新马泰陶瓷业的开创和发展具有不可磨灭的影响。

二、新马泰潮人陶瓷业在传统潮文化影响下的文化创新

近当代新马泰潮人陶瓷业的兴起和发展，得益于潮州窑的传播。潮州窑在东南亚的传播又起源于历代潮州窑产品的外销及近代以来的潮人下南洋风潮。潮州对东南亚陶瓷产品的输入早在唐代潮州窑创烧之始便已开始，历史上，潮州窑产品在海上丝绸之路的作用下，源源不断地输往世界各地。近代大批潮人下南洋谋生，南洋聚集大量的潮人，两地之间的往来越发频密，商品的流通带动了人员的往来，人员的往来又促进了文化的交融。

19 世纪至 20 世纪英国殖民主义者对华进行猪仔贸易，将大批华工诱骗绑架至东南亚进行拓殖。猪仔贸易主要集中于中国东南沿海地区，尤以广东和福建最多，潮州便在其中。猪仔贩编造了许多发财的故事，极力渲染海峡殖民地的挣钱致富机会，并提出为出国做工的人付旅费等条件，沿海民众在国家战乱、自然灾害频发的情况下，毅然到南洋谋生。早期的东南亚地区，荒山密林，到处皆猛虎毒蛇、瘴气毒水，以种植业及采矿业为主要经济支柱。契约华工大部分便被贩运至种植业及矿区劳作，还有一些被带至当地进行道路及建筑的建设，他们不是在孤岛就是在人迹罕至的地方伐木垦荒，工作繁重，饮食粗劣，疾病丛生，环境之恶劣，待遇之低下，使华工死亡率居高不下。下南洋的潮人一些以自由人身份到东南亚，或经商或投奔亲友，一些则被诱骗或被绑架之后以猪仔身份到东南亚参与拓殖。大多数人的父母妻儿仍在家乡，依赖他们的收入为生，即使到达南洋之后面临种种艰辛的生活环境，尤其是被卖猪仔的潮人，更是从遍地黄金的谎言跌进恶劣环境的现实里，他们大多数为了养活自己和家乡的父母妻儿，依然坚强求存，发挥潮人刻苦耐劳、善农能商的独特本质，但少部分因背井离乡，孤苦伶仃，精神上的孤寂迫使他们寻求能快速忘记痛苦的途径，如吸食鸦片。这一时期潮州也生产大量枕头销往东南亚，专供吸食鸦片者。潮州自然资源贫乏，潮人历来以发展陶瓷业作为主要的经济补充，这样的生存条件使潮人善农能商。陶瓷业历史悠久，潮州地区有多处陶瓷产区，大部分潮人掌握陶瓷生产技艺，南下东南亚的部分潮人在当地劳作过程中发现瓷土，纷纷利用自身技能在东南亚开山辟地进行陶瓷业生产，成为东南亚陶瓷业的开创者之一。移民早期，东南亚大部分地区为殖民地，这里的潮人将家乡的生活习俗、礼仪及饮食习惯等带至当地，特别是潮州的“杂咸”（冷盘小菜）及腌制品，是潮人一日三餐不可缺少的佐料，这一需求促使潮州酱园业外销的发展，与此同时，潮人也将东南亚的风俗、热带植物等新鲜事物带回家乡，如东南亚的菠萝，潮人陶瓷业者将其变化成菠萝花纹装饰于陶瓷产品上；由于东南亚地处热带，当地人每天的饮水量极大，潮州的老香橼、老药橘、柠檬膏、话梅等腌制品，便成为他们每天冲水饮用的绝佳解渴品。当时大多采用枫溪产陶瓷盖罐，瓶装出口，这些腌制罐除写明品名外，还署上厂名、商店名等广告内容。第一次世界大战爆发之后，英国殖民者为转嫁经济危机，在新加坡、马来亚等殖民国推行一系列经济掠夺的政

大窑五彩花鸟纹枕

策，包括限制中国瓷器进口，提高关税等。而此时正值东南亚地区的开发时期，大量移民和当地人生活生产需要的陶瓷器数量非常庞大，如橡胶种植业需要大量陶质胶杯进行割胶，各地人们生活需要大量陶缸用于蓄水，在东南亚某些地区甚至将古代的中国瓷器视为宝物，看作衡量财富和身份象征的宝物。此时的潮人在市场供求变化中掌握商机，利用家乡的制瓷技艺和从家乡招揽的制瓷工人大力发展陶瓷业，成为东南亚陶瓷业的主导者。这一时期也是东南亚陶瓷业的一个重要发展期。新马泰的潮人陶瓷业者是其中的一部分，也是最重要的一部分，他们的人生经历既是华侨华人移民史的一部分，也是华侨华人创业史的一部分，更是潮州陶瓷历史的一部分，从他们的创业和生活更可窥见潮州文化在新马泰的传播和传承。

春和款青花菠萝纹碗

华侨历经千辛万苦到东南亚谋生，面临语言不通、人生地不熟等窘境，难以适应当地的生活，作为一个弱势群体，他们为保护自己，与乡亲聚居，从事同行业工作，日渐形成唐人街。中华文化是他们的根基，也是认同感的来源，他们根据血缘、地缘、业缘建立各种同乡会、宗亲会、公会、商会等，这些团体同时也肩负起了建设宗庙、祠堂、华人学校，甚至救助机构和仲裁机构等社会职能。潮人独特的商人与学者互相支持的特性，学者背后有商人的支持，商人也能得到学者的指点，这种半儒半商的特性使潮州文化在海外得到更好的传承和传播。建于 1938 年的泰国潮州会馆，是世界各地潮人地缘社团中规模最大、组织最健全的团体，一直致力于团结潮侨和维护潮侨利益，对促进当地经济繁荣和推动中泰贸易文化的交流有着重要的社会作用，在泰国享有盛誉。东南亚多地有华侨乃至潮侨创办的华人学校，如新加坡潮人创办的义安理工学院，马来西亚潮人陶瓷业者黄木荣、黄柿核、黄岳坤等都在事业有成之后肩负起资助同乡、为华人学校慷慨解囊等善举。马来西亚每一城市区域的华文学校，都是在陶瓷业者及其他华商鼎力支持下建成的。他们切身体会到没有文化的，后代子孙将很难在社会立足生存，尤其是对潮州方言、习俗等潮文化及中国传统文化的崇尚，使他们通过实业的成功兴办教育来延续中华文化在侨居国的影响。对海外潮侨来说，教育只是保持儒家价值观和中国文化认同的一种手段，在某种情况下，也被视之为改善生活条件和提高社会地位的一个途径。

“南丰云记磁厂”款“灿然梅厂”红釉开光五彩花卉纹双系盖罐

中华传统文化以忠孝仁义为本，潮州文化作为中华传统文化的组成部分，亦是如此。近代下南洋的潮人在孝义上的体现更为突出，下南洋者多为青壮年，基本为家庭的主要劳动力。他们在传统潮州文化的熏陶下，将养家糊口作为自己最主要的任务，他们只身下南洋谋生，虽然生存环境非常恶劣，谋生艰难，但依然心系家园，勇敢背负起养家的责任。他们随身携带一本寸楮（3 厘米 ×9 厘米），记录与工厂财务的钱银借欠情况，省吃俭用将所剩无几的积蓄寄回家乡养活家人。除侨批之外，还有寸函，即寄钱回家乡时夹在现金里的小信封（3 厘米 ×9 厘米），信上写着简单的问候语和说明近况。工人在闲暇时段出去市区，一般请路边的书信摊先生写上对家乡亲人的问候和自己的情况，然后寄回家乡。潮侨对家乡的眷恋之情，可从几十年的侨批文化得以证明。他们大多数人背负衣锦还乡的压力却终生未再踏足故土，落叶归根成为第一代下南洋潮人的遗憾。马来西亚佳丽登集团（陶业）在工厂大门一侧设有怀旧祠，供奉地藏菩萨和已故陶业潮籍员工的灵位，这些已故员工大多无妻儿，在马来西亚劳碌一生最终无法回归故土，陈钦赐建怀旧祠供奉他们，逢年过节准备祭品进行祭拜，以示对他们的感恩，而这一习惯在第二代接班人陈宗正接手后依然保留下来，至今不改，既表达了潮人对故土的眷恋，也体现了传统的仁义文化。佳丽登集团还在工厂最后面的山坡上建立庙宇，供养拿督公，神像两侧联语为“拿管地方兴旺，督理财源广进”，其实拿督公就是潮人心中的土地爷、地主爷，也是他们的窑神，是他们在异国他乡的精神支柱。这可以反映潮人最终落地生根，成为东南亚重要的族群，潮文化与当地文化的交融催生新的文化形态，成为当地文化的一个组成部分。

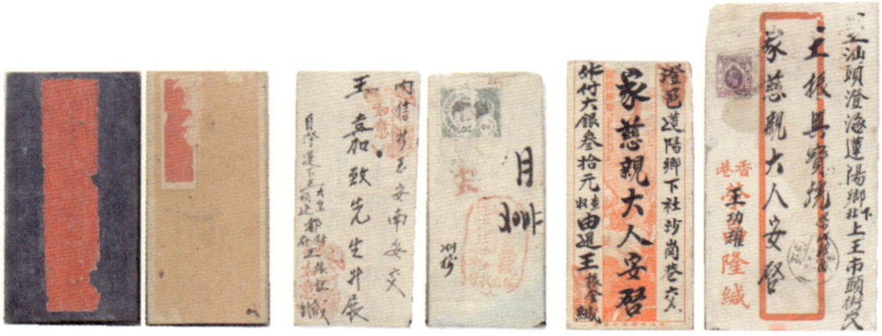

寸楮（左）、寸函（中）、侨批（右）

新山亚依淡佳丽登集团供奉的拿督公庙

新马泰潮人陶瓷业基本是由第一代下南洋的潮人建立起来的。他们自小受潮文化影响，所以潮文化在陶瓷业中也扮演着重要的角色，陶瓷业承载着潮文化，潮文化也对陶瓷业的发展产生深远的影响。新马泰陶瓷业创始之初，潮人作为移民社会的弱势群体，以血缘和乡音为凝聚力，以传统家族式经营模式发展陶瓷业，他们建立起陶瓷业的同业组织，以抱团生存的形式在市场与其他群体展开竞争，获得生存立足的机会，并从家乡招聘亲友参与。这样的发展形式使东南亚的潮人陶瓷业者聚集起来，且数量越来越多，在东南亚形成多个由潮人主导的陶瓷业区域。如新加坡陶瓷经营业基本由潮人垄断经营，在后港、裕廊形成以枫溪人为主的区域性陶瓷产区。马来西亚的古晋缶窑，陶瓷业基本由枫溪人建立起来的，其中尤以黄姓为主，由于陶瓷业的发展而使缶窑成为当地地名，足以证明陶瓷业在当地的影响力之大。马来西亚怡保的陶瓷业主要由潮阳人建立起来的。泰国南邦的陶瓷业基本是由大埔人建立起来的。新马泰三地潮人陶瓷业初期生产工艺基本跟潮州窑一致，善于经商的潮人结合当地文化及市场需求，使陶瓷业得到发展。随着社会的发展和进步，传统家族式经营越来越束缚陶瓷企业的发展，传统技艺传内不传外及管理上只采用家族成员的模式，在很大程度上限制了企业的发展，也造成了很多陶瓷企业在当地经济发展中被淘汰，唯有打破传统格局、与时俱进才能持续发展。移民的第二代大多出生于当地或在当地长大，他们从小接受西方教育，在第一代移民的影响下深受潮文化的影响，也受当地民族文化的影响，所以他们的观念与第一代移民不同，虽然身为潮人，但已经开始将移民地视为第一故乡。在第二次世界大战结束之后，中国华侨政策出台，新马泰等地开始脱离殖民统治走向独立，新马泰潮人纷纷完成本土化过程，陶瓷业也开始进入本土化发展阶段，移民第二代的参与，从观念上和策略上或多或少对陶瓷业产生不同的影响。如泰国叻丕的张培川，继承父亲张松丰创建的陶丰泰，对家族在泰国得到的发展心怀感恩，希望将陶瓷业发展壮大成为当地人们的生活依靠，在当地创建陶瓷公会，并敢于打破传统，让父亲将制瓷技术传授给当地人，使叻丕的陶瓷业得到迅速发展，行业得到壮大，成为当地主要的经济来源，至今仍生生不息地传承着。又如马来西亚的陶业公司和泰国南邦的英达公司，在经过第一代人的打拼之后，留学归来的第二代继承人将先进的设备和管理理念引入企业，为企业带来新鲜的血液，使企业迅速发展，成为行业中的佼佼者。新马泰潮人陶瓷业者从创业的第一代到守业的第二、第三代，虽然每一代人文化认知都不同，但是他们依然深受潮文化的影响，潮人敢于拼搏、刻苦耐劳的精神在每一代潮人的身上都有所体现，并且得到传承。潮文化影响着陶瓷业的发展方向，陶瓷业也成为潮文化在新马泰传播的一个载体。

近代，在下南洋热潮中，潮人以自由移民或契约劳工身份到东南亚从事种植业、商业等，潮商利用汕头港将潮瓷运销至香港，并延伸至新加坡等东南亚国家，构建产销一体化的潮瓷销售网络，并利用种族和文化上的特征组建同业组织维系经营，规范当地经营秩序，有效地构建大盘、二盘、三盘的营销格局，对销量及售价制定了严格的行规。20世纪初，殖民地的华侨经济受到帝国主义国家的挤压与掠夺，只能在经营分散、产业落后的困境中挣扎，迫使东南亚潮人陶瓷经营者转入在地化生产，以潮州窑技艺生产当地需求的日用及生产陶瓷，降低经营成本；自20世纪50年代以来，东南亚潮人多从自由移民变为所在国的公民，进一步为所在国的城市建设、生产需求服务，渐趋认同所在国的文化。华侨经济转化为华人经济，陶瓷业也逐步进入本土化阶段。

20世纪80年代之后，东南亚潮人陶瓷企业的经营遇到了瓶颈期，转型成唯一出路，部分潮人陶瓷业在此时结束经营，也有一部分向多元产业经营转化，由国内发展向国际性投资经营转化，在最大的范围内寻求商机，顺应经济全球化的发展趋势。以侨乡留学生为主体的新移民及双方贸易的发展，再次联结了两地的血缘及业缘，这些新移民为其公司发展增添了新鲜血液，以现代化管理、多元业务发展延续着家族品牌的经营。

今天，东南亚国家的潮人陶瓷业者能够在所在国蓬勃发展，与历史上与祖籍国的血缘、业缘关系及其特殊的文化背景密切相关，这使得他们在进行国际经济活动时更为得心应手。在21世纪海上丝绸之路倡议提出的背景下，我们可以充分利用潮人陶瓷业者与东南亚国家的历史渊源，以文化认同为起点，共同发展为目标，延续并升级与东南亚国家的合作。侨乡陶瓷企业通过广东21世纪海上丝绸之路国际博览会，并利用广交会、高交会等平台推动与沿线国家经济合作，促进“海丝”沿岸国家在人才、技术、资金、市场等方面的合作，寻找新的经济增长点。

参考文献

古籍/方志/报刊/档案资料

1. 托津：《清会典事例·兵部·海禁一》，北京：中华书局 1991 年版。

2. 饶宗颐总纂：《潮州志》，潮州：潮州市地方志办公室 2005 年版。

3. 陈焕章：《国民经济建设运动中之潮汕建设》，1936 年 12 月，汕头市商会档案，档案号 12－9－76，汕头市档案馆藏。

4. 《第四次理监事联席会议议案录》，1946 年 7 月 10 日，汕头市商会档案，档案号 12－9－243，汕头市档案馆藏。

5. 《陶瓷公会省城组召开第四次会议》，1946 年 12 月 31 日，汕头市商会档案，档案号 12－9－243，汕头市档案馆藏。

6. 《汕头市陶瓷业同业公会理监事香港组联席会议》，1947 年 5 月 25 日，汕头市商会档案，档案号 12－9－243，汕头市档案馆藏。

7. 《汕头市陶瓷业商业同业公会理监事暨香港组开紧急联席会议纪》，1947 年 9 月 24 日，汕头市商会档案，档案号 12－9－243，汕头市档案馆藏。

8. 《汕头市陶瓷业商业同业公会广州组第十三次组务会议录》，1948 年 2 月 19 日，汕头市商会档案，档案号 12－9－243，汕头市档案馆藏。

9. 《函请与本会密切联系并惠赠刊物以资借镜由》，1948 年 12 月 2 日拟稿，汕头市商会档案，档案号 12－9－116，汕头市档案馆藏。

10. 《汕头市各类同业公会情形表》，汕头市商会档案，档案号 12－9－13，汕头市档案馆藏。

11. 《汕头市陶瓷业同业公会第一届当选职员名单》，汕头市商会档案，档案号 12－9－253，汕头市档案馆藏。

12. 《第一届第一次理监事联席会议案录》，汕头市商会档案，档案号 12－9－243，汕头市档案馆藏。

13. 《第二次理监事联席会议录》，汕头市商会档案，档案号 12－9－243，汕头市档案馆藏。

14. 《汕头市陶瓷业同业公会章程》，汕头市商会档案，档案号 12－9－253，汕头市档案馆藏。

15. 《马来西亚槟城瓷商公会 1952—1995 年会议记录》，马来西亚槟城潮州商会档案室藏，陈景熙博士提供。

16. 新加坡瓷商公会编：《新加坡瓷商公会会员名录》（内部资料），1990 年。

17. 蔡普熙主编：《北马潮安同乡会成立四十周年纪念特刊：1952—1992》，槟城：北马潮安同乡会 1993 年版。

18. 杨奕凯主编：《泰国工商业调查汇志》，曼谷：大东亚出版社 1956 年版。

19. 25*th anniversary lampang ceramic association*（*directory* 2014—2015），南邦：南邦陶瓷协会 2015 年版。

著作

1. 童子达编：《新加坡各业调查》，新加坡：新加坡南洋工商补习学校 1928 年版。

2. 谢雪影：《潮梅现象》，汕头：汕头时事通讯社 1935 年版。

3. 潘醒农：《马来亚潮侨通鉴》，新加坡：南岛出版社 1950 年版。

4. 王惠：《枫溪陶瓷历史》（内部资料，手抄本），1962 年，潮州市颐陶轩陶瓷文化艺术研究所藏。

5. 新加坡瓷商公会编：《新加坡瓷商公会·庆祝新厦落成暨成立十九周年双庆纪念特刊·一九七零年》，1970 年。

6. 皮尔逊著，《新加坡史》翻译小组译：《新加坡史》，福州：福建人民出版社 1972 年版。

7. 理查德·温斯泰德著，姚梓良译：《马来亚史》（上、下册），北京：商务印书馆 1974 年版。

8. 林水檺、骆静山合编：《马来西亚华人史》，马来西亚留台校友会联合总会 1984 年版。

9. 中国海关学会汕头海关小组、汕头市地方志编纂委员会办公室编：《潮海关史料汇编》（内部资料），1988 年。

10. 朱杰勤：《东南亚华侨史》，北京：高等教育出版社 1990 年版。

11. 颜清湟著，粟明鲜等译：《新马华人社会史》，北京：中国华侨出版公司 1991 年版。

12. 潘醒农：《潮侨溯源集》，新加坡：八方文化企业公司 1993 年版。

13. 萧冠英：《六十年来之岭东纪略》（1925 年广州培英图书印务公司影印），广州：广东人民出版社 1996 年版。

14. 萧效钦、李定国主编：《世界华侨华人经济研究》，汕头：汕头大学出版社 1996

年版。

15. 黄挺：《潮汕文化源流》，广州：广东高等教育出版社 1997 年版。

16. 黄挺、陈占山：《潮汕史》（上册），广州：广东人民出版社 2001 年版。

17. 王琳乾、吴膺雄辑编辑点校，潮汕历史文化研究中心、汕头市文化局、汕头市图书馆：《潮汕交通运输资料》，2003 年。

18. 郑可茵、赵学萍、吴里阳编辑点校，潮汕历史文化研究中心、汕头市文化局、汕头市图书馆：《汕头开埠及开埠前后社情资料》，2003 年。

19. 黄昆章、张应龙：《华侨华人与中国侨乡的现代化》，北京：中国华侨出版社 2003 年版。

20. 广东省人民政府参事室等编：《海上丝路文化新里程——珠江文化工程十年巡礼》，香港：中国评论文化有限公司 2003 年版。

21. 黄挺主编：《潮学研究》（第 11 辑），汕头：汕头大学出版社 2004 年版。

22. 潮州陶瓷志编委会，杨光远总编纂：《潮州陶瓷志》，潮州：潮州市地方志办公室 2005 年版。

23. 袁光明主编：《大埔陶瓷》，广州：广东人民出版社 2008 年版。

24. 林远辉、张应龙：《新加坡马来西亚华侨史》，广州：广东高等教育出版社 2008 年版。

25. 林济：《潮商史略》，北京：华文出版社 2008 年版。

26. 菲利普·D. 柯丁著，鲍晨译：《世纪历史上的跨文化贸易》，济南：山东画报出版社 2009 年版。

27. 陈剑虹：《槟榔屿潮州人史纲》，槟榔屿：槟榔屿潮州会馆 2010 年版。

28. 施坚雅著，许华等译：《泰国华人社会：历史的分析》，厦门：厦门大学出版社 2010 年版。

29. 陈龙春译：《南邦陶瓷 2002》，《南邦上善堂德教会紫南阁成立五十周年五彩金禧大典纪念特刊》，南邦：南邦紫南阁 2010 年版。

30. 崔丕、姚玉民译：《日本对南洋华侨调查资料选编（1925—1945）》（第一辑），广州：广东高等教育出版社 2011 年版。

31. 孙承译：《日本对南洋华侨调查资料选编（1925—1945）》（第二辑），广州：广东高等教育出版社 2011 年版。

32. 姚玉民、崔丕、李文译：《日本对南洋华侨调查资料选编（1925—1945）》（第三辑），广州：广东高等教育出版社 2011 年版。

33. 陈达：《南洋华侨与闽粤社会》，北京：商务印书馆 2011 年版。

34. 郑国藩：《似园文存》（1935 年刊印），潮州：广东省金山中学潮州校友会 2013 年影印版。

35. 李炳炎：《枫溪潮州窑（1860—1956）》，广州：岭南美术出版社 2013 年版。

36. 杨婺琍编：《地方史研究与华人身份认同（学术研讨会论文集）》，古晋：砂拉越华族文化协会 2014 年版。

37. 李炳炎：《潮瓷下南洋》，深圳：深圳报业集团出版社 2015 年版。

38. 北京艺术博物馆编：《中国潮州窑》，北京：中国华侨出版社 2015 年版。

39. 李炳炎：《潮州窑历代茶具》，深圳：深圳报业集团出版社 2016 年版。

论文

1. 汤姆·哈里森：《在西婆罗洲发现的出口瓷》，《东方美术》1959 年第 2 期。

2. 韩槐准：《中国古陶瓷在婆罗洲》，南洋学会编：《南洋学报》（第十卷第二辑），台湾：成文出版社 1985 年版。

3. 刘强：《婆罗洲土著的风俗》，南洋学会编：《南洋学报》（第十卷第二辑），台湾：成文出版社 1985 年版。

4. 何纪生：《从饶平九村窑址说到明清时期粤东地区的外销青花瓷器》，陈历明编：《潮汕考古文集》，汕头：汕头大学出版社 1993 年版。

5. 苏琴达：《泰国的陶瓷工业》，《陶瓷研究》1996 年第 44 期。

6. 章卫卫：《新加坡的龙窑》，《陶瓷研究》2000 年第 15 卷第 4 期。

7. 李益杰：《海外潮汕华侨华人集中于泰国的原因浅析》，《东南亚》2004 年第 1 期。

8. 蔡鸿生：《唐代潮州鳄鱼滩上的昆仑奴》，黄挺主编：《潮学研究》（第 11 辑），汕头：汕头大学出版社 2004 年版。

9. 陈贤武整理：《民国时期枫溪陶瓷资料三则·杜重远〈汕头与潮州〉》，政协潮州市委员会文史编辑组编：《潮州文史资料》（第 23 辑）（内部资料），2003 年。

10. 陈贤武整理：《民国时期枫溪陶瓷资料三则·林适民〈枫溪陶瓷业〉》，政协潮州市委员会文史编辑组编：《潮州文史资料》（第 23 辑）（内部资料），2003 年。

11. 林煜堂：《砂拉越华人的文明》，杨婺琍编：《地方史研究与华人身份认同——学术研讨会论文集》，古晋：砂拉越华族文化协会 2014 年版。

后　记

2005年，在黄挺老师的指导下，我开始接触潮人陶瓷业者的口述历史。访谈中，他们不断提及与东南亚的贸易关系。2010年，机缘巧合下，我接触到新加坡陶光龙窑经营者陈德育先生，并与其进行访谈，自此开始了我的东南亚潮人陶瓷业探索之路。由于浓厚的兴趣，近十年来，我多次到新马泰实地考察潮人陶瓷业者的创业、经营情况，对他们的经营脉络的理解也越来越深入。我认为近代东南亚潮人陶瓷业是潮州窑史的一个重要部分，近当代的潮州陶瓷史应包括海内外所有潮人陶瓷业者的共同成果。

18世纪中叶，在工业化的推动下，欧洲瓷业迅速发展，形成独特的工艺装饰风格和艺术审美趣味，日本瓷业步其后得以发展，洋瓷逐步扩张其市场。19世纪之后，洋瓷对世界的倾销严重打击了走向低谷的中国瓷业，中国虽组建江西瓷业公司、湖南瓷业公司等以图对抗洋瓷，但因种种原因难敌洋货。汕头港成为对外通商口岸之后，东南一隅的潮州陶瓷业依临港优势孤军奋起，以枫溪、高陂、九村为主的瓷产区得到发展。在贸易上，“潮人下南洋”促使潮瓷外销，中国汕头、香港及新加坡等地的潮人瓷商公会使潮籍瓷商立足于这些新兴埠市，转销潮瓷；在生产上，枫溪陶瓷业者从原料、装饰、造型、烧造等方面入手改良产品，与如日中天的洋瓷展开竞争。潮瓷业者抓住“一战”期间及“二战”后的契机，将大量产品投放东南亚一带，填补市场需求缺口，同时为适应东南亚种植业的发展，潮人就地生产胶杯、胡姬花盆等生产用陶以及公鸡碗、缸、瓮等日用陶瓷，遂成新马泰潮人陶瓷业的开端。20世纪50年代之后，国际环境风云变幻，新中国成立、东南亚民族解放运动与国家独立后，新马泰潮人陶瓷业者为适应业态变化，配合所在国经济发展，在生产技术与产品风格上融汇中西。同时，新加坡以其港口优势成为潮瓷转销的重要推手，新马泰陶瓷业者经历了长期的艰苦创业和对潮文化的坚守，终以超强的适应能力，获事业成功。当代，新马泰潮人陶瓷业在全球化背景下，经过三代人的传承，他们始终秉承守信勤俭的品质，灵活应变地经营，使家族企业成为百年老字号，凭其知名品牌，或家族经营，或经营社会化立足于业界，成为行业翘楚。百年来，海外潮人陶瓷业先驱者的创业经历，为当今“一带一路”所倡议的通过互联互通、产能合作、人文交流，使中国与沿线国家、地区互利共赢、共同发展，提供了积极的借鉴意义。

鉴于以上认识，我深知自己才疏学浅而倍加努力，全身心投入近当代东南亚潮人陶瓷业资料的收集、整理与研究中。特别是在目前的国际环境下，潮人陶瓷业者已融入国际社会，虽然先辈的创业史成为他们企业文化的一部分，但第三、第四代经营者穷于应对激烈的市场竞争，淡化了对企业历史的记录、整理，这段历史在企业发展中越来越模糊，所以我倍感整理这段历史的迫切性和重要性，希望借拙作出版，抛砖引玉，能够取得更多的相关材料和引起更多学者的关注，亦期盼能将这一课题研究引向深入。

在本书出版之际，特别鸣谢中国古陶瓷学会名誉会长、原中国古外销陶瓷研究会长、厦门大学教授叶文程先生为拙著赐题书签；中山大学教授曾骐先生为拙著作序，还有以下热心人士及机构（排名不分先后）：

潮州口述者：朱莲笋先生、曾俊茂先生、佘梓楷先生、陈德衍先生、佘翠翡女士、林道昭先生。

新加坡口述者：吴景忠先生、吴景恭先生、吴荣璋先生、黄玉武先生、陈德育先生、陈俊文先生、李正发先生、卢裕丰先生、林树炳先生、蔡树祥先生、蔡树金先生、蔡叶甜女士、吴为礼先生、吴义亮先生、吴义明先生、佘祥如先生。

马来西亚口述者：陈宗正先生、陈宗禧先生、陈崇德先生、黄龙河先生、黄龙华先生、黄彩真女士、黄细妹女士、吴文星先生、陈镇源先生。

泰国口述者：邱玉锐先生、谢源茂先生、詹集成先生、张培川先生、吕玉昌先生、陈奋生先生、陈如平女士、吴安乐先生。

资料提供机构：汕头市档案馆、香港政府档案处历史档案馆、新加坡档案馆、新加坡瓷商公会、新加坡怀德联谊社、新加坡潮州八邑会馆、新加坡醉花林俱乐部、马来西亚槟城潮州商会档案室、泰国潮州会馆文物图书馆、泰国潮安同乡会南邦分会、泰国南邦陶瓷业同业公会。

资料提供者：黄玉武博士、陈剑虹先生、黄挺老师、李志贤教授、陈景熙博士、吴崇正先生、佘树进先生、吴家璧女士、吴淑珍女士、吴承义先生、陈嘉琳女士、陈贤武先生等。

主　　编　张永安
副 主 编　沈克华
参编人员　高运胜　舒　红　聂开锦　顾寒梅　江　静

吴百福、徐小薇、聂清主编《进出口贸易实务教程》配套用书

进出口贸易实务教程

习题集（修订版）Import & Export Practice

格致出版社　上海人民出版社

修订版前言

“国际贸易实务”是国际经贸专业学生的一门重要课程。要学好本课程，做相应的练习是必需的功课，本书正是提供了这样一种练习的载体。

这本习题集初版以来，其成书的依据也在发生变化——《进出口贸易实务教程》出版了第七版。与此同时，我们也发现了习题集中存在的一些问题，例如一些容易引起歧义的不准确的表述，以及一些笔误。借此次修订版的机会，我们尽力去发现、消除这些错误，完善习题集的内容。

在完成本书修订版的过程中，我们所承担的上海对外经贸大学“国际贸易实务”课程作为国家精品资源共享课已经在“爱课程中国大学 MOOC”(www.icourse163.org)上正式上线，向全国各高校大学生和社会企业人士免费开放学习。平台提供丰富的教学视频，对 30 多个外贸核心业务环节进行讲解，并选取大量企业在进出口业务中遇到的鲜活实例进行专题案例分析。另外平台还配备了课件、单元习题测试和案例库供学员学习参考。学习中遇到问题，学员可以在平台“讨论区”与老师进行交流互动。欢迎读者浏览和批评。

参加本书修订工作的教师除正副主编以外还有：高运胜、舒红、顾寒梅、江静。希望使用本习题集的读者继续给予我们指正和帮助，以使这本书做得更好些。

张永安　沈克华

前 言

本书作者所在的国际经贸学院国际经贸专业是上海对外经贸大学的传统优势专业。长时间以来我们在学校、学院指导下，专注专业建设，亦取得了一些成绩：2007年我专业获国家教育部特色专业建设项目，2008年“国际贸易实务教研室”被评为上海市第一届市级教学团队，2012年获上海市教委“国际经贸专业综合改革”立项，2012年接受上海市教育评估院的评估后，于2013年4月被上海市教委授予“优秀专业”称号；多门课程是上海市精品课程或上海市高校示范性英语教学课程，其中“国际贸易实务”在2010年成为国家精品课程，2013年获评国家级精品资源共享课，2016年获评上海市优质在线课程、2018年验收获评优秀。

“国际贸易实务”是国际经济与贸易专业的一门重要的专业课，在我校各专业教学中亦属必修课。由于本课的实用性，因此历来受到本校包括国际经贸专业在内的各专业学生的重视。我校“国际贸易实务”课程采用的教科书是曾获上海市优秀教材奖的《进出口贸易实务教程(第七版)》(吴百福、徐小薇主编，格致出版社、上海人民出版社2015年版)。在长期的教学实践中，我们也深刻地注意到要较好地掌握本课的知识，不仅需要做好课堂学习，课后的练习亦属重要环节。为帮助学习本课的学生能够在完成课后练习工作时有一个较好的平台，国际贸易实务教研室的几位教师以教科书为依据编写了这本习题集。在编写过程中，为了能够让学生更多地了解与掌握相关知识，我们参考了学界同仁的著述并在参考文献中予以列明，借此机会向学界同仁致谢。习题集习题内容的设计，以课程核心知识为要点，注重实用性；题型设计满足课程考核的需要。

参加本书编写的教师及其承担的工作如下述：高运胜(1至3章、16至19章)、舒红(10至15章)、沈克华(4至6章)、聂开锦(7章、20至30章)、顾寒梅(9章)、江静(8章)。由张永安负责本书策划、框架设计以及统稿、定稿；沈克华提供协助。我们希望学生通过本习题集的使用，能够扎实掌握国际贸易实务课程的知识并加以应用。欢迎读者对本习题集可能存在的错误提出批评。

目 录

第三篇 货物的交付

第四篇 货款的结算

第五篇 争议的预防与处理

第六篇　出口交易磋商、合同订立和履行

第七篇　进口贸易

第八篇　贸易方式

第一篇

合 同 的 标 的

第一章　商品的名称和质量

学习目标：了解商品名称与商品质量的含义及其表示方法，熟悉采用实物样品与文字说明表示商品质量所适用的条件，掌握质量机动幅度与质量公差在合同条款中的运用。

一、单项选择题

1. 在品名质量条款的规定上，对比较难掌握其品质的工业制成品或初级产品，一般在合同中会规定(　　)。
   A. 溢短装条款　　B. 增减价条款
   C. 品质公差或品质机动幅度　　D. 以毛作净
2. 凭卖方样品成交时，应该留存(　　)以备交货时候核查之用。
   A. 回样　　B. 复样　　C. 参考样品　　D. 对等样品
3. 合同中质量机动幅度条款一般适用于(　　)交易。
   A. 工业制成品　　B. 初级产品　　C. 机电产品　　D. 精密仪表
4. 在国际贸易中，造型上有特殊要求或具有色香味方面特征的商品适合于(　　)。
   A. 凭样品买卖　　B. 凭规格买卖
   C. 凭等级买卖　　D. 凭产地名称买卖
5. 若合同规定有质量公差条款，则在公差范围内，买方(　　)。
   A. 不得拒收货物　　B. 可以拒收货物
   C. 可以要求调整价格　　D. 可以要求损害赔偿
6. F.A.Q 标准是指(　　)。
   A. 适于商销　　B. 上好可销品质　　C. 质量劣等　　D. 良好平均品质
7. 目前我国出口的某些工艺品、服装、轻工业品等常用来表示质量的方法是(　　)。
   A. 凭样品买卖　　B. 凭规格买卖
   C. 凭等级买卖　　D. 凭产地名称买卖
8. 凭样品买卖时，如果合同中无其他规定，那么卖方所交货物(　　)。
   A. 可以与样品大致相同
   B. 必须与样品完全一致

C. 允许有合理公差

D. 允许在包装规格上有一定幅度的差异

9. 凡货、样难以达到完全一致的，不宜采用(　　)。

A. 凭说明买卖　B. 凭样品买卖　C. 凭等级买卖　D. 凭规格买卖

10. 具有地方风味和特色的土特产品适合采用的表示质量的方法为(　　)。

A. 说明书图样　B. 产地名称　C. 规格等级标准　D. 商标牌号

11. 在国际贸易中，技术密集型的机器设备、精密仪器仪表等产品适应的质量表示方法为(　　)。

A. 说明书图样　B. 商品牌号　C. 样品　D. 规格等级标准

12. 国际贸易合同中既采用规格又采用样品买卖的，则出口方交货商品质量要求(　　)。

A. 只需要符合规格要求　B. 只需要符合样品要求

C. 选择两者中要求较高者　D. 两者要求均需要满足

13. 对外订立品质条款对应注意的问题不正确的是(　　)。

A. 根据商品不同特点确定不同的表示方法

B. 表明商品品质的文字要准确

C. 尽量规定品质公差或机动幅度

D. 尽量以最高标准规定品质

14. 在国际贸易中对一些品质稳定的工业制成品或经过科学加工的初级产品，表示质量的方法是(　　)。

A. 凭规格买卖　B. 凭样品买卖

C. 凭说明书买卖　D. 凭商标或牌号买卖

15. 我某进出口公司拟向马来西亚客商出口服装一批，在洽谈合同条款时，就服装的款式可要求买方提供(　　)。

A. 样品　B. 规格　C. 商标　D. 产地

16. 拍卖通常使用货物质量表示方法为(　　)。

A. 看货买卖　B. 凭买方样品买卖

C. 凭卖方样品买卖　D. 凭商标牌号买卖

17. “龙口粉丝”中用来表明商品品质的方法是(　　)。

A. 凭商标或品牌　B. 凭标准　C. 凭规格　D. 凭产地名称

18. 质量公差条款一般用于(　　)。

A. 制成品交易　B. 初级产品交易

C. 纺织品交易　D. 谷物类产品交易

19. 卖方根据买方提供的样品加工复制出一个类似的样品供买方确认，经确认的样品叫(　　)。

A. 复样　B. 回样　C. 参考样品　D. 卖主样品

20. 出口方在接到国外来样后，提供“对等样品”供买方确认。这样就把来样成交转变为(　　)。

A. 凭买方样品成交　　B. 凭卖方样品成交

C. 凭参考样品成交　　D. 看货买卖

二、多项选择题

1. 商品质量机动条款通常包括(　　　)。

A. 对商品主要质量指标规定一定的机动范围

B. 规定质量指标上下差异

C. 规定质量规格上下限

D. 质量差异增减价条款

E. 采用大约、左右、合理误差等表示质量指标

2. 凭产地名称或凭地理标志买卖适用的产品为(　　　)。

A. 梅林牌草莓酱　　B. 法国香水

C. 中国东北大米　　D. 绍兴花雕酒

E. 特珍眉一级绿茶

3. 采用样品表示商品质量应该注意的问题有(　　　)。

A. 采用样品要能够反映所代表商品的整体质量

B. 为了避免双方在履约过程中产生质量争议，必要时可以采用封样

C. 一旦样品成为双方履行合同的质量依据，卖方要承担交付货物质量与样品完全一致的责任

D. 卖方难以保证交货质量与样品完全相同，则磋商订约时应约定交货质量与样品相似或大致相同

E. 卖方所交货物质量与样品不一致，买方只有权提出索赔不能拒收货物

4. 合同中约定品名质量条款时应该注意的问题有(　　　)。

A. 为了防止品质纠纷，合同中品质条款应尽量明确具体，避免笼统含糊

B. 品名质量条款制定要明确具体，且要切合实际，避免过高、过低、过繁或过细

C. 对难以保证交货质量与合同规定内容完全一致的，应该制定质量机动幅度条款或质量公差

D. 采用样品买卖时，除了列明商品名称，还应列明达成交易样品的编号及寄送日期

E. 合同中采用样品与文字说明表示商品质量，则卖方需要承担交货质量既符合文字说明又符合样品的责任

5. 出口凭卖方样品成交时，卖方应注意(　　　)。

A. 所交货物的品质必须与样品一致

B. 所提供的样品应充分代表日后所交的整批货物质量

C. 争取按对等样品成交
D. 留存一份或数份同样品质的样品，即复样
E. 向买方说明样品仅供其购买时参考

6. 在规定品名质量条款时注意(　　　　)。
A. 必须考虑品名与运费的关系　　B. 尽可能使用国际上通用的名称
C. 正确反映商品的品质和使用性能　　D. 以海关税目表中的品名为准
E. 必须做到内容明确、具体

7. 商品的内在品质包括(　　　　)。
A. 透明度　　B. 化学成分　　C. 机械性能　　D. 生物特征
E. 色泽

8. (　　　　)是以文字说明来表示商品质量的方法。
A. 凭说明书及图样买卖　　B. 凭样品买卖
C. 凭规格买卖　　D. 凭等级买卖
E. 凭产地名称买卖

9. 对等样品又被称为(　　　　)。
A. 参考样品　　B. 回样　　C. 确认样　　D. 复样
E. 封样

10. 根据《联合国国际货物销售合同公约》规定，卖方违反合同品名质量条款的法律后果为买方有权(　　　　)。
A. 要求损害赔偿　　B. 拒收货物
C. 拒收货物且提出索赔　　D. 拒收货物不能要求损害赔偿
E. 要求损害赔偿而不能拒收货物

三、填空题

1. 商品质量是指商品的________和________的综合。

2. 质量机动幅度的规定办法有三：(1)________；(2)________；(3)规定上下差异。

3. 如果双方采用样品作为商品质量标准，则卖方交货要与________一致，若采用文字说明表示商品质量，则卖方交货需要与________相一致，若采用说明书和图样表示商品质量，则卖方交货需要和________相一致。

4. 国际货物买卖中对于不能够准确说明货物的品质，往往采用________表示其质量；对于能够采用指标体系清晰表示其质量的，采用________表示商品的质量。

5. 采用来样成交时，卖方需要充分考虑所需的原材料供应、加工技术、设备和生产安排的可行性，此外还需要防止被卷入侵犯________的纠纷。

6. 买卖双方采用凭等级表示商品品种时，双方对交易商品等级理解一致时，只需要在合同中明确等级即可，但是对于双方不熟悉的等级内容，则最好明确每一等级的________。

四、判断解释题

(　　) **1.** 根据《联合国国际货物销售合同公约》规定，卖方所交付货物名称或者质量不符合合同约定，买方有权提出损害赔偿，甚至拒收货物或者宣告合同无效。

(　　) **2.** 买卖双方采用样品和规格作为合同中商品品质的表示方法，则卖方所交货物只需要符合样品而不需要考虑规格要求。

(　　) **3.** 质量机动幅度一般适用于工业制成品，而初级产品适用于品质公差表示合同中商品质量差异允许范围。

(　　) **4.** 某外商来电要求我方提供东北大豆一批，规格为含油量 20%，含水分 15%，不完善粒 6%，杂质 1%来订立合同，对此一般情况下我方可以接受。

(　　) **5.** 在约定的质量机动幅度或质量公差范围内的质量差异，除非另有规定，一般不另行增减价格。

(　　) **6.** 凭卖方样品洽谈业务，卖方在对外寄送样品的同时，应该留存一份或数份同样的样品，即复样，已备将来组织生产、交货或处理质量纠纷时作核对之用。

(　　) **7.** 采用色样或者款式样表示商品品质时，应该反映其所代表商品的整体质量。

(　　) **8.** 当卖方不能保证所交付货物与样品完全一致时，在订立合同时候应该约定交货质量与样品相似或大致相同，并在合同中明确加以规定。

(　　) **9.** 凭文字说明表示商品质量方法中，凭规格买卖使用最为广泛。

(　　)**10.** 为了提高交货的灵活性，在规定货物质量指标时应该可以采用“大约”、“左右”及“合理误差”等用语。

(　　)**11.** 对外寄送参考样品，一般不作为双方交货时的质量依据，但也需要慎重对待，力求做到日后交货的质量与参考样品相接近。

(　　)**12.** 采用表示商品质量的方法应该根据商品的特点、市场习惯和实际需要，适当地选用适合于有关商品的表示质量方法，以利于销售，并维护自身利益。

(　　)**13.** 采用凭产地名称或者地理标志表示商品独特的品质，不需要考虑知识产权的问题。

(　　)**14.** “CCC”认证属于中国强制认证，是国家对强制性产品认证统一的标志。

(　　)**15.** 在出口凭样品成交业务中，为了争取国外客户，便于达成交易，出口企业应尽量选择质量最好的样品请对方确认并签订合同。

(　　)**16.** 国际货物买卖合同中规定品名条款应该明确具体，尽可能采用国际通用的名称，且方便于进出口。

五、名词解释

1. 商品质量　**2.** 凭样品买卖　**3.** 回样　**4.** 良好平均品质　**5.** 质量机动幅度　**6.** 质量公差

六、简答题

1. “代表性样品”与“参考样品”有何不同?

2. 采用“凭买方样品成交”应该注意的问题有哪些?将“买方样品”改为“对等样品”的作用何在?

3. 国际货物买卖合同中订立质量条款应该注意哪些问题?

七、案例分析题

1. 我某公司与英商凭样成交一批高档瓷器,复验期为60天,货到国外经英商复验后未提出任何异议。但事隔一年买方来电称瓷器全部出现“釉裂”,只能削价销售,要求我方按原成交价赔偿60%,我接电后立即查看留存之复样,亦发现釉下有裂纹。问我方公司是否应该赔偿?

2. 我A公司曾向外商B公司出售一批农产品。成交前,该公司给外商寄送过样品。签约时,在合同品质条款中规定了商品的具体规格含水:最高15%,含杂质:最高3%。签约后,卖方经办人员又主动电告买方,确认“成交商品与样品相似”。在货物装运前,中国进出口商品检验检疫局进行了检验并签发了品质规格合格证书。但该批货物运到目的地后,买方认为,所交货物质量比样品低,要求减价。卖方认为,合同并未规定凭样成交,而且所交货物经检验符合约定的规格,故不同意减价。于是买方便请当地检验机构检验,出具了交货质量比样品低7%的证明,并据此提出了索赔要求,卖方拒赔。由于合同中未规定仲裁条款而发生争议后,双方又达不成仲裁协议,买方遂请中国仲裁机构协助处理解决此案争议。鉴于签约前卖方给买方寄送过样品,签约后,卖方又主动确认“交货与样品相似”且存样已经遗失,故在仲裁机构的协调下,由卖方赔付买方质量差价的办法了结此案。你认为中国仲裁机构会这样处理的理由如何?我方应该吸取哪些教训?

3. 我某公司通过香港商人与法国巴黎某公司凭商标牌号成交一批商品,合同由巴黎某公司签字,港商要求我方寄样品至香港及巴黎总公司各一份,此后接到法商开立信用证,证内规定:买方巴黎总公司认可样品证明作为议付单据之一,我方经办人员未提出异议,将货物装运出口,仅凭该香港分公司样品认可证明送银行议付,遭开证行拒付。问我方应该接受什么教训?

4. 我某出品公司向美国出品自行车3 000辆,合同规定:黑色、墨绿色、湖蓝色各1 000辆,发运时才发现墨绿色车的库存仅有950辆,于是便以黑色车50辆顶替。问出口方做法是否合适?

5. 我A公司按凭样品成交的方式,从国外B公司进口饲料用谷物,由于B交货品质太好,使A公司的国家海关误以为是供人食用的谷物而课以重税,使A商增加了税收负担。因此,A要求B赔偿因交货品质与样品不同而造成的关税差额损失。问如上诉到法院,将如何判决,原因如何?

八、操作题

审核合同中的品质条款并结合贸易实际对不合适之处进行更改。

DESCRIPTION OF GOODS：

CHINESE NORTHEAST SOYBEAN，2011 CROPS，GRADE A

MOISTURE：14%

OIL CONTENT：28%

PROTEIN：14.5%

IMPURITY：2%

BROKEN PART：5%

参考答案

一、单项选择题

1. C　**2.** B　**3.** B　**4.** A　**5.** A　**6.** D　**7.** A　**8.** B　**9.** B　**10.** B　**11.** A　**12.** D　**13.** D　**14.** A　**15.** A　**16.** A　**17.** D　**18.** A　**19.** D　**20.** B

二、多项选择题

1. ABC　**2.** BCD　**3.** ABCD　**4.** ABCDE　**5.** ABD　**6.** ABCDE　**7.** ABCD　**8.** ACDE　**9.** BC　**10.** ABC

三、填空题

1. 外观形态；内在品质　**2.** 规定范围；规定极限　**3.** 样品；文字说明；说明书与图样　**4.** 样品；文字说明　**5.** 知识产权　**6.** 具体规格

四、判断解释题

1. √。根据《联合国国际货物销售合同公约》规定，卖方交货不符合合同约定，买方有权提出拒收货物、宣告合同无效并提出损害赔偿。

2. ×。两者都需要符合。

3. ×。工业制成品一般采用质量公差，而初级产品一般采用质量机动幅度。

4. ×。质量条款缺乏机动幅度，对卖方交货带来不便。

5. √。在规定的差异范围内，通常不另外约定价格增减。

6. √。卖方寄送样品需要留存备份，称为复样，以备将来之用。

7. ×。色泽样或者款式样不能代表货物的整体质量。

8. √。当卖方交货品质与样品不能完全一致时，可以约定相似或者大致相同，以免产生品质争议。

9. √。凭规格买卖相对比较明确具体，发生争议比较少，故在国际货物买卖中使用最为广泛。

10. ×。国际货物买卖合同中对于品质约定一般应该明确具体，不要采用模糊约定以避免产生争议。

11. √。虽是参考样品但是交货质量也应该与参考样品接近，不能存在很大偏差。

12. √。商品品质的表示方法应该结合商品特点和对方需要灵活恰当采用。

13. ×。产地名称和地理标志也属于知识产权的内容，需要在国际货物买卖合同中加以考虑。

14. √。“CCC”认证是中国对强制认证质量产品的统一标志。

15. ×。凭样品成交卖方交货要和样品一致，且样品要能够代表所交商品质量。

16. √。国际货物买卖合同中品名条款既要明确具体，最好能够采用国际通用的名称，且选择便于通关、降低相关税费的名称。

五、名词解释

1. 商品质量：是商品的外观形态和内在品质的综合。外观形态是通过人们的感觉器官可以直接获得商品的外形特征；内在品质则是指商品的物理性能、化学成分、生物特征、技术指标和要求等。

2. 凭样品买卖：是指买卖双方贸易协商时，由卖方或者买方提出少量足以代表商品质量的实物作为样品，要求对方确认，样品一经确认便成为买卖双方交接货物的质量依据。

3. 回样：在实际业务中，如卖方认为按照买方来样供货没有切实把握，卖方可根据买方来样仿制或从现有货物中选择品质相近的样品提交给买方，这种样品称为对等样品或者回样。

4. 良好平均品质：是指同业公会或检验机构从一定时期或季节、某地装船的各批货物中分别抽取少量实务加以混合拌制，并由该机构封存保管，以此实物显示的平均品质水平，作为该季节同类商品质量的比较标准，习惯上称之为“大路货”。

5. 质量机动幅度：是指对特定质量指标在一定幅度内可以机动，具体方法有规定范围、极限和上下差异三种，主要适用于表示初级产品，及某些工业制成品的质量指标。

6. 质量公差：是指允许交付的货物的特定指标有在公认的一定范围内的差异。交货质量在此范围内即可认为与合同相符。

六、简答题

1. 卖方提交能充分代表日后整批交货质量的少量实物，称之为代表性样品，即原样、标准样品，作为双方成交履行合同的依据，卖方承担交付货物质量与样品完全一致的责任，否则买方有权提出索赔甚至拒收货物。

而参考样品是指卖方用文字说明表示质量时，为了使买方进一步了解商品的实际质量，增加感官认识，向买方寄送一些参考样品，作为卖方宣传介绍用，仅供对方作为决定是否购买的参考，不作为交货的质量依据。

2. 凭买方样品成交又称为来样成交，在确认来样成交之前，出口方需要了解特定产品所需要的原材料供应、加工工艺、设备和生产安排的可能性，以确保日后履约，此外还要防止出现的知识产权纠纷。

卖方对于按照买方提供样品供货没有切实把握，可根据买方来样仿制或从现有货物中选择品质相近的样品提交买方，成为对等样品，对等样品就等于把凭买方样品成交变为凭卖方样品成交，这样能够更好地和卖方交货能力相匹配，更有利于卖方对产品生产的原料、制造设备、生产技术和工艺及交货时间作出相应的合理安排。

3. 根据商品的特性来确定表示品质的方法，表示品质的方法应视商品特性而定，最好避免订得过于繁琐导致生产和交货的困难；同时品质条款的订立应科学、合理。在规定品质条款时，用词须简单、具体、明确，切忌使用“大约”、“左右”、“合理误差”等含糊的字眼，避免引起纠纷。要从生产实际出发，防止把品质条款订得过高或过低，给生产或交货造成困难或影响销售。此外，为了防止以后质量方面产生纠纷，最好在合同中约定买方对货物进行复验的时间限制，即买方向卖方索赔的截止时间。

七、案例分析题

1. 我方不应该赔偿。因为合同约定货物复验期为60天，而对方在60天内复验合格没有提出质量异议，错过索赔的最后期限。

2. 我方应该赔付对方差价，因为虽然合同中没有约定采用样品买卖，但是事后我方寄送样品给对方，并声明所交货物与样品相似，对方也没有提出反对意见，这属于对于合同内容的补充。我方交货确实与提交样品存在较大质量差异，应该承担相应的赔偿责任。

我方如果事先没有约定采用凭样品成交，通常不应该另外约定。如果双方另外约定采用样品，则卖方交货与合同约定及样品均需要一致。

3. 我方应该遵照信用证规定，提交巴黎总公司出立的样品证明作为议付单据，做到单证一致，否则开证行有权拒付。

4. 出口方做法存在不妥。自行车外观形态属于货物品质方面的内容，品质方面违反合同规定属于违约。

5. 我方应该承担关税差额损失，出口方应该按照合同约定提交货物，不能低于或者高于约定标准，否则构成违约。

八、操作题

初级产品品质应该有相应的机动幅度，故应该修订为：

MOISTURE：≤14%

OIL CONTENT：≥28%

PROTEIN：≥14.5%

IMPURITY：≤2%

BROKEN PART：≤5%

第二章　商品的数量

学习目标：熟悉国际贸易中数量的计算方法，尤其是重量的计算方法及计量单位，了解散货及非散货的区分，重点掌握合同中数量条款的溢短装条款，及价格变化对于卖方装运数量增减所产生的影响。

一、单项选择题

1. 对于价值较低、外包装重量较轻的初级产品，往往采用（　　）计算其重量。

A. 以毛作净　　B. 净重　　C. 法定重量　　D. 公量

2. 对于大批量交易的散装货，因比较难掌握货物重量，通常会在合同中规定（　　）。

A. 质量公差条款　　B. 溢短装条款

C. 质量机动幅度条款　　D. 仓至仓条款

3. 根据《联合国国际货物销售合同公约》规定，合同中货物重量没有注明采用毛重还是净重时候，应该采用（　　）计算。

A. 毛重　　B. 以毛作净　　C. 公量　　D. 净重

4. 在交货重量前加"约"或者"大约"字样，根据 UCP600 规定，这种约定为交货重量不超过（　　）增减幅度。

A. 10%　　B. 5%　　C. 15%　　D. 2%

5. 根据《联合国国际货物销售合同公约》的规定，买方如果收取了卖方多交的货物，若双方合同中没有约定计价标准，则多收部分货物的计价应按（　　）。

A. 合同价　　B. 装船日的市场价格

C. 到货日的市场价格　　D. 买方可以免费收取多交部分

6. 在国际贸易中，对生丝、羊毛、棉花等有较强的吸湿性商品，其计量办法通常为（　　）。

A. 毛重　　B. 净重　　C. 公量　　D. 理论重量

7. 运输部门计算吨位时一般按（　　）。

A. 毛重　　B. 净重　　C. 习惯皮重　　D. 平均皮重

8. 出口一批大宗产品，国外来证规定："数量 10 000 公吨，散装，总金额为 100 万美元，禁止分批装运。"根据 UCP600 规定，卖方交货数量可以（　　）。

A. 数量与金额均不得增减

B. 数量与金额在10%幅度以内增减

C. 数量与金额均可以在5%幅度范围内增减

D. 数量与金额均可以在5%幅度以内增减，但不得超过信用证总金额

9. 我方向国外出口某商品50公吨，合同规定数量可增减10%，机动幅度内溢短装采用合同价格。卖方交货时市场价格呈上涨趋势，通常我方最可能交货（　　）。

A. 45公吨　　B. 50公吨　　C. 55公吨　　D. 40公吨

10. 某卖方同意以每公吨300美元的价格向买方出售1 200公吨一级大米，麻袋包装，合同和信用证金额都为36万美元。但卖方实际交付货物时，大米的价格已发生了波动。因价格波动，一级大米的价格是350美元/公吨，而三级大米的价格为300美元/公吨，则（　　）。

A. 卖方可交三级大米替代一级米

B. 卖方应按合同规定交货

C. 因价格波动卖方可按比例少交5%的货物

D. 卖方可以多交5%货物，且采用市场价格

二、多项选择题

1. 下列计量单位计量货物表明是散装货物的是（　　）。

A. 100M/T 矿砂　　B. $100M^3$天然气

C. 1 000YARDS 布　　D. 1 000PIECES 服装

E. 100BAGS 棉花

2. 在货物买卖合同中，数量机动幅度的选择权可由（　　）行使。

A. 船方　　B. 卖方　　C. 买方　　D. 中间商

E. 开证行

3. 溢短装条款主要包括（　　）。

A. 数量机动幅度　　B. 机动幅度选择权

C. 交货数量　　D. 数量公差

E. 溢短装部分作价方法

4. 为了正确掌握出口商品的成交量，在商订合同时应考虑的因素有（　　）。

A. 国外市场的供求状况　　B. 国内货源供应情况

C. 国际市场的价格动态　　D. 国内支付能力

E. 国外客户的资信和经营能力

5. 数量条款主要涉及（　　）。

A. 成交数量确定　　B. 计量单位确定

C. 计量方法确定　　D. 数量机动幅度的掌握

E. 质量机动幅度及质量公差确定

6. 合同中溢短装部分的计价（　　　）。
   A. 可以按合同价格计
   B. 可以按市场价格计
   C. 可以部分按合同价格计，部分按市场价格计
   D. 只能按合同价格计
   E. 只能按市场价格计

三、填空题

1. 我某公司按每箱100美元的价格出售商品1 000箱，合同规定“数量允许有5%上下，由卖方决定。”该条款是________条款，我方最多可装________箱，最少应装________箱。如我方实际装运1 030箱，对方应付我方货款________美元。
2. 采用毛重表示商品的重量叫做________。
3. 对于吸湿性很强的产品，为了科学计算其重量，采用________作为重量标准。
4. 对溢短装部分的货物价格，通常有如下几种确定方法：(1)按________计算；(2)按________计算。若合同中未明确按何种方法计价时，根据国际贸易惯例应按________计算。
5. 进出口贸易合同中数量条款的基本内容是________和________。

四、判断解释题

（　　）1. 溢短装条款只适用于散装货物，非散装货物不允许溢短装。

（　　）2. 根据UCP600规定，如果信用证中采用about or approximate来表示卖方交货增减幅度，则表明卖方交货最多不可以超过5%，但不得超过信用证总金额。

（　　）3. 双方签订的合同中，规定成交货物为不需要包装的散装货物，而卖方交货时候采用麻袋包装，但是净重和合同规定完全相符，且不需求另外加收麻袋包装费。货到后，买方向卖方索赔是不合理的。

（　　）4. 我A外贸公司从美国B公司进口谷物，合同规定交货数量为10万公吨，允许溢短装10%。B公司装船时，共装运了14万公吨。根据《联合国国际货物销售合同公约》规定，我方只有权拒收多交部分的货物。

（　　）5. 我某外贸公司向澳大利亚A公司进口铁矿砂一批，合同规定交货数量为20万公吨，允许溢短装10%。卖方装船时，共装运了25万公吨。根据《联合国国际货物销售合同公约》的规定，我方可以只收取24万公吨货物。

（　　）6. 我某公司与外商按CIF条款每公吨500美元的价格成交某商品一批，合同规定数量可增减5%，由卖方决定。我方按合同规定数量多装5%，装船时该商品国际市场价格上涨10%，我方可向用户要求多装部分按装船

时的市价计算，对方不得拒绝。

(　　) **7.** 出口棉布 150 000 码，信用证规定布包装，每包 1 000 码，共 150 包。则在装船时可援引 UCP600 中第 30 条 b 款之规定，即允许有 5%的伸缩。

(　　) **8.** 信用证上对货物的数量、金额、单价前有“约”或“大约”之类的字样，其上下幅度可按 10%掌握，没有规定则按照上下幅度 5%掌握。

(　　) **9.** 如果在散装货的交易合同中，没有规定溢短装数量和与使用“约”字的含义一样，均允许交货数量有 5%的机动幅度。

(　　)**10.** 为了防止拥有数量增减选择权的当事人利用数量机动幅度，根据市场价格情况故意多装或者少装已获得的额外收益，买卖双方可以在合同中约定，多装或者少装货款按照装运日某指定市场价格计算。

五、名词解释

1. 溢短装条款　**2.** 以毛作净　**3.** 法定重量

六、简答题

1. 合同中约定数量机动幅度条款应该注意的问题有哪些?

2. 在国际货物买卖中如何正确掌握成交的数量?

3. 合同中关于溢短装部分货物计价方法有哪些? 不同计价方法在装运时市场价格变化前提下对卖方多交或少交货物数量的影响各是什么?

七、案例分析题

1. 我某出口公司与某国进口商按每公吨 500 美元的 FOB 价格于大连成交某农产品 200 公吨，合同规定包装条件为每 25 千克双线新麻袋装，信用证付款方式。该公司凭证装运出口并办妥了结汇手续。事后对方来电，称：该公司所交货物扣除皮重后实际到货不足 200 公吨，要求按净重计算价格，退回因短量多收的货款。我方公司则以合同未规定按净重计价为由拒绝退款。请分析我公司的做法是否可行，并说明理由。

2. 大雨后散装出口煤一批，来证规定为 10 000 公吨±5%，不准分批。以商检局发的离岸重量证书为准。我方实装货 9 600 公吨，取得商检证。到目的港后，收货人声称水分过高，实收重量只有 9 100 公吨，要求更正数量重新制单。应如何处理?

3. 我某外贸公司向海湾某港口出口冻羊肉类 20 公吨，每公吨 FOB 价值 400 美元，合同规定数量可增减 10%。国外按时来证，证中规定金额为 8 000 美元，数量约 20 公吨。我方按规定 22 公吨发货装运，但持单到银行办理议付进遭拒付。问银行拒付是否有理? 出口单位有无补救办法?

4. 我方出口风扇 1 000 台，国外来证规定不许分批装运。装船时发现有 40 包包装破裂，风罩变形或开关脱落。为保证质量，卖方认为根据 UCP600 的规定，即使不许分批装运，数量上可以有 5%的溢短装。于是，少装 40 台。但却遭到议付行的拒付。问议付行的拒付是否有理？为什么？

5. 我某公司与日本一客户签署出售驴肉 25 公吨合同，按合同规定，该批货物应该装于 1 500 只箱子，每箱净重 16.6 公斤。按此规定装货，则所装总重量应该为24.9 公吨，所差 100 公斤可以不再补交。当货物运抵日本后，海关人员在抽查该批货物时候，发现每箱净重不是 16.6 公斤而是 20 公斤，即每箱多装了 3.4 公斤，因此，此批货物实际总量 30 公吨，但是，所有单据上均注明装了 24.9 公吨。由于货物单据上的净重与实际重量不符，日本海关认为我方有帮助客户偷税嫌疑而向我方提出疑义。客户也以所交货物包装不符合同规定，不利于在当地市场销售为由，拒绝提货，拒绝付款。问我方应该如何解决该案例？应该从该案例中吸取哪些教训？

八、计算题

写出计算过程及计算结果。保留小数点后 2 位。

1. 某公司出口生丝，买卖双方约定标准回潮率为 11%。现有生丝 105 公吨，经过测定，实际回潮率为 13%。问符合双方约定回潮率的重量应为多少公吨？

2. 某公司出口水产品 10 公吨。合同规定为箱装，每箱净重为 10 公斤，数量和金额均允许增减 5%。问该批货物最多能装多少箱？最少应装多少箱？

3. 已知某种钢板每平方米的理论重量如下：

厚度(毫米)	重量(公斤)
0.2	1.57
0.25	1.96
0.3	2.35

现有钢板 500 张，每张长度为 5 000 毫米，宽度为 500 毫米，厚度为 0.25 毫米，求该批货物的总重量。

参考答案

一、单项选择题

1. A **2.** B **3.** D **4.** A **5.** A **6.** C **7.** A **8.** D **9.** A **10.** C

二、多项选择题

1. ABC **2.** ABC **3.** ABCE **4.** ABCE **5.** ABCD **6.** AB

三、填空题

1. 数量机动条款(或溢短装条款)；1 050；950；103 000 **2.** 以毛作净 **3.** 公量 **4.** 合同价格；装运日市场价格；合同价格 **5.** 成交商品的具体数量；计量单位

四、判断解释题

1. ×。只要合同中有约定，货物均可以溢短装。

2. ×。应该最多不超过 10%。

3. ×。包装条款不符合合同规定，构成违约。

4. √。根据《联合国国际货物销售合同公约》规定，对于卖方所交货物，买方只能有权选择拒收。

5. √。根据《联合国国际货物销售合同公约》规定，对于卖方多交货物，买方可以选择收取多交部分的全部或者部分。

6. ×。合同关于溢短装部分计价方法没有明确规定则应该采用合同价格。

7. ×。因为有明确的包装单位，信用证没有明确规定采用溢短装，则不可以溢短装。

8. ×。除了数量上下波动幅度以外，还要考虑金额的限制。

9. ×。还要信用证金额范围以内。

10. √。为了防止卖方恶意利用溢短装条款额外获利，可以把货物数量增减与装船日某指定市场价格相联系。

五、名词解释

1. 溢短装条款：就是在规定具体数量的同时，再在合同中规定允许多装或少装的一定百分比。卖方只要交货数量在允许增减的范围内即为符合合同有关交货数量的规定。

2. 以毛作净：国际货物买卖合同中约定商品的毛重作为计算价格和交付货物的计量基础，主要适用于一些单位价值不高，包装相应比较轻的商品。

3. 法定重量：商品本身的重量加上直接接触商品的包装材料，即商品本身的重量加上内包装的重量，即为法定重量，作为海关征收从量税的征税基础。

六、简答题

1. 合同中溢短装条款要确定选择权(option)为出口方、进口方还是船方；溢短装部分货物价格的计算和支付方式等；合同及信用证金额增减与数量溢短装一致性的问题。

2. 合同中正确掌握成交数量应该注意：

就出口业务而言，应掌握数量条款的以下几个原则：(1)适应进口市场需求量与容纳量；(2)保持经常的均衡供应；(3)适应季节性和临时性需要；(4)适应国外客户的资信与经营能力。

就进口业务而言，应掌握数量条款的以下几个原则：(1)国内的实际需要；(2)国内支付能力(3)市场行情变化。

3. 合同中关于溢短装货物部分的计价方法主要有两种：(1)以合同价格计算，若装船时货物价格相对于合同价格上涨，则卖方可能选择少交，反之则多交；(2)以装运日市场价格计算，若装运日市场价格高于合同价格，则卖方可能选择多交，反之则少交。

七、案例分析题

1. 不可行。因为合同中没有约定采用毛重还是净重，根据《联合国国际货物销售合同公约》应该采用净重计价，故我方应该退回多余款项。

2. 如果对方能够提供商检局商检证明货物去掉水分后为 9 100 公吨，则不符合合同中规定±5%的溢短装幅度，我方应该重新制单并承担相应的赔偿责任。

3. 我方单据会被开证行拒付，因为金额没有和数量一起增减，我方实际装运 22 公吨则导致金额超过信用证规定金额，构成单证不符。

4. 议付行拒付有道理，因为风扇不属于散装货物，信用证没有规定溢短装则不允许溢短装。

5. 对于多装部分货物，买方可以选择拒收多余部分，因为所交付货物明确规定有包装单位，若合同中没有运行溢短装，则不可以溢短装；对于包装不符合规定，若合同中规定属于根本性违约则买方有权拒绝提货；若没有明确规定属于根本性违约，则买方不能拒绝提货，但有权要求卖方赔偿关于更换包装等产生的费用。

八、计算题

1. 公量 = 实际净重 ÷(1 + 实际回潮率)×(1 + 标准回潮率) = 105 ÷(1 + 13%)×(1 + 11%) = 103.14(公吨)

2. 数量与金额均允许增减 5%，故该批货物最多可以装 10.5 公吨，10 500 箱，最少可以装 9 500箱。

3. 理论重量 = (500 × 5 000 × 500/1 000 000)× 1.96 = 2 450(公斤)

第三章 商品的包装

学习目标：了解商品包装的作用与分类，运输包装的标志，会制作标准运输标志；了解定牌及中性包装的含义及作用，合同中的包装条款。

一、单项选择题

1. 在国际贸易中，关于包装由谁供应的通常做法是（ ）。

A. 由卖方提供包装，包装连同商品一起交付买方

B. 由卖方提供包装，但交货后，卖方将原包装收回

C. 由买方提供包装或包装材料

D. 由厂家免费提供包装

2. 定牌中性包装是指（ ）。

A. 在商品本身及其包装上使用买方指定的商标/牌号，但不表明产地

B. 在商品本身及其包装上使用买方指定的商标/牌号，也表明产地

C. 在商品本身及其包装上不使用买方指定的商标/牌号，也不表明产地

D. 在商品本身及其包装上不使用买方指定的商标/牌号，但表明产地

3. 按照国际贸易惯例，在合同中不作规定时运输标志的提供方一般是（ ）。

A. 中间商 B. 卖方 C. 买方 D. 船方

4. 直接接触商品并随商品进入零售网点与消费者见面的包装叫（ ）。

A. 运输包装 B. 销售包装 C. 中性包装 D. 定牌中性包装

5. 出口商品外包装上面写着“FRAGILE”，其含义是（ ）。

A. 指示性标志 B. 警告性标志 C. 运输标志 D. 产地标志

6. 国际物品编号协会使用的商品编码为（ ）。

A. UPC 码 B. EAN 码 C. UPN 码 D. IAN 码

7. 国际货物买卖中“唛头”是指（ ）。

A. 运输标志 B. 条形码 C. 产地标志 D. 磅码标志

二、多项选择题

1. 标准运输标志的内容有（ ）。

A. 收货人的代码 B. 参考号

C. 目的地　　　　D. 产地标志

E. 货物包装的件数

2. 包装条款的内容主要包括(　　　　)。

A. 包装材料　　B. 包装方式　　C. 包装规格　　D. 包装标志

E. 包装费用

3. 采用中性包装的目的是(　　　　)。

A. 避开进口国家地区的关税和非关税壁垒

B. 适应交易特殊需要

C. 使出口厂商加强对外竞销

D. 使出口厂商扩大出口

E. 利用进口方的商业信誉

4. 销售包装的装潢画面要做到(　　　　)。

A. 美观大方　　　　B. 有艺术吸引力

C. 突出商品特点　　　　D. 适应有关国家民族习惯和爱好

E. 有指示性标志

5. 集合运输包装相对于单件运输包装来说,可更有效地(　　　　)。

A. 美化商品　　　　B. 保护商品

C. 提高装卸效率　　　　D. 节省运输费用

E. 促使商品增值

三、填空题

1. 中性包装有________和________两种做法。

2. 运输包装的标志按目的用途可分为三类:________、________和________。

3. 包装的功能主要体现在________、________和________三个方面。

四、判断解释题

(　　) **1.** 在国际货物买卖合同中,"习惯包装"、"适合海运包装"等常用的包装条款是合同中一种比较好的规定方法。

(　　) **2.** 若卖方违反了合同中有关包装条款的规定,买方不得拒收货物但可要求损失赔偿。

(　　) **3.** 定牌生产指卖方要求在其出售的产品包装上标以买方指定的商标和牌号,并且不标上生产的国别和生产厂商的名称。

(　　) **4.** 我国在采用定牌和无牌出口时,除非买卖双方另有协议,一般都应在出口商品和包装上标明"中国制造"字样。

(　　) **5.** 合同中的包装条款一般包括包装材料、包装方式和每件包装所包含的数量或重量。

(   ) 6. 按照国际贸易习惯，唛头一般由卖方决定，并无必要在合同中具体规定。

五、名词解释

1. 运输标志　2. 运输包装　3. 定牌

六、简答题

1. 简述在国际货物买卖中商品包装的意义。

2. 进出口商品的包装如何分类？各有什么作用？

3. 进出口合同中包装条款一般包含哪些内容？在规定包装条款时，应该注意哪些问题？

七、案例分析题

1. 某笔交易合同订明由我方提供双层旧麻袋装，装船时，因缺少这种麻袋就自行换成单层新麻袋，也没有要求对方额外支付费用，但对方认为我方包装不符规定，向我方索赔。请问对方是否有理？

2. 某年3月初，我某乡镇企业与A国的M贸易公司签订了一份出口烤花生的合同。合同规定出口数量为40公吨，采用纸箱装，每箱装10袋，每袋450克。合同规定，付款方式为即期信用证，交货时间为当年的4月30日前，目的港为A国S港。由于M贸易公司对货物的内包装袋不太满意，认为太粗糙，图案不很理想，于是签约时决定使用自己的包装袋。因此，在合同的包装条款中附带了一句：内包装由A方提供。

合同签订后，我方遂抓紧时间组织加工，同时催促A方抓紧运送包装袋。中方于4月15日将货物加工完毕，只等A方包装袋到位，但A方包装袋始终未到。中方多次催促之后，A方提供的内包装终于在4月24日到货。中方立即组织装袋打包，但货物终于没能赶上28号的船期，中方于28日致电A方公司，指出由于A方公司内包装袋的迟交，导致了中方公司不能按时交货，因此要求将交货期改为5月15日之前。

29日，对方回电说："由于贵方延迟交货已成事实，我方不同意贵方迟交系由我方造成的说法。但我方考虑到贵方的实际困难，要求中方公司在价格上减让10%，否则拒绝改期交货。"中方加工厂在接到对方的电函后，与对方交涉，对方作出让步，同意交货期改为5月15日之前，中方价格减让了8%。考虑到货物迟交已经形成事实，而且货物已经准备就绪，市场行情不断看跌，没有别的选择，只好同意了对方的要求。试分析发生纠纷的原因。

3. 我国某公司出口水果罐头一批，合同规定为纸箱装，每箱30听，共80箱。但发货时改为每箱24听，共100箱，总听数相等。问这样做妥当吗？

4. 我国内地某公司按L/C付款方式向香港出售一批货物，买方开来的信用证中，指定包装运输标志为三角形中一个"東"字，卖方刷制包装唛头时，使用了简体

"东"字，开证行以包装唛头与 L/C 不符为由拒绝付款，后经卖方向开证行说明"东"是"東"的简体，并经开证人与开证行联系，后才予付款，结果遭受晚收货款 30 天的利息损失。试分析我们从中应该吸取的教训。

5. 国外某公司与上海某自行车厂洽谈进口业务，打算从我国进口"永久"自行车 1 000 辆，但要求我方改用"剑"牌商标，并在包装上不得注明"Made in China"字样。请问：我方是否可以接受对方要求？在处理此项业务时应注意哪些问题？

八、操作题

1. 我国 ABC TRADING CO.LTD 与日本大阪 NYK TRADE AND DEVELOPMENT CORP.成交货物一批，数量为 15 000 件，纸箱包装，每箱 15 件，货物从上海运往日本大阪(OSAKA)，双方签订的合同号码为 10-368-98，请根据以上信息制作一份标准运输标志。

2. 我国某公司和美国某公司签订一份 2010 年产出口 A 级东北大米的合同，共计 1 000 公吨，采用单层麻袋(SINGLE GUNNY BAG)，每袋 50 公斤，允许 5%的溢短装，卖方有选择权，请对双方所签订的合同内容不符合约定的部分进行修改。

(1) SELLER：SHANGHAI IMP&EXP CORP.
　　BUYER：GRANDSTAR TRADINGCO.LTD.

(2) DESCRIPTION：
　　CHINESE NORTHEAST RICE
　　MOISTURE：14%
　　OIL CONTENT：18%
　　PROTEIN：34.5%
　　IMPURITY：2%
　　BROKEN PART：5%

(3) QUANTITY：
　　1 000 TON

(4) PACKING：IN BULK

3. 请翻译下列句子：

(1) 每只装入一个塑料袋，每 10 打装入一个纸盒中，每纸箱 25 个纸盒，共 100 箱。

(2) Small Red Beans, 100 MT Packed in single new gunny bags of about 100 kgs each, gross for net.

参考答案

一、单项选择题

1. A　**2.** A　**3.** B　**4.** B　**5.** A　**6.** B　**7.** A

二、多项选择题

1. ABCE　2. ABCDE　3. ABD　4. ABCD　5. BCD

三、填空题

1. 无牌中性包装；定牌中性包装　2. 运输标志；指示性标志；警告性标志　3. 保护；方便性；信息传递

四、判断解释题

1. ×。国际货物买卖合同中，除非双方有长期的业务交往并对包装已经取得一致，一般不宜采用"习惯包装"或者"适合海运包装"等模糊规定。

2. ×。根据《联合国国际货物销售合同公约》，若卖方违反合同关于包装的规定，即构成违约。非根本违约情况下，受损方只可要求损害赔偿；若达到根本性违约，可以要求解除合同并要求损害赔偿。

3. ×。一般定牌生产需要标明产地名称。

4. √。采用定牌或者无牌产品出口，除非采用中性包装均要标明产地。

5. √。合同中包装条款内容包括包装材料、包装方式及单件包装数量。

6. √。唛头一般由卖方确定，可以不在合同中约定。如买方要求，也可在合同中作具体规定；如买方要求在合同订立后由其另行指定，则应具体规定指定的最后时限，并订明若到期尚未收到有关唛头通知，卖方可自行决定。

五、名词解释

1. 运输标志：又称为唛头，是国际货物买卖合同、货运单据中有关货物标志事项的基本内容，便于运输途中有关人员辨认货物，避免错发错运。标准运输标志中应该包含四项内容：收货人或买方的名称字首或简称，参考号码，目的地，件数号码。

2. 运输包装：又称为大包装或者外包装，是将货物装入特定容器，或以特定方式成件或成箱的包装。

3. 定牌：买方要求在卖方在出口商品或包装上使用买方指定的商标或牌号。

六、简答题

1. 国际货物买卖中商品的包装是实现商品的使用价值和附加价值的必要手段之一。适当的商品包装，对保护、保存商品，美化、宣传商品以及方便商品的存储、运输、销售等有着重要的意义。包装主要起到保护、方便性和信息传递功能。

2. 根据商品包装在流通领域中的作用可以将商品包装分为运输包装和销售包装两大类，运输包装主要起到保护商品的作用，销售包装主要起到保护商品之外还起到促销及增加商品附加值的作用。

3. 国际货物买卖中包装条款主要包括包装材料、包装方式和每件包装所含物品的数量或者重量。

合同中制定包装条款应该注意的问题：(1)包装方式最好明确具体，除非双方已有长期业务往来对包装条款已经达成共识，尽量不要使用诸如"适合海运包装"、"习惯包装"或"卖方惯用包装"等笼统规定；(2)国际货物买卖中唛头一般由卖方确定，并无必要在合同中具体规定；(3)包装费用一般包括在货物价格以内，如买方要求特殊包装，包装费用一般由对方承担并在合同中注明。

七、案例分析题

1. 对方索赔要求合理。我方包装方式不符合合同要求，属于违约行为。

2. 货物包装一般应该由出口方提供，如果本案中内包装由我方提供则不会产生后续问题；另外即使约定由对方提供商品内包装，则要规定对方内包装运抵我方的最迟时间，晚于规定时间则对方违约，使我方获得一定的主动权。

3. 不妥，违反了合同中关于货物包装方式的规定，会构成违约。

4. 根据国际贸易惯例，运输标志应该由出口方提供，如果合同或者信用证中明确约定，则要严格按照规定制作。

5. 对方要求我方采用定牌中性包装方式出口，对此我方应非常谨慎对待。在处理该项业务时应注意下列问题：首先要注意对方所用商标在国内外是否已有第三者注册，如果有，则不能接受。其次，如果我方一时还无法判明，则应在合同中写明"若发生工业产权争议，则应由买方负责"。此外，还需要考虑我方品牌在对方市场的销售情况，如果我方产品已在对方市场树立了良好的信誉，很畅销，则不易接受中性包装条款，否则会影响我方产品地位，造成市场混乱。再次，在大部分情况下，进口国都要求包装上标明真实的生产国别。

八、操作题

1. NYK
S/C NO.10-368-98
OSAKA
C/NO.1-1000

2. (2) DESCRIPTION:
CHINESE NORTHEAST RICE 2010 CROPS GRADE: A
MOISTURE: ≤14%
OIL CONTENT: ≥18%
PROTEIN: ≥34.5%
IMPURITY: ≤2%
BROKEN PART: ≤5%

(3) QUANTITY:
1000MT

(4) PACKING:
PACKED IN SINGLE GUNNY BAGS IN 50 KGS EACH, 5% MORE OR LESS ALLOWED, AT SELLER'S OPTION

3. (1) 1 PC/PLASTIC BAG, 10 DOZONS /PAPER BOX, 100 CARTONS OF 25 BOXES EACH.

(2) 红小豆 100 公吨，新单层麻袋包装，每袋约 100 公斤，以毛作净。

第二篇

商品的价格和贸易术语

第四章　贸易术语

学习目标：了解国际贸易术语的作用以及与国际贸易术语有关的国际惯例；掌握 INCOTERMS® 2010 的 11 种贸易术语的特征、使用时的注意事项和操作要点等。

一、单项选择题

1. 实际业务中，以 FOB 条件成交的合同，买方常委托卖方代其租船订舱，费用由买方承担。若卖方到期无法完成租船订舱，则(　　)。

A. 卖方不承担责任，风险由买方承担

B. 卖方承担责任，风险由卖方承担

C. 买卖双方共同承担责任和风险

D. 双方均不承担责任和风险，合同终止

2. 根据 INCOTERMS® 2010，下列术语中只适用于水上运输方式的是(　　)。

A. FCA　　B. CIP　　C. FOB　　D. DAT

3. 根据 INCOTERMS® 2010，采用 DAP 贸易术语达成的交易，卖方交货的地点在(　　)。

A. 装运港船上　　B. 目的地卖方派来的运输工具上

C. 目的港码头　　D. 装运港码头

4. 根据 INCOTERMS® 2010，在 CIF 和 FOB 条件下，海运途中货物损坏灭失的风险，(　　)。

A. 前者由卖方负责，后者由买方负责　　B. 前者由买方负责，后者由卖方负责

C. 均由买方负责　　D. 均由卖方负责

5. 根据 INCOTERMS® 2010，在 CIF 和 DAT 条件下，运输途中货物损坏灭失的风险，(　　)。

A. 前者由卖方负责，后者由买方负责　　B. 前者由买方负责，后者由卖方负责

C. 均由卖方负责　　D. 均由买方负责

6. 我某出口公司以 CIF 条件与国外客户达成交易。按照 INCOTERMS® 2010 规定，除非合同另有规定，我公司应负责投保(　　)。

A. CIC 的 All Risks　　B. ICC(B)和恶意损害险

C. ICC(C)和 War Risks　　D. CIC 的 F.P.A.

7. 根据 INCOTERMS® 2010，采用 FCA 术语成交，如在卖方所在地交货，(　　)负责将货物装上买方指定的承运人的运输工具上；如在其他指定地交货，(　　)负责将货物从卖方的运输工具上卸下。
A. 买方指定的承运人；卖方
B. 卖方；买方指定的承运人
C. 卖方；卖方
D. 买方指定的承运人；买方指定的承运人

8. 我方与外商达成一笔 CIF 出口合同，当我方按约定缮制全套单据向买方要求付款时，获悉货物在海运途中遭遇风险全部灭失，根据 INCOTERMS® 2010，这种情况下，(　　)。
A. 外商因货物未到目的港，可以拒付货款
B. 因单据合格，外商应付款
C. 应由我方向保险公司要求赔偿
D. 因货物实际灭失，我方应重新发货

9. 下列哪一种说法是不正确的(　　)。
A. FOB under tackle 是指卖方将货物置于轮船吊钩可及之处，从货物起吊开始的装货费用由买方负责
B. CIF ex ship's hold 是指买方承担将货物从舱底起吊卸到码头的费用
C. CIF landed 是指卖方要承担货物运至目的港为止的一切费用，包括卸货费和码头费
D. CFR ex tackle 是指卖方承担将货物从舱底吊至船边卸离吊钩为止的费用

10. 成都某公司进口一批货物，从日本东京空运至成都，日方支付运费和保险费并承担货物的风险责任至成都但不卸货，日方办理出关手续和进关手续。按以上交易条件，应选用的贸易术语是(　　)。
A. DAT 成都　　B. CIP 成都
C. DDP 成都　　D. DAP 成都

11. 根据 INCOTERMS® 2010，FOB 合同，办理投保手续(　　)。
A. 是买方的义务　　B. 是卖方的义务
C. 买卖双方无义务　　D. 以上都不正确

12. 根据 INCOTERMS® 2010，按照 D 组术语成交，货物运抵指定进口国交货地之前的一切责任，由(　　)负担。
A. 卖方　　B. 买方　　C. 承运人　　D. 保险公司

13. 采用 CIF 术语成交时，如果卖方负担将货物卸到码头上的各项有关费用，包括驳船费和码头费，可采用的变形是(　　)。
A. CIF liner terms　　B. CIF landed
C. CIF ex tackle　　D. CIF ship's hold

14. 在 FOB 条件下，若采用程租船运输，如买方不愿承担装货费及理舱费，则应在合同中规定（　　）。

A. FOB liner terms　　B. FOB under tackle

C. FOB stowed　　D. FOB trimmed

15. 按 CFR 条件达成的合同，凡需程租船运输的大宗货物，适宜在合同中具体定明（　　）由谁负担。

A. 装船费用　　B. 卸货费用　　C. 保险费用　　D. 运费

16. 从交货方式上看，CIF 是一种典型的象征性交货。这句话的含义是（　　）。

A. 卖方以态度明确的函电表示交货

B. 买方对不符合合同要求的货物，只要单据合格，无权索赔

C. 卖方无须实际准备足货，只要少量样品即可代表

D. 卖方以提交全套合格单据来履行交货义务

17. 根据 INCOTERMS® 2010，按"FCA＋工厂"价出口与按"FOB＋装运港"价出口相比，卖方所承担的风险（　　）。

A. 要小　　B. 要大　　C. 一样　　D. 无法比较

18.《国际贸易术语解释通则》是由（　　）制定的。

A. 国际商会　　B. 国际法协会

C. 美国九大商业团体　　D. 联合国

19. 制定《国际贸易术语解释通则》的目的是（　　）。

A. 统一对各种贸易术语的解释而制定的

B. 提供仲裁的依据

C. 解释 FOB 贸易术语

D. 统一运输方式

20.（　　）是目前有关贸易术语解释内容最多，使用范围最广和影响最大的国际惯例。

A.《海牙规则》

B.《1932 年华沙—牛津规则》

C.《1990 年美国对外贸易定义修订本》

D.《2010 年国际贸易术语解释通则》

21. 若买卖双方以 CFR landed 达成货物买卖合同，负责卸货费用方应为（　　）。

A. 买方　　B. 卖方　　C. 船方　　D. 银行

22. 若买卖双方以 CFR liner terms 达成货物买卖合同，负责卸货费用方应为（　　）。

A.买方　　B. 卖方　　C. 船方　　D. 银行

23. 下列 CIF 变形中卖方不承担卸货费的是（　　）。

A. CIF ex ship's hold　　B. CIF liner terms

C. CIF ex tackle　　D. CIF landed

24. 根据 INCOTERMS® 2010，CIF 与 DAP 的区别，除了交货地点和交货方式外，(　　)。

A. 只有风险划分的界限不同

B. 只有费用的负担不同

C. 风险划分与费用负担以及适用的运输方式都不同

D. 以上都不正确

25. 根据 INCOTERMS® 2010，表明"到达类"的是(　　)术语。

A. E 组　　B. F 组　　C. C 组　　D. D 组

26. 根据 INCOTERMS® 2010，采用 FCA 术语成交，如在卖方所在地交货，交货点在(　　)；如在其他指定地交货，交货点在(　　)。

A. 买方派来的承运人运输工具上；卖方的运输工具上

B. 卖方的仓库；买方指定的承运人的运输工具上

C. 卖方的仓库；卖方的运输工具上

D. 买方派来的承运人运输工具上；买方指定的承运人的运输工具上

27. 根据 INCOTERMS® 2010，CIF 合同的货物已装船后因火灾被焚，应由(　　)。

A. 卖方承担损失　　B. 卖方负责请求保险公司赔偿

C. 买方负责请求保险公司赔偿　　D. 承担运费的一方赔偿

28. 根据 INCOTERMS® 2010，FOB 贸易术语后面注明的地点是(　　)。

A. 装运港　　B. 目的港　　C. 产地　　D. 厂址

29. 根据 INCOTERMS® 2010，CFR 贸易术语后面注明的地点是(　　)。

A. 装运港　　B. 目的港　　C. 产地　　D. 厂址

30. 根据 INCOTERMS® 2010，CIP 和 CIF 的区别产生的根源是(　　)。

A. 交货地点不同　　B. 风险划分界限不同

C. 承保险别不同　　D. 运输方式不同

31. 根据 INCOTERMS® 2010，在 EXW 条件下，货物被禁止出口的风险由(　　)负担。

A. 卖方　　B. 买方　　C. 承运人　　D. 运输代理人

32. 根据 INCOTERMS® 2010，在 FAS 条件下，若买方指派船只不能靠岸，则应由(　　)。

A. 买方租用驳船把货运至船边

B. 卖方租用驳船把货运至船边，交货在码头进行

C. 承运人租用驳船把货运至船边

D. 卖方租用驳船把货运至船边，交货在船边进行

33. 根据 INCOTERMS® 2010，按 DAP 成交，如果需要，进行投保的是(　　)。

A. 卖方　　B. 买方　　C. 承运人　　D. 运输代理人

34. 根据 INCOTERMS® 2010，按 DAT 成交，下列不属于买方义务的是(　　)。

A. 受领货物　　B. 支付货款

C. 办理出口许可证　　D. 承担受领货物后的风险和费用

35. 根据 INCOTERMS® 2010，DAP 和 DAT 的注意事项基本相同的是(　　)。

A. 卖方负责申领进口许可证　　B. 卖方负责出口清关

C. 以装运港船上为界界定风险　　D. 以目的港船上为界界定风险

36. 根据 INCOTERMS® 2010,在 DDP 条件下,货物被禁止进口的风险由(　　)负担。

A. 卖方　　B. 买方　　C. 承运人　　D. 运输代理人

37. 根据 INCOTERMS® 2010,按 CIP 成交,根据需要加保各种特殊附加险的是(　　)。

A. 卖方　　B. 买方　　C. 承运人　　D. 运输代理人

38. 根据 INCOTERMS® 2010,按 FOB 成交,如果需要,进行投保的是(　　)。

A. 卖方　　B. 买方　　C. 承运人　　D. 运输代理人

39. 根据 INCOTERMS® 2010,按 D 组术语成交,根据需要,加保各种特殊附加险的是(　　)。

A. 卖方　　B. 买方　　C. 承运人　　D. 运输代理人

40. 根据 INCOTERMS® 2010,按 EXW 成交,根据需要,进行投保的是(　　)。

A. 卖方　　B. 买方　　C. 承运人　　D. 运输代理人

41. 根据 INCOTERMS® 2010，DAT 的中文意思是(　　)。

A. 未完税交货　　B. 完税后交货　　C. 运输终端交货　　D. 码头交货

42. 中国海宁出口皮革产品,就下列贸易术语而言,适宜选用(　　)成交。

A. FCA 海宁　　B. FAS 上海　　C. FOB 上海　　D. FCA 上海

43. 根据 INCOTERMS® 2010,如果需要,由出口方负责办理出口清关手续和进口清关手续的贸易术语是(　　)。

A. EXW　　B. CPT　　C. DAT　　D. DDP

44. 根据 INCOTERMS® 2010,如果需要,由进口方负责办理出口清关手续和进口清关手续的贸易术语是(　　)。

A. EXW　　B. CPT　　C. DAT　　D. DDP

45. 根据 INCOTERMS® 2010,在(　　)术语中,卖方没有办理保险的义务。

A. CIP　　B. CIF　　C. FOB　　D. CIF landed

二、多项选择题

1. 有关贸易术语的国际贸易惯例主要有(　　　　)。

A.《1932 年华沙—牛津规则》　　B.《1990 年美国对外贸易定义修订本》

C.《2010 年国际贸易术语解释通则》　　D.《海牙规则》

E.《跟单信用证统一惯例 2007 年修订本》

2. 贸易术语是在长期的国际贸易实践中产生的,它可以用来(　　　　)。

A. 表示商品价格构成　　B. 确定交货条件

C. 明确定价方式　　D. 确定货物等级

E. 说明买卖双方在交接货物时各自承担的费用、风险与责任的划分

3.《1990 年美国对外贸易定义修订本》中解释的贸易术语包括(　　)。

A. FOB　　B. Ex　　C. FAS　　D. CIF

E. Ex Dock

4. 根据 INCOTERMS® 2010 的解释，采用 DDP 术语成交时，卖方承担的基本责任有(　　)。

A. 将合同规定的货物运到指定的目的地

B. 办理货物的出口清关手续并交纳相关出口税费

C. 办理货物的进口清关手续并交纳相关进口税费

D. 承担在交货地点实际交货前的所有风险

E. 负责在交货地点将货物从运输工具上卸下

5. 我某进口公司按 FOB 条件进口一批货物，采用程租船运输，如果我方不愿承担装船费用，应采用(　　)。

A. FOB liner terms　　B. FOB trimmed

C. FOB stowed　　D. FOBST

E. FOB Under tackle

6. 我某公司按 CFR 条件出口大宗商品一批，采用程租船运输。如果卖方愿意承担卸货费用，可以选用(　　)成交。

A. CFR liner terms　　B. CFR ex ship's hold

C. CFR ex tackle　　D. CFR stowed and trimmed

E. CFR landed

7. 我某公司出口某大宗商品，单价为"USD2,000 per M/T CIF ex ship's hold Hamburg"。据此，我方与船方订立程租船合同时，有关装卸费的规定，应采用(　　)条款与承运人订立租船合同。

A. F.I.　　B. F.O.　　C. F.I.O.　　D. liner terms

E. gross terms

8. 某公司按 FOB 条件出口大宗商品一批，采用程租船运输。如果卖方不愿意承担装船费用，可以选用(　　)成交。

A. FOB liner terms　　B. FOB under tackle

C. FOB stowed　　D. FOB trimmed

E. FOB landed

9. 某公司按 FOB 条件进口大宗商品一批，采用程租船运输。如果买方不愿意承担装船费用，可以选用(　　)成交。

A. FOB liner terms　　B. FOB under tackle

C. FOB stowed　　D. FOB trimmed

E. FOB landed

10. “FOB 上海”和“FOB vessel 上海”的相同点有(　　　　)。

A. 进口清关手续的承担方　　B. 风险划分点

C. 费用划分点　　D. 适用的运输方式

E. 出口清关手续承担方

11. 根据 INCOTERMS® 2010，FOB、CFR、CIF 三个贸易术语的共同点是(　　　　)。

A. 买方都有租船/订舱、支付运费的义务

B. 风险费用划分都以装运港船上为界

C. 都属于象征性交货

D. 都适合于海洋和内河运输

E. 都适合于铁路和公路运输

12. 根据 INCOTERMS® 2010，FOB、CFR 和 CIF 贸易术语的不同点是(　　　　)。

A. 风险划分的界限不同　　B. 交货地点不同

C. 双方承担的责任、费用不同　　D. 贸易术语价格构成不同

E. 贸易术语的性质不同

13. 根据 INCOTERMS® 2010，F 组术语的共同特点是(　　　　)。

A. 风险以装运港船上为界

B. 买方自负费用订立运输合同并指定承运人

C. 卖方负责订立运输合同并支付运费

D. 卖方负责办理出口通关手续

E. 办理保险是买方的义务

14. 根据 INCOTERMS® 2010，若将 DAP 与 CIF 作比较，下列哪些说法是正确的？(　　　　)。

A. 就卖方承担的风险而言，DAP 小于 CIF

B. 在 CIF 与 DAP 条件下，卖方都不需要承担进口清关责任及费用

C. 在 CIF 与 DAP 条件下，卖方都要承担货物运至目的港为止的责任

D. CIF 合同是装运合同，DAP 合同是到货合同

E. CIF 与 DAP 条件下的价格构成是完全一致的

15. 根据 INCOTERMS® 2010，FCA、CIP 与 CPT 的相同之处表现在(　　　　)。

A. 交货地点相同

B. 风险划分界限相同

C. 适合的运输方式相同

D. 都是由卖方自担风险和费用，取得出口所需各类文件并办理货物出口清关手续

E. 都是由买方自担风险和费用，取得进口所需各类文件并办理货物进口清关手续

16. 国际货物买卖合同中的单价通常由(　　　　)构成。

A. 计量单位　　B. 单位价格金额　　C. 计价货币　　D. 贸易术语

E. 支付工具

17. 根据 INCOTERMS® 2010，若将 DAP 与 CIF 作比较，下列哪些说法是不正确的？（　　）

A. 就卖方承担的风险而言，DAP 大于 CIF

B. 在 CIF 与 DAP 条件下，卖方都需要承担出口清关责任及费用

C. 在 CIF 与 DAP 条件下，卖方都要负责将货物送达目的港

D. CIF 合同和 DAP 合同都是到货合同

E. CIF 与 DAP 条件下的价格构成不完全一样

18. 选择贸易术语时应考虑的因素有（　　）。

A. 运输条件　　B. 货源情况

C. 与付款方式相适应　　D. 运输途中的风险

E. 办理结关手续的难易

19. 使用 FOB 时应注意的事项有（　　）。

A. 关于风险划分的问题　　B. 关于船货衔接问题

C. 关于装船费用的负担问题　　D. 个别国家对 FOB 的不同解释

E. 关于装船通知的问题

20. 合同中的价格条款一般包括商品的（　　）。

A. 数量　　B. 单价　　C. 总值　　D. 回扣

E. 佣金

21. 我某公司出口某大宗商品，单价为“USD2,000 per M/T CIF landed Hamburg”。据此，我方与船方订立程租船合同时，有关装卸费的规定，应采用（　　）条款与承运人订立租船合同。

A. F.I.　　B. F.O.　　C. F.I.O.　　D. liner terms

E. gross terms

22. 某公司按 FOB 条件出口大宗商品一批，采用程租船运输。如果卖方愿意承担装船费用，可以选用（　　）成交。

A. FOB liner terms　　B. FOB under tackle

C. FOB stowed　　D. FOB trimmed

E. FOB landed

23. 某公司按 FOB 条件进口大宗商品一批，采用程租船运输。如果买方愿意承担装船费用，可以选用（　　）成交。

A. FOB liner terms　　B. FOB under tackle

C. FOB stowed　　D. FOB trimmed

E. FOB landed

24. 上海某公司业务员的进口报价中术语形式正确的是（　　）。

A. CFR Shanghai　　B. FCA New York

C. FOB Shanghai　　D. CIF Shanghai

E. DAP New York

25. 贸易术语选用考虑的原则是(　　　　)。

A. 增收节支外汇、运保费　　B. 适合所使用的运输方式

C. 按照实际需要，灵活掌握　　D. 安全收汇，安全收货

E. 出口尽量采用 FOB 贸易术语，进口尽量采用 CIF 贸易术语

26. 根据 INCOTERMS® 2010，采用 DAP 术语成交时，卖方承担的基本责任有(　　　　)。

A. 将合同规定的货物运到指定的目的地

B. 办理货物的出口清关手续并交纳相关出口税费

C. 办理货物的进口清关手续并交纳相关进口税费

D. 承担在交货地点实际交货前的所有风险

E. 负责在交货地点将货物从运输工具上卸下

27. 根据 INCOTERMS® 2010，采用 DAT 术语成交时，卖方承担的基本责任有(　　　　)。

A. 将合同规定的货物运到指定的目的地

B. 办理货物的出口清关手续并交纳相关出口税费

C. 办理货物的进口清关手续并交纳相关进口税费

D. 承担在交货地点实际交货前的所有风险

E. 负责在交货地点将货物从运输工具上卸下

三、填空题

1. 试根据 INCOTERMS® 2010，填写下列空格。

贸易术语	交货点	运输责任承担方	保险责任承担方	出口清关手续办理方	进口清关手续办理方	适用的运输方式
EXW						
FOB						
FAS						
FCA						
CIF						
CFR						
CIP						
CPT						
DAP						
DAT						
DDP						

2. 根据 INCOTERMS® 2010，仅适用于海洋运输和内河运输的贸易术语主要有________、________、________、________；适用于各种运输方式的贸易术语有________、________、________、________、________、________、________。
3. 根据 INCOTERMS® 2010，以 D 组术语成交的合同被称为________合同，包含的贸易术语有________、________、________。
4. INCOTERMS® 2010 中属于启运类的贸易术语有________；属于装运类的贸易术语有________、________、________、________、________、________、________；属于到达类的贸易术语有________、________、________。
5. C 组贸易术语区别于其他三种术语的最显著的特点是________和________分离。
6. 根据 INCOTERMS® 2010，采用________和________术语成交时，卖方具有办理保险的义务。
7. INCOTERMS® 2010 根据________标准，将贸易术语分成________和________两类。

四、判断解释题

(　　) 1. CIF ex ship's hold London 是指卖方要负责将货物送到伦敦，但不承担在目的港的卸货费用。

(　　) 2. 我某公司以 CFR ex ship's hold New York 出口一批货物。据此，我方需承担货物运至纽约港舱底为止的一切费用和风险。

(　　) 3. CIF liner terms New York 是指出口人必须用班轮装运货物，并负担货物运至指定目的港以前的一切费用，包括运费和装卸费。

(　　) 4. CIF landed New York 是指卖方需要把货物卸至纽约的岸上才算完成交货义务。

(　　) 5. 按 CFR landed Singapore 成交，货物在新加坡港的卸货费及进口报关费应由卖方负担。

(　　) 6. 我某公司采用 FOB vessel Seattle 条件从美国进口一批货物，合同中没有约定货款是否包含出口报关的相关税费。当我方向对方付款时，对方要求我方额外支付该批货物在美国出口报关和签证的相关税费，美国公司的要求是合理的。

(　　) 7. 我 A 公司和外商签订 FOB 出口合同。签约后买方委托卖方代为订舱，卖方接受了对方的要求。由于船期紧张，未订到舱位。卖方 A 公司要承担未如期装运的责任。

(　　) 8. 我某公司和法国客户按 CIP 条件签订一份圣诞礼品的出口合同。由于圣诞节货物有销售季节性，因此我方在合同中不但要规定装运期，还要规定货物到达目的地的期限。

(　　) **9.** 我某公司和外商签订 CIP 合同,合同规定 9 月 10 日必须到达目的地,但货物于 9 月 15 日才抵目的地。因为根据 INCOTERMS® 2010, CIP 合同属于装运类合同,所以我公司无需承担晚到的责任。

(　　)**10.** 根据 INCOTERMS® 2010,凡以 F 组和 C 组贸易术语成交的合同,其交货条款中除规定装运日期和装运地点外,还要规定目的港(地)及货物到达目的港(地)的日期。

(　　)**11.** 在实际业务中,习惯上将 CIF 价格称作"到岸价",也就是说,按 CIF 术语成交,卖方要承担货物到达目的港之前的一切责任、费用和风险。

(　　)**12.** 凡是按 INCOTERMS® 2010 的 F 组和 C 组贸易术语成交,卖方只要在装运港/地将货物装上船或交付至承运人监管后,风险即告转移,卖方对货物品质、数量和/或包装不再承担任何责任。

(　　)**13.** 根据 INCOTERMS® 2010,按 DAT 术语成交,卖方是否投保,由其自便。若按 CIF 术语成交,卖方则必须办理保险。

(　　)**14.** 我某公司以 CFR 条件向美国出口一批货物,装运后因我方未及时向对方发出装运通知,结果导致买方未能办理货物运输保险。船开航后不久便触礁沉没,货物全部损失,故对方拒绝付款。我方可以以货物灭失发生在货物装上船之后,CFR 规定货物运输中的风险应由买方承担为由,要求对方支付货款。

(　　)**15.** 根据 INCOTERMS® 2010,与 CFR 相比,除了要承担货物到达目的港正常运费外,CIF 条件下卖方还要负责订立保险合同,支付保险费。因此,就卖方承担的风险而言,CIF 比 CFR 大。

(　　)**16.** 根据 INCOTERMS® 2010, CIF 与 CFR 的主要区别在于,除了要承担货物到达目的港的风险和正常运费外,CIF 条件下,卖方还要负责订立保险合同,支付保险费。

(　　)**17.** 我 A 公司与荷兰的 B 公司以 FOB 条件成交一批货物,但由于 B 公司未能按合同规定日期某年 6 月 8 日派船来接货,直到 6 月 20 日才派船来接货。A 公司可要求 B 公司支付由于货物积压港口所带来的费用。

(　　)**18.** INCOTERMS® 2010 是目前国际上权威最高、使用最广泛的关于贸易术语的惯例,因此如果合同规定与 INCOTERMS® 2010 矛盾,应以 INCOTERMS® 2010 为准。

(　　)**19.** INCOTERMS® 2010 解释的贸易术语有:EXW、FOB、FAS、CIF、CFR、CPT、CIP、DAP、DAT、DDU、DDP。

(　　)**20.** 根据 INCOTERMS® 2010,对于出口方而言,采用"EXW loaded+卖方工厂/仓库"成交比采用"FCA+卖方工厂/仓库"有利。

(　　)**21.** 根据 INCOTERMS® 2010,对于进口方而言,采用"EXW loaded+卖方工

厂/仓库”成交与采用“FCA＋卖方工厂/仓库”的风险和责任一样。

(　　)**22.** 中国海宁出口皮革产品，对卖方而言，选用 FCA 海宁成交比 FOB 上海有利。

(　　)**23.** INCOTERMS® 2010 中 E 组、F 组贸易术语的交货点在装运地，而 C 组和 D 组术语的交货点在目的地。

(　　)**24.** 根据 INCOTERMS® 2010，按照 CFR 术语成交的合同，因为运输是由卖方办理的，因此运输途中的风险由卖方承担。

(　　)**25.** 根据 INCOTERMS® 2010，按照 CIF 术语成交的合同，因为国际货物运输保险是由卖方办理的，因此在海洋运输途中发生风险，应该由卖方承担风险，由卖方凭保单向保险公司索赔。

(　　)**26.** 根据 INCOTERMS® 2010，按照 DAT 术语成交与按照 DDP 术语成交的唯一区别是，进口清关的责任和风险，前者由买方承担而后者由卖方承担。

五、名词解释

1. 贸易术语　**2.**《1932 年华沙—牛津规则》(Warsaw-Oxford Rules)　**3.**《1990 年美国对外贸易定义修订本》(Revised American Foreign Trade Definition)　**4.**《2010 年国际贸易术语解释通则》(INCOTERMS® 2010)

六、简答题

1. 请简述国际贸易术语对贸易实践的作用。

2. 为什么说贸易术语是确定买卖合同性质的重要因素，但不是唯一的因素？

3. 根据 INCOTERMS® 2010 解释为什么按 F 组和 C 组贸易术语成交的合同为“装运合同”(shipment contract)，按 D 组贸易术语成交的合同为“到达合同”(arrival contract)。

4. 根据 INCOTERMS® 2010 为什么不能称 CIF 价格为“到岸价”？

5. 南京某外贸企业拟向美国某进口商出口货物一批，采用集装箱并通过海洋运输。试从我出口企业角度并根据 INCOTERMS® 2010 分析，采用 FCA/CPT/CIP 贸易术语与采用 FOB/CFR/CIF 贸易术语成交有何不同。

6. 进出口业务中合理选用贸易术语应注意的问题有哪些？

7. 按“EXW＋卖方工厂/仓库”成交与按“FCA＋卖方工厂/仓库”成交存在什么区别？

8. 根据 INCOTERMS® 2010 分析按“DAP＋目的港”成交与按“CIF＋目的港”成交存在什么区别。

9. 请简述贸易术语的变形及其使用时应注意的问题。

七、案例分析题

1. 沈阳A出口公司拟向日本大阪某进口商出口货物一批。A公司可在其仓库将货物装入集装箱后交付至承运人,承运人用卡车将集装箱经高速公路运至大连,然后在大连港装上集装箱班轮运往日本大阪。A公司提出按CIP大阪(INCOTERMS® 2010)成交,但日商要求按CIF大阪成交。试从A公司角度分析按CIF大阪条件与按CIP大阪条件成交有何不同。

2. 我某出口公司与外商按CIF landed London条件(INCOTERMS® 2010)成交出口一批货物,合同规定,商品的数量为500箱,以信用证方式付款,5月装运。买方按合同规定的开证时间将信用证开抵卖方。货物顺利装运完毕后,卖方在信用证规定的交单期内办好了议付手续并收回货款。不久,卖方收到买方寄来的货物在伦敦港的卸货费和进口报关费的收据,要求我方按收据金额将款项支付给买方。问我方是否需要支付这笔费用?为什么?

3. 我方以FCA贸易术语(INCOTERMS® 2010)从意大利进口布料一批,双方约定最迟的装运期为4月12日,由于我方业务员疏忽,导致意大利出口商在4月15日才将货物交给我方指定的承运人。当我方收到货物后,发现部分货物有水渍,据查是因为货交承运人前两天大雨淋湿所致。据此,我方向意大利出口商提出索赔,但遭到拒绝。问我方的索赔是否有理?为什么?

4. 某出口公司A同新加坡的客户因价格条款发生了一些分歧,一直争执不下。A和这个客户做的业务是空运方式进行运输,A认为CIF只适用于"海运及陆运方式"而不适用于"空运方式",所以坚持用CIP条款(并且银行方面也坚持按照国际惯例空运必须使用CIP)。可客户坚持要用CIF,他们认为CIP比CIF多一个费用。A想问到底CIP和CIF在费用上有什么区别?A的做法是不是正确?请根据INCOTERMS® 2010进行分析。

5. 新加坡A公司与马来西亚B公司订立FCA合同(INCOTERMS® 2010),购买500吨白糖,合同约定提货地为B公司所在地。7月3日,A公司派代理人到B公司提货,B公司已将白糖装箱完毕并放置在临时敞篷中,A公司代理人由于人手不够,要求B公司帮助装货,B公司认为已履行完应尽义务,故拒绝帮助装货。A公司代理人无奈返回,3日后A公司再次到B公司所在地提走货物。但是,在货物堆放的3天里,因遇湿热台风天气,货物部分受损,造成10%的脏包。问该损失应由哪一方承担?

6. 我无锡某公司采用FOB上海(INCOTERMS® 2010)向美国出口货物一批,装运期为5月,集装箱装运。我方4月26日收到买方发来的装船通知,告知我方载货船舶将于5月15日到达装运港。为了及时装运,我公司业务员于5月10日将货物从无锡运至上海码头仓库,不料货物因当夜仓库发生火灾而全部损失。问:(1)以上损失是否应该由我方承担?为什么?(2)若采用FCA无锡交货,该损失是否应该由我方承担？为什么？(3)采用 FCA 贸易术语和 FOB 贸易术语在交货地点、运输方式和单据、结汇时间等方面存在哪些不同？

7. 我某公司按 FOB(INCOTERMS® 2010)出口一批货物。合同签订后接到买方来电，称订舱较为困难，委托我方代为订舱。为了方便合同履行，我方接受了对方的要求。但由于船期比较紧张，时至装运期我方在规定装运港无法订到合适的舱位，且买方又不同意改变装运港。因此，到装运期满时货仍未装船，买方因销售季节即将结束便来函，以我方未按期订舱履行交货义务为由撤销合同。试问我方应如何处理？

8. 某年，中国某出口商以 CIF 魁北克(INCOTERMS® 2010)价格向加拿大某商出口 500 公吨核桃仁，由于核桃仁属季节性商品，进口商要求且双方同意订立如下合同条款：

信用证开证日期：9 月底

装运：不迟于 10 月 31 日，不允许分装和转船

到达日期：不得迟于 11 月 30 日。否则，买方有权拒收货物

支付条件：信用证下 90 天远期汇票

由于天气恶劣，班轮于 12 月 5 日才到达魁北克。因此，进口商拒绝提货，除非按货物总价值打 20%折扣以赔偿进口商所发生的损失。经过多轮艰苦谈判，该交易以出口商损失 360 000 美元，即货物总价值的 15%折扣而告终。问该案例的症结何在？

9. 我方从泰国 A 公司进口一批大米，签订 CFR 上海(INCOTERMS® 2010)合同，货轮在台湾海峡附近沉没。A 公司未及时向我方发出装船通知，我方未办理投保，无法向保险公司索赔。故我方要求对方承担责任，但泰国 A 公司以货物离港，风险已经转移给我方为由拒绝承担责任。问泰国 A 公司的行为是否合理？究竟由谁承担责任？为什么？

10. 我某出口公司按 CIF(INCOTERMS® 2010)、凭不可撤销即期议付信用证支付方式向科威特 ABC 公司出售货物一批。ABC 公司按合同规定开来不可撤销即期议付信用证，并经我方审核无误。我出口公司在信用证规定的装运期限内将货物在装运港装上开往目的港的海轮，并在装运前向中国人民保险公司按 CIC 条款办理了货物运输保险。但装货海轮在开航后不久起火爆炸沉没，该批货物全部灭失。问我出口公司该如何处理？说明理由。

11. 我内陆某出口公司向日本出口 30 吨甘草膏，每吨 40 箱共 1 200 箱，每吨售价为 1 800 美元，FOB 天津新港(INCOTERMS® 2010)，共 54 000 美元，即期信用证，装运期为 2 月 25 日之前，货物必须装集装箱。该出口公司在天津设有办事处，于是在 2 月上旬便将货物运到天津，由天津办事处负责订箱装船。不料货物在天津存仓后的第三天，仓库午夜着火，是夜风大火烈，抢救不及，1 200 箱甘草膏全部被焚。办事处立即通知内地公司总部并要求尽快补发 30 吨，否则无法按期装船。结果该出口公司因货源不济，只好要求日商将信用证的有效期和装运期各延长 15 天。请分析此

案应吸取的教训。

12. 我方按 CIF(INCOTERMS® 2010)进口一批床单,货物抵达我方后发现床单在运输途中部分受潮,而卖方已如期向我方提交了合同规定的全套合格单据并要求我方支付货款。问我方能否以所交货物受潮为由而拒付货款或向卖方提出索赔?

13. 我方按 CIP 南京(INCOTERMS® 2010)进口 10 公吨化肥,其经海上运输,抵达上海港后转为公路运输运至南京。我方受领货物后,卖方要求我方支付货款和公路运费,请问卖方行为是否合理?

14. 我某出口公司对某日商出口大米,作出发盘,其中规定:每公吨 CIF 大阪 150 美元(INCOTERMS® 2010),装运港是大连,现日商要求我方改报 FOB 大连价,我出口公司对价格应如何调整?如果最后按 FOB 条件签订合同,买卖双方在所承担的责任、费用和风险方面有何差别?

15. 我某外贸公司按照 CIF 伦敦(INCOTERMS® 2010)向英商出售一批货物。卖方在规定的装运期内装船并取得相应单据。货物在运输过程途中时逢埃以战争爆发苏伊士运河关闭,只能绕道非洲南端。事后买方就航行途中发生的绕航费用、货物湿损以及未能按预计时间到达向我方提出索赔。问我方是否应当赔偿?为什么?

参考答案

一、单项选择题

1. A　**2.** C　**3.** B　**4.** C　**5.** B　**6.** D　**7.** B　**8.** B　**9.** C　**10.** C　**11.** C　**12.** A　**13.** B　**14.** C　**15.** B　**16.** D　**17.** A　**18.** A　**19.** A　**20.** D　**21.** B　**22.** B　**23.** A　**24.** C　**25.** D　**26.** A　**27.** C　**28.** A　**29.** B　**30.** D　**31.** B　**32.** D　**33.** A　**34.** C　**35.** B　**36.** A　**37.** B　**38.** B　**39.** A　**40.** B　**41.** C　**42.** A　**43.** D　**44.** A　**45.** C

二、多项选择题

1. ABC　**2.** ABE　**3.** ABCDE　**4.** ABCD　**5.** BCD　**6.** AE　**7.** BC　**8.** AB　**9.** CD　**10.** ABCD　**11.** CD　**12.** CD　**13.** BD　**14.** BD　**15.** ABCDE　**16.** ABCD　**17.** CD　**18.** ABCDE　**19.** BCDE　**20.** ABCE　**21.** DE　**22.** CD　**23.** AB　**24.** ABD　**25.** ABCD　**26.** ABD　**27.** ABDE

三、填空题

1.

贸易术语	交货点	运输责任承担方	保险责任承担方	出口清关手续办理方	进口清关手续办理方	适用的运输方式
EXW	卖方工厂/仓库	买方	双方无义务	买方	买方	各种
FOB	装运港船上	买方	双方无义务	卖方	买方	水运
FAS	装运港船边	买方	双方无义务	卖方	买方	水运

续表

贸易术语	交货点	运输责任承担方	保险责任承担方	出口清关手续办理方	进口清关手续办理方	适用的运输方式
FCA	货交承运人处	买方	双方无义务	卖方	买方	各种
CIF	装运港船上	卖方	卖方	卖方	买方	水运
CFR	装运港船上	卖方	双方无义务	卖方	买方	水运
CIP	货交承运人处	卖方	卖方	卖方	买方	各种
CPT	货交承运人处	卖方	双方无义务	卖方	买方	各种
DAP	目的地运输工具上	卖方	双方无义务	卖方	买方	各种
DAT	目的地，卸货	卖方	双方无义务	卖方	买方	各种
DDP	目的地运输工具上	卖方	双方无义务	卖方	卖方	各种

2. FOB；FAS；CIF；CFR；EXW；FCA；CIP；CPT；DAT；DAP；DDP **3.** 到达类；DAP；DAT；DDP **4.** EXW；FOB；FAS；FCA；CIF；CFR；CIP；CPT；DAP；DAT；DDP **5.** 风险点；费用点 **6.** CIF；CIP **7.** 适用的运输方式；仅适用于水运的贸易术语；适用于任何运输方式的术语

四、判断解释题

1. ×。CIF 的变形如果不作特殊说明仅限卸货费用的变形，风险点仍在装运港船上，卖方无须保证货物送到伦敦。CIF ex ship's hold London 是指卖方支付的运费截止到伦敦港船上，不承担在伦敦港的卸货费用。

2. ×。CFR 的变形如果不作特殊说明仅限卸货费用的变形，风险点仍在装运港船上，无须承担装上船之后的风险；另外关于费用，CFR ex ship's hold New York 项下在装运港装上船之后卖方只承担到纽约港舱底为止的运费，而非一切费用。

3. ×。CIF 的变形是为了解决租船方式下卸货费用的负担；班轮运输方式下承运人负责装卸，支付运费的一方承担装卸费，因此班轮运输时根本无需贸易术语的变形。CIF liner terms New York 是指出口方采用租船运输，卸货费的负担采用班轮的规定方式，即支付运费的一方（卖方）承担卸货费，并且 CIF liner terms New York 项下在装运港装上船之后卖方只承担到纽约港舱底为止的运费（包括装卸费）和保险费，而非一切费用。

4. ×。CIF landed New York 是指卖方需要承担货物卸至纽约岸上的卸货费，但在装运港装上船即完成交货义务，无须保证货物运抵纽约。

5. ×。按 CFR landed Singapore 成交，货物在新加坡港的卸货费由卖方负担，但进口报关费应由买方承担。

6. √。根据《1990 年美国对外贸易定义修订本》，FOB vessel seattle 项下买方负责出口清关，我国进口采用该术语，所以我方必须承担该义务，支付相关费用。

7. ×。因为根据 INCOTERMS® 2010，FOB 项下办理运输是买方的义务，虽然卖方代为办理，但是风险和费用买方承担。所以未订到舱位的风险由买方承担，卖方 A 公司对由此产生的未如期装运的责任免责。

8. ×。CIP 的风险点在装运地货交承运人处，所以属于装运类术语，卖方无须保证货物到达，因此我出口商只需在合同中规定装运期，无须规定到达目的地的期限。

9. ×。虽然根据 INCOTERMS® 2010，CIP 合同属于装运类合同，但是本案中的合同规定与惯例不一致，根据合同约定高于惯例的特点，应按照合同规定执行，所以我方要承担晚到的违约责任。

10. ×。根据 INCOTERMS® 2010，F 组和 C 组贸易术语的风险点都在装运港/装运地，所以属于装运类术语，卖方无须保证货物到达，因此只需在合同中规定装运期，无须规定到达目的地的期限。

11. ×。根据 INCOTERMS® 2010，CIF 的风险点在装运港，无须保证货物到达，因此将 CIF 价格称作"到岸价"是不妥当的。按 CIF 术语成交，卖方的风险在装运港船上发生转移，自装运港装上船之后的费用卖方只需承担保险费和运费，而非一切费用，更无须承担风险。

12. ×。INCOTERMS® 2010 规定的只是买卖双方在货物交接过程中义务划分，对于货物在交货之前就存在的品质、数量和/或包装上的瑕疵，卖方仍应承担责任。

13. √。INCOTERMS® 2010 规定的只是买卖双方在货物交接过程中义务划分，采用 DAT 成交，办理保险是卖方的权利而非义务；但采用 CIF 成交，因为本术语中含有保险，所以办理保险是卖方的义务。

14. ×。因为我方未及时发出装运通知，造成买方未及时投保，所以我方应承担由此引起的风险和损失。

15. ×。因为按照 INCOTERMS® 2010 的规定，CFR 和 CIF 术语的风险点都在转运港船上，所以两者风险相同，不同仅在于卖方在 CIF 项下比 CFR 多承担了办理保险、支付保费的义务。

16. ×。按照 INCOTERMS® 2010，CFR 和 CIF 术语的风险点都在转运港船上，都无须承担货物在装运港装上后的风险，两者的不同仅在于卖方在 CIF 项下比 CFR 多承担了办理保险、支付保费的义务。

17. √。按照 INCOTERMS® 2010，FOB 项下办理运输是买方的义务，买方应按照合同约定的装运时间及时租船/订舱，并承担迟派船和早派船所引起的风险和损失。

18. ×。虽然 INCOTERMS® 2010 在国际贸易中权威最高、使用最广泛，但是该规则只是惯例、不是法律，因此根据合同约定高于惯例的特点，如果合同规定与 INCOTERMS® 2010 矛盾，应以合同为准。

19. ×。INCOTERMS® 2010 解释了四组、11 个贸易术语，分别是：EXW；FOB、FAS、FCA；CIF、CFR、CIP、CPT；DAP、DAT、DDP。

20. √。因为采用"EXW loaded＋卖方工厂/仓库"成交，出口清关由买方办理，但是采用"FCA＋卖方工厂/仓库"，卖方自己办理出口清关。

21. ×。不一样，因为采用"EXW loaded＋卖方工厂/仓库"成交，进口方要自己办理出口清关，但是采用"FCA＋卖方工厂/仓库"，出口清关由卖方办理，所以采用后者对进口方有利。

22. √。对于海宁的出口商而言，选用 FCA 海宁成交在海宁货交承运人后即完成交货并可获得运输单据，而选用 FOB 上海成交卖方只有在上海装上船后才算完成交货才能获得运输单据，可见，出口商选用 FCA 海宁比选用 FOB 上海少承担了海宁至上海的风险，并且还可以较早获得单据完成结汇。

23. ×。INCOTERMS® 2010 中 E 组、F 组和 C 组贸易术语的交货点都在装运地，只有 D 组术语的交货点在目的地。

24. ×。因为根据 INCOTERMS® 2010，按照 CFR 术语成交的合同，虽然运输是由卖方办理的，但是 CFR 术语的交货点在装运港船上，货物装上船后产生的风险由买方承担。

25. ×。因为根据 INCOTERMS® 2010，按照 CIF 术语成交的合同，虽然国际货物运输保险是由卖方办理的，但是 CIF 术语的交货点在装运港船上，货物装上船后产生的风险由买方承担，卖方将保险单背书给买方后，由买方凭保单向保险公司索赔。

26. ×。根据 INCOTERMS® 2010，按照 DAT 术语成交与按照 DDP 术语成交的区别不仅仅是进口清关的责任和风险的承担方不同，前者由买方承担而后者由卖方承担；而且两者的目的地卸货责任和风险的承担方也不同，前者由卖方承担而后者由买方承担。

五、名词解释

1. 贸易术语：贸易术语(trade terms)，又称贸易条件、价格术语(price terms)，它是一个简短的概念(如"Free On Board")或三个字母的缩写(如"FOB")，在货物销售合同中用来说明运输方式、价格构成及买卖双方有关费用、风险和手续等责任划分，以确定买卖双方在交货和接货过程中应承担的义务。

2.《1932 年华沙—牛津规则》(Warsaw-Oxford Rules)：该惯例是国际法协会(International Law Association)于 1928 年在华沙制订的，简称"华沙规则"。后经多次修订，最后一次修订年份是 1932 年，地点在英国牛津，因此命名为《1932 年华沙—牛津规则》。该惯例只对 CIF 一种价格术语进行了解释，全文共有 21 条。

3.《1990 年美国对外贸易定义修订本》(Revised American Foreign Trade Definition)：该惯例是 1919 年美国的 9 个商业团体制定了《美国出口报价及其缩写条例》(The U.S. Export Quotation and Abbreviations)，1941 年、1990 年又对它作了修订，并改称《1990 年美国对外贸易定义修订本》(Revised American Foreign Trade Definitions 1990)。该修正本在同年为美国商会、全国进口商协会和全国对外贸易协会所采用。该惯例对 EXW、FOB、FAS、CFR、CIF、DEQ 六种贸易术语进行了解释。

4.《2010 年国际贸易术语解释通则》(INCOTERMS® 2010)：该惯例是国际商会(International Chamber of Commerce，简称 ICC)拟定的一套解释贸易术语的统一规则，定名为 International Commercial Terms(缩写为 INCOTERMS)，该惯例首版公布于 1936 年，后来为了与国际贸易实践的发展、特殊的交易及港口习惯、运输方式和运输工具的发展、通信方式的变革、各国进出口管理制度、关税制度、货运保险制度的调整相适应，1936 年之后国际商会分别于 1953 年、1967 年、1976 年、1980 年、1990 年、1999 年和 2010 年对 INCOTERMS 作了修订和补充。截至目前，最新版是 2010 年 9 月正式公布的修订本 INCOTERMS® 2010，该修订本为国际商会第 715 号出版物，并于 2011 年 1 月 1 日起实施。

六、简答题

1. 贸易术语的作用主要有：简化贸易磋商过程，有利于买卖双方洽谈交易和订立合同；有利于买卖双方核算价格和成本以及有利于解决履约当中的争议。

2. 贸易术语用以明确买卖双方在国际贸易商品交接过程中的义务划分，说明交货地点或到货地点，划分买卖双方的风险、责任和费用，因此贸易术语是确定买卖合同性质的重要因素。比如 CIF 的风险点在装运港船上，所以 CIF 合同属于装运类合同。但是贸易术语不是决定合同性质的唯一因素，因为术语是惯例，而不是法律，如果合同作出了与术语矛盾的规定，合同规定高于惯例，比如 CIF 合同中，买卖双方约定买方收到货物后再付款，则此时的合同性质就变成到达类合同了。

3. F 组和 C 组贸易术语的风险点在装运港/装运地，因此按 F 组和 C 组贸易术语成交的合同为"装运合同"；而 D 组贸易术语的风险点在目的地，所以按 D 组贸易术语成交的合同为"到达合同"。

4. CIF 的风险点在装运港船上，一旦卖方按照合同规定的时间和地点将货物完成装运，即履行了合同义务，无须保证货物到达目的港，所以不能称 CIF 价格为到岸价。

5. FCA、CPT 和 CIP 三种贸易术语是分别在 FOB、CFR、CIF 三种传统术语的基础上发展起来的，其责任划分的基本原则是相同的，但也有区别，主要表现在以下几个方面：

(1) 适用的运输方式不同：FOB、CFR、CIF 是适用于海洋运输和内河航运，其承运人一般是船公司，而 FCA、CPT、CIP 则适用于包括海运在内的各种运输方式以及多式联运方式，其承运人可以是船公司、航空公司或多式联运的联合运输经营人。

(2) 风险转移的地点不同：FOB、CFR、CIF 三种贸易术语的风险转移点为装运港船上，而 FCA、CPT、CIP 的风险则自货物交付承运人接管时转移。

(3) 运输单据不同：按 FOB、CFR、CIF 条件成交，卖方一般应向买方提供已装船清洁提单。而 FCA、CPT、CIP 术语，卖方向买方提供的运输单据视运输方式而定。

6. (1) 明确所选术语的惯例及版本；

(2) 货源情况、与实际运输条件相适应；
(3) 办理进出口货物结关手续的难易；
(4) 考虑安全收汇、安全收货、运输途中的风险；
(5) 与支付方式相适应。

7.

	EXW＋卖方工厂/仓库	FCA＋卖方工厂/仓库
装货义务	买方负责	卖方负责
出口清关	买方负责	卖方负责

8.

	DAP＋目的港	CIF＋目的港
交货点	目的港船上	装运港船上
交货方式	实际交货	象征性交货
使用该术语的合同性质	到达类	装运类
费用承担	卖方承担货物运至目的港船上的一切费用	卖方承担货物运至目的港船上的运费、保险费

9. (1) 贸易术语的变形是国际贸易实践中为解决租船运输项下装货费用或卸费用承担的问题而产生的，比如 FOB 术语的变形旨在解决在装运港装货费的负担问题，FOB 的变形有：

FOB liner terms(FOB 班轮条件)，支付运费的一方(FOB 下即买方)承担装货费用；

FOB under tackle(FOB 吊钩下交货)，卖方将货物置于轮船吊钩可及之处，从货物起吊开始的装货费用由买方承担；

FOB stowed(FOB 包括理舱)，卖方必须承担装货费用包括理舱费用；

FOB trimmed(FOB 包括平舱)，卖方必须承担装货费用包括平舱费用；

FOB stowed and trimmed(FOB 包括平舱和理舱)，卖方必须承担装货费用包括平舱和理舱费用。

CIF 术语的变形旨在解决在目的港卸货费的负担问题，CIF 术语的变形有：

CIF liner terms(CIF 班轮条件)，卖方必须承担卸货费用；

CIF landed(CIF 卸至岸上)，卖方必须承担卸货费用包括驳运费；

CIF under ex tackle(CIF 吊钩下交货)，卖方必须承担卸货费用；

CIF ex ship's hold(CIF 舱底交货)，卖方不必承担卸货费用。

对 CIF 术语关于租船运输下卸货费用的变形同样适用于 CFR 术语，如：

CFR liner terms(CFR 班轮条件)，卖方需要承担卸货费用；

CFR landed(CFR 卸至岸上)，卖方需要承担卸货费用；

CFR under ex tackle(CFR 吊钩下交货)，卖方需要承担卸货费用；

CFR ex ship's hold(CFR 舱底交货)，卖方不需要承担卸货费用。

(2) 使用贸易术语变形时应注意：对于贸易术语的变形，国际上并无统一和权威性的解释。因此，在实际业务中使用贸易术语变性时，应在合同中明确规定贸易术语的变形是仅限于费用划分的变形，还是同时涉及风险的划分。

七、案例分析

1. (1)适用的运输方式：CIF——海洋运输和内河运输；CIP——各种运输方式，各种单一的运输方式，包括多式联运。

(2) 交货地点：CIF——装运港船上；CIP——货交承运人处。

(3) 风险的划分界限：CIF——装运港船上；CIP——货交承运人处。

(4) 费用的负担(支付)：①运费、保险费，CIF——指定目的港；CIP——指定目的地；②卸货费用，CIF——根据 INCOTERMS® 2010，CIF 项下卸货费用由买方负担。但实际上，卸货费用由谁承担与运输方式有关：如果 CIF 项下采用班轮运输，由于班轮运费中含有装卸费，因此卸货费由卖方承担了；而如果采用租船运输，CIF 项下卸货费用由谁负担，常采用贸易术语变形。CIF 术语的变形有：CIF liner terms(CIF 班轮条件)，卖方必须承担卸货费用；CIF landed(CIF 卸至岸上)，卖方必须承担卸货费用包括驳运费;CIF under ex tackle(CIF 吊钩下交货),卖方必须承担卸货费用;CIF ex ship's hold(CIF 舱底交货),卖方不必承担卸货费用。CIP——根据 INCOTERMS® 2010,CIP 项下卸货费用由买方负担,如运输合同中的费用已包括了装、卸费,则有关装卸费由卖方负担。

(5) 运输单据:CIF——(可转让的)已装船、清洁提单;CIP——根据不同的运输方式而定,通常是备运单据。

2. 对于在伦敦港的卸货费,应该由我方支付;但是进口报关费,不应由我方支付。因为我某出口公司与外商按 CIF landed London 条件成交,所以支付的运费应该包括卸至伦敦港码头的卸货费。但是 CIF 贸易术语项下的进口清关是买方的义务,因此,我方不需支付进口报关费。

3. 无理。因为 FCA 项下,我进口方负责运输,但我方未在合同约定的装运期内派去运输工具,导致卖方无法及时交货,所以在运输工具晚到的时间内发生的损失应该由我进口方承担。

4. CIP 比 CIF 多了一个内陆地区到装运港装上船之前的运输费用。A 的做法正确。因为 CIP 的风险点在货交承运处,而 CIF 的风险点在装运港船上,因此出口业务中采用前者便于卖方及早交货。

5. INCOTERMS® 2010 规定了 FCA 术语下装货和卸货的义务:交货地在卖方所在地时,卖方负责装货;交货地在卖方所在地之外时,卖方不负责卸货。可见,在本案中,B 公司将货物装箱并存放后,并未履行完交货义务,B 公司应负责装货。A 公司在 3 日后自行派人将货物装车并提走,可以视为放弃了要求 B 公司装货的权利,但在此之前的货物灭失或损坏的一切风险仍应由 B 公司承担。

6. (1) 损失应该由我方承担。因为 FOB 上海的风险点在上海装运港船上,该损失发生在货物装上船之前,因此由卖方承担。

(2) 若采用 FCA 无锡交货,该损失不应该由我方承担。因为 FCA 无锡的风险点在无锡货交承运人处,而该损失发生在运出无锡之后,因此风险已转移至买方。

(3) 采用 FCA 贸易术语和 FOB 贸易术语在交货地点、运输方式和单据、结汇时间方面存在不同:

	FOB	FCA
交货地点	装运港船上	货交承运人处
运输方式	水运	各种运输方式
运输单据	提单	依运输方式而定
结汇时间	装运港装上船之后	货交承运人之后

7. 要求买方必须付款。因为 FOB 项下办理运输是买方义务,卖方只是代为办理,风险和费用由买方承担。

8. 该案例的症结在于到达日期条款。对于出口商来说,其最大错误在于由于自己的无知或疏忽同意将这一条款写进了合同。合同虽然是以 CIF 术语的形式订立的,但并非真正的 CIF 合同。根据 INCOTERMS® 2010,CIF 的交货点在装运港船上,卖方只要在规定时间将货物装上船,就完成了交货义务,所以真正的 CIF 合同属于装运类合同,卖方无需保证货物何时到达何地。由于国际贸易术语是惯例,属于选择性约束力,当事方可以将惯例修改之后写入合同,合同规定高于惯例。本案即属此种情况:合同虽选用 CIF 术语,但同时规定货物保证到达目的港的时间,是一份有名无实的 CIF 合同,这种合同实质上是一种到货类合同。可见本案中卖方拿的是装运类的低价格,承担的却是到达类的高风险。

9. 不合理。因为我方未及时投保是卖方未及时通知造成的,因此 A 公司应该承担责任。

10. 凭相符单据要求买方付款,因为 CIF 的风险点在装运港船上,货损发生在我方交货之后,因此风险由买方承担。不过买方付款后,我方可将单据交给买方,并对保险单背书,协助买方向保险公司索赔。

11. 我国进出口企业长期以来不管采用何种运输方式,对外洽谈业务或报盘仍习惯用 FOB、CFR 和 CIF 三种贸易术语。但在滚装、滚卸、集装箱运输的情况下,应提倡尽量改用 FCA、CPT

及 CIP 三种贸易术语，特别是内陆地区的出口。

案例中出口公司所在地正处在铁路交通的干线上，外运公司在该市有集装箱中转站，既可接受拼箱托运也可接受整箱托运。假如当初采用 FCA（该市名称）对外成交，出口公司在当地将1 200箱交中转站或自装自集后将整箱（集装箱）交中转站，不仅风险转移给买方，而且当地承运人（即中转站）签发的货运单据即可在当地银行办理议付结汇。该公司自担风险将货物运往天津，再集装箱出口，不仅加大了自身风险，而且推迟结汇。

12. 不能，因为 CIF 的风险点在装运港船上，而货损是发生在装船之后，卖方已完成交货，风险已转移至买方，所以不能以此为由拒付，但是可以凭保单向保险公司索赔，当然，如果是承运人责任，应向承运人要求赔偿。

13. 不合理。因为 CIP 南京，卖方负责办理运输，并支付运费到南京，因此买方只需支付货款即可。

14. 应从 CIF 中扣除运费和保险费，从而求得 FOB 价。按照 CIF 和 FOB 成交的风险一样，因为两者的风险点都在装运港船上，区别主要在于 CIF 相对 FOB，卖方义务增加了办理运输和保险的责任，并支付运费和保险费。

15. 我方无须赔偿，因为 CIF 的风险点在装运港船上，卖方按照合同约定时间、地点完成货物装运即完成交货，对于交货后的风险应由买方承担。

第五章　商品的价格

学习目标：了解国际贸易价格的构成、国际贸易定价方法；掌握国际贸易价格中贸易术语的选用，以及不同贸易术语的价格之间的换算。

一、单项选择题

1. 以下对外出口报价正确的是(　　)。

A. 205 美元/桶　　B. 250 美元/桶 CIF 纽约

C. 205 美元/桶 CIF 上海　　D. 250 美元/桶 CIF 德国

2. 出口总成本加上利润对外报价需要除以(　　)。

A. 外汇买入价　　B. 外汇卖出价

C. 外汇中间价　　D. 外汇现钞价

3. 下列关于我国出口单价表述正确的是(　　)。

A. 每公吨 1 000 英镑 FOB 伦敦　　B. 每打 50 欧元 FOB 净价减 1%折扣

C. 每码 3.50 美元 CIFC 2%新加坡　　D. 500 英镑 CFR 净价利物浦

4. 下列关于我国进口单价表述不正确的是(　　)。

A. 每公吨 1 000 英镑 FOB 伦敦　　B. 每打 50 欧元 FOB 上海减 1%折扣

C. 每码 3.50 美元 CIFC 2%青岛　　D. 每箱 500 英镑 FCA 净价利物浦

5. 下列关于我国进口单价表述正确的是(　　)。

A. 每公吨 1 000 英镑 FOB 伦敦　　B. 50 欧元 FOB 净价

C. 每码 3.50 美元 CIF 净价　　D. 500 英镑 CFR 净价大连

6. 下列关于我国出口单价表述正确的是(　　)。

A. 每公吨 1 000 英镑 FOB 伦敦　　B. 每打 50 欧元 FOB 上海减 1%折扣

C. 每码 3.50 美元 CIFC 2%青岛　　D. 每箱 500 英镑 FCA 净价利物浦

7. 国际贸易货款的支付中选用计价货币的原则是(　　)。

A. 收硬付硬　　B. 收硬付软　　C. 收软付硬　　D. 收软付软

8. 在一般的国际贸易买卖合同中，价格都表现一定量的特定货币(例如每公吨 500 美元)，通常不再规定支付货币。根据国际贸易的特点，用来计价的货币(　　)。

A. 只能是出口国货币

B. 只能是进口国货币
C. 只能是第三国的货币
D. 可以是出口国货币，也可以是进口国货币或者是第三国货币

二、多项选择题

1. 上海某公司业务员的进口报价正确的是（　　　　）。
A. USD100.00/PER M/T CFR SHANGHAI
B. USD100.00/PER M/T FCA NEW YORK
C. USD100.00/PER M/T FOB SHANGHAI
D. USD100.00/PER M/T CIF SHANGHAI
E. USD100.00/PER M/T DAP NEW YORK

2. 影响出口成本价格的因素为（　　　　）。
A. 出口商品收购价　　B. 各项经营管理费用
C. 出口运费　　D. 出口退税
E. 出口保险费

3. 国际贸易中作价方法主要有（　　　　）。
A. 固定作价
B. 暂不固定作价
C. 暂定价格
D. 滑动价格
E. 交货期近的采用滑动价格，交货期远的采用固定作价

4. 下列关于我国进口单价表述正确的是（　　　　）。
A. 每公吨 1 000 英镑 FOB 伦敦　　B. 每打 50 欧元 FOB 上海
C. 每码 3.50 美元 CIF 青岛　　D. 每箱 500 英镑 FCA 净价利物浦
E. 每箱 400 英镑 CIP 净价上海

5. 下列关于我国进口单价表述不正确的是（　　　　）。
A. 每公吨 1 000 英镑 FOB 伦敦　　B. 每打 50 欧元 FOB 净价
C. 每码 3.50 美元 CIF 伦敦　　D. 500 英镑 CFR 净价大连
E. 每箱 400 英镑 CIP 净价上海

6. 下列关于我国出口单价表述不正确的是（　　　　）。
A. 每公吨 1 000 英镑 FOB 伦敦　　B. 每打 50 欧元 FOB 上海减 1%折扣
C. 每码 3.50 美元 CIF 青岛　　D. 每箱 500 英镑 FCA 净价利物浦
E. 每箱 400 英镑 CIP 净价伦敦

7. 出口企业进行成本核算的指标有（　　　　）。
A. 出口外汇净收入　　B. 出口成本价格
C. 出口换汇成本　　D. 出口盈亏额

E. 出口盈亏率

8. 上海某公司业务员的进口报价不正确的是(　　　　)。

A. USD100.00/PER M/T CFR SHANGHAI

B. USD100.00/PER M/T FCA NEW YORK

C. USD100.00/PER M/T FOB SHANGHAI

D. USD100.00/PER M/T CIF SHANGHAI

E. USD100.00/PER M/T DAP NEW YORK

9. 上海某公司业务员的出口报价正确的是(　　　　)。

A. USD100.00/PER M/T CFR SHANGHAI

B. USD100.00/PER M/T FCA NEW YORK

C. USD100.00/PER M/T FOB SHANGHAI

D. USD100.00/PER M/T CIF SHANGHAI

E. USD100.00/PER M/T DAP NEW YORK

10. 上海某公司业务员的出口报价不正确的是(　　　　)。

A. USD100.00/PER M/T CFR SHANGHAI

B. USD100.00/PER M/T FCA NEW YORK

C. USD100.00/PER M/T FOB SHANGHAI

D. USD100.00/PER M/T CIF SHANGHAI

E. USD100.00/PER M/T DAP NEW YORK

三、填空题

1. 进出口合同中的单价包括如下内容:________,________,________和________。

2. CIF 价=CFR 价/________。

3. 进出口合同中的作价方法常见的有:________,________,________和滑动价格。

4. 国际贸易货款的支付中选用计价货币的原则是________。

四、判断解释题

(　　) 1. 国际贸易报价中单价由货币名称、单位金额和计量单位三部分构成。

(　　) 2. 出口商在采用计价货币时候应该考虑其汇率变化的趋势,通常出口应收取硬货币。

(　　) 3. 买卖双方在合同中规定"按照提单日期的国际市场价格计算",这是一种固定作价的方法。

(　　) 4. "每件 0.75 美元 CFR 上海"这个出口报价是正确的。

(　　) 5. "每件 0.85 美元 CIF 纽约"这个进口报价是正确的。

(　　) 6. 在实际业务中经常采用的作价方法是固定作价。

五、名词解释

1. 固定价格　**2.** 非固定价格　**3.** 滑动价格　**4.** 暂定价格　**5.** 硬币　**6.** 软币

六、计算题

1. 我方向英国出口商品报价是每公吨 USD1 600 CFR 伦敦，外商来电要求改报 CIF 伦敦价，该商品投保加一成投保一切险和战争险，保险费分别为 0.55%和 0.04%。问我方新报价应是多少？

2. 我某出口公司推销某商品对外报价为每箱 450 美元 FOB 上海，后国外商人要求改报 CIF 汉堡价。问我方应报多少？（运费每箱 50 美元，保险加成至 110%，保险费率为 0.8%）

3. 我出口公司对某客商发盘，供应某商品，价格条件为每公吨 2 000 美元 CIF 非洲某港口，按发票金额 110%投保一切险和战争险，客商提出要求改报 CFR 非洲某港口英镑价，查自中国口岸至非洲该港口的一切险和战争险的费率共为 0.7%。问我出口公司在维持原收入不变和暂不考虑汇价趋势的情况下应报何价？（按当时中行牌价：100 美元＝671.27/673.14 人民币元；100 英镑＝1 621.52/1 624.63 人民币元）

4. 合同规定由我方供应某商品 60 000 打，每打的 CIF 西欧某港价为 1.8 美元，自装运港至目的港的运费总计为 5 000 美元，投保金额为发票金额的 110%，保险险别为水渍险和战争险。查中国人民保险公司的保险费率表，该商品至该港口的水渍险费率为 0.3%，战争险费率为 0.4%。问我方净收入多少人民币？（按当时中行外汇牌价：100 美元＝671.28/673.5 人民币元）

5. 某商品原价为 CIF 纽约 USD 1 512.48，买方提出根据当地规定只能在进口国办理保险，要求改为 CFR 条件，原价保险费率为 0.75%，保额按发票价值 110%投保。问 CFR 术语的价格如何计算？

6. 某商品已知 CIF 新加坡每公吨 100 英镑。进口商要求改为 FOB 条件交货。已知运费每公吨 9 英镑，保费按 CIF 货值 110%投保，保费率为 0.6%。问 FOB 术语的价格如何计算？

7. 国内某公司向澳大利亚出口 Plush Toys 一批共 20 000 只，每箱 20 只。对外报价为 USD100.00/箱 FOB 上海，现需要改报为 CFR 悉尼价格。已知班轮运费支付采用 W/M 条款，货物每箱毛重、净重和体积分别为 2.5 KGS、2.3 KGS 和 10×12×20 CM，5 级货，基本运费率为 USD200.00/运费吨，燃油附加费和港口附加费分别为 20%和 10%。请报出每箱 Plush Toy 的 CFR 悉尼价格。

8. 我某外贸公司出口工艺品一批共 3 000 件，纸箱装，每箱 15 件。出口报价为每箱 US＄350.00 FOB 上海。现客户要求改报 CIF××港价，加一成投保海运一切险，保险费率为 1%。查该批货每箱毛重为 50 公斤，体积为 40×40×50 厘米，运费计算标准为 W/M，10 级，每运费吨基本运费率为 US ＄200.00，直航附加费为 10%。试求 CIF××港价。

9. 我某公司装运 50 箱(每箱 2 台)农业机械到汉堡港，每箱毛重 62 公斤，体积为 120×45×32 cm，该货运费计算标准为 W/M，10 级，基本费率为 230 美元，另加收燃油附加费 20%，港口拥挤费 15%，该批货物应付总运费多少？如果原报价为每台 200 美元 FOB 上海，求 CFR 汉堡价？(计算结果保留两位小数)

10. 我方出口商品共计 100 箱，每箱的体积为 30 cm×60 cm×50 cm，毛重为每箱 40 公斤，原来 FOB 上海报价为 200 美元/箱，对方要求改报 CFR 纽约价。查运费表得知该货为 9 级，计费标准为 W/M，基本运费为每运费吨 109 港元，另收燃油附加费 20%，港口附加费 20%，货币贬值附加费 10%，试计算 CFR 纽约价为多少？

11. 我某公司出口商品一批共 1 000 公吨，出口价格为每公吨 2 000 美元 CIF 某港。客户现要求改报 FOB 上海价。查该商品总重量为 1 200 公吨，总体积 1 000 立方米，海运运费按 W/M 计收，每运费吨基本运费率为 120 美元，港口附加费 15%；原报价的保险金额按 CIF 价另加成 10%，保险险别为一切险，保险费率为 1%。试求该商品的 FOB 上海价。

12. 我国某出口公司对荷兰某客户发盘，价格为每公吨 500 美元 CIF 鹿特丹，按发票金额 110%投保，对方要求改报 FOB 价格，经查自中国口岸至鹿特丹运费为每公吨 80 美元，保险费率为 0.5%，试计算如果保持出口销售净收入不变，我方的应报价。(保留两位小数)

13. 我出口公司对非洲某客商发盘，供应某商品，价格条件为 CIF 非洲某口岸每公吨 1 500 美元；按发票金额 110%投保一切险和战争险。对方要求改报 FOB 中国口岸。经查自中国口岸至非洲某口岸的海洋运输费用为每公吨 50 美元，一切险的保险费率为 0.5%，战争险的保险率为 0.3%。问如维持出口销售净收入不变，改报 FOB 中国口岸价，应为多少美元？

七、操作题

1. 我某进出口公司对德国企业按照投保平安险费率 0.8%，投保加成 10%，报价为每公吨 8 100 欧元 CIF 汉堡，而德商来电要求保险加成为 20%，投保一切险费率 1%，我方同意照办，则我方报价应改为多少？请用中、英文写出报价条款。(计算结果保留两位小数)

2. 根据 INCOTERMS®2010，判断下列我国出口价格条款是否正确，如有错或不完整，请予更正或补充。

(1) CNY1，500 FOB 天津

(2) GBP100per doz.CFR

(3) per case 32.60 CIF London.

(4) USD15 per set CIF USA

（5）per M/T USD200 Hamburg

（6）每打 25 美元 CIF 纽约，货物在路途如发生灭失或损坏，买方可以拒付货款。

（7）每包 25 港市 CFR 新加坡，卖方保证于 2018 年 12 月 30 日将货物运至买方所在营业地。

参考答案

一、单项选择题

1. B　**2.** A　**3.** C　**4.** B　**5.** A　**6.** B　**7.** B　**8.** D

二、多项选择题

1. ABD　**2.** ABD　**3.** ABCD　**4.** ACDE　**5.** BCD　**6.** ACD　**7.** CDE　**8.** CE　**9.** CE　**10.** ABD

三、填空题

1. 计价货币；单位金额；计量单位；贸易术语　**2.** [(1－(1＋投保加成交率)×保险费率)]　**3.** 固定作价；暂不固定作价；暂定价格　**4.** 收硬付软

四、判断解释题

1. ×。国际贸易单价是由货币名称、单位金额、计量单位和贸易术语四部分构成。

2. √。出口时候收取硬货币，表明其一定时期内一直趋向于升值，等到卖方将外币兑换成本币时，能够换取更多的本币。

3. ×。这种计算价格方法称为活价格，就是随着卖方交货时候采用当时的国际市场价格。

4. ×。CFR 后面应跟目的港，中国出口，所以 CFR 后应跟外国港口。

5. ×。CIF 后面应跟目的港，中国进口，所以 CIF 后应跟中国港口。

6. √。实际业务中经常采用合同中把将来交货价格固定下来的方法，即固定作价，这样有利于避免因价格不确定带来的争议。

五、名词解释

1. 固定价格：进出口合同中，在双方协商一致的基础上，明确地规定商品的单价，即固定价格，这也是国际上常见的做法。按照各国法律的规定，合同价格一经确定，就须严格执行。除非合同另有约定，或经双方当事人一致同意，任何一方都不得擅自更改。固定价格具有明确、具体、肯定和便于核算的特点。

2. 非固定价格：业务上习惯称为“活价”或暂不固定价格。业务中的做法主要有以下几种：(1)在合同中只规定作价方式，具体价格留待以后确定。(2)暂定价，即在合同中预先确定一个初步价格，作为买方开立信用证或初步付款的依据，待双方确定最后价格后再进行最后清算，多退少补。(3)部分固定价格，部分非固定价格。

3. 滑动价格：是指先在合同中规定一个基础价格，交货时或交货前一定时间，按工资、原材料价格变动的指数作相应调整，以确定最后价格。

4. 暂定价格：即在合同中预先确定一个初步价格，作为买方开立信用证或初步付款的依据，待双方确定最后价格后再进行最后清算，多退少补。

5. 硬币：是在一定时期内，汇率趋涨的货币，即趋于升值的货币。

6. 软币：是在一定时期内，汇率趋跌的货币，即趋于贬值的货币。

六、计算题

1. CIF ＝ CFR/[1－(1＋投保加成率)×保险费率]

＝ 1 600/[1－(1＋10%)×(0.55%＋0.04%)] ＝ 1 610.45(美元)

2. CIF 价＝(FOB＋运费)/[1－(1＋投保加成率)×保险费率]

$= (450 + 50)/(1 - 110\% \times 0.8\%) = 504.44$(美元)

3. CFR $=$ CIF $\times (1 - 110\% \times 0.7\%) = 1\,984.6$(美元)

1 英镑的买入价 $= 1\,621.52/673.14 = 2.408\,9$(美元)

1 英镑的卖出价 $= 1\,624.63/671.27 = 2.420\,2$(美元)

采用 CFR 英镑报价 $= 1\,984.6/2.408\,9 = 823.86$(英镑)

4. FOB $=$ CIF $\times [1 - 110\% \times (0.3\% + 0.4\%)] - 5\,000$

$= 107\,168.4 - 5\,000 =$ USD102 168.4

我方净收入 $=$ FOB $\times 6.712\,8 = 685\,836.04$(元)

5. CFR $=$ CIF $\times (1 - 110\% \times 0.75\%) = 1\,500$(美元)

6. FOB $=$ CIF $-$ I $-$ F $=$ CIF $\times (1 - 110\% \times 0.6\%) - 9 = 90.34$(英镑)

7. 货物件数 $= 20\,000/20 = 1\,000$(箱),总毛重 $= 2.5$(公吨),

总体积 $= 1\,000 \times 10 \times 12 \times 20/1\,000\,000 = 2.4$(立方米),

根据 W/M 条款,选择重量吨 2.5 运费吨计算运费。

班轮运费 $=$ 基本运费 $+$ 附加运费 $= 2.5 \times 200 \times (1 + 20\% + 10\%) = 650$(美元)

CFR 每箱价 $=$ FOB $+$ F $= 100 + 650/1\,000 = 100.65$(美元)

8. 货物件数 $= 3\,000/15 = 200$(箱),根据 W/M 条款,毛重 $= 50 \times 200/1\,000 = 10$(公吨),

体积 $= 200 \times 40 \times 40 \times 50/1\,000\,000 = 16$(立方米),选择体积吨 16 立方米计算运费。

班轮运费 $=$ 基本运费 $+$ 附加运费 $= 16 \times 200 \times (1 + 10\%) = 3\,520$(美元),平均每箱运费 $= 3\,520 \div 200 = 17.6$(美元),

每箱的 CFR 价格 $=$ FOB $+$ F $= 367.6$(美元)

CIF $=$ CFR$/[1 - (1 + 10\%) \times 1\%] = 371.69$(美元)

9. 每箱体积吨 $= 1.2 \times 0.45 \times 0.32 = 0.172\,8$(立方米),每箱重量吨 $= 0.062$(公吨)

因为运费计算标准为 W/M,所以运费吨和重量吨从高,选择体积吨计算运费。

每箱运费 F $=$ (基本运费 $+$ 附加费) $\times$ 运费吨 $= [230 + 230 \times (20\% + 15\%)] \times 0.172\,8 = 53.65$(美元)

CFR $=$ FOB $+$ F $= 200 + 53.65/2 = 226.83$(美元)

10. 每箱体积吨 $= 0.3 \times 0.6 \times 0.5 = 0.09$(立方米)

每箱重量吨 $= 0.04$(公吨)

因为运费计算标准为 W/M,

所以运费吨和重量吨从高,选者体积吨计算运费。

总运费 F $=$ (基本运费 $+$ 附加费) $\times$ 运费吨

$= [109(1 + 20\% + 20\% + 10\%)]0.09 \times 100 = 1\,471.5$(美元)

CFR $=$ FOB $+$ F$/100 = 200 + 14.715 = 214.72$(美元)

11. 总体积吨:1 000 立方米,总重量吨:1 200 公吨

因为运费计算标准为 W/M,所以运费吨和重量吨从高,选择重量吨计算运费。

总运费 F $=$ (基本运费 $+$ 附加费) $\times$ 运费吨 $= [120 \times (1 + 15\%)] \times 1\,200 = 165\,600$ 美元

每公吨运费 $= 165\,600/1\,200 = 138$(美元)

每公吨保险费 $=$ CIF(1 $+$ 投保加成率) $\times$ 保险费率 $= 2\,000 \times (1 + 10\%) \times 1\% = 22$(美元)

FOB $=$ CIF $-$ F $-$ I $= 2\,000 - 138 - 22 = 1\,840$(美元/公吨)

12. FOB $=$ CIF $-$ I $-$ F $= 500 \times (1 - 110\% \times 0.5\%) - 80 = 417.25$(美元)

13. 保险费 I $=$ CIF $\times$ (1 $+$ 投保加成率) $\times$ 保险费率 $= 1\,500 \times 1.1 \times 0.8\% = 13.2$(美元)

FOB $=$ CIF $-$ I $-$ F $=$ CIF $- 1\,500 \times 1.1 \times 0.8\% - 50 = 1\,436.8$(美元/公吨)

七、操作题

1. CFR $=$ CIF $-$ I $= 8\,100 \times [1 - (1 + 10\%) \times 0.8\%] = 8\,028.72$(欧元)

CIF = CFR/(1 − 120% × 1%) = 8 126.23(欧元)
单价：每公吨 8 126.23 欧元 CIF 汉堡
Unit Price：EUR 8 126.23 per M/T CIF Hamburg

2. (1) USD1 500 per doz.FOB Tian Jin INCOTERMS® 2010
(2) GBP100 per doz.CFR London INCOTERMS® 2010
(3) USD32.60 per case CIF London INCOTERMS® 2010
(4) USD15 per set CIF NEW YORK INCOTERMS® 2010
(5) USD200 per M/T　CFR Hamburg INCOTERMS® 2010
(6) 每打 25 美元 CIF 纽约，货物在路途如发生灭失或损坏，买方不可以拒付货款。
(7) 每包 25 港元 CFR 新加坡，卖方需要在 2018 年 12 月 30 日前将货物在装运港装上船。

第六章　出口成本核算与佣金和折扣

学习目标：了解国际贸易成本核算的指标及其实践意义；掌握出口商品总成本、FOB净收入、换汇成本、盈亏额、盈亏率的计算。

一、单项选择题

1. 在国际贸易中，净价的计算公式采用较多的为(　　)。

A. 含佣价×(1+佣金率)　　B. 含佣价/(1+佣金率)

C. 含佣价×(1−佣金率)　　D. 含佣价/(1−佣金率)

2. 出口总成本是指(　　)。

A. 进货成本

B. 进货成本+各项费用

C. 进货成本+出口前的费用−出口退税

D. 对外销售价格

3. 我方原对外报价为CFR为USD 1 000，现在外方要求加一成投保一切险(0.4%)和战争险(0.06%)，则CIF价格应该为(　　)。

A. USD1 005.09　　B. USD1 012.08

C. USD1 005.06　　D. USD980.01

4. 某出口商品报价为每千克200美元FOBC 3%上海，现客户要求将佣金增加到5%，在保持出口净收入不变的情况下，应报每千克(　　)FOBC 5%上海价。

A. 203.70美元　　B. 194美元　　C. 210美元　　D. 204.21美元

5. 出口成本核算中外汇净收入采用的贸易术语是(　　)。

A. CIF　　B. CFR　　C. FOB　　D. DDP

6. 进口成本核算中进口成本采用的贸易术语是(　　)。

A. FOB　　B. CFR　　C. CIF　　D. EXW

7. 一笔国际货物买卖合同，采用CFR含佣金2%对外成交，总值为10 000美元，该批货物的总运费为900美元，则该笔交易外汇净收入为(　　)美元。

A. 10 000　　B. 8 900　　C. 9 100　　D. 9 800

8. 我方企业某商品对外商报价不含佣金CFR价为每公吨4 000美元，后外商要求报CIFC 4%的价格，保险费率1%，投保加成率10%，如果要保证我国企业的净收入保持不变，则对外改报的 CIFC 4%价格为(　　)。

A. 4 213.01 美元　　B. 4 212.50 美元

C. 4 206.27 美元　　D. 4 205.76 美元

9. 某商品出口总成本为 1 500 000 元人民币，出口后外汇净收入为 220 000 美元，按当时中国银行的外汇牌价为 100 美元折合人民币 799 元，则出口盈亏率为(　　)。

A. 14.7%　　B. 15.8%　　C. 17.2%　　D. 19.1%

二、多项选择题

1. 佣金的表示方法可以有(　　　)。

A. 每公吨 335 美元 CIF 纽约包含佣金 2%

B. 每公吨 220 美元 CIFC 2%伦敦

C. 每公吨 300 美元 FOB 上海净价

D. 按照成交价总金额支付 USD1 000

E. 每公吨 500 美元 CIF 纽约以毛作净

2. 下列关于我国进口单价表述不正确的是(　　　)。

A. 每公吨 1 000 英镑 FOB 伦敦

B. 每打 100 欧元 FOB 净价减 1%折扣

C. 每码 3.50 美元 CIFC 2%大连

D. 500 英镑 CFR 净价大连

E. 每箱 400 英镑 CIP 净价上海

3. 下列我某公司业务员的进口报价，(　　　)是正确的。

A. net price USD60.00/per metric ton CIF Shanghai

B. USD60.00/per metric ton FCA New York less 5% discount

C. USD60.00/per metric ton FOBC 5% New York

D. USD60.00/per metric ton CIF C 5% Shanghai

E. USD60.00/per metric ton DAT New York

4. 下列我某公司业务员的出口报价，(　　　)是正确的。

A. USD58/per metric ton CIFC London

B. USD58/per metric ton FCA Shanghai less 5% Discount

C. USD58/per metric ton FOB C 5% London

D. USD58/per metric ton CIF C 5% Shanghai

E. USD58/per metric ton DAT London

5. 出口企业进行成本核算的指标有(　　　)。

A. 出口外汇净收入　　B. 出口成本价格

C. 出口换汇成本　　D. 出口盈亏额

E. 出口盈亏率

三、填空题

1. 出口商品换汇成本是指以某种商品的________与________之比。出口换汇成本如低于银行的外汇牌价，则出口为________，反之则说明出口________。
2. 出口商品盈亏率是指________。
3. 在洽商交易时我方报价 FOB 价为 10 000USD/公吨，对方要求改报 FOBC 3%价，则价格可以为________USD/公吨。
4. 某商品每公吨销售 FOB 净价为 1 600USD，出口总成本每公吨人民币 10 800 元(外汇牌价按 USD100＝RMB690 元)，则这些商品盈亏率为________，换汇成本为________。
5. 出口盈亏额是指出口销售人民币________与出口人民币________的差额。

四、判断解释题

(　　) 1. 通常出口盈亏率和出口换汇成本之间为反比例关系。

(　　) 2. 如果出口换汇成本低于计价货币汇率的买入价表明出口商存在盈利。

(　　) 3. 佣金计算的贸易术语必须在 FOB 贸易术语的基础上计算。

(　　) 4. 佣金和折扣都是在出口方收到全部货款之后支付。

(　　) 5. 某出口商品每千克 100 美元 FOBC 3%上海，现客户要求将佣金增加到5%，在保持出口净收入不变的情况下，应报每千克 101.85 美元 FOBC 5%上海价。

(　　) 6. 某出口商品每千克 100 美元 CFR 上海，现客户要求改报 CIF 纽约价，如果保险按 CIF 总价的 110%投保一切险，保险费率 1%，在保持出口净收入不变的情况下，应报每千克 111.1 美元 CIF 纽约价。

(　　) 7. 某商品出口总成本为 1 500 000 元人民币，出口后外汇净收入为 220 000美元，按当时中国银行的外汇牌价为 100 美元折合人民币 799 元，则出口盈亏率为 14.7%。

(　　) 8. 我某公司出口某商品 500 公吨，国内收购价为 1.5 元人民币/公斤(含增值税 17%)，另加其他费用 10%，出口退税率 13%。外销价为每公吨 200 美元 FOB 上海，含佣金 3%。则该商品的出口换汇成本为 7.65 人民币/美元。

(　　) 9. 我某公司出口某商品 500 公吨，国内收购价为 150 元人民币/公吨(含增值税 17%)，另加其他费用 10%，出口退税率 17%。外销价为每公吨 30 美元 CIF 上海，其中运费和保险费占 5%。则该商品的出口换汇成本为 7.65人民币/美元。

(　　)10. 我某公司出口某商品 500 公吨，国内收购价为 150 元人民币/公吨(含增值税 17%)，另加其他费用 10%，出口退税率 17%。外销价为每公吨 30 美元 CIF 纽约，其中运费占 2%，保险费率 1%。则该商品的出口换汇成本为 7.65 人民币/美元。

(　　)**11.** 我某公司出口某商品外销价为每公吨 30 美元 CIF 纽约，保险费率 1%。则该商品的 CFR 出口报价是每公吨 29.70 美元。

(　　)**12.** 我某公司出口某商品外销价为每公吨 100 美元 FOB 上海，外商要求该报 CIF 纽约价，保险费率 1%，每公吨运费 2 美元。则该商品的 CIF 出口报价是每公吨 101.00 美元 CIF 纽约。

(　　)**13.** 我某公司出口某商品外销价为每公吨 103 美元 CIF 纽约，外商要求改报 FOB 上海价，保险费率 1%，每公吨运费 2 美元。则该商品的 FOB 上海出口报价是每公吨 100 美元 FOB 上海。

(　　)**14.** 我某公司出口某商品外销价为每公吨 103 美元 CIF 纽约，外商要求改报 CFR 纽约价，保险费率 1%。则该商品的 CFR 纽约出口报价是每公吨 100 美元 FOB 上海。

(　　)**15.** 出口商通过中间商与国外成交一批货物，中间商要求签订合同后马上支付佣金，我方应该接受中间商的条件。

五、名词解释

1. 出口商品总成本　**2.** 出口销售外汇净收入　**3.** 换汇成本　**4.** 出口商品盈亏额　**5.** 出口商品盈亏率　**6.** 佣金　**7.** 折扣

六、计算题

1. 我某公司对外某商品每箱 50 美元 CIF 西雅图。国外要求改报 CFRC 5%西雅图，设保险费率为 1.05%，加一成投保，问我方应报多少美元?

2. 我某出口公司对外报某商品每打 100 港元 CFRC 5%香港。港商要求改按 CIFC 5%香港报价，设投保加 1 成，保险费率为 0.5%，问我方应报多少美元?

3. 我某外贸公司出口一种商品至日本，出口价格条件为每公吨 9 850 美元，CIF 横滨。其中中国口岸至横滨的海上运输费和保险费共计占 15%。结汇时中国银行外汇牌价为美元折合人民币 6.85 元。试计算每公吨出口销售人民币净收入金额。

4. 我某出口公司与西欧某中间商达成一笔交易，合同规定我方出口某商品 25 000公斤，每公斤 15 美元，CFRC 2%汉堡。海运运费为每公斤 0.15 美元。出口收汇后出口公司向国外中间商汇付佣金。计算：(1)该出口公司向中国银行购买支付佣金的美元所需人民币；(2)该出口公司的外汇净收入(按当时中行牌价：100 美元＝718.39/719.99 人民币元)

5. 我方向西欧某客商推销某商品，发盘价格为每公吨 1 150 英镑 CFR 西欧某港口，对方复电要求改按 FOB 中国口岸定价，并给予 2%佣金。查自中国口岸至某港口的运费为每公吨 170 英镑，我方如要保持外汇收入不变，改按买方要求条件报价，应为何价?

6. 我外贸公司出口某商品 1 000 箱,该货每箱收购价人民币 100 元,国内费用为收购价的 15%,出口后每箱可退税人民币 7 元,外销价每箱 19.00 美元 CFR 曼谷,每箱货应付海运费 1.20 美元,试计算该商品的换汇成本。

7. 我某出口商品原报价每箱 150 美元 CFR 孟加拉某港。现外商要求改报 CFRC 5%孟加拉某港,在 FOB 净收入不减少的条件下,我方最低应报 CFRC 5%孟加拉某港多少美元? 若按 110%投保,保险费率为 1%,则我方最低 CIFC 5%应报多少美元?

8. 青岛某公司出口某商品 20 公吨,纸箱装,每箱净重 20 公斤,毛重 22.26 公斤,每箱尺码 42×28×25 立方厘米。该货出口总成本为每公吨 3 200 元人民币,外销价为每公吨 750 美元 CFR 仰光,海运运费 W/M 12 级计算,查青岛至仰光 12 级货基本运费为 96 美元/运费吨,港口附加费 32%,燃油附加费 28%。试计算该商品换汇成本及盈亏率。(按 1 美元兑 6.85 元人民币计算)

9. 我方某外贸公司出口货物一批 100 箱,对方报价为 FOBC 3% USD140.00/箱,该批货物在国内收购成本为 85 000 元人民币(含 17%增值税),定额费用率为 15%,退税率为 11%,若我方要保证有 10%的利润率,请问对方的报价能否接受?(美元兑换人民币的汇率为 7.50)

10. 上海某外贸公司向英国伦敦一家公司出售货物一批,国内采购价(含 17%增值税)共 234 000 元人民币,该外贸公司的定额费用率为 10%,出口退税率为 13%。该批货物出口 CIFC 5%伦敦价为 40 000 美元,从上海至伦敦的运费和保险费为 3 000美元。中国银行美元兑人民币汇率买入价为 8.012 5。试计算这笔货物贸易的出口换汇成本和出口盈亏额。(计算结果保留两位小数)

11. 我某外贸公司出口工艺品一批,纸箱装,共 200 箱。出口报价为每箱 USD400.00 FOB 上海。现客户要求改报 CIFC 5%××港价,加一成投保海运一切险,保险费率为 1%。查该批货每箱毛重为 45 公斤,体积为 0.072 立方米,运费计算标准为 W/M,10 级,每运费吨基本运费率为 USD250.00,直航附加费为 10%。试求 CIFC 5%××港价。

12. 我某公司向荷兰出口货物 100 箱,每箱 60 美元 CIF 鹿特丹,按照 CIF 金额加一成投保一切险,保险费率为 0.6%。已知该货物退税后出口总成本为 30 000 元,结汇时 1 美元兑换人民币汇率为 7.722 0,试计算该出口商品的出口盈亏率和出口换汇成本。(运费采用 W/M 标准,8 级,每箱的重量为 80 KGS,体积为 100 × 20 × 50 CM ,基本运费率为 USD100/运费吨,燃油附加费为 10%,港口附加费为 USD10/运费吨)

13. 上海某出口公司通过中间商向英国出口皮具一批 1 000 件,皮具国内的购货成本为每件 50 元人民币(含税),定额费用率和预计的利润率均为 10%,该商品退税率为 11%。该皮具为纸箱包装,每箱 20 只。从装运港运达伦敦的每箱运费为 40 美元,同时按照发票价值的 110%投保一切险和战争险,费率为 0.8%和 0.2%,当时美元兑换人民币的汇率中间价为 1∶7。请报出每件皮具的 CIFC 2%伦敦价格。

14. 我某公司出口某商品 5 万公吨,国内收购价(含 17%增值税)为 1.5 元人民币/公斤,另加其他费用 10%,退税率为 11%,出口外销价为每公吨 200 美元 FOB 上海,含佣金 3%。试计算该商品的出口换汇成本和出口盈亏率(美元兑换人民币汇率为 6.35)。

15. 我某货主在货物装船前,按发票金额的 110%办理了货物投保手续,投保一切险和战争险。该批货物的 CIF 总价格为 20.75 万美元,一切险保险费率为 0.4%,战争险为 0.2%。问:(1)该货主应交付的保险费是多少?(2)若其客户要求按 CIF 发票金额加两成投保相同险别,在不影响经济效益的情况下,CIF 报价应为多少?(3)这批货物的出口总成本为 72 万元人民币。运费 1 000 美元。结汇时,银行外汇买入价为 1 美元折合人民币 7.60 元。试计算这笔交易的换汇成本和盈亏额。(计算结果保留两位小数)

16. 我某企业向新加坡 A 公司出售一批货物,出口总价为 10 万美元 CIF 新加坡,其中从大连港运至新加坡的海运运费为 4 000 美元,保险按 CIF 总价的 110%投保一切险,保险费率 1%。这批货物的出口总成本为 72 万人民币元。结汇时,银行外汇买入价为 1 美元折合人民币 7.50 元。试计算这笔交易的换汇成本和盈亏额。(计算结果保留两位小数)

17. 上海某公司向美国一公司出售货物一批,国内采购价(含 17%增值税)共 117 000元人民币,加工费支出 15 000 元人民币,商品流通费用 10 000 元人民币,出口退税率为 13%。该批货物出口 CIF 净价为 25 000 美元,运费 2 500 美元,保险费 375 美元。当时美元兑人民币汇率为 7.686 3。试计算这笔货物贸易的出口换汇成本和出口盈亏率。(计算结果保留两位小数)

18. 我某公司出口商品一批共 1 000 公吨,出口价格为每公吨 2 000 美元 CIF××港。客户现要求改报 FOBC 5%上海价。查该商品总重量为 1 200 公吨,总体积 1 000立方米,海运运费按 W/M 计收,每运费吨基本运费率为 120 美元,港口附加费 15%;原报价的保险金额按 CIF 价另加成 10%,保险险别为一切险,保险费率为 1%。试求该商品的 FOBC 5%上海价。(计算结果保留两位小数)

19. 我某公司对外报价某商品每箱 50 美元 CIF 纽约,国外要求改报 CFR 纽约,并给予 5%的佣金,设保险费率为 1.05%,按发票金额的 110%投保,应报 CFRC 5%纽约多少美元?(计算结果保留两位小数)

参考答案

一、单项选择题

1. C　**2.** C　**3.** A　**4.** D　**5.** C　**6.** C　**7.** B　**8.** A　**9.** C

二、多项选择题

1. AB **2.** BD **3.** ABCD **4.** BE **5.** CDE

三、填空题

1. 出口总成本;出口 FOB 净收入;盈利;亏损 **2.** 出口盈亏额与总成本的比率 **3.** 10 309 **4.** 2.2%; 6.75 元/美元 **5.** FOB 净收入;总成本

四、判断题

1. √。通常出口换汇成本=出口总成本/出口的 FOB 净收入,而盈亏率=(出口的 FOB 本币净收入/出口总成本-1)×100%,两者表现出明显反比例关系,即盈利率越高,则换汇成本越低。

2. √。出口换汇成本表明出口商出口一定金额的商品需要花费的人民币成本,而其把所换取的外币兑换成本币时候采取的是外币汇率的买入价,如果换汇成本低于外币汇率买入价,则表明出口商成本低于收益,存在一定的盈利。

3. ×。通常如果双方采用 FOB 计价,需要在合同中说明,如果没有说明,则按照实际的贸易术语来计算佣金。

4. ×。如果需要出口方收到全部货款之后支付,需要双方在合同中订立,而大多数情况佣金需要等到收到货款时候再支付,而折扣是在买方付款时候直接扣除。

5. ×。FOBC 5% = 100 ×(1-3%)/(1-5%) = 102.11

6. ×。CIF = CFR/(1-110% ×1%) = 101.11

7. ×。出口盈亏率=(出口外汇净收入×银行买入价-出口商品总成本)/出口商品总成本=(220 000×7.99-1 500 000)/1 500 000 = 17.19%

8. √。出口换汇成本 = 出口商品总成本 /FOB 净收入 =(国内收购价+定额费用-退税)/[FOB 含佣价×(1-佣金率)] = [1.5+1.5 ×10%-1.5 ×13%/(1+17%)]/[200 ×(1-3%)/1 000] = 7.65 人民币 / 美元

9. ×。出口换汇成本 = 出口商品总成本 /FOB 净收入 =(国内收购价+定额费用-退税)/(CIF-I-F) =[150+150×10%-150×17%/(1+17%)]/(30-30 ×5%) = 5.02 人民币 / 美元

10. ×。出口换汇成本 = 出口商品总成本 /FOB 净收入 =(国内收购价+定额费用-退税)/(CIF-I-F) =[150+150×10%-150×17%/(1+17%)]/(30-30×2%-30×110% ×1%) = 4.93 人民币 / 美元

11. ×。CFR = CIF-I = CIF-CIF×110% ×1% = 30-30 ×110% ×1% =29.67 美元 / 公吨

12. ×。CIF = CFR/(1-110% ×1%) = 102/(1-110% ×1%) = 103.13 美元 / 公吨

13. ×。FOB = CIF-I-F = 103-103 ×110% ×1%-2 = 99.87 美元 / 公吨

14. ×。CFR = CIF-I = 103-103 ×110% ×1% = 101.87 美元 / 公吨

15. ×。如果我方在签订合同后就支付佣金,但是对于能否及时全额收回货款尚存在未知数,但是如果订立买方付款后再支付佣金,则中间商往往会敦促买方及时支付。

五、名词解释

1. 出口商品总成本:又称出口每美元成本,是出口企业为获得出口商品所支付的国内总成本。它由两个基本因素构成:进货成本和国内费用。在经营的商品需要缴纳出口税时,出口税也应计入出口总成本。目前,我国对大多数出口商品实行出口退税制度,在实际计算出口商品总成本时,应当扣除退税收入,具体计算公式如下:

出口商品总成本(退税后)=出口商品采购价格(含增值税)+国内费用-出口退税收入

其中,国内定额费用=出口商品采购成本×费用定额率(由各企业自行核定);定额费用一般包含银行利息、工资支出、邮电通信费用、交通费用、仓储费用、码头费用、企业管理费用等。

2. 出口销售外汇净收入:要计算出口商品外汇净收入首先需要计算出口产品的本币净收入,

即出口总成本加上利润。出口外汇净收入等于本币净收入除以外汇汇率的买入价，是指出口外汇总收入扣除劳务费用等非贸易外汇支出后的外汇收入。如采用FOB价格成交，成交价格就是外汇净收入。如果用CIF成交，则扣除国外运费和保险费等劳务费用支出后，即为外汇净收入。如果以含佣价格成交，还要扣除佣金。

3. 换汇成本：出口换汇成本是指某商品每获得一个单位的外币收入需要多少人民币成本支出，其计算公式是：

$$换汇成本=\frac{出口总成本(人民币元)}{出口销售外汇净收入(外币)}$$

从上述公式可以看出，出口换汇成本与出口总成本成正比，与出口外汇净收入成反比。出口换汇成本是衡量外贸企业和进出口交易盈亏的重要指标。它与外汇牌价进行比较能直接反映出商品出口是否盈利。

4. 出口盈亏额，是指出口商品销售人民币净收入与出口商品总成本的差额。用公式表示为：

$$出口盈亏额=出口商品销售人民币净收入-出口商品总成本$$

其中，

$$出口商品销售人民币净收入=\text{FOB}出口外汇净收入\times银行外汇买入价$$

5. 出口盈亏率，是盈亏额与出口商品总成本的比例，用百分比表示。它是衡量出口盈亏程度的一项重要指标。其计算公式为：

$$\begin{aligned}出口商品盈亏率&=\frac{出口\text{ FOB }本币净收入-出口总成本}{出口总成本}\times100\%\\&=\left(\frac{出口\text{ FOB }本币净收入}{出口总成本}-1\right)\times100\%\end{aligned}$$

6. 佣金，是指代理人或经纪人为委托人达成交易而收取的报酬。在货物买卖中，佣金常常表现为交易的一方支付给中间商的报酬。例如，出口商支付佣金给销售代理人，或进口商支付佣金给采购代理人。

7. 折扣，是卖方按货物原价给予买方一定百分比的价格减让，即适当的价格优惠。从性质看，它是一种优惠。国际上使用的折扣名目繁多，有特别折扣(special discount)、额外折扣(exceptional discount)、数量折扣(quantity discount)等。折扣也直接关系到商品的价格，货价中是否包含折扣及折扣率的大小都影响商品的价格。折扣率越高，价格越低。

六、计算题

1. CFR ＝ CIF ×(1 － 1.1 × 1.05％) ＝ 49.42(美元)

CFRC 5％ ＝ CFR/(1 － 5％) ＝ 52(美元)

2. CFR ＝ CFRC 5％ ×(1 － 5％) ＝ 100 ×(1 － 5％) ＝ 95(美元)

CIF ＝ CFR/(1 － 1.1 × 0.5％) ＝ 95.52(美元)

CIFC 5％ ＝ CIF/(1 － 5％) ＝ 100.55(美元)

3. FOB ＝ CIF － 运费 － 保险费 ＝ CIF ×(1 － 15％) ＝ 9 850 × 0.85 ＝ 8 372.5 (美元)

每公吨出口销售人民币净收入额 ＝ FOB× 汇率 ＝ 57 351.63(元)

4. (1) 佣金 ＝ 含佣价 × 佣金率 ＝ 25 000 × 15 × 2％ ＝ 7 500(美元)

购买美元采用美元的卖出价，7 500 × 7.199 9 ＝ 53 999.25(元)

(2) 该出口公司的FOB外汇净收入 ＝ CFRC 2％ ×(1 － 佣金率) － 运费

＝[15 ×(1 － 2％) － 0.15] × 25 000 ＝ 363 750(美元)

5. FOBC 2％ ＝ (CFR － F)/(1 － 2％) ＝ 1 000(美元)

6. FOB ＝ CFR － F ＝ 19 － 1.2 ＝ 17.8(美元)

出口总成本 ＝ 100 ×(1 ＋ 15％) － 7 ＝ 108(元)

出口换汇成本 ＝ 出口总成本 /FOB外汇净收入 ＝ 6.07(人民币元 / 美元)

7. CFRC 5% = CFR/(1－5%) = 157.89(美元)

CIF = CFR/(1－110%×1%) = 150/(1－110%×1%) = 151.67(美元)

CIFC 5% = CIF /(1－5%) = 159.65(美元)

8. 货物一共 1 000 箱，每箱毛重 22.26 公斤，所以该批货物总毛重为 22.26 公吨

体积 = 1 000×42×28×25/1 000 000 = 29.4(立方米)

所以应该选择 M 标准。

运费 = 基本运费＋附加运费 = 29.4×96×(1＋32%＋28%) = 2 822.4×1.6 = 4 515.84(美元)

FOB = CFR－F = 750×20－4 515.84 = 10 484.16(美元)

该批货物的出口总成本 = 3 200×20 = 64 000(元)

该批货物的出口换汇成本 = 64 000/10 484.164 = 6.1(人民币元/美元)

该批货物出口盈亏率 = (10 484.16×6.85/64 000－1)×100% = 12.2%

9. FOB = FOBC 3%×(1－3%) = 140×(1－3%) = 135.8(美元)

出口的净收入 = 135.8×7.5 = 1 018.5(元)

货物出口总成本 = 国内收购价×[1＋定额费用率－退税率/(1＋增值税率)]

= 85 000×[1＋15%－11%/(1＋17%)] = 89 760 元

每箱出口总成本 = 897.6(元)

出口盈亏率 = (出口净收入/出口总成本－1)×100% = 13.47%

13.47%＞预定利润率 10%，所以对方的报价是能够接受的。

10. CIF = CIFC 5%×(1－5%) = 38 000(美元)

FOB = CIF－I－F = 35 000(美元)，出口的净收入 = 35 000×8.012 5 = 280 437.5(元)

出口总成本 = 国内收购价×[1＋定额费用率－退税率/(1＋增值税率)]

= 234 000×[1＋10%－13%/(1＋17%)] = 231 400(元)

出口换汇成本 = 出口换汇成本 = 出口总成本/FOB 外汇净收入 = 6.61(人民币元/美元)

出口盈亏率 = (出口净收入/出口总成本－1)×100% = 21.19%

11. 货物的总体积 = 200×0.072 = 14.4(立方米)

货物总重量 = 0.045×200 = 9(公吨)

根据 W/M 条款，选择 M 条款

班轮运费 = 14.4×250×(1＋10%) = 3 960(美元)，平均每箱运费为 19.8 美元

CFR = FOB＋运费 = 419.8(美元/箱)

CIF = CFR/[1－(1＋10%)×1%] = 424.47(美元)

CIFC 5% = CIF/(1－5%) = 446.81(美元)

12. CFR = CIF×[1－(1＋10%)×0.6%] = 59.604(美元)

根据 W/M 条款，货物总重量为 8 公吨，体积为 10 立方米，所以选择 M 标准

班轮运费 = 10×100×(1＋10%)＋10×10 = 1 200(美元)，每箱的运费为 12 美元

FOB = CFR－F = 47.604(美元)，出口净收入为 367.60 元

货物出口总成本为 30 000 元，每箱成本为 300 元。

出口换汇成本 = 出口总成本/出口 FOB 价格 = 6.3(人民币元/美元)

出口盈亏率 = 出口盈亏率 = (出口净收入/出口总成本－1) = 22.5%

13. 每件皮具的出口总成本 = 国内收购价×[1＋定额费用率－退税率/(1＋增值税率)] = 50.3(元)

每件皮具成本加利润 = 50.3×(1＋10%) = 55.33(元)

每件的 FOB 报价 = 55.33/7 = 7.90 美元，每件海运运费 = 40/20 = 2 美元，故 CFR = 9.9 美元

CIF = CFR/[1－(1＋10%)×1%] = 10.01(美元)

CIFC 2% = CIF/(1－2%) = 10.21(美元)

14. 每公斤的出口成本 = 1.5×[1＋10%－11%/(1＋17%)] = 1.51(元)

FOB = FOBC 3% ×(1 − 3%) = 194(美元)，每公斤的FOB价格为0.194美元，出口本币净收入 = 0.194 × 6.35 = 1.23(元)

出口换汇成本 = 出口总成本 / 出口 FOB 价格 = 7.78(人民币元 / 美元)

出口盈亏率 = (1.23/1.51 − 1) × 100% = −18.5%

15. (1) I = CIF × 110% × (0.4% + 0.2%) = 20.75 × 1.1 × 0.006 = 0.136 95(万美元) = 1 369.5(美元)

(2) CFR = CIF − I = 207 500 − 1 369.5 = 206 130.5(美元)

CIF = CFR/[1 − 120% ×(0.4% + 0.2%)] = 206 130.5/0.992 8 = 207 625.4 (美元)

(3) FOB = CFR − F = 206 130.5 − 1 000 = 205 130.5(美元)

换汇成本 = 出口商品总成本 /FOB 净收入 = 720 000/205 130.5 = 3.51(人民币元 / 美元)

16. FOB = CIF − I − F = 100 000 ×(1 − 110% × 1%) − 4 000 = 94 900(美元)

换汇成本 = 出口商品总成本 /FOB 净收入 = 720 000/94 900 = 7.59(人民币元 / 美元)

盈亏额 = FOB 净收入 × 买入价汇率 − 出口商品总成本 = 94 900 × 7.5 − 720 000 = −8 250 (美元)

17. FOB = CIF − I − F = 25 000 − 2 500 − 375 = 22 125(美元)

出口商品总成本 = 出口商品进价(含增值税) + 定额费用 − 出口退税收入

= 117 000 + 15 000 + 10 000 − 117 000 × 13%/(1 + 17%)

= 129 000(元)

换汇成本 = 出口商品总成本 /FOB 净收入 = 129 000/22 125 = 5.83(人民币元 / 美元)

出口盈亏率 = (FOB 净收入 × 汇率 − 出口商品总成本)/ 出口商品总成本

= (22 125 × 7.686 3 − 129 000)/129 000 = 31.83%

18. 体积吨：1 000 立方米；重量吨：1 200 公吨

因为运费计算标准为 W/M，所以运费吨和重量吨从高，选者重量吨计算运费

总运费 F = (基本运费 + 附加费) × 运费吨 = [120 ×(1 + 15%)] × 1 200 = 165 600(美元)

每公吨运费 = 总运费 /1 200 = 165 600/1 000 = 138(美元)

每公吨保险费 = CIF × 110% × 1% = 22(美元)

FOB = CIF − I − F = 2 000 − 22 − 138 = 1 840(美元 / 公吨)

FOBC 5% = FOB/(1 − 5%) = 1 936.8(美元 / 公吨)

19. 保险费 = CIF × 110% × 1.05% = 0.577 5(美元 / 箱)

CFR = CIF − I = 50 − 0.577 5 = 49.422 5(美元 / 箱)

CFRC 5% = CFR/(1 − 5%) = 52.02(美元 / 箱)

第三篇

货 物 的 交 付

第七章　交货时间和地点

学习目标：了解货物交付过程中卖方的主要义务，包括交货时间、交货地点、分批装运和转运的问题等。熟悉国际货物买卖合同中有关货物交付的条款制定。

一、单项选择题

1. 交货时间是指(　　)。
   A. 卖方按照自己方便的时间将合同货物交付给买方的时间
   B. 卖方自行决定将合同货物交付给承运人的时间
   C. 卖方按买卖合同规定的时间将合同货物交付给买方或承运人的时间
   D. 卖方按信用证规定的时间将合同货物交付给买方或承运人的时间
2. 交货地点是指(　　)。
   A. 卖方按照自己方便的地点将合同货物交付给买方的地点
   B. 卖方自行决定将合同货物交付给承运人的地点
   C. 卖方按买卖合同规定的地点将合同货物交付给买方或承运人的地点
   D. 卖方按信用证规定的地点将合同货物交付给买方或承运人的地点
3. 《联合国国际货物销售合同公约》规定，如果合同未规定交货日期或一段交货时间，则卖方可(　　)。
   A. 拒绝交货　　B. 与买方另行商定交货日期
   C. 立即交货　　D. 在合同订立后一段合理时间交货
4. 我国《合同法》明确规定，出卖人应当按照约定的地点交付标的物，如当事人未约定交货地点或约定不明确的，出卖人可(　　)。
   A. 按照约定的地点交付标的物　　B. 与买方另行商定交货地点
   C. 拒绝交付货物　　D. 自行决定交货地点
5. 在 INCOTERMS® 2010 规则中“交货”一词用于表示货物灭失或损坏的风险自(　　)的时间和地点。
   A. 卖方转移至承运人　　B. 卖方转移至买方
   C. 卖方转移至保险公司　　D. 卖方转移至船公司
6. 在采用“规定在收到信用证后若干天内装运”的交货时间规定办法时，必须同时规定(　　)。

A. 有关信用证到期的期限　　B. 有关买卖合同成立的期限

C. 有关买卖双方商定交货的期限　　D. 有关信用证开到的期限

7. 在国际贸易的实际业务中，买卖双方应根据(　　)正确选择和确定交货地点。

A. 信用证要求的装运地点

B. 所选用的贸易术语和商品适用的运输方式

C. 卖方距离最近的地点

D. 交货季节

8. 根据 UCP600，除非信用证明示不准分批装运，卖方(　　)。

A. 不得分批装运　　B. 有权分批装运

C. 与买方协商是否分批装运　　D. 与承运人协商是否分批装运

9. 根据 UCP600，除非信用证明示不准转运，卖方(　　)。

A. 不得转运货物　　B. 有权转运货物

C. 与买方协商是否转运货物　　D. 与承运人协商是否转运货物

10. 根据 UCP600，关于分批装运和转运下列说法正确的是(　　)。

A. 一笔成交的货物在不同时间和地点分别装在同一航次、同一条船上并运往同一目的地的，应视为分批装运

B. 除非信用证另有规定，否则不允许分批装运

C. 如信用证规定在指定时期内分批装运，其中一批如未按规定装运，信用证对该批和以后各批货物均告失效

D. 除非信用证另有规定，否则不允许转运

二、多项选择题

1. 根据《联合国国际货物销售合同公约》，如卖方在合同规定的时间以前交货，或者延迟交货，买方(　　　)。

A. 有权要求损害赔偿　　B. 有权拒收货物

C. 有权宣告合同无效　　D. 必须收下货物

E. 必须与卖方另行协商解决

2. 在国际货物买卖中，卖方的交货义务包括(　　　)。

A. 与买方协商贸易术语的选用　　B. 联系承运人有关装运事宜

C. 按买卖合同规定的时间交付货物　　D. 按买卖合同规定的地点交付货物

E. 联系保险公司有关保险事宜

3. 在出口业务中，我方决定可否接受国外客户提出的目的港和目的地时，通常应考虑的因素包括(　　　)。

A. 对目的港或目的地的规定应尽量明确具体

B. 目的港必须是船舶可以安全停靠的港口

C. 以 CIF 或 CFR 条件成交的对内陆国家出口交易，应选择距离该国目的地最近

的我方能够安排船舶的港口为目的港

D. 凡以非集装箱方式运输的一般海上散货，合同中应尽量规定转运条款

E. 应贯彻我国有关政策，不得以我国政府不允许进行贸易往来的国家和地区做目的港或目的地

4. 如出口合同中装运时间规定为“Shipment during May/June 20×× in two monthly shipments”，则卖方可以在5月、6月两个月内，（　　）。

A. 每月装运两批货物，每批数量相等　B. 每月装运两批货物，每批数量不等

C. 每月装运一批货物，每批数量不等　D. 每月装运一批，每批数量相等

E. 只装运一批货物

5. 根据UCP600，“转运”是指（　　）。

A. 在海运情况下，从信用证规定的装货港和卸货港的运输过程中，从一艘船只卸下，再装上另一艘船只

B. 在航空运输情况下，从信用证规定的启航机场到目的港机场的运输过程中，从一架飞机上卸下，再装上另一架飞机

C. 在公路运输情况下，从信用证规定的装运地到目的地的运输过程中，从一辆汽车上卸下，再装上另一辆汽车

D. 在铁路运输情况下，从信用证规定的装运地到目的地的运输过程中，从一辆火车上卸下，再装上另一辆火车

E. 在多式联运情况下，从信用证规定的装运地到目的地的运输过程中，从一辆火车上卸下，再装上另一艘船只

6. 买卖合同的装运条款通常包括（　　）。

A. 装运时间　B. 装运地点

C. 分批装运　D. 转运

E. 运输单据

7. 国际货物买卖合同中关于分批装运的办法有（　　）。

A. 只在原则上规定分批装运　B. 可以具体订明每批装运的时间

C. 可以具体订明每批装运的数量　D. 可以具体订明装运的批次

E. 可以同时订明每批装运的时间和数量

8. 根据INCOTERMS®2010的解释，下列表示交货和装运并不一致的贸易术语有（　　）。

A. CIF　B. DAT　C. DAP　D. EXW

E. DDP

9. 根据INCOTERMS®2010的解释，下列表示交货和装运时意思一致的贸易术语有（　　）。

A. FOB　B. CIP　C. DDP　D. CFR

E. EXW

三、填空题

1. 根据 INCOTERMS® 2010 订立的买卖合同，表示“交货”和“装运”意思一致的术语有________、________、________、________、________、________。
2. 根据 INCOTERMS® 2010________、________和________术语都属于“到货合同”，卖方必须于“目的地”交货，因此不能用“交货”替代“装运”。
3. 在国际货物买卖合同中，规定装运时间的做法通常有：________、________、________、________。
4. 在出口贸易中，为了便于履行交货义务，节省开支，原则上应选择________、________、________、________等基础设施比较完善的地方作为装运港。
5. 规定目的港和目的地时，如有重名，应明确________和________。
6. 根据 UCP600 的规定，运输单据表面上注明________、________、________的多次装运，即使表面上注明不同的________或不同的________、________或________，也不视作分批装运。
7. UCP600 的所谓“禁止转运”，实际上仅是指禁止________除________的货物(即散货)的转运。
8. 一个合同能否分批装运，应视合同中________而定，如合同中未明文规定________，按 UCP600，则________。

四、判断解释题

(　　) 1. 交货时间是国际货物买卖合同的重要条件，因此卖方有义务按时交货。

(　　) 2. 按照我国《合同法》规定，卖方有义务按照约定地点交货。但如买卖双方事先未约定交货地点，则卖方无需交货。

(　　) 3. 在国际贸易中，交货往往意味着装运，因此无论以何种贸易术语成交，只需要订立装运条款。

(　　) 4. 若国际贸易合同中规定交货期限为“before the end of April, 20××”，则卖方可以在 20××年 4 月 30 日交货。

(　　) 5. 实际业务中，为促使卖方尽早发运货物，合同中尽量采用“尽快装运”“立即装运”等字样的装运条款。UCP600 也支持信用证使用这类字样。

(　　) 6. 在采用多式运输的情况下，一般应以便于多式运输经营人收货的地方作为装运地点。

(　　) 7. 对于目的地和目的港的规定，应力求明确具体，但在实际业务中，由于中间商的大量存在，也可以将目的地或目的港定得宽松一些以便于中间商转售货物。

(　　) 8. 在买卖合同中，如果规定有选择港，数目可以任意选择，按照买方要求越多越好。

(　　) 9. 在计算运费时,如果有选择港存在,应按备选港口中最低的费率加上选择港附加费计算。

(　　)10. 如出口合同规定装运时间为"Shipment during July/August 20×× in two equal lots",则我出口企业必须将货物于20××年7月和8月两个月中,每月装运一批,每批数量相等。

(　　)11. 根据UCP600,除非信用证中禁止分批装运,卖方有权分批装运。

(　　)12. UCP600中对于转运的规定是非常严格的,如果信用证中规定不准转运,则卖方不得转运货物。

(　　)13. 买卖合同规定"Shipment: to be effected on May 29th, 20×× from Shanghai to Kuwait",此条款的拟定是正确的。

(　　)14. 目的港重名现象在实际业务中普遍存在,因此在合同中应同时明确目的港口的国别和所处方位。

(　　)15. 在出口业务中,对于销售季节性强的货物,国外客户往往要求同时订立到货日期,我方应予以接受。

五、简答题

1. 如何理解合同中的"交货"和"装运"?哪些贸易术语在这两个词上意思是一致的?

2. 规定装运时间的方法有哪几种?我国出口企业在与外商约定装运时间时,一般应考虑哪些问题?

3. 什么是分批装运和转运?在国际贸易中,买卖合同规定分批装运和转运,对买卖双方各有哪些利弊?

4. 合同中装运港或装运地和目的港或目的地的规定有哪些?出口业务中确定装运港或装运地和目的港或目的地时需要注意哪些问题?

5. 什么是"选择港"?在出口业务中使用"选择港"需要注意哪些问题?

6. 试拟定国际货物买卖合同的装运条款一则。

六、案例分析题

大连某公司收到一份信用证,其中规定:大豆40 000 M/T;2011年8月到9月装运,不准分批装运;装运港为大连/青岛;目的港为纽约。该公司于8月30日在大连港装运货物22 000公吨,装上东海号货轮V.198;该货轮然后开往青岛港又于9月3日装运货物18 000 M/T,装运完毕后开往目的港纽约。请问某公司这种做法是否违反信用证规定?为什么?

参考答案

一、单项选择题

1. C　**2.** C　**3.** D　**4.** B　**5.** B　**6.** D　**7.** B　**8.** B　**9.** B　**10.** C

二、多项选择题

1. ABC 2. CD 3. ABCDE 4. CD 5. ABCD 6. ABCDE 7. ABCDE 8. BCDE 9. ABD

三、填空题

1. FCA; FOB; CIF; CFR; CPT; CIP 2. DAT; DAP; DDP 3. 规定某月装运;规定跨月装运;规定某月底或某日前装运;规定收到信用证之后若干天内装运 4. 靠近产地;交通便利;费用低廉;储存仓库 5. 所在国家;方位 6. 同一运输工具;同一航次;同一目的地;装运日期;装运港、接受监管地;发运地 7. 海运港至港;集装箱以外 8. 是否规定允许分批装运;允许分批;允许分批装运

四、判断解释题

1. √。《联合国国际货物销售合同公约》规定,卖方必须在合同规定的日期或一段时间内交货。否则买方可以要求损害赔偿或解除合同。

2. ×。我国《合同法》规定,如果当事人未约定交货地点的,可以协议补充,但卖方仍必须履行交货的义务。

3. ×。不同的贸易术语下,装运和交货的含义是不同的,如 EXW 术语只需要订立交货条款。

4. ×。"before the end of April, 20××"意味着卖方必须在 20××年 4 月 30 日之前交货,而不包括 20××年 4 月 30 日当天。

5. ×。UCP600 不允许"尽快装运"、"立即装运"等字样出现在信用证中,买卖合同也最好避免使用此类字眼。

6. √。以多式运输经营人收货的地方作为装运地点有助于多式运输经营人收取和装运货物,为卖方交货创造方便。

7. √。国际贸易的中间商为了转售货物,往往要求一个目的地的范围。在不影响卖方交货义务履行的前提下,可以将目的地和目的港定得较为宽松。

8. ×。选择港的数量通常不多于三个,且必须在一条航线上。

9. ×。选择港费率应按备选港口中最高的费率加上选择港附加费计算。

10. ×。出口企业只须在 20××年 5 月和 6 月两个月中装运两批货物,且数量相等即可,无须考虑是否要每月装运一批。

11. √。根据 UCP600,除非信用证禁止分批装运,否则卖方有权分批装运货物。

12. √。根据 UCP600,即使信用证禁止转运,但以下情况除外:货物采用多式联运方式运输(转运是必然的);或者海运方式项下货物采用集装箱、拖车或拉希型驳船(LASH barge)装运(这些方式可有效避免转运中延误运输时间、造成货损、增加额外费用等问题的发生)。

13. ×。这一规定的时间过于严格,不利于卖方装运货物。

14. √。目的港的重名现象在国际贸易运输中普遍存在。因此在合同的运输条款中应同时明确目的港港口的国别和所处方位。

15. ×。在 CIF 术语下,由于 CIF 是象征性交货的贸易术语,我方不宜接受明确规定到货日期的条款,以免增加多余的义务。

五、简答题

1. 交货的含义包括交付合同规定的货物、单据以及向买方移交货物的所有权,在实际工作中,"交货"更多地是指交付货物,交付单据往往在合同中会作出明确安排。对于移交所有权则通常是与付款结合在一起的。装运则仅是指将货物装上指定的运输工具。当在使用 FCA、FOB、CIF、CFR、CPT 和 CIP 时,卖方交付货物与货物装上运输工具,在时点上是一致的。因此从这一点出发,当使用前述贸易术语时,两者可以视为同一概念。

2. 装运时间的规定方法有:规定某月装运、某月底或某日前装运、跨月装运以及收到信用证后若干天内装运。我国出口企业在与外商约定装运时间时,应当考虑市场行情、商品性质、生产制造或供货的可能性、客户的资信等情况。

3. 分批装运就是将同一合同项下的货物分两次或多次装上运输工具。转运则是指从装运地至最后目的地的运输途中，从一运输工具卸下再换装到另一运输工具上（不论是否为不同的运输工具）。买卖合同允许分批，对于卖方显然是较为有利的，可以使卖方从容备货。但与此同时则可能使买方不能及时收到整批货物。因此，通常应当根据实际情况决定是否允许卖方分批装运。对于转运，由于国际货物运输的需要，转运往往难以避免。因此在C组术语下规定允许转运对于卖方而言，可以顺利完成交付货物的义务。但对于买方则可能会增加货物损坏的几率。

4. 规定装运港或装运地和规定目的港或目的地的方法，主要有：只规定一个装运港/装运地、目的港/目的地；规定两个或两个以上的装运港/装运地/目的港/目的地；规定选择港以及笼统规定。通常情况下应当只规定一个装运港或目的港。如果业务确实需要规定两个装运港/目的港时，一般也应属于同一航线；规定选择港时，要规定宣布选择港的时限以及逾期未宣布的处理方法。通常应尽量避免笼统规定的方法。还应注意港口的安全，包括泊位的吃水深度；国外港口的社会形势、是否存在重名的问题等等。

5. 选择港就是规定装港或卸港时，规定了两个或两个以上位于同一航线上的港口，需要在装运前或卸货前予以最终确定在哪个港口装货或者卸货的规定方法。使用时，需要在合同中规定宣布选择港的时限，以最终确定装货港或者卸货港。如果逾期未宣布，船公司有权在最近的港口或者最方便的港口装货或者卸货。一般而言，选择港不宜超过三个。船公司收取运费时，是按照选择港中距离最远的收取。买卖双方在合同中同时应规定使用选择港时，由哪一方支付费用。

6. 5月装运，由伦敦至上海。卖方应在装运月前45天将货物可供装船的时间通知买方。允许分批和转船。Shipment during May from London to Shanghai. The Seller shall advise the Buyers 45 days before the month of shipment of the time the goods will be ready for Shipment. Partial shipments and transshipment allowed.

六、案例分析题

不违反信用证。

根据UCP600，运输单据表面上注明同一运输工具、同一航次、同一目的地的多次装运，即使其表面上注明不同的装货港、接受监管地或发运地，也不视作分批装运。本案例中，该公司在大连、青岛两地装运的货物装同一船只、同一航次，且运往同一目的港，因此不能算作分批装运，不违反信用证的规定。

第八章 运输方式

学习目标：了解国际贸易运输中的各种运输方式及其特点；掌握运输单据的缮制和使用，各种运费的计算和支付；并明确承运人在国际贸易运输中的责任。

一、单项选择题

1. 在班轮运输中，负责货物的配载装卸并承担装卸费用的是（　　）。

A. 托运人　　B. 收货人　　C. 承运人　　D. 货运代理人

2. 外贸企业使用较多的租船方式是（　　）。

A. 定期租船　　B. 光船租船　　C. 定程租船　　D. 航次租船

3. 从价运费一般按照货物的哪种总价值的百分率计收（　　）。

A. FOB　　B. CIF　　C. CFR　　D. CIP

4. 由承租人配备船员，安排船舶的营运调度并承担相应费用的租船方式是（　　）。

A. 定程租船　　B. 定期租船　　C. 光船租船　　D. 航次期租船

5. 收货人抬头提单是指（　　）。

A. 记名提单　　B. 不记名提单　　C. 指示提单　　D. 备运提单

6. 来人抬头提单是指（　　）。

A. 记名提单　　B. 不记名提单　　C. 指示提单　　D. 备运提单

7. 收货人一栏列明“凭指示”的提单在背书转让前，物权归（　　）。

A. 托运人　　B. 收货人　　C. 承运人　　D. 提单受让人

8. 下列有关提单的说法中，错误的是（　　）。

A. 已装船提单的签发日期就是货物的装船日期

B. 记名提单只能由提单上的特定收货人提货，不能背书转让

C. 简式提单只有正面内容，没有背面条款，所以无法明确承托双方的权利和义务

D. 租船提单受租船合同的约束，在使用时通常需要提供租船合同副本

9. 下列有关海运单的说法中，错误的是（　　）。

A. 海运单是海上运输合同的证明

B. 收货人必须凭海运单提取货物

C. 海运单不是物权凭证不可以转让

D. 承运人凭海运单上载明的收货人的提货通知交付货物

10. 在租船运输中,确定船东和租船人之间合同关系和处理合同纠纷的依据是(　　)。
A. 提单　B. 租船提单　C. 租船合同　D. 运量合同

11. 在定程租船中,通常规定一定的(　　),并计算滞期费和速遣费。
A. 租期　B. 装卸时间　C. 航次时间　D. 航行时间

12. (　　)方式需要在运输合同中规定装卸时间。
A. 班轮运输　B. 定期租船　C. 定程租船　D. 光船租船

13. 在国际铁路货物联运中,需要随货物同行的单据是(　　)。
A. 铁路运单副本　B. 运行报单　C. 货物交付单　D. 铁路运单正本

14. 在国际铁路货物联运中,需要交给发货人,作为向收货人证明货物已经发运并凭以结算货款的单据是(　　)。
A. 铁路运单副本　B. 运行报单　C. 货物交付单　D. 铁路运单正本

15. 以下有关航空运单的说法错误的是(　　)。
A. 航空运单是承托双方缔结的运输合同的书面凭证
B. 航空运单具有物权凭证的作用
C. 航空运单是承运人或其代理人收到货物的凭证
D. 承运人凭航空运单上载明的收货人的提货通知交付货物

16. 签发集装箱提单的依据是(　　)。
A. 大副收据　B. 场站收据　C. 提货单　D. 装货单

17. 国际多式联运中承担全程运输责任的是(　　)。
A. 多式联运经营人　B. 承运人
C. 分段实际承运人　D. 货运代理人

18. 国际多式联运合同的当事人是(　　)。
A. 多式联运经营人和分段承运人　B. 分段承运人和托运人
C. 多式联运经营人和托运人　D. 多式联运经营人和收货人

19. 具有货物所有权凭证作用的单据是(　　)。
A. 邮包收据　B. 航空运单　C. 海运提单　D. 承运货物收据

20. 海运提单,就收货人抬头而言,国际上使用最为普遍的是(　　)。
A. Straight B/L　B. Order B/L　C. Bearer B/L　D. Open B/L

21. 海运提单按运输方式可以划分为(　　)。
A. 已装船提单和备运提单　B. 记名提单和指示提单
C. 清洁提单和不清洁提单　D. 直达提单、转船提单和联运提单

22. 程租船中的速遣费是(　　)。
A. 向租船方收取的一笔罚金
B. 给予负责装卸货物的一方的一笔奖金
C. 向出口人收取的一笔罚金
D. 给予进口人的一笔奖金

23. 程租船中的滞期费是(　　)。

A. 卖方向买方交纳延误交货的罚款

B. 负责装卸货物的一方向船方交纳延误船期的罚款

C. 买方向卖方交纳延误开证的罚款

D. 班轮运输情况下,负责订舱的一方因延误船期而向另一方交纳的罚款

24. 在我国出口业务中,通常采用(　　)。

A. 备运提单　　B. 空白抬头、空白背书提单

C. 不记名提单　　D. 空白抬头、记名背书提单

25. 按照货物重量或体积或价值三者中较高的一种计收运费时,运价表中以(　　)表示。

A. W/M　　B. W/M plus Ad Val

C. W/M or Ad Val　　D. Ad Val

26. 倒签提单是指(　　)。

A. 货物实际装船时间晚于提单上填写的装船时间的提单

B. 晚于提单上所载明货物到达目的港的提单

C. 晚于货物实际装运日期 21 天签发的提单

D. 交单时间超过提单签发日期 21 天的提单

27. 预借提单是指(　　)。

A. 货物实际装船时间晚于提单上填写的装船时间的提单

B. 晚于提单上所载明货物到达目的港的提单

C. 晚于货物实际装运日期 21 天签发的提单

D. 货物还未装船情况下,托运人要求船公司预先签发的“已装船提单”

28. 用班轮运输货物,在规定运费计收标准时,如果采用“W”的规定办法,则表示(　　)。

A. 按货物的毛重计收　　B. 按货物的体积计收

C. 按货物的件数计收　　D. 按货物的价值计收

二、多项选择题

1. 班轮运输的四个固定是指(　　　)。

A. 航线固定　　B. 船期固定　　C. 港口固定

D. 费率固定　　E. 运费固定

2. 在租船运输中,以航次为基础的租船方式包括(　　　)。

A. 定程租船　　B. 光船租船　　C. 定期租船

D. 航次期租船　　E. 以上都正确

3. 班轮运费的费用构成包括(　　　)。

A. 滞期费　　B. 基本运费　　C. 附加费

D. 装卸费　　E. 速遣费

4. 程租船的运费费率主要取决于(　　　　)。

A. 租船市场行情　　B. 承运货物的价值

C. 运费支付的时间　　D. 装卸费的分摊方法

E. 航程所经路线

5. 定程租船的装卸费通常采用的分摊方式包括(　　　　)。

A. 船方负担装货费和卸货费　　B. 船方管装不管卸

C. 船方管卸不管装　　D. 船方装卸均不管

E. 以上均可

6. 过期提单包括(　　　　)。

A. 提单签发后超过信用证规定交单期才交到银行的提单

B. 货物实际装船日期迟于信用证规定的装运期的提单

C. 货物装船完毕后没有及时签发的提单

D. 晚于货物到达卸货港的提单

E. 晚于提单签发日后 21 天才交到银行的提单

7. 托运人转让前,物权仍归于托运人的是(　　　　)。

A. 收货人一栏填写特定收货人姓名的提单

B. 收货人一栏写明“货交提单持有人”的提单

C. 收货人一栏写明“凭指示”的提单

D. 收货人一栏写明“凭托运人指示”的提单

E. 收货人一栏什么也没写的提单

8. 有关提单背面条款的国际公约包括(　　　　)。

A.《海牙规则》　　B.《维斯比规则》　　C.《汉堡规则》

D.《华沙规则》　　E.《纽约规则》

9. 国际铁路货物联运的优越性包括(　　　　)。

A. 简化货运手续　　B. 节省运输时间

C. 加速资金周转　　D. 降低运输风险

E. 提高运输效率

10. 以下有关航空运单的说法正确的是(　　　　)。

A. 航空运单是承托双方缔结的运输合同的书面凭证

B. 航空运单具有物权凭证的作用

C. 航空运单是承运人或其代理人收到货物的凭证

D. 航空主运单和航空分运单的效力是一样的

E. 承运人凭航空运单交付货物

11. 航空运输的特点包括(　　　　)。

A. 运输速度快　　B. 运输成本高

C. 航空运输的载重量有限　　D. 运输可达性好
E. 不受地面条件限制

12. 公路运输的特点包括(　　　　)。
A. 灵活性和可达性强　　B. 运输能力较低
C. 不受运输道路限制　　D. 单位运输成本较高
E. 是港口、车站集散货物的重要手段

13. 管道运输的特点包括(　　　　)。
A. 固定投资较大　　B. 运输速度慢
C. 运输货物的种类有限　　D. 运输成本低
E. 受管道铺设条件的限制

14. 管道运输主要运输的货物种类包括(　　　　)。
A. 液体货物　　B. 大宗散货　　C. 气体货物
D. 冷藏货物　　E. 固体货物

15. 集装箱货物的交接点包括(　　　　)。
A. 货主的工厂或仓库　　B. 集装箱货运站
C. 集装箱码头堆场　　D. 集装箱码头
E. 以上都可以

16. 国际多式联运合同的当事人是(　　　　)
A. 分段承运人　　B. 托运人
C. 多式联运经营人　　D. 收货人
E. 以上都是

17. 目前,世界上的主要大陆桥运输路线包括(　　　　)。
A. 北美大陆桥　　B. 欧亚大陆桥
C. 新亚欧大陆桥　　D. 墨西哥大陆桥
E. 美亚大陆桥

18. 构成国际多式联运应具备的条件包括(　　　　)。
A. 至少是两种不同运输方式的组合
B. 使用一份包括全程运输的多式联运单据
C. 全程单一的运费费率
D. 由一个多式联运经营人对全程运输总负责
E. 不同运输方程分段计费

三、判断解释题

(　　) **1.** 在班轮运输中,承运人负责配载装卸承担装卸费用。

(　　) **2.** 在班轮运输中,承运人和托运人双方的权利和责任以提单条款为依据,并需计算装卸时间、滞期费和速遣费。

( ) **3.** 在采用租船方式运输大宗货物时，租船合同和买卖合同中均应订立装卸率和滞期速遣条款。

( ) **4.** 在程租船方式下，船舶出租人提供船舶或船舶的部分舱位，承租人负责船舶营运，双方的责任与义务以租船合同为准。

( ) **5.** 在光船租船方式下，船舶出租人提供船舶并配备船员，承租人负责船舶的营运调度，并承担相应的营运费用。

( ) **6.** 在期租船方式下，船舶出租人提供船舶但不配备船员，船舶由承租人支配使用，并向出租人支付租金。

( ) **7.** 从价运费一般是以货物的 CIF 总价值按一定的百分率计收运费。

( ) **8.** 海运提单是承运人收到货物的货物收据，是货物所有权的凭证，还是承托双方订立的运输合同，是处理货运争议的依据。

( ) **9.** 海运提单和海运单都是承运人与托运人之间订立的运输契约，是物权凭证。

( )**10.** 清洁提单是指表面整洁、没有污点和涂改痕迹的提单。

( )**11.** 海运提单的签发日期是指货物开始装船的日期。

( )**12.** 记名提单通常由提单上载明的特定收货人凭以提货，但由于提单具有物权凭证的性质，所以记名提单也可通过背书转让。

( )**13.** 不记名提单不载明具体的收货人，无需背书就可以转让，使用十分便捷所以在国际贸易中使用较多。

( )**14.** “凭托运人指示”的提单在托运人背书转让前，物权仍归托运人。但“凭指示”的提单是不同的。

( )**15.** 租船提单是出租人根据租船合同签发的提单，受租船合同条款的约束，有时可以用来替代租船合同。

( )**16.** 舱面货提单上必须加注“装载于甲板运输”的字样，货物在甲板上运输风险较大，通常买方和银行都不接受舱面提单。

( )**17.** 对于承运人而言，预借提单和倒签提单都存在风险，并且倒签提单的风险比预借提单的风险还要大。

( )**18.** 买卖双方以 CIF 价达成一笔出口合同，制作海运提单时，运费一栏应填写“Freight to collect”。

( )**19.** 买卖双方以 FOB 价达成一笔出口合同，制作海运提单时，运费一栏应填写“Freight to collect”。

( )**20.** 航空集中托运方式中，是由航空公司负责在始发机场和目的机场负责货物的交接、报关等事宜的。

( )**21.** 航空主运单的签发人是航空货运代理公司。

( )**22.** 航空分运单的签发人是航空货运代理公司。

( )**23.** 集装箱整箱货是由承运人负责在发货人工厂或仓库进行装箱。

(　　)**24.** 集装箱拼箱货是由货运代理人负责在集装箱货运站完成拼装的。
(　　)**25.** 国际多式联运中承担全程运输责任的是承运人。
(　　)**26.** 国际多式联运合同的当事人是多式联运经营人和托运人。

四、名词解释

1. 班轮运输　**2.** 租船运输　**3.** 定程租船　**4.** 定期租船　**5.** 海运提单　**6.** 国际多式联运　**7.** 多式联运单据　**8.** 大陆桥运输

五、简答题

1. 班轮运输的主要特点是什么？
2. 海运提单的性质和作用是什么？
3. 班轮运费的主要计算标准有哪些，并分别说明其含义。
4. 海运提单和海运单有哪些区别？
5. 在程租船合同中，有关装卸费的分担有几种做法，并阐明其具体规定。
6. 倒签提单和预借提单有哪些区别？
7. 国际标准化组织104技术委员会规定的集装箱的五个基本条件是什么？

六、案例分析题

1. 2016年，天堂进出口有限责任公司购进一批圣诞节用火鸡，买卖合同规定卖方于2016年11月30日前装货，由"伊丽莎白"号轮承运。该轮于12月3日才抵装运港装货，货物装船完毕后，承运人接受卖方的保函，授权其代理人签发了11月30日已装船清洁提单。卖方凭全套单证从开证行取得全部货款。

2016年12月15日天堂进出口有限责任公司持提单到合同指定的港口提货时，发现该提单所记载的船舶还未抵港，直到12月26日才抵达目的港。由于销售季节已过，天堂进出口有限责任公司的国内销售商向其提出索赔，造成巨大损失。

请问收货人应该向谁提出索赔？为什么？

2. 2016年5月8日，G公司与M厂签订购销合同，约定由M厂向G公司提供三种规格的胶合板，以不可撤销信用证方式结算。信用证约定：货物装运期不迟于2016年7月31日，议付单据包括一套以议付银行为指示人的清洁已装船提单，L/C有效期至2016年8月15日。

货物由L船公司承运，L公司向M厂签发了一式三份的清洁已装船提单，签发日期是2016年7月31日。8月5日，M厂传真通知G公司，货物已于2016年7月31日装上X轮，并附上公司签发的提单。8月24日，G公司收到要求付款赎单的通知，此时，货物尚未抵达。据调查，X轮2016年7月30日至8月6日还在进行上一航次的卸货，而货物实际于8月14日装船，8月16日装船完毕，9月6日抵达目的港。请分析：

(1) 承运人L船公司签发的提单属何种提单？为什么？

(2) 收货人G公司应该向谁索赔？为什么？

3. 2015年6月，中国圣达贸易公司与美国邦特贸易有限公司签订了一份出售500箱玻璃器皿的CIF合同。合同中，双方约定货物的装船日期为2015年10月底，付款条件为保兑的、不可撤销的信用证。合同签订后，圣达贸易公司委托我国德盛海运公司运送货物到目的港美国西雅图，于2015年10月25日在青岛港装船。在货物装船时发现有30箱的货物外包装破损，大副在收货单上对此进行了批注。圣达贸易公司为了能够如期结汇取得货款，出具了保证书。德盛海运公司接受了保证书签发了清洁提单。圣达贸易公司凭提单和其他单据向中国银行办理了议付手续，收清了全部货款。

当货物运抵西雅图港，美国收货人邦特贸易有限公司凭清洁提单提货时，却发现30箱货物严重破包，箱内玻璃器皿大部分破碎损坏。于是邦特公司向德盛海运公司提出索赔。

请问：德盛海运公司是否应承担赔偿责任？为什么？

4. 香港某出口商委托一货运代理公司作为多式联运经营人，将一批成品服装采用小陆桥运至纽约。货物由MTO在其货运站装入1个集装箱，且签发了清洁提单。

集装箱经海运从香港运至西雅图，在卸船时发现集装箱外部损坏，同时，MTO在该地的代理也将此情况于铁路运输前通知了铁路承运人。当货物运达纽约开启后发现，外表损坏的集装箱内所装货物严重受损。

请问多式联运经营人对这箱货物是否承担赔偿责任？

参考答案

一、单项选择题

1. C **2.** C **3.** A **4.** C **5.** A **6.** B **7.** A **8.** C **9.** B **10.** C **11.** B **12.** C **13.** D **14.** A **15.** B **16.** B **17.** A **18.** C **19.** C **20.** B **21.** D **22.** B **23.** B **24.** B **25.** C **26.** A **27.** D **28.** A

二、多项选择题

1. ABCD **2.** AD **3.** BCD **4.** ABCDE **5.** ABCD **6.** ADE **7.** BCDE **8.** ABC **9.** ABCDE **10.** ACDE **11.** ABCE **12.** ABDE **13.** ABCDE **14.** AC **15.** ABCE **16.** BCE **17.** ABC **18.** ABCD

三、判断解释题

1. √。班轮运输的基本运费构成中包括货物的装卸费用，无需另外计收。

2. ×。提单是海上运输合同的证明，是确定承托双方的权利和责任的依据，海运运费中包含货物的装卸费，无需规定装卸时间，无需计算滞期费和速遣费。

3. ×。因为航次租船的租期是以航次时间为基础，运费是按航次计收，所以航次租船合同中应订立装卸率和滞期速遣条款，而定期租船合同无需订立此条款。

4. ×。在航次租船方式下，船舶出租人提供船舶或船舶的部分舱位，并负责船舶的营运调度，承担营运费用，双方的责任与义务以租船合同为准。

5. ×。在光船租船方式下，船舶出租人只需提供适航船舶，船员是由承租人配备，承租人还负责船舶的营运调度，并承担相应的营运费用。

6. ×。在定期租船方式下，船舶出租人提供船舶并配备船员，但船舶的营运调度及其营运费用是由承租人负责，并向出租人支付租金。

7. ×。从价运费一般是以货物的 FOB 价格的某一百分率计收的。

8. ×。海运提单除了证明承运人收到货物，被称为“备运提单”的单证具有货物收据的作用外，货物装船后，依据大副收据签发的“已装船提单”也具有货物收据的作用。

9. ×。海运提单承运人与托运人之间的运输契约的证明，是物权凭证；而海运单不是物权凭证，是不可以流通转让的。

10. ×。清洁提单是指货物装船时外表状况良好，提单上没有不良缺陷的批注记载。清洁提单是提单转让时必备的基本条件之一。

11. ×。已装船提单的签发日期是指提单上所列货物实际装船完毕的日期。

12. ×。记名提单上所记载的货物只能由提单上载明的特定收货人提取。记名提单是不可以通过背书的形式转让给第三者的。

13. ×。不记名提单不载明具体的收货人，无需背书就可以转让，使用十分便捷，但风险性较大，所以在国际贸易中极少采用。

14. ×。“凭托运人指示”的提单在托运人背书转让前，物权仍归托运人。在收货人栏内填写“凭指示”的提单称为托运人指示提单，和前者是一样的。

15. ×。租船提单是出租人根据租船合同签发的提单，受租船合同条款的约束，不成为一个完整的独立文件，银行或买方接受该提单时往往要求提供租船合同副本。

16. √。货物在甲板上运输风险较大，必须经承托双方协商同意，并在舱面货提单上加注“装载于甲板运输”的字样，通常买方和银行都不接受舱面提单。

17. ×。预借提单和倒签提单都违背了按真实情况签发提单的原则，承运人都会承担责任和风险，但预借提单的风险比倒签提单的风险还要大。

18. ×。如果买卖双方采用 CIF 价格条件，应在签发提单前由卖方在装货港支付海运运费，制作海运提单时，运费一栏应填写“Freight prepaid”。

19. √。买卖双方如果采用 FOB 价格条件，应在提货前由买方在卸货港支付海运运费，制作海运提单时，运费一栏应填写“Freight to collect”。

20. ×。航空集中托运是由航空货代公司把若干批单独发运的货物组成一批货物向航空公司办理托运，并由航空货代公司负责在始发机场和目的机场的货物交接、报关等事宜。

21. ×。航空主运单是由航空公司签发的，航空分运单的签发人是航空货运代理公司。

22. √。航空分运单的签发人是航空货运代理公司。

23. ×。集装箱整箱货是由发货人负责在其工厂或仓库进行装箱，填写装箱单，并承担装箱责任。

24. √。集装箱拼箱货是由货运代理人负责在集装箱货运站将不同发货人的货物完成拼装的。

25. √。在国际多式联运中由承运人（多式联运经营人）承担全程运输责任。

26. √。国际多式联运合同是多式联运经营人和托运人订立的凭以收取运费、负责完成或组织完成国际多式联运的合同，其当事人是多式联运经营人和托运人。

四、名词解释

1. 班轮运输是指船舶按事先公布的船期表，在特定的航线上和固定的挂靠港口之间，进行有规律的、反复的航行，以从事货物运输业务并按照事先公布的费率收取运费的一种运输方式。

2. 租船运输是一种既没有固定的船舶班期，也没有固定的航线和挂靠港，而是按照货源的要求和货主对货物运输的要求，安排船舶航行计划，组织货物运输的船舶营运方式。

3. 定程租船是指由船舶所有人向承租人提供船舶，在指定的港口之间进行一个航次或几个航次的指定货物运输的租船运输方式。

4. 定期租船是指由船舶所有人将特定的船舶，按照租船合同的约定，在约定的期间内租给承租人使用的一种租船方式。

5. 海运提单是指用以证明海上货物运输合同和货物由承运人接管或装船，以及承运人据以保证交付货物的单证。

6. 国际多式联运是指按照多式联运合同，以至少两种不同的运输方式，由多式联运经营人将货物从一国境内接管货物的地点运至另一国境内指定交付货物的地点。

7. 多式联运单据是多式联运合同的证明，同时也是多式联运经营人收到货物的收据和凭其交货的凭证。

8. 大陆桥运输是指以集装箱为媒介，以大陆上的铁路或公路系统为中间桥梁，把大陆两端的海运联接起来的一种运输方式。

五、简答题

1. 班轮运输的主要特点包括：(1)四固定：航线固定、挂靠港固定、船期固定、费率相对固定；(2)货物由承运人负责配载装卸并负担装卸费用；(3)承托双方的权利义务和责任豁免以提单为依据。

2. 海运提单的性质和作用包括：(1)证明承运人已接管货物或货物已装船的货物收据。(2)提单是海上货物运输合同成立的证明。(3)提单是承运人保证凭以交付货物和可以转让的物权凭证。

3. (1)以“W”表示按货物的毛重计收运费。(2)以“M”表示按货物的体积或尺码计收运费。(3)以“W/M”表示按货物的毛重或体积分别计算运费，并选择两者中较高的运费计收。(4)以“Ad Val.”表示按货物的 FOB 价格的一定比率计算运费，又称为从价运费。(5)以“W/M or Ad Val.”表示按货物的毛重、体积或 FOB 价格的一定比率计算运费，选择三者中较高的一种计收运费。(6)以“W/M plus Ad Val.”表示按货物的毛重或体积选择其高者，再加上从价运费计收的一种运费。(7)以“Per Unit, Head, piece etc.”表示按货物的件数计收运费。(8)临时议定运价是由货主和船公司临时协商议定的运价。

4. 海运提单和海运单的区别有：(1)海运单不是物权凭证，不可以转让；(2)收货人不凭海运单提货，承运人不凭海运单交付货物。

5. 在程租船合同中，有关装卸费分担的具体规定有：(1)船东负担装船费和卸货费；(2)船东管装不管卸；(3)船东管卸不管装；(4)船东均不管装和卸。

6. 倒签提单和预借提单的区别有：(1)提单签发时，货物所处的状态不同；(2)倒签提单和预借提单产生的前提不同；(3)倒签提单和预借提单的风险不同。

7. 国际标准化组织 104 技术委员会规定的集装箱的五个基本条件分别为：(1)具有耐久性，其坚固强度足以反复使用；(2)便于商品运送而专门设计的，在一种或多种运输方式中运输无需中途换装；(3)设有便于装卸和搬运的装置，特别是便于从一种运输方式转移到另一种运输方式；(4)设计时应注意到便于货物装满或卸空；(5)内容积为 1 立方米或 1 立方米以上。

六、案例分析题

1. 案例分析的要点：

收货人应向承运人提出索赔，依据：

(1) 本案例涉及倒签提单的纠纷，结合案例内容，阐明倒签提单的特征。

(2) 承运人应托运人请求倒签日期，以掩盖托运人的违约事实，属于伪造单据的违法行为。

(3) 提单作为货物收据的法律效力：在承运人与托运人之间是初步证据；单据流转到包括收货人在内的第三方就是最终证据。

2. 案例分析的要点：

(1) 本案例中承运人涉及预借提单的纠纷。

(2) 结合案例内容，阐明预借提单的特征。

(3) 收货人应向承运人 L 船公司索赔。承运人凭保证书预借提单，未尽到按真实情况签发提单的责任，应承担相应的赔偿责任；并且提单作为货物收据的法律效力：在承运人与托运人之间是初步证据；单据流转到包括收货人在内的第三方就是最终证据。

3. 德盛海运公司应对货物的损害给予赔偿。依据：

（1）该案例涉及承运人凭保函签发清洁提单的纠纷，结合案例信息阐明事实；

（2）承运人凭保函签发提单是违反提单的表示不得虚假的原则，是不合法的；

（3）从提单的法律效力的角度分析对包括收货人在内的第三方具有绝对证据的作用，承运人不能以保函抗拒收货人的索赔。

4. 多式联运经营人应该对该箱货物承担赔偿责任。依据：

（1）按照《国际多式联运公约》的规定，多式联运经营人应对货物的全程运输承担负责。

（2）在该案例中多式联运经营人收到货物后，货物是处于多式联运过程中产生的损失，况且集装箱是多式联运经营人自己装箱，并已承认收货时货物外表状况良好，签发了清洁提单；

（3）由案例可知集装箱是在香港至西雅图的海运途中损坏的，很明显，货物也是此时受损。则首先应由多式联运经营人承担责任，然后再向海运承运人追偿。

第九章　货物运输保险

学习目标：了解保险的基本原则，以及我国陆空邮运输货物保险的险别和条款；掌握海上货物运输保险保障的范围、我国和伦敦保险业协会的海洋运输货物保险的险别和条款，以及我国进出口货物运输保险的实务操作。

一、单项选择题

1. 受保险合同保障，享有保险金请求权的人是（　　）。

A. 保险人　　B. 投保人　　C. 被保险人　　D. 承保人

2. 海上货物运输保险承保的货物若被转让，保险合同（　　）。

A. 经被保险人背书后可同时转让　　B. 不得转让

C. 须征得保险人同意后转让　　D. 效力终止

3.（　　）是指投保人或被保险人对保险标的具有的法律上承认的利益。

A. 保险金额　　B. 保险价值

C. 保险利益　　D. 保险对象

4. 保险人在取得代位追偿权后，如果向第三者获得的追偿金额超过保险人给被保险人的赔款，超过部分应归（　　）。

A. 保险人　　B. 被保险人

C. 第三者　　D. 保险人与被保险人共有

5. 保单出具后，因保险内容变更，保险人应被保险人要求签发的补充、变更原保单内容的凭证是（　　）。

A. 保险凭证　　B. 联合凭证　　C. 保险通知书　　D. 批单

6. 在风险与保险标的的损害关系中，如果近因属于（　　），保险人应负赔偿责任。

A. 除外风险　　B. 不保风险　　C. 责任风险　　D. 承保风险

7. 在保险合同生效后，当保险标的发生保险事故损失时，通过保险的赔偿，使被保险人恢复到受灾前的经济状况，但不能因发生保险事故而额外获利，这体现了保险的（　　）。

A. 保险利益原则　　B. 损失补偿原则　　C. 最大诚信原则　　D. 损失分摊原则

8.（　　）是一种简化的保险单。

A. 批单　　B. 投保单　　C. 暂保单　　D. 保险凭证

9. 推定全损是指(　　)。
A. 保险标的遭到严重损害,已丧失了原有的用途和价值
B. 实际全损已经不避免,或者为避免发生实际全损所需支付的费用超过保险价值
C. 保险标的已完全灭失
D. 被保险人已不能恢复其对保险标的所丧失的所有权
10. 下列关于推定全损的描述中正确的是(　　)。
A. 保险货物发生推定全损后,被保险人可选择按全损或部分损失索赔
B. 保险货物发生推定全损后,被保险人必须进行委付
C. 当货物受损严重,但并未完全丧失价值,则不构成推定全损
D. 被保险人委付后,保险人不能拒绝接受委付
11. 下列关于单独海损和共同海损的描述中错误的是(　　)。
A. 单独海损是海上风险直接导致的,共同海损是人为造成的
B. 单独海损由受损方自行承担,共同海损由受益方按受益价值的比例分摊
C. 单独海损由保险人赔偿,共同海损保险人不予赔偿
D. 单独海损和共同海损均为部分损失
12. 如果船舶在航行途中意外发生火灾,导致船舱中的服装部分被烧毁,部分因灭火而被浸湿,还有部分为隔离火势而被抛弃入海,同一船舱内还有部分食品在救火过程中被挤碎而贬值,则(　　)属于单独海损。
A. 服装被烧毁的损失　　B. 服装因救火而被浸湿的损失
C. 服装被抛弃的损失　　D. 被挤碎的食品的损失
13. 如果船舶在航行途中意外发生火灾,导致 A 舱中的服装部分被烧毁,部分因灭火而被浸湿,卸货时还发现 B 舱内有部分食品因破碎而贬值,还有部分不知去向,则(　　)属于共同海损。
A. 服装被烧毁的损失　　B. 服装因救火而被浸湿的损失
C. 食品破碎的损失　　D. 食品不知去向的损失
14. (　　)不属于实际全损。
A. 保险标的已完全灭失
B. 保险标的已丧失了原有的用途和价值
C. 船舶搁浅,船上的保险标的无法施救
D. 被保险人已不能恢复其所丧失的所有权
15. (　　)属于我国海运平安险的承保责任范围。
A. 货物由于恶劣气候遭受的部分损失
B. 由于运输工具搁浅而使货物遭受部分损失
C. 货物由于被偷窃而全损
D. 运输工具被敌方炮火击中沉没而使货物全损

16. (　　)属于我国海运水渍险的承保责任范围。

A. 货物由于被淋湿而全损

B. 由于遇到恶劣气候而使货物遭受部分损失

C. 货物由于被偷窃而全损

D. 运输工具被敌方炮火击中沉没而使货物全损

17. (　　)不属于我国海运水渍险的承保责任范围。

A. 由于意外发生火灾导致货物被部分烧毁

B. 由于运输工具搁浅而使货物被浸湿而贬值

C. 在装卸时一件货物落海造成全损

D. 船舶被敌方炮火击中沉没而使货物全损

18. 海洋运输货物保险的保险责任以被保险货物在卸货港全部卸离海轮后满(　　)天终止。

A. 30　　B. 60　　C. 90　　D. 120

19. 以下属于我国海洋运输货物保险特殊附加险的是(　　)。

A. 进口关税险　　B. 包装破裂险

C. 偷窃、提货不着险　　D. 渗漏险

20. 以下(　　)不是我国海运保险条款的一般外来风险。

A. 短少和提货不着　　B. 碰损或破碎

C. 战争风险　　D. 受潮受热

21. (　　)不属于伦敦协会海运货物保险条款中规定的除外责任。

A. 承运人责任所引起的损失

B. 由于船舶所有人破产导致的损失

C. 被保险人的故意行为所造成的损失

D. 直接由于运输延迟所引起的损失

22. 陆上运输货物保险的保险责任不论在何种情况下，均以被保险货物运抵最后卸载的车站满(　　)天终止。

A. 30　　B. 60　　C. 90　　D. 120

23. 航空运输货物保险的保险责任不论在何种情况下，均以被保险货物在最后卸载地卸离飞机后满(　　)天终止。

A. 30　　B. 60　　C. 90　　D. 120

24. 邮政包裹保险的保险责任不论在何种情况下，均以被保险包裹运达保险单所载明的目的地，邮局发出通知书给收件人当日午夜起算满(　　)天终止。

A. 30　　B. 60　　C. 45　　D. 15

25. 根据 UCP600，一般情况下银行不接受签发日期迟于(　　)的保险单。

A. 运输单据日期　　B. 投保日期　　C. 信用证到期日　　D. 交单日

二、多项选择题

1. 船舶在航行途中意外搁浅，导致船舱中的服装部分被海水浸湿，为使船舶起浮，部分小五金工具被抛弃入海，部分饼干被误认为是小五金工具而被抛弃入海，部分饼干在抛货时被挤碎而贬值。因自救无效，后请拖轮拖带，花去费用 20 万元。问下列哪几项损失属于单独海损？（　　　）。
   A. 服装被浸湿的损失
   B. 小五金工具被抛弃入海的损失
   C. 饼干被抛弃的损失
   D. 被挤碎的饼干损失
   E. 拖带费用
2. 下列哪些情况构成实际全损？（　　　）。
   A. 保险标的已完全灭失
   B. 保险标的已丧失了原有的用途和价值
   C. 船舶搁浅，船上的保险标的无法施救
   D. 保险标的已不再归被保险人所有
   E. 船舶失踪达到一定时间仍无音讯
3. 推定全损包括下述情形（　　　）。
   A. 保险标的遭到严重损害，已彻底丧失了价值
   B. 保险标的在运输途中受损，实际全损已经不避免
   C. 保险标的已完全灭失
   D. 保险标的已不再归被保险人所有
   E. 为避免发生实际全损所需支付的费用超过保险价值的
4. 下列哪几项关于单独海损和共同海损的描述是正确的？（　　　）。
   A. 单独海损是海上风险直接导致的，共同海损是人为造成的
   B. 单独海损由受损方自行承担，共同海损由受益方按受益价值的比例分摊
   C. 单独海损由保险人赔偿，共同海损保险人不予赔偿
   D. 单独海损和共同海损均为部分损失
   E. 单独海损和共同海损均为保险人承保的风险
5. 船舶在航行途中意外发生火灾，导致船舱中的服装部分被烧毁，部分因灭失而被浸湿，还有部分为隔离火势而被抛弃入海，同一船舱内还有部分食品在救火过程中被挤碎而贬值，救火过程中花去费用 2 万元。问下列哪几项损失属于共同海损？（　　　）。
   A. 服装被烧毁的损失
   B. 服装因救火而被浸湿的损失
   C. 服装被抛弃的损失
   D. 被挤碎的食品的损失
   E. 救火过程中花去的 2 万元费用
6. 共同海损的构成要件包括（　　　）。
   A. 危险必须是危及船货共同安全的

B. 采取的行为最终必须是有效的
C. 采取的行为必须是合理的
D. 牺牲必须是特殊的，费用必须是额外支付的
E. 危险必须是真实存在的或不可避免的

7. 国际运输货物发生损失后，被保险人在索赔时应履行下列哪几项义务？（　　）。

A. 损失通知　　B. 进行委付
C. 向责任方提出索赔　　D. 采取合理的施救、整理措施
E. 提交必要的索赔单证

8. 下列哪几项属于我国海运保险水渍险的承保范围？（　　）。

A. 货物由于恶劣气候而遭受的部分损失
B. 由于运输工具搁浅而使货物遭受部分损失
C. 货物由于被偷窃而全损
D. 运输工具被敌方炮火击中沉没而使货物全损
E. 在装卸时一件货物落海造成的部分损失

9. 我国海运货物保险条款中规定的除外责任包括（　　）。

A. 承运人责任所引起的损失
B. 在保险责任开始前，被保险货物已存在的品质不良或数量短差所造成的损失
C. 被保险人的故意行为所造成的损失
D. 被保险货物的运输延迟所引起的损失或费用
E. 海洋货物运输战争险和罢工险规定的责任范围和除外责任

10. 以下属于海运货物保险一般附加险的有（　　）。

A. 串味险　　B. 渗漏险　　C. 舱面险　　D. 受潮受热险
E. 罢工险

11. 以下属于海洋运输货物特殊附加险的有（　　）。

A. 交货不到险　　B. 偷窃、提货不着险
C. 舱面险　　D. 黄曲霉素险
E. 进口关税险

12. 以下属于 ICC(B)承保的风险是（　　）。

A. 火灾　　B. 雨水淋湿
C. 陆上运输工具出轨　　D. 火山爆发
E. 海水进入船舱

13. 以下属于 ICC(C)承保的风险是（　　）。

A. 火灾　　B. 船舶搁浅
C. 陆上运输工具出轨　　D. 火山爆发
E. 海水进入船舱

14. 在伦敦协会海运货物保险条款中，可以单独投保的险别有(　　)。
A. A 险　B. B 险　C. C 险　D. 战争险
E. 恶意损害险

15. 我国陆上货物运输保险的基本险可分为(　　)。
A. 陆运险　B. 陆运平安险　C. 陆运水渍险　D. 陆运一切险
E. 陆运主险

16. 我国航空货物运输保险的基本险可分为(　　)。
A. 航空险　B. 航空平安险　C. 航空水渍险　D. 航空一切险
E. 航空主险

17. 我国邮政包裹运输保险的基本险可分为(　　)。
A. 邮包险　B. 邮包平安险　C. 邮包水渍险　D. 邮包一切险
E. 邮包主险

18. 投保国际货运保险时，确定保险金额一般应考虑(　　)。
A. 商品的价值　B. 保险费　C. 预期利润　D. 经营费用
E. 运费

19. 国际运输货物发生损失后，被保险人在索赔时需要提交的单据包括(　　)。
A. 保险单据　B. 运输凭证　C. 检验报告　D. 货损、货差证明
E. 索赔清单

三、填空题

1. 保证的形式可分为________和________。
2. 在国际货运保险中，要求________应在________时对保险标的具有保险利益。
3. 保险人所获得的代位追偿的时间是________，其追偿金额应以________为限。
4. 按保险标的的不同，保险可分为________、________、________和________。
5. 海运保险保障的风险包括________和________两类。
6. 按损失程度，海损可分为________和________。
7. 共同海损的牺牲和费用，应由________、________和________三方按最后受益价值的比例分摊。
8. 海运保险保障的费用主要包括________和________。
9. 我国海运货物保险的基本险别包括________、________和________。
10. 伦敦协会海运保险条款中，可以单独投保的险别包括________、________、________、________和________。
11. 根据我国海运保险基本险条款的规定，海运货物的保险期限自________开始，至________终止，而且最迟不超过货物在目的港卸离海轮________天。
12. 平安险仅对由于________所造成的单独海损不赔，而对由于________所造成的单独海损失是负责的。

13. 我国海运保险特殊附加险包括________、________、________、________、________、________、________和________。

14. ICC(A)的除外责任分为以下四类:________、________、________和________。

15. ICC(C)的风险责任规定,采用________的方式,仅承保________所致的损失。

16. 运输货物的保险价值一般包括________、________、________及________。

17. 被保险人在索赔货损时,应提交的单证主要包括________、________、________、________、________等。

18. 根据中国人民保险公司海运货物保险条款的规定,战争险的责任起讫为________。

19. 根据中国人民保险公司海运货物保险条款的规定,平安险的责任起讫为________。

20. 以FOB或CPT条件成交的贸易合同,其保险条款应订为:________。

四、判断解释题

( ) 1. 根据保险利益原则,国际货运保险的被保险人在投保时对保险标的应具有保险利益。

( ) 2. 被保险人若违反保证,则保险人有权自被保险人违反保证之时不承担赔付责任。

( ) 3. 在保险合同生效后,当保险标的发生保险事故损失时,通过保险的赔偿,使被保险人恢复到受灾前的经济状况,但不应使被保险人通过保险补偿而额外获利。

( ) 4. 共同海损是为了维护船、货等的共同安全,有意识地合理地采用抢救措施所直接造成的某些特殊牺牲或者支出的额外费用。因此共同海损的损失应该由相关的利害关系方平均分摊。

( ) 5. 我某外贸公司以FOB条件进口大宗货物一批,在货物装运前我方已向国内某保险公司按CIC条款投保了海洋运输货物一切险。因此,保险公司的责任应从货物离开卖方仓库开始直至运抵买方仓库为止。

( ) 6. 我某外贸公司按CIF术语出口坯布1 000包,根据合同规定投保水渍险。途中因船舱内淡水管道滴漏,致使该批坯布中的200包遭水渍损失,保险公司应对此负责赔偿。

( ) 7. 我某外贸公司以CIF条件出口货物一批,在货物装运前我方向国内某保险公司按CIC条款投保了海洋运输货物一切险。货物从卖方仓库运到装运港码头的途中因意外事故受损,保险公司对该货损应承担赔偿责任。

( ) 8. 某货轮在航行途中,A舱起火,船长命令对A舱施救,A舱共有两批货物,甲批货物部分被火烧毁,乙批货物没被火烧但全部遭水浸湿,则甲批货损属于单独海损,乙批货物属共同海损。

( ) 9. 货物贸易合同以DAT术语成交,卖方已投保水渍险,当货物在指定目的地卸下暂时存放时发生火灾致损，则卖方可向保险人索赔货损。

(　　)**10.** 中国人民保险公司《海洋运输货物保险条款》包含的基本险和附加险，其保险期限均采用“W/W CLAUSE”(仓至仓条款)。

(　　)**11.** 在任何情况下，我国海运平安险对自然灾害造成的保险货物的部分损失均不予赔偿。

(　　)**12.** 我国海运保险条款规定保险期限包括货物在发货人仓库及收货人仓库储存期间 60 天的风险。

(　　)**13.** 出口的茶叶在运输途中面临的最大问题是串味。因此，投保货运险时，除投保一切险之外，还应加保串味险。

(　　)**14.** 我国海运平安险对于货物在装卸过程中因整件落海导致的全部或部分损失予以负责。

(　　)**15.** 拒收险属于海运保险的一般附加险。

(　　)**16.** 被保险人的故意行为所致的损失在我国海运保险条款和伦敦协会货物保险条款中均属于除外责任。

(　　)**17.** 伦敦协会货物保险条款中的战争险和罢工险可以独立投保。

(　　)**18.** 根据 UCP600，银行不接受签发日期迟于运输单据日期的保险单。

(　　)**19.** 航空运输货物保险的保险责任不论在何种情况下，均以被保险货物在最后卸载地卸离飞机后满 60 天终止。

(　　)**20.** 运输货物保险金额的加成率高低通常应考虑该次交易的经营费用及预期利润等因素。

五、名词解释

1. 保险利益　**2.** 全部损失　**3.** 实际全损　**4.** 推定全损　**5.** 委付　**6.** 共同海损　**7.** 施救费用　**8.** 救助费用　**9.** 保险金额　**10.** 代位追偿权

六、简答题

1. 简述投保人、被保险人和保险人分别应如何遵循最大诚信原则。

2. 保险人在进行损失补偿时，应掌握哪些标准?

3. 简述共同海损的构成条件。

4. 何谓“仓至仓”条款?

5. 协会货物 A 条款的承保风险表示方法有何特点? 试比较协会货物 A、B、C 条款的承保责任范围。

6. 我国陆运货物保险有哪些基本险别? 这些险别的保险责任范围有什么不同?

7. 何谓预约保险? 办理预约保险对被保险人有何好处?

8. 被保险人在索赔货损时，应履行哪些义务?

9. 被保险人在索赔货损时，必须提交哪些主要单证? 简述这些单证的作用。

七、案例分析题

1. 我某公司以 FOB 价格出口货物一批，在装运港装船时，由于工人操作失误致使 3 整箱货物掉落海中而全损。如果买方已为该批货物投保海运一切险，其可否向保险公司索赔？为什么？

2. 我某远洋运输公司的“X”号轮在 4 月 28 日满载货物起航，出公海后由于风浪过大偏离航线而触礁，船底划破长 2 米的裂缝，海水不断渗入。为了船货的共同安全，船长下令抛掉一部分货物并组织人员抢修裂缝。船只修复以后继续航行。不久，又遇船舱失火，船长下令灌水灭火。在火被扑灭后发现 2 000 箱货物中一部分被火烧毁，一部分被水浸湿。在船抵达目的港后清点货物共有以下损失：(1)抛入海中的 200 箱货物；(2)被火烧毁的 500 箱货物；(3)被水浸湿的 100 箱货物。试问：(1)以上的损失各属什么性质的损失？说明原因。(2)投保什么险别的情况下，保险公司给予赔偿？为什么？（指 CIC 的最小险别）

3. 我 G 公司以 CIF 价格条件引进一套英国产检测仪器，因合同金额不大，合同采用简式标准格式，保险条款一项只简单规定“保险由卖方负责”。到货后，G 公司发现其中一个部件变形影响其正常使用。G 公司向外商反映要求索赔，外商答复仪器出厂经严格检验，有质量合格证书，并非他们责任。后经商检局检验认为是运输途中部件受到振动、挤压造成的。

G 公司于是向保险公司索赔，保险公司认为此情况属“碰损、破碎险”承保范围但 G 公司提供的保单上只保了“协会货物条款”(C)，没保“碰损、破碎险”，所以不属于赔付责任。G 公司只好重新购买此部件，既浪费了金钱，又耽误了时间。问保险公司是否应负责赔偿？为什么？订立保险条款时应考虑哪些因素？

4. 我某公司以 CIF 价出口一批服装，投保 CIC 平安险，在海运途中，船舶发生意外而致触礁，致使 A 舱的部分服装被海水浸湿，当船到目的港，将服装卸下时，发现 B 舱的部分服装也被水浸湿，原因为途中曾遇下雨天，船员因疏忽而未将通风筒关闭导致雨水进入所致。问买方就上述损失分别应向谁索赔？为什么？

5. 我某农产品进出口公司与古巴某糖厂签订了进口 10 000 吨袋装蔗糖的贸易合同。卖方负责租船并支付运费，承运船舶为某轮船公司所属 A 号货轮。起运港为古巴的圣地亚哥港，目的港为我国的青岛港，农产品进出口公司作为收货人向国内某保险公司投保了一切险。两个月后，A 号货轮到达青岛港，卸下全部货物，我农产品进出口公司发现大部分蔗糖已受潮变质结块。损失发生后，农产品进出口公司以被保险人的身份向保险公司提出索赔。保险公司接到索赔通知后，理赔人员经过调查发现，船舶在运输过程中一直处于适航状态，导致蔗糖变质结块的原因是蔗糖包装过于简单，大量破损。试问保险公司对此损失是否赔偿？为什么？

6. 我 A 公司以 CIF 汉堡出口食品 1 000 箱，即期信用证付款。货物装运后，A 公司凭已装船清洁提单和已投保一切险及战争险的保险单，向银行收妥货款，船舶在运输过程中未遇到风险事故，货到目的港后经进口人复验发现下列情况：

(1) 收货人只实收 995 箱，短少 5 箱；

(2) 有 10 箱货物外表状况良好，但箱内货物共短少 60 千克。

试分析上述情况，进口人应分别向谁索赔？

7. 我某外贸公司以 CFR 条件进口 4 000 吨钢管，我方为此批货物向某保险公司投保我国海运保险条款水渍险。钢管在上海港卸下时发现有 500 吨生锈，经查其中 200 吨钢管在装船时就已生锈，但由于钢管外表有包装，装船时没有被船方检查出来。还有 200 吨钢管因船舶在途中搁浅，船底出现裂缝，海水浸湿而致生锈，另有 100 吨钢管因为航行途中曾遇雨天，通风窗没有及时关闭而被淋湿致生锈。上述损失保险人是否应予赔偿？为什么？

参考答案

一、单项选择题

1. C　**2.** A　**3.** C　**4.** B　**5.** D　**6.** D　**7.** B　**8.** D　**9.** B　**10.** A　**11.** C　**12.** A　**13.** B　**14.** C　**15.** B　**16.** B　**17.** D　**18.** B　**19.** A　**20.** C　**21.** A　**22.** B　**23.** A　**24.** D　**25.** A

二、多项选择题

1. ACD　**2.** ABDE　**3.** BE　**4.** ABDE　**5.** BCDE　**6.** ABCDE　**7.** ACDE　**8.** ABE　**9.** BCDE　**10.** ABD　**11.** ACDE　**12.** ACDE　**13.** ABC　**14.** ABCD　**15.** AD　**16.** AD　**17.** AD　**18.** ABCDE　**19.** ABCDE

三、填空题

1. 明示保证；默示保证　**2.** 被保险人；保险事故发生时　**3.** 保险人赔偿损失后；保险人的赔付金额　**4.** 财产保险；责任保险；信用保险；人身保险　**5.** 海上风险；外来风险　**6.** 全部损失；部分损失　**7.** 船方；货方；运费方　**8.** 施救费用；救助费用　**9.** 平安险、水渍险、一切险　**10.** A 险；B 险；C 险；战争险；罢工险　**11.** 保险货物运离保单所载明的起运地仓库或储存处所开始运输时；货物到达保单所载明的目的地收货人仓库或储存处所或被保险人用作分配分派或非正常运输的其他储存处所；60　**12.** 自然灾害；意外事故　**13.** 战争险；罢工险；黄曲霉素险；交货不到险；舱面险；进口关税险；拒收险；FREC　**14.** 一般除外责任；不适航不适货除外责任；战争除外责任；罢工除外责任　**15.** 列明风险；意外事故　**16.** 货物成本；保险费；运费；预期利润　**17.** 检验报告；保险单；运输单据；发票；索赔清单　**18.** 水上危险　**19.** 仓至仓　**20.** 保险由买方负责(Insurance: To be covered by the Buyer)

四、判断解释题

1. ×。根据我国保险法的规定，国际货运保险的被保险人在事故发生时对保险标的应具有保险利益，而在投保时并没有要求。

2. √。根据最大诚信原则的内容，被保险人若违反保证，则保险人有权自被保险人违反保证之时不承担赔付责任。

3. √。符合保险的损失补偿原则。

4. ×。共同海损的损失应该由相关的利害关系方按受益价值分摊。

5. ×。采用 FOB 术语，保险责任应从货物在起运港装上船开始至运抵买方仓库为止。

6. ×。保险公司对此不负责赔偿，这属于外来风险，不属于水渍险的承保范围。

7. √。属于一切险承保的责任范围，也在保险期限内。

8. √。被火烧毁是货方单方面的损失，属于单独海损，救火的损失为了大家共同的利益，属于共同海损。

9. ×。采用DAT术语，货物在目的地卸下后保险责任已经终止，此后的损失保险人不负责任。

10. ×。附加险的保险期限不一定采用“W/W CLAUSE”，如战争险，只负责“水上危险”。

11. ×。我国海运平安险对货物先后遭遇意外事故和自然灾害时，由于自然灾害造成的保险货物的部分损失予以赔偿。

12. ×。我国海运保险条款的保险期限不包括货物在发货人仓库及收货人仓库储存的风险，只负责货物在运输途中的风险。

13. ×。一切险已经包括串味风险，无须再加保串味险。

14. √。属于我国海运平安险的承保责任。

15. ×。拒收险属于海运保险的特别附加险。

16. √。我国海运保险条款和伦敦协会货物保险条款的除外责任条款对此均有规定。

17. √。伦敦协会货物保险条款中的战争险和罢工险都有完整的结构，因此都可以独立投保。

18. √。符合UCP600的规定。

19. ×。航空运输货物保险的保险责任以被保险货物在最后卸载地卸离飞机后满30天终止。

20. √。运输货物保险金额的加成率高低主要取决于预期利润和经营费用。

五、名词解释

1. 保险利益：又称可保利益或可保权益，是指投保人或被保险人对保险标的具有法律上承认的利益。

2. 全部损失：是指保险标的的损毁程度已经是完全灭失或者几乎接近其整体价值，或者已经没有修复、施救价值，或者被保险人丧失保险标的。

3. 实际全损：也称绝对全损(Absolute Total Loss)，是指保险标的发生保险事故后灭失，或者受到严重损坏完全失去原有形体、效用，或者不能再归被保险人所拥有的。

4. 推定全损：也称商业全损，是指货物发生保险事故后，认为实际全损已经不可避免，或者为避免发生实际全损所需支付的费用与继续将货物运抵目的地的费用之和超过保险价值的。

5. 委付：是指保险标的处于推定全损状态时，被保险人向保险人发出通知，愿将本保险承保的被保险人对保险标的的一切权利，包括财产权及一切由此产生的权利和义务，转让给保险人，而要求保险人以全部损失予以赔偿的一种行为。

6. 共同海损：是指在同一海上航程中，船舶、货物和其他财产遭遇共同危险，为了共同安全，有意地采取合理措施所直接造成的特殊牺牲、支付的特殊费用。

7. 施救费用：是指保险货物遭遇保险责任范围内的事故时，被保险人或其代理人、雇佣人员和受让人为避免或减少损失而采取各种抢救、保护、整理措施而产生的合理费用。

8. 救助费用：是指海上保险财产遭遇海上事故时，由保险人和被保险人以外的第三者自愿采取救助行为，使船舶和货物免除或减少损失，由被救方支付给救助人的报酬。

9. 保险金额：是指保险人承担赔偿或者给付保险金责任的最高限额。

10. 代位追偿权：是指保险标的发生保险责任范围内的损失时，根据法律或合同，第三者需要对损失承担损害赔偿责任，保险人向被保险人履行赔偿责任后，享有以被保险人的地位向在该项损失中的第三者责任方索赔的权利。

六、简答题

1. (1) 投保人应当如实告知保险标的和保险人的有关情况；

(2) 被保险人应当进行重要事实的告知，遵循保证；

(3) 保险人应当向投保人说明保险合同的条款内容。

2. 保险人在进行损失补偿时应掌握：

(1) 赔偿金额既不能超过保险金额，也不能超过保险价值；

(2) 被保险人对保险标的必须具有保险利益；

(3) 被保险人不能通过保险赔偿而额外获利。

3. 共同海损的构成条件包括：

(1) 危险必须是真实存在的、危及船舶和货物的共同安全的；

(2) 共同海损行为必须是为了解除船舶和货物的共同危险，有意识地采取合理措施；

(3) 共同海损的牺牲必须是特殊性质的，费用必须是额外支付的；

(4) 共同海损行为必须是最终有效的。

4. "仓至仓"条款规定了保险人承担责任的起讫地点，保险责任从保险单载明发货人仓库或储存处所开始运输时生效，在正常运输过程中继续有效，包括正常运输过程中的海上、陆上、内河和驳船运输在内，直到保险单载明的目的地收货人最后的仓库或储存处所或被保险人用作分配、分派或非正常运输的其他储存处所为止，货物进入仓库或储存处所后保险责任即行终止。

5. (1) 协会货物 A 条款的承保风险表示方法采用的是"一切风险"减去"除外责任"的做法。

(2) 协会货物 A 责任范围最大，对于除外责任之外的其他风险导致的损失均予以赔偿，B 条款次之，承保自然灾害和意外事故导致的损失，C 条款的承保责任最小，只承保意外事故导致的损失。

6. (1) 我国陆运货物保险的基本险别包括陆运险和陆运一切险两种。

(2) 陆运险的承保责任范围与海运货物保险条款中的水渍险相类似；陆运一切险的责任范围和海运保险条款的一切险相似，即保险公司除了承保陆运险的全部责任外，还对被保险货物在运输途中由于外来原因所造成的全部或部分损失负责赔偿。

7. (1) 预约保险是被保险人与保险人之间订立的总保险合同，规定承保货物的范围、险别、费率、责任、赔款处理等条款，凡属于合同约定的运输货物，在合同有效期内自动承保。

(2) 办理预约保险可以简化手续，又可使货物一经装运即可得到保障，防止漏保。

8. 被保险人在索赔货损时，应履行下列义务：(1)损失通知，申请检验；(2)向承运人等责任方索赔，保护保险人代位追偿的权利；(3)采取合理的施救措施；(4)备妥索赔凭证。

9. 被保险人在索赔货损时，必须提交：(1)保险单正本。保险单是保险合同的书面证明，因而是被保险人向保险人索赔的最基本的凭证。(2)运输凭证，包括提单、公路运单、铁路运单和航空运单。运输凭证是证明被保险货物交付承运人进行运输时状况的依据，对保险人确定货物损失是否发生在保险期内有很重要的参考价值。(3)发票。发票是保险人计算保险赔款的依据。(4)装箱单或和重量单。这是被保险货物在装运时的数量和重量的证明，保险人据以核定货物数量及重量损失。(5)货损货差证明。它既是被保险人向保险人索赔的证据，又是被保险人和保险人据以向责任方追偿的重要依据。(6)检验报告。它是保险人据以核定保险责任及确定保险赔款金额的重要文件。

七、案例分析题

1. (1) 保险公司对此损失不予赔偿。

(2) 分析要点：根据 INCOTERMS2010，FOB 术语的风险划分自货物装上船后由卖方转移给卖方承担。买方已为该批货物投保海运一切险，因此，买方只有当货物装上船后才有保险利益，此时保险人才需要承担保险责任。而此案例中损失发生在装运港装船时，3 整箱货物掉落海中而全损，因此，买方并不具有保险利益，保险人无须承担保险责任。

2. (1)抛入海中的 200 箱货物属于共同海损，因为该损失是为了船货共同安全。投保 CIC 平安险保险公司应予负责。(2)被火烧毁的 500 箱货物属于单独海损，因为该损失是意外事故导致的部分损失，投保 CIC 平安险保险公司应予负责。(3)被水浸湿的 100 箱货物属于共同海损，因为该损失是灭火导致的，是为了船货共同安全。投保 CIC 平安险保险公司应予负责。

3. (1)保险公司不予赔偿。(2)分析要点：导致 G 公司损失的原因是货损属于"碰损、破碎险"承保范围，而实际 G 公司提供的保单上只保了"协会货物条款"(C)，没保"碰损、破碎险"，对此损失，保险公司并不赔偿。(3)订立保险条款时，不能只简单规定"保险由卖方负责"。首先，应选择合适的险别，包括基本险和附加险，具体应考虑：货物的性质和特点，货物的包装，货物运输方式，经过区域的地理、自然及政治因素等；其次，应明确保险金额；最后，应明确采用的货运保险条款。

4. (1)A舱的部分服装被海水浸湿，买方应向保险人索赔，因为货损是船舶意外触礁所致，属于CIC平安险的责任范围。(2)B舱的部分服装被水浸湿，应向承运人索赔，因为损失是船员因疏忽而未将通风筒关闭导致雨水进入所致，不属于CIC平安险的责任范围，保险人不负责。但是承运人应对保管货物过失导致的损失负责。

5. (1)保险公司对此损失不予赔偿。(2)分析要点：因为导致蔗糖变质结块的原因是蔗糖包装过于简单，大量破损，这属于海运一切险的除外责任，即由于发货人原因导致的货物损失保险人不予负责。

6. (1)短少5箱的损失，进口人可向保险人索赔，因为这属于提货不着风险，偷窃、提货不着险属于一切险的责任范围，被保险人已投保一切险，因此保险公司应予赔付，在赔偿后可向承运人代位追偿。(2)10箱货物外表状况良好，但箱内货物共短少60千克的损失，应向出口人索赔，因为货损并不是运输途中发生的，而是在货物运输前就存在的数量短差，属于一切险的除外责任，应由出口人对此负责。

7. (1)200吨钢管在装船时就已生锈，此货损并不是运输途中发生的，而是在货物运输前就存在的质量缺陷，属于水渍险的除外责任，保险人不予赔偿。(2)200吨钢管因船舶在途中搁浅，海水浸湿而致生锈，是意外事故导致的损失，属于水渍险的承保责任，保险人应予赔偿。(3)100吨钢管因为航行途中曾遇雨天，通风窗没有及时关闭而被淋湿致生锈，属于外来风险导致的损失，不属于水渍险的承保责任，保险人不予赔偿。

第四篇

货 款 的 结 算

第十章　票　　据

学习目标：了解票据的定义及其特性；掌握汇票的定义、内容、种类和汇票的使用；对本票和支票的基本概念及其与汇票的区别也应有所了解。

一、单项选择题

1. 只要有健全的票据市场，票据债务人的资信又是可靠的，持票人就可将票据视同现金，取得资金融通的便利。这是票据的(　　)。

A. 流通性　　B. 文义性　　C. 无因性　　D. 要式性

2. 票据的形式和内容必须符合规定，必要的项目必须齐全，对票据的使用都必须符合票据法的要求。这是票据的(　　)。

A. 流通性　　B. 文义性　　C. 无因性　　D. 要式性

3. 在我国对外贸易货款结算中，(　　)是使用最多的票据。

A. 汇票　　B. 本票　　C. 支票　　D. 旅行支票

4. 以下票据行为中，属于创设票据的基本票据行为是(　　)。

A. 出票　　B. 提示　　C. 承兑　　D. 付款

5. "pay ... Co.only"或"pay ... Co., not transferrable"的抬头规定方法属于(　　)。

A. 指示性抬头　　B. 限制性抬头

C. 持票人或来人抬头　　D. 空白抬头

6. 以下属于指示性抬头的规定方法是(　　)。

A. pay ...Co.only　　B. pay bearer

C. pay to the order of ...Co.　　D. pay holder

7. 按照我国《票据法》必须记载收款人名称的规定，凡签发(　　)的汇票无效。

A. 指示性抬头　　B. 限制性抬头

C. 持票人或来人抬头　　D. 空白抬头

8. 商业承兑汇票和银行承兑汇票的分类依据是(　　)。

A. 出票人　　B. 附属单据　　C. 承兑人　　D. 承兑地

9. 某公司签发一张汇票，上面注明的付款时间为"at 90 days after sight"，则这是一张(　　)。

A. 即期汇票　　B. 远期汇票　　C. 光票　　D. 跟单汇票

10. 在汇票背面只有背书人的签名，而不写被背书人，这是(　　)。

A. 限制性背书　　B. 特别背书
C. 记名背书　　D. 空白背书

二、多项选择题

1. 票据的四个特性包括(　　　　)。

A. 流通性　　B. 文义性　　C. 无因性　　D. 实用性
E. 要式性

2. 狭义的票据可分为(　　　　)三种。

A. 汇票　　B. 本票　　C. 旅行支票　　D. 钞票
E. 支票

3. 根据我国《票据法》汇票的抬头可以为(　　　　)。

A. 限制性抬头　　B. 指示性抬头
C. 指定性抬头　　D. 来人抬头
E. 空白抬头

4. 按我国《票据法》第 25 条，付款日期可以按下列四种方式(　　　　)之一记载。

A. 见票即付　　B. 定日付款
C. 出票后定期付款　　D. 定月付款
E. 见票后定期付款

5. 下列汇票付款日期的规定方法中，属远期付款的有(　　　　)。

A. 见票即付　　B. 见票后定期付款
C. 出票后定期付款　　D. 提单日后定期付款
E. 指定日期付款

6. 即期汇票在使用时，必须经过的程序包括(　　　　)。

A. 出票　　B. 背书　　C. 提示　　D. 承兑
E. 付款

7. 远期汇票在使用时，必须经过的程序包括(　　　　)。

A. 出票　　B. 背书　　C. 提示　　D. 承兑
E. 付款

8. 下列属汇票行为的有(　　　　)。

A. 背书　　B. 提示　　C. 承兑　　D. 交单
E. 拒付

9. 根据我国《票据法》，背书的方式有(　　　　)。

A. 限制性背书　　B. 特别背书或记名背书
C. 指示性背书　　D. 空白背书
E. 来人背书

10. 持票人行使追索权应具备的条件包括(　　　　)。

A. 汇票一切债务已终止

B. 票据遭到拒绝付款或拒绝承兑

C. 持票人在法定期限内向付款人提示承兑或提示付款

D. 票据遭拒付后及时作出拒绝证书,并将拒付事实通知前手

E. 事先规定追索顺序

11. 本票与汇票的区别在于(　　　　)。

A. 前者是无条件支付承诺,后者是无条件的支付命令

B. 前者的当事人为两个,后者则三个

C. 前者在使用过程中无需承兑,后者则可能会有承兑环节

D. 前者的主债务人不会变化,后者的主债务人因承兑而发生变化

E. 前者只能一式一份,后者可以开出一套

12.下列对支票叙述中不正确的选项是(　　　　)。

A. 以银行为付款人

B. 可为即期或远期

C. 开出空头支票的人可以不负法律责任

D. 出票人对持票人担保付款

E. 支票的期限是即期的

三、填空题

1. 目前世界上影响较大的票据法主要有两类,即以________为代表的________和以________为代表的________。

2. 汇票必须要式齐全,即应当具备必要的________和________。

3. 按照汇票出票人的不同,汇票可分为________和________两种。

4. 按照汇票承兑人的不同,汇票可分为________和________两种。

5. 按照汇票付款期限的不同,汇票可分为________和________两种。

6. 远期汇票付款日期的可以记载为:________、________、________和________。

7. 出票是指:________并________ 的行为。

8. 汇票抬头有三种规定方法,即________、________和________。

9. 汇票的提示可以分为两种,即________和________。

10. 按我国《票据法》第 30 条规定,背书必须记载被背书人名称,这表明我国不允许__________。

四、判断解释题

(　　)**1.** 票据的转让必须通知债务人方为有效。

(　　)**2.** 票据当事人的权利义务受票据原因的影响。

(　　) 3. 所有的汇票都可以背书转让。

(　　) 4. 汇票一经出票，付款人即承担汇票的付款责任。

(　　) 5. 承兑是各种票据都有的一种票据行为。

(　　) 6. 银行汇票和商业汇票的区别在于前者的出票人和付款人都是银行，后者的出票人和付款人都是工商企业或个人。

(　　) 7. 不管是即期汇票还是远期汇票，汇票的使用（即：汇票的票据行为）都是一样的。

(　　) 8. 我国不承认银行以外的企事业单位、其他组织和个人签发的本票。

(　　) 9. 汇票、本票和支票都有即期的和远期的两种。

(　　)10. 本票是出票人的支付命令。

(　　)11. 支票的付款人一定是银行或其他金融机构。

(　　)12. 划线支票是只可以提取现金的支票。

五、名词解释

1. 票据　**2.** 无因性　**3.** 要式性　**4.** 汇票　**5.** 出票　**6.** 提示　**7.** 承兑　**8.** 背书　**9.** 贴现　**10.** 拒绝证书

六、简答题

1. 票据有哪些特性？其中，哪一特性是其最基本的特性？

2. 票据的转让和一般的债权转让有何不同？最主要区别是什么？

3. 如何理解票据的无因性和要式性？

4. 按我国《票据法》第 22 条规定，汇票必须记载哪些事项？

5. 下面三种写法分属汇票哪种抬头？是否可以转让？转让时有什么手续？

（1）pay Smith Co.Ltd.only

（2）pay to the order of Smith Co.Ltd

（3）pay bearer

6. 试述承兑的手续及其法律效力？

7. 试比较本票与汇票的不同。

8. 试述划线支票和未划线支票的区别。

9. 试比较支票与汇票、本票的不同。

七、案例分析题

1. 甲交给乙一张经付款银行承兑的远期汇票，作为向乙订货的预付款，乙在票据上背书后转让给丙以偿还原欠丙的借款，丙于到期日向承兑银行提示取款，恰逢当地法院公告该行于当天起进行破产清理，因而被退票。丙随即向甲追索，甲以乙所交货物质次为由予以拒绝，并称已于 10 天前通知银行止付，止付通知以及理由也同时通知了乙。在此情况下丙再向乙追索。乙以票据系甲开立为由推诿不理。丙遂向法院起诉，被告为甲、乙与银行三方。你认为法院将如何依法判决？理由何在？

2. 甲为汇票的出票人，指定丙为受票人，乙为收款人。乙将该汇票背书转让给丁，丁在到期日前向受票人丙提示汇票并获承兑。但在汇票到期日，丙以甲所交货物质量有问题为由，拒绝向丁付款。请问丙的拒付理由是否成立？丁此时有何权利，应如何行使？

参考答案

一、单项选择题

1. A **2.** D **3.** A **4.** A **5.** B **6.** C **7.** C **8.** C **9.** B **10.** D

二、多项选择题

1. ABCE **2.** ABE **3.** AB **4.** ABCE **5.** BCDE **6.** ACE **7.** ACDE **8.** ABCE **9.** AB **10.** BCD **11.** ABCDE **12.** BC

三、填空题

1. 英国《1882年票据法》；英美法系；日内瓦统一法；大陆法系 **2.** 形式；内容 **3.** 商业汇票 银行汇票 **4.** 商业承兑汇票；银行承兑汇票 **5.** 即期汇票；远期汇票 **6.** 定日付款、出票后定期付款、见票后定期付款、运输单据日后定期付款 **7.** 出票人签发汇票、交付给收款人 **8.** 限制性抬头、指示性抬头、持票人或来人抬头 **9.** 提示承兑、提示付款 **10.** 空白背书

四、判断解释题

1. ×。一般的债权转让必须通知债务人方为有效；而票据的转让，可以凭交付或背书后交付即可完成，而无需通知债务人，债务人也不能以未收到转让通知为理由拒绝向票据权利人清偿债务。

2. ×。根据票据的无因性，即使票据有原因上的缺陷，只要持票人是依法取得票据的，就享有票据权利，票据债务人就必须对持票人支付票款。

3. ×。“限制性抬头”的汇票不能背书转让，只能由指定的收款人收取票款。

4. ×。按照我国《票据法》第44条的规定，付款人只有承兑汇票后，才承担汇票的付款责任。

5. ×。承兑是只有远期汇票才有的一种票据行为。即期汇票无需承兑；本票本身就是出票人(付款人)的无条件支付承诺，出票人始终是主债务人；而支票只有即期的，无需承兑。

6. ×。银行汇票的出票人和付款人都是银行；商业汇票的出票人是工商企业或个人，而付款人可以是工商企业或个人也可以是银行。

7. ×。即期汇票的基本票据行为包括：出票、(付款)提示和付款。而远期汇票还必须有(承兑)提示和承兑的行为。

8. √。根据我国《票据法》第73条规定：“本法所称本票，是指银行本票。”我国不承认银行以外的企事业、其他组织和个人签发的本票。

9. ×。汇票和本票都有即期和远期之分，支票只有即期的。

10. ×。本票是出票人的付款承诺。

11. √。支票是出票人签发的，委托其办理支票存款业务的银行或其他金融机构在见票时无条件支付确定金额给收款人或者持票人的票据。所以，支票的付款人一定是银行或其他金融机构。

12. ×。划线支票的收款人只能凭以要求往来银行代为收款并入其账，而不能由收款人自己提取现金。

五、名词解释

1. 票据：以支付金钱为目的的证券。由出票人签名于票据上，约定由自己或另一人无条件地

支付确定金额的可流通转让的证券。

2. 无因性：票据流通过程中的持票人行使票据权利时，不必向票据债务人陈述或证明票据产生或转让的原因，即使票据有原因上的缺陷，只要持票人依法取得该票据，就享有票据权利，票据债务人必须对持票人支付票款。

3. 要式性：票据的形式和内容必须符合规定，必要的项目必须齐全，对票据的处理，包括出票、提示、承兑、背书、保证、追索等行为都必须符合票据法的要求。

4. 汇票：出票人签发的，委托付款人在见票时或者在指定日期无条件支付确定的金额给收款人或持票人的票据。

5. 出票：出票人签发票据并将其交付给收款人的票据行为。出票由三个动作组成：一是由出票人写成汇票，或在事先印就的格式上在空白的部位将票据内容填上；二是出票人在汇票上签字；三是出票人将汇票交付给收款人。

6. 提示：收款人或持票人将汇票提交付款人要求付款或承兑的行为。

7. 承兑：汇票付款人承诺在汇票到期日支付汇票金额的票据行为。

8. 背书：持票人在票据背面或者粘单上记载有关事项并经签章后交付给受让人的行为。

9. 贴现：受让人在受让汇票时，按照汇票的票面金额扣除从转让日起到汇票付款日至的利息后将票款付给转让人的行为。

10. 拒绝证书：由付款地的法定公证人或其他依法有权做此类证书的机构所做的证明付款人拒付的文件。

六、简答题

1. 票据的特性有：流通性、无因性、文义性和要式性。其中，票据的流通性是最基本的特性。

2. 票据的转让和一般的债权转让的主要区别是：一般的债权转让必须通知债务人方为有效；而票据的转让，可以凭交付或背书后交付就能完成，而无需通知债务人，债务人也不能以未接到转让通知为理由拒绝向票据权利人清偿债务。

3. 票据的无因性是指票据流通过程中的持票人在行使票据权利时，不必向票据债务人陈述或证明票据产生或转让的原因，即使该票据有原因上的缺陷，只要持票人自己是依法取得的，就享有票据权利，票据债务人必须对持票人支付票款。它可以消除人们接受票据的顾虑，便于票据的流通；而票据的要式性是指票据的形式和内容必须符合规定，必要的项目必须齐全，对票据的处理，包括出票、提示、承兑、背书、保证、追索等行为都必须符合票据法的要求。

4. 按我国《票据法》第22条规定，汇票必须记载下列事项：(1)表明“汇票”字样；(2)无条件支付的委托；(3)确定的金额；(4)付款人名称；(5)收款人名称；(6)出票日期；(7)出票人签章。

5. (1)pay Smith Co.Ltd.only 属于限制性抬头；不可以转让；(2)pay to the order of Smith Co. Ltd.属于指示性抬头，必须经过持票人背书后交付转让；(3)pay bearer 属于持票人或来人抬头，仅凭交付即可转让。

6. 承兑的手续是由付款人在汇票正面写上“承兑”字样，注明承兑的日期，并由付款人签名，交还持票人。其法律效力是：一经承兑，付款人就成为汇票的承兑人，并成为汇票的主债务人，而出票人则成为汇票的从债务人。

7. 本票与汇票的不同之处包括：(1)性质：本票是承诺式票据。汇票是委托式票据。(2)当事人：本票只有出票人和收款人两个当事人；汇票有出票人、付款人和收款人三个当事人。(3)承兑：远期汇票都要经过付款人承兑；本票无需承兑。(4)责任：汇票在承兑前由出票人负责，承兑后由承兑人负主要责任，出票人负次要责任；本票则自始至终由出票人负责。

8. 划线支票和未划线支票的区别在于：(1)格式：划线支票通常在左上角有两道平行横线，而未划线支票则无。(2)使用：划线支票只能通过收款人的往来银行代其入账，而未划线支票可以由收款人自己到付款银行提取现款，也可以通过往来银行入账。

9. 支票与汇票、本票的不同包括：(1)性质：汇票与支票均是委托他人付款的证券，属于委托支付证券；本票是由出票人自己付款的票据，属于承诺证券。(2)当事人：汇票和支票均有出票人、付款人和收款人三个基本当事人；而本票只有出票人和收款人两个当事人。(3)到期日：支票均为见票即付，而汇票和本票除见票即付外，还可以有不同到期日的记载。(4)承兑：远期汇票需要付款人履行承兑手续；本票由出票人承诺付款，无需承兑；支票只有即期，也无需承兑。(5)出票人和付款人的关系：汇票的出票人对付款人没有法律上的约束，付款人是否愿意承兑或付款，是付款人的独立行为，但是一经承兑，承兑人即承担到期付款的责任；本票的付款人即出票人自己，一经出票，即承担付款责任；支票的付款人只有在出票人在其处有足够支付支票金额的条件下才有付款义务。

七、案例分析题

1. 甲、乙与银行都在汇票上签过字，都是汇票的债务人，因为甲作为汇票的出票人在付款人承兑之前是主债务人，承兑后是次债务人；乙在汇票上做了背书，作为被背书人丙的前手，对后手承担保证付款和付款人拒付时的付款责任；银行作为汇票的承兑人是汇票项下的主债务人。根据票据的无因性特征，甲、乙与银行不能用任何理由对抗持票人丙。

2. 丙的拒付理由不成立，因为根据票据的特性之一——无因性，票据在使用的过程中有关当事人无须过问原因，因此丙不能以甲交的货物存在质量问题为由拒付乙，并且丙已经在票据上承兑，成为该票据的主债务人，必须承担债务责任。如果丙拒付，丁即享有向前手甲和乙追索的权力，另外丁也可以凭以承兑汇票向法院起诉丙，要求丙付款。

第十一章 汇付和托收

学习目标：掌握汇付和托收两种方式的基本知识，包括：业务程序、性质和特点，掌握这两种方式在进出口贸易中的使用。同时，了解国际保理业务和出口信用保险的基本业务做法。

一、单项选择题

1. 采用电汇方式，汇出行的结算工具是（　　）。

A. 信汇委托通知书　　B. 支付委托书
C. 电汇委托通知书　　D. 银行汇票

2. 进出口业务中，T/T 表示（　　）。

A. 电汇　　B. 票汇　　C. 信汇　　D. 托收

3. 通过汇出行开立的银行汇票的转移以实现货款支付的汇付方式是（　　）。

A. 电汇　　B. 信汇　　C. 票汇　　D. 托收

4. 接受汇出行的委托而将款项解付给收款人的银行是（　　）。

A. 托收行　　B. 汇入行　　C. 代收行　　D. 提示行

5. 下列各项中，不是汇付方式当事人的是（　　）。

A. 汇款人　　B. 汇出行　　C. 汇入行　　D. 提示行

6. 国际货物买卖中，C.W.O.表示（　　）。

A. 随订单付现　　B. 交货付现　　C. 交单即付　　D. 延期付款

7. 代收行与付款人之间的关系是（　　）。

A. 买卖关系　　B. 不存在任何合同关系
C. 代收关系　　D. 委托代理关系

8. D/P T/R 意指（　　）。

A. 付款交单　　B. 付款交单凭信托收据借单
C. 承兑交单　　D. 承兑交单凭信托收据借单

9. 属于顺汇的结算方式是（　　）。

A. 汇付　　B. 托收　　C. 付款交单　　D. 承兑交单

10. 托收方式下，出口人所出具汇票的付款人是（　　）。

A. 进口人　　B. 托收行　　C. 代收行　　D. 需要时代理

11. D/P after sight 是指(　　)。

A. 即期付款交单　　B. 承兑交单

C. 远期付款交单　　D. 光票托收

12. 付款交单凭信托收据借单(D/P T/R)是(　　)的融资。

A. 进口人给出口人　　B. 托收行给进口人

C. 代收行给出口人　　D. 出口人给进口人

二、多项选择题

1. 汇付包括(　　　)三种方式。

A. D/D　　B. D/P　　C. M/T　　D. D/A

E. T/T

2. 汇付方式通常涉及的当事人有(　　　)。

A. 委托人　　B. 汇款人　　C. 收款人　　D. 汇出行

E. 汇入行

3. 国际贸易中,汇付方式最常用于(　　　)。

A. 预付货款　　B. 付款交单

C. 承兑交单　　D. 货到付款业务

E. 信用证

4. 托收业务中,进口人必须在付清货款后才能取得商业单据的方式是(　　　)。

A. 光票托收　　B. 即期付款交单

C. 远期付款交单　　D. 付款交单凭信托收据借单

E. 承兑交单

5. 下列各项中,有关托收方式中的承兑交单叙述正确的有(　　　)。

A. 可表示为 D/A　　B. 进口人承兑汇票后即可取得货运单据

C. 适用于远期汇票的托收　　D. 出口人的收款依赖于进口人的信用

E. 对出口人极为有利

6. 根据《托收统一规则》(国际商会第 522 号出版物,简称 URC522),银行的免责包括(　　　)。

A. 托收单据的种类和份数

B. 电讯工具传递中或信件等寄送中发生的失误

C. 专门术语解释上的错误

D. 不可抗力事故所产生后果

E. 单据的内容

7. 采用托收方式时应注意(　　　)。

A. 考查进口人的资信和经营作用

B. 了解进口国家的贸易管制和外汇管理条件

C. 了解进口国的商业惯例
D. 健全管理制度，及时催收款项
E. 出口合同争取采用 CIF 条件成交，否则应投保卖方利益险

8. 下列各项中，属于委托代理关系的有（　　）。
A. 委托人与付款人的关系　　B. 委托人与托收行的关系
C. 托收行与代收行的关系　　D. 代收行与付款人的关系
E. 托收行与付款人的关系

三、填空题

1. 汇付业务一般有四个当事人：汇款人、收款人________和________。
2. 在三种汇付方式中，汇款速度相对最快的是：________；最慢的是：________；由于资金在途时间长，操作手续多，________方式目前已极少使用。
3. 在汇付和托收两种方式中，银行仅提供服务而不提供信用，所以他们均属于________信用性质。
4. 在汇付和托收两种方式中，属于顺汇的是________方式；属于逆汇的是________方式。
5. 根据托收的单据不同，托收分为________和________两种；根据银行交付单据的条件不同，托收分为________和________两种。
6. 在跟单托收业务中，出口人可以采用________方式向银行借单、进口人可以采用________方式向银行借单以获得资金融通。
7. 在出口业务中采用赊账和托收方式结算货款时，出口人为避免或减少收汇风险，除采用一定的规避风险的方法外，还可以采取________和________方式。
8. 我国的短期出口信用保险适用范围，包括被保险人以________、________或________等一切商业信用方式为付款条件，产品全部或部分在________制作，信用期限不超过________天的出口合同。

四、判断解释题

（　　）1. 在票汇情况下，进口人购买银行汇票径寄出口人，因采用的是银行汇票，故这种方式属于银行信用。
（　　）2. 电汇委托通知书可以通过背书而流通转让。
（　　）3. 票汇方式下，收款人收到资金的时间通常比电汇方式下的时间要短。
（　　）4. 预付货款可以保证进口人收到所需货物。
（　　）5. 对进口人而言，货到付款比预付货款的风险要小。
（　　）6.《托收统一规则》(国际商会第 522 号出版物)适用于所有的托收业务。
（　　）7. 托收业务中，银行负责审查所收到的单据的种类和份数，但不负责审查其具体内容和从单据中获得托收指示。

(　　) **8.** 光票托收中没有商业单据，只有金融单据。
(　　) **9.** 从理论上来说，出口人采用D/P见票后30天付款的方式比采用D/A支付方式风险更大。
(　　)**10.** 托收项下，汇票的出票人是出口人或卖方，付款人是进口人或买方。

五、名词解释

1. 托收　**2.** 跟单托收　**3.** 需要时代理　**4.** 付款交单　**5.** 承兑交单　**6.** 托收出口押汇　**7.** 信托收据　**8.** 国际保理

六、简答题

1. 试比较汇付的三种方式。

2. "在国际货物买卖中，对买卖双方来说，汇付是一种最安全的支付方式"，这种认识是否正确？为什么？

3. 简述凭单付汇的做法。

4. "在托收方式下卖方应争取以CIF或CIP条件成交、订立合同。"为什么？

5. 为什么说托收业务属于商业信用？

6. 在出口业务中采用跟单托收方式时应注意哪些问题？

7. 什么是国际保理？保理商提供保理服务的前提条件是什么？

8. 出口信用保险的主要作用是什么？

七、案例分析题

1. 出口合同规定的支付条款为装运月前15天电汇付款，买方在装运月中才从邮局寄来银行汇票一纸，为保证按期交货，出口企业于收到该汇票次日即将货物托运，同时委托银行代收票款。1个月后，接银行通知，因该汇票系伪造，已被退票。此时，货已抵达目的港，并已由买方凭出口企业自行寄去的单据提走。事后追偿，对方早已人去楼空。对此，我方的主要教训是什么？

2. 我某企业以D/D in advance结算方式与外商达成出口合同，因为船期将过，出口人收到客户寄来的汇票后，便发运了货物。然后将汇票交给当地银行代其收款。一个月后，银行告知此汇票下付款账户是空的。此时进口人已凭出口方直接寄去的单据提货。然后出口人与进口人联系，不见音讯。请问：出口人在此笔交易中的失误在哪里？

3. 在一笔以空运为运输方式的交易中，进口人要求以托收的D/P即期作为货款的支付方式。请问：出口人是否可以接受？为什么？如果可以接受，其前提条件是什么？

4. 我一外贸企业向日本一进口商发盘，其中付款条件为即期付款交单，对方答复可以接受，但付款须按以下条件："付款交单见票后30天"并通过其指定的A银行代收。按一般情况,货物自我国运至日本一般不超过5天。试分析该商为何提出此条件?

5. 支付条件:D/A 60 DAYS AFTER SIGHT,出口人于3月14日交单,经由托收行指示代收行向进口人提示,代收行于3月24日凭进口人的承兑将单据交付进口人。但5月24日,代收行来电:"进口人称货不好,拒付。"问:出口人应如何答复?如若进口人坚决拒付,出口人应如何补救?出口人得到什么教训?

参考答案

一、单项选择题

1. C **2.** A **3.** C **4.** B **5.** D **6.** A **7.** B **8.** B **9.** A **10.** A **11.** C **12.** D

二、多项选择题

1. ACE **2.** BCDE **3.** AD **4.** BC **5.** ABCD **6.** BCDE **7.** ABCDE **8.** BC

三、填空题

1. 汇出行;汇入行 **2.** 电汇;票汇;信汇 **3.** 商业 **4.** 汇付;托收 **5.** 光票托收;跟单托收;付款交单;承兑交单 **6.** 托收出口押汇;凭信托收据 **7.** 国际保理;出口信用保险 **8.** 付款交单;承兑交单;赊账;中国;180天

四、判断解释题

1. ×。在票汇情况下,虽然使用的是银行汇票,但是进口人是否购买、何时购买、购买后是否寄出口人、何时寄出口人,完全取决于进口人的信用。所以,票汇仍属于商业信用。

2. ×。电汇委托通知书系由汇出行发给汇入行的委托将款项解付给指定收款人的文件,无法通过背书而流通转让。

3. ×。票汇方式下,汇款人向银行购买银行即期汇票后自行寄交给收款人,其速度慢于电汇方式,收款人收到资金的时间通常比电汇方式下的时间要长。

4. ×。预付货款是指买卖双方签订买卖合同后,进口人先行通过银行汇款,出口人收款后再交货的方式。预付货款方式下,进口人是否收到所需货物完全取决于出口人的资信。

5. √。预付货款是指买卖双方签订买卖合同后,进口人先通过银行汇款,出口人收款后再交货的方式;货到付款是指买卖双方签订买卖合同后,出口人先交货,进口人收货后一段时间再通过银行汇款的方式。故此,进口人在货到付款方式下的风险小于预付货款。

6. ×。《托收统一规则》(国际商会第522号出版物)仅适用于在托收指示书中注明按本规则行事的托收业务。

7. √。托收业务中,银行必须确定所收到的单据与托收指示书所列的完全一致,对于单据缺少或发现与托收指示书中所列的单据不一致时,必须毫不迟延地用电讯或其他快捷方式通知发出托收指示书的银行,除此之外,银行没有进一步审核单据的义务。

8. √。光票托收是指不附带商业单据的金融单据的托收。

9. ×。理论上,D/P见票后30天付款的方式是指进口人在银行提示时先行承兑远期汇票,待汇票到期再行付款,然后银行交单的做法;D/A是指进口人在银行提示时承兑远期汇票,银行即予交单,待汇票到期进口方再行付款的做法。对出口人而言,采用D/A比采用D/P见票后30天付款的方式风险更大。

10. √。托收项下,出口人或卖方交货后可以出具汇票通过银行向进口人或买方要求付款。

五、名词解释

1. 托收:由接到委托指示的银行处理金融单据和/或商业单据以便取得承兑或付款,或凭承兑或付款交出商业单据,或凭其他条件交出单据。

2. 跟单托收：金融单据附带商业单据或不用金融单据的商业单据的托收。

3. 需要时代理：委托人指定的在付款地代为照料货物存仓、转售、运回或改变交单条件等事宜的代理人。

4. 付款交单：出口人的交单以进口人的付款为条件，即：在将汇票连同商业单据交给银行托收时，出口人指示银行只有在进口人付清货款时才能交出商业单据。

5. 承兑交单：出口人的交单以进口人的承兑为条件。

6. 托收出口押汇：托收行以买入出口人向进口人开立的跟单汇票的方法向出口人融通资金的一种方式。

7. 信托收据：进口人借单时提供的一种书面信用担保文件，用于表示出具人愿意以代收行的受托人身份代为提货、报关、存仓、保险、出售，同时承认货物的所有权归银行。

8. 国际保理：国际贸易中在以托收、赊账等方式结算货款的情况下，保理商向出口商提供的包括对买方资信调查、百分之百的风险担保、催付应收账款、财务管理以及融通资金等的综合性财务服务。

六、简答题

1. 汇付中的电汇、信汇和票汇，使用的结算工具的传送方向与资金的流动方向相同，均属顺汇。但是这三种方式也有不同之处，譬如在付款速度上，电汇最快，信汇次之，票汇与信汇类似，但如付款银行在非收款人所在国，则最慢。所以，电汇最受卖方欢迎。

2. 不正确。在国际货物买卖中，对买方来讲，汇付的货到付款是最安全的支付方式。因为货到付款是指买卖双方签订买卖合同后，出口人先交货，进口人收货后一段时间再通过银行汇款的方式。而预付货款是指买卖双方签订买卖合同后，进口人先通过银行汇款，出口人收款后再交货的方式；所以对卖方来讲，汇付的预付货款最安全。

3. 凭单付汇是进口人先通过汇出行将货款以信汇或电汇方式汇给汇入行，指示汇入行凭出口人提供的某些指定的单据和装运凭证付款给出口人。汇入行根据汇出行的指示向出口人发出汇款通知书，作为有条件付汇的依据。出口人根据汇款通知书向汇入行提交与通知书相符的单据并凭以向汇入行取款。

4. 在托收业务中，银行不承担付款责任，如果买方不付款赎单，卖方可能面临货款两空，风险很大。因此，卖方在货物装运后，直到买方付清货款前，都要关心货物安全。所以，在出口业务中原则上应由卖方办理保险，即以 CIF 或 CIP 条件成交。

5. 因为在托收业务中，银行只提供服务，不提供信用。银行只以委托人的代理人身份行事，既无保证付款人必然付款的责任，也无检查审核商业单据是否齐全、是否符合买卖合同的义务；当发生进口人拒绝付款赎单的情况后，除非事先经托收行委托并经代收行同意，代收行也无代为提货、办理进口手续和存仓报关的义务。

6. 在出口业务中采用跟单托收方式时应注意如下问题：(1)认真调查和考察进口人的资信情况、经营能力和经营作风，掌握有关商品的市场信息，并在此基础上妥善制定授信额度、控制成交金额与交货进度；(2)代收行一般不能由进口人指定。如确有必要，应事先征得托收行的同意；(3)应尽力争取以 CIF 或 CIP 条件成交；(4)采用远期付款交单时要特别慎重；(5)对贸易管制和外汇管制较严的国家要特别谨慎；(6)运输单据一般应做指示抬头并加背书；(7)严格按照出口合同规定装运货物、制作单据。

7. 国际保理是指国际贸易中在以托收、赊账等方式结算货款的情况下，保理商向出口商提供的包括对买方资信调查、百分之百的风险担保、催付应收账款、财务管理以及融通资金等的综合性财务服务。保理商提供保理服务的前提是：(1)出口人必须严格按照合同规定交付货物、提供单据，如有因与合同不符而发生被进口人迟延或拒付货款时，保理商将不予担保；(2)出口人的应收账款必须在已核准的信用额度内，因为保理商只承担已核准的信用额度的风险，对超额部分不予担保。

8. 出口信用保险的主要作用是：保障出口企业经营的稳定性，使出口企业可以运用更加灵活的贸易手段参与国际竞争，不断开拓新客户、占领新市场。

七、案例分析题

1. 票汇业务中存在票据伪造的风险，因此卖方收到汇票后，不要急于发货，应首先核对票据的真伪，最好收妥款项后再发货。

2. 出口人收到汇票后急于发货，忽视了票据伪造的风险。在汇付业务中，如果是选择预付，出口人应收妥款项后再发货，票汇中至少要先到银行辨别汇票的真伪，然后再发货。

3. 出口人不能接受。因为，空运运单不是物权凭证，货物到达目的地之后，航空公司根据随附货物的航空运单副本上的"收货人"，向其发出到货通知书，然后由收货人凭到货通知书和身份证明向航空公司提货。由于单据和货物的分离，所以空运运单上的"收货人"就成了解决"如何保护出口人的利益"问题的关键。如果"收货人"一栏做成"进口人"，若进口人拒付同时又凭到货通知书提取货物，则出口人就承担货款两空的损失；如果做成以"代收行"为收货人的抬头，根据银行惯例银行是不管货物的，除非事先征得银行的同意，而银行是很少会同意替客户保管货物的。综上所述，出口人一般不能接受以空运为运输方式的交易中以托收中的D/P即期作为货款的支付方式。如果要接受这种方式，则出口人一定要首先征得代收行的同意，做成以"代收行"为收货人的抬头。

4. 日商提出把"即期付款交单"改为"付款交单见票后30天"，可能是资金困难，想获得资金融通；日商提出通过其指定的A银行代收，可能是其与A银行关系较好，欲在远期付款交单下向代收行借单。

5. 出口人的答复：要求进口人付款。因为托收业务中，凭单付款（承兑）是进口人必须履行的独立义务，进口人是否向代收行付款（承兑）只取决于代收单据与买卖合同所规定的相符。既然进口人承兑了汇票，说明单据符合买卖合同的规定，则进口人必须付款。从票据角度来讲，既然进口人已承兑汇票，则须负担法律上的付款责任。

如果进口人坚决拒付，则出口人只能采取法律诉讼的办法：或者凭买卖合同依据合同法的有关规定提出诉讼请求；或者凭进口人承兑的汇票依据票据法的有关规定提出诉讼请求。

出口人一定要首先对进口人的资信情况作详细、周密的调查，只有在确信其资信无疑的前提下才能使用托收方式；若使用D/A，则更应该慎之又慎。（同时，注意在托收方式下交付货物的质量一定要符合合同的要求，以免给进口人找到拒付的借口。）

第十二章　信　用　证

学习目标：了解信用证业务的基本知识，特别是信用证的收付程序、信用证业务特点以及信用证的种类，掌握信用证方式在进出口贸易中的使用，熟知《跟单信用证统一惯例》的重要条款。

一、单项选择题

1. 信用证体现了（　　）。
   A. 信用证的开证申请人与开证行之间的契约关系
   B. 开证行与信用证受益人之间的契约关系
   C. 开证行与开证申请人、受益人之间的契约关系
   D. 开证申请人与受益人之间的契约关系
2. 按照 UCP600，信用证（　　）。
   A. 未规定可否撤销，即为可撤销；未规定可否转让，即为可转让
   B. 未规定可否撤销，即为可撤销；未规定可否转让，即为不可转让
   C. 未规定可否撤销，即为不可撤销；未规定可否转让，即为可转让
   D. 未规定可否撤销，即为不可撤销；未规定可否转让，即为不可转让
3. 自由议付信用证无须规定的是（　　）。
   A. 到期日　　B. 付款地点　　C. 议付交单地点　　D. 开证日期
4. 循环信用证通常在（　　）时采用。
   A. 有多个受益人　　B. 分批均匀交货
   C. 货物需经多次转运　　D. 开证行资信较好
5. 受益人开立远期汇票但可通过贴现即期足额收款的信用证是（　　）。
   A. 即期信用证　　B. 远期信用证
   C. 假远期信用证　　D. 预支信用证
6. 进出口业务中，买方远期信用证又可称为（　　）。
   A. 转开信用证　　B. 银行承兑远期信用证
   C. 假远期信用证　　D. 即期信用证
7. 可转让信用证须由开证行在信用证中明确注明（　　）字样。
   A. 可转让　　B. 可分割　　C. 可让渡　　D. 可转移

8. 根据UCP600，开证行、保兑行审核单据的期限是自收到单据次日起的(　　　)个银行工作日。

A. 5　　B. 7　　C. 9　　D. 10

9. 在信用证方式下，银行保证向受益人履行付款责任的条件是(　　)。

A. 受益人按期履行合同

B. 受益人按信用证规定交货

C. 开证申请人付款赎单

D. 受益人提交符合信用证规定的单据

10. 按照UCP600的规定，如信用证规定的承兑行已承兑汇票但到期拒付时，则(　　)。

A. 受益人可向承兑行提出诉讼

B. 受益人可要求开证申请人直接付款

C. 开证行应予支付

D. 由受益人自行承担损失

11. 根据UCP600，议付行议付时应(　　)。

A. 审核单据并付出对价　　B. 仅需审核单据

C. 仅需付出对价　　D. 付款

12. 以下不属于信用证特点的是(　　)。

A. 开证行负首要付款责任　　B. 信用证方式是纯单据业务

C. 信用证是商业信用　　D. 信用证是自足文件

13. 可转让信用证项下办理交货的是(　　)。

A. 第一受益人　　B. 开证申请人　　C. 中间商　　D. 第二受益人

14. 以下银行中，(　　)对受益人享有追索权。

A. 议付行　　B. 开证行　　C. 保兑行　　D. 付款行

15. 根据UCP600，(　　)不必审核单据。

A. 议付行　　B. 开证行　　C. 偿付行　　D. 付款行

16. 以下关于可转让信用证说法错误的是(　　)。

A. 可转让信用证适用于中间商贸易

B. 可转让信用证只有一个开证行

C. 信用证可以转让给第二受益人，而第二受益人又可以转让给多个受益人

D. 未经过信用证授权的转让行而由第一受益人自行办理的信用证转让业务应为无效

17. 远期信用证中开证行通常指定一家银行作为受票行，对远期汇票作出承兑，这家银行被称为(　　)。

A. 议付行　　B. 承兑行　　C. 偿付行　　D. 保兑行

18. 在循环信用证项下，每一期金额用完后，不必等待开证行通知，信用证即恢复到

原金额使用，这种信用证称为(　　)信用证。

A. 自动循环　　B. 非自动循环　　C. 半自动循环　　D. 以上都不是

二、多项选择题

1. 信用证的特点包括(　　　)。

A. 开证行负首要付款责任　　B. 信用证是自足文件

C. 信用证方式是纯单据业务　　D. 信用证是商业信用

E. 信用证依附于买卖合同而存在

2. 在信用证支付方式中，为使开证行履行付款义务，受益人需(　　　)。

A. 履行合同的规定　　B. 履行信用证的规定

C. 按合同规定履行信用证　　D. 按信用证的规定履行买卖合同

E. 提交符合信用证规定的单据

3. 开证申请人申请开立信用证时，应向开证行交付(　　　)。

A. 押金　　B. 开证手续费　　C. 货款　　D. 邮电费

E. 保险费

4. 信用证项下的汇票付款人可以是(　　　)。

A. 开证行　　B. 开证申请人　　C. 指定付款行　　D. 指定承兑行

E. 保兑行

5. 根据 UCP600 规定，以下关于承兑信用证叙述正确的是(　　　)。

A. 承兑行凭单证相符的单据对受益人的汇票进行承兑

B. 受益人得到银行承兑的汇票，就等于得到了银行不可撤销地承担远期付款的承诺

C. 当信用证规定付款期限是远期且不需要提交汇票时，该信用证被称为承兑信用证

D. 承兑行对受益人无追索权

E. 根据汇票贴现利息的承担者不同，承兑信用证又分为真远期和假远期信用证

6. 可转让信用证转让时，(　　　)可以变动。

A. 信用证金额　　B. 商品单价

C. 商品的品质规格　　D. 交单日

E. 最迟装运日

三、填空题

1. 在信用证方式下，信用证是由________要求________开立，然后传递给出口地的________，在其确认信用证的真实性后通知给________。

2. 信用证的三个特点是：(1)________；(2)________；(3)________。

3. 开证行拒付时必须以________为依据。

4. 保兑信用证的________有与开证行相同的责任和地位。

5. 可转让信用证原则上只能转让________次，转让费应由________负担。信用证经转让后，即由________办理交货，但原证的受益人，即________仍须负责买卖合同上卖方的责任。

四、判断解释题

(　　) 1. 信用证与可能作为其开立基础的销售合同或其他合同是相互独立的交易，即使信用证中含有对此类合同的任何援引，银行也与该合同无关，且不受其约束。

(　　) 2. UCP600 适用于所有的跟单信用证。

(　　) 3. 通知行在通知信用证时，没有义务按受益人的请求翻译信用证条款，并可不经译出而将信用证照转给受益人。

(　　) 4. 进口人发现单证不符可拒绝赎单，此时开证行可向议付行或受益人追回货款。

(　　) 5. 信用证业务中，银行既处理单据，也处理与单据有关的货物、服务或履约行为。

(　　) 6. 议付是指指定银行在相符交单下，在其获偿付后向受益人支付款项，从而购买汇票及/或单据的行为。

(　　) 7. 除非指定银行为保兑行，开证行的授权并不构成指定银行承担承付或议付的义务，除非该指定银行明确表示同意并且告知受益人。

(　　) 8. 如指定银行确定交单相符但在将单据发往开证行或保兑行的途中单据遗失，开证行可不承担责任。

(　　) 9. 可转让信用证的第一受益人可以向其当地任何一家银行(转让行)提出转让申请，而转让行一收到转让申请，即有义务为其办理转让。

(　　)10. 如果一份信用证表明："IT'S SUBJECT TO UCP600"，即使信用证中有与UCP600 不同的规定时，受益人仍应按照 UCP600 规定行事。

五、名词解释

1. 索偿　2. 偿付　3. 跟单信用证　4. 保兑信用证　5. 即期付款信用证　6. 延期付款信用证　7. 承兑信用证　8. 议付信用证　9. 即期信用证　10. 远期信用证　11. 循环信用证　12. 对背信用证　13. 预支信用证

六、简答题

1. 简述信用证与买卖合同的关系。

2. 简述信用证的基本内容及信用证收付的一般程序。

3. 信用证的主要作用是什么？

4. 简述议付与付款的主要区别。

5. 简述假远期信用证与一般远期信用证和即期信用证的主要区别。

七、案例分析题

1. "为切实保护自己的利益、避免受益人的欺诈，开证申请人应在开证申请书中详细、复杂地规定有关单据的每一细节，以证明受益人严格执行了合同规定的义务。"问：这种说法是否正确？为什么？开证申请人这样做，会对信用证中的主要当事人带来什么后果？信用证业务中，开证申请人怎样才能保护自己的利益，以避免受益人的欺诈呢？

2. 我A公司与美国B公司签订一份上衣买卖合同，合同对货物的数量、质量及支付方式均做了明确规定。其中数量条款为：绿色的200件、红色的400件；支付方式为：不可撤销的信用证方式。合同订立后，买方B公司即通过该国银行开出不可撤销的信用证。但信用证上规定绿色的为600件、红色的为600件，比合同中规定的绿色多了400件、红色的多了200件，我方A公司收到信用证后，既没有要求客户修改信用证，也没有按信用证要求发货，而是按合同规定发运货物和制单。在向开证行要求付款时，银行经审查发现单证不符因而拒绝付款。我方不甘心遭受损失，因而诉讼至法院。分析本案。

3. 开证申请人在开证申请书上要求：受益人在装船后将2/3正本提单直接寄交开证申请人。问：开证申请人提此要求的目的何在？开证申请人的要求会使开证行、受益人面临怎样的风险？哪一方风险更大？如若开证行、受益人接受这一要求，应分别注意什么？

4. 一家银行开立一份不可撤销信用证，列明按照UCP600办理。该信用证后被修改，要求增加"由开证申请人指定的检验机构签发的商检证书。"遭到受益人拒绝后，开证行又宣称，如提示的单据中不包括该商检证书将拒不偿付，继而进一步声明：如果开证申请人收到的货物与信用证相符，可以照付。货物抵达目的地后，经检验：收到的货物仅为发票所列数量的80%。因此，遭到开证行拒付。为此，受益人起诉开证行违反信用证承诺。试对此案进行评论。

5. 某公司接到一份经B银行保兑的不可撤销信用证。当该公司按信用证规定办完装运手续后，向B银行提交符合信用证各项要求的单据要求付款时，B银行却声称：该公司应先要求开证行付款，如果开证行无力偿付时，再由B银行保证付款。问B银行的要求对不对？

参考答案

一、单项选择题

1. B **2.** D **3.** C **4.** B **5.** C **6.** C **7.** A **8.** A **9.** D **10.** C **11.** A **12.** C **13.** D

14. A **15.** C **16.** C **17.** B **18.** A

二、多项选择题

1. ABC **2.** BE **3.** ABD **4.** ACDE **5.** ABDE **6.** ABDE

三、填空题

1. 开证申请人(或:进口人);开证行;通知行;受益人(或:出口人) **2.** 开证行负首要付款责任;信用证是一项自足文件;信用证方式是纯单据业务 **3.**(或:受益人提交的)单据 **4.** 保兑行; **5.** 一;第一受益人;第二受益人;第一受益人(中间人)

四、判断解释题

1. √。信用证"独立于合同之外"的独立性原则。

2. ×。UCP600适用于所有在其文本中明确表明受本惯例约束的跟单信用证。

3. √。在通知信用证时,通知行的义务是:(1)已确信信用证的表面真实性;(2)其通知准确地反映了其收到的信用证的条款。除此之外,通知行没有其他义务。

4. ×。信用证项下,开证行承担第一性付款责任,之后由开证申请人向开证行付款赎单;开证行一旦付款,即丧失对受益人的追索权。

5. ×。信用证"银行只处理抽象的单据,而不是与单据有关的具体货物、服务或履约行为"的抽象性原则。

6. ×。议付是指指定银行在相符交单下,在其应获偿付的银行工作日当天或之前向受益人预付或者同意预付款项,从而购买汇票(其付款人为指定银行以外的其他银行)及/或单据的行为。

7. √。按照UCP600第12条a款,除非指定银行为保兑行,开证行的授权并不构成指定银行承担承付或议付的义务,除非该指定银行明确表示同意并且告知受益人。

8. ×。按照UCP600第35条,如果指定银行确定交单相符并将单据发往开证行或保兑行,无论指定银行是否已经承付或议付,开证行或保兑行必须承付或议付,或偿付指定银行,即使单据在指定银行送往开证行或保兑行的途中,或保兑行送往开证行的途中丢失。

9. ×。按照UCP600第38条,转让行必须是信用证的指定银行,或当信用证规定可在任何银行兑用时,开证行特别如此授权并实际办理转让的银行。而转让行并无办理信用证转让的义务,除非其明确同意信用证转让范围和方式;并且向第一受益人收取了有关转让的所有费用(诸如佣金、手续费,成本或开支)。

10. ×。按照UCP600第1条,虽然信用证注明适用UCP600,但如信用证明确修改或排除,信用证的条款优先于UCP600条款。

五、名词解释

1. 索偿:议付行办理议付后,根据信用证规定,凭单向开证行或其指定银行请求偿付的行为。

2. 偿付:开证行或偿付行向议付行进行付款的行为。

3. 跟单信用证:凭跟单汇票或仅凭单据付款、承兑或议付的信用证。

4. 保兑信用证:应开证行的请求,由另一家银行对开证行所开信用证加以保证兑付的信用证。

5. 即期付款信用证:受益人开立即期汇票随附单据,或不需要汇票仅凭单据向指定银行提示请求付款的信用证。

6. 延期付款信用证:仅凭受益人提交的单据,经审单相符确定银行承担延期付款责任起,延长一段时间及至付款到期日付款的信用证。

7. 承兑信用证:信用证指定付款行在收到符合信用证规定的远期汇票和单据时,先在汇票上履行承兑手续,待汇票付款日再行付款的信用证。

8. 议付信用证:开证行在信用证中邀请其他银行买入汇票和/或单据的信用证,即允许受益人向某一指定银行或任何银行交单议付的信用证。

9. 即期信用证:开证行或其指定的付款行在收到符合信用证条款的汇票和/或单据后即予付款的信用证。

10. 远期信用证:开证银行或其指定的付款行在收到符合信用证条款的汇票和/或单据后在规

定的期限内保证付款的信用证。

11. 循环信用证：受益人在一定时间内利用规定金额后，能够重新恢复信用证原金额并再度使用直至达到该证规定次数或累计总金额用完为止的信用证。

12. 对背信用证：原证受益人要求原证通知行或其他银行以原证为基础和担保，另行开立的一张内容相似的信用证。

13. 预支信用证：允许受益人在货物装运交单前预支货款的信用证，有全部预支和部分预支两种。

六、简答题

1. 信用证根据买卖合同开立，但信用证一旦开立，即与作为其开立基础的买卖合同相互独立。即使信用证中含有对买卖合同的任何援引，银行也与该合同无关，且不受其约束。

2. 信用证的基本内容包括：信用证本身的说明、兑付方式、信用证种类、信用证当事人、汇票条款、货物条款、支付货币和信用证金额、装运与保险条款、单据条款和特殊条款。信用证收付的一般程序包括(以即期议付信用证为例)：买卖双方订立买卖合同、进口人作为开证申请人申请开证、开证行开立信用证、通知行通知信用证、出口人(审证、改证、备货、装货、制单)交单要求议付、议付行议付后向开证行或偿付行索偿、开证行或偿付行向议付行偿付、开证申请人向开证行付款赎单并凭单提货。

3. 信用证的主要作用有两个：(1)安全保证作用。通过信用证方式可以缓解买卖双方存在的互不信任的矛盾，而且可以使原本不熟悉不了解的买卖双方顺利进行交易；(2)资金融通作用。信用证业务中，银行不仅提供信用和服务，还以各种方式向出口人和进口人提供资金融通。

4. 议付与付款的主要区别在于：(1)议付行议付时扣除议付行贴现日到其收到开证行偿付之日间的利息；付款行在付款时不扣利息，进行全额付款；(2)议付行在议付后如不能获开证行付款，可以向受益人行使追索权；而付款行在付款后对受益人是没有追索权的。

5. 一般远期信用证：远期利息或远期汇票贴现利息和费用由受益人承担，受益人可以即期收款但须承担利息；假远期信用证：远期利息或远期汇票贴现利息和费用由开证申请人承担，受益人可以即期十足收款，开证申请人可以远期付款但须承担利息；而如果是即期信用证，则受益人即期全额收款，开证申请人必须即期付款。

七、案例分析题

1. 这种说法不正确。L/C具有纯单据业务特点。对诚实的出口人，为使单据符合信用证的规定，必须费时、费力以求单据的合格、取得货款，但仍然有可能被拒付，利益得不到保障；而刻意诈骗的欺诈犯由于其专营诈骗，有技术、有人员制作与复杂信用证规定完全相符的单据骗取货款，却交出一堆垃圾，如此，进口人的利益反而得不到保护。再者，如果进口人这么做，会增添各银行的风险。如果议付行、开证行接受如此复杂、详细的信用证的议付、开证申请，就必须花人力、时间对有关的单据进行审核。如稍有失误，则可能不能收回垫付之款项，或不能从进口人处得到偿付。进口人要保护自己的利益，最关键的是在交易前调查出口人的资信情况，而非在与欺诈犯交易的同时，企望用一大堆细节来阻止欺诈犯的欺诈。

2. 银行拒付有理。因为信用证与合同不符，未经修改，即按合同行事，单据与合同相符，但与信用证不符，所以银行拒付是合理的。本案中的出口人做法不对。因为在信用证与合同不符的情况下，(1)如出口人按信用证行事，则他可以从有关银行取得货款。但是因为与合同不相符，进口人可依据合同的有关条款提出索赔；(2)如果出口人按照合同行事，必定有悖于信用证的有关规定，将失去银行信用的保护，得不到银行的付款保证。尽管按照买卖合同，进口人仍须付款，但此时完全取决于进口人的信用。所以，在实际业务中，当信用证与合同不符时，出口人应首先提出改证要求，只有在信用证与合同完全一致时才能接受，使信用证生效。

3. 开证申请人为了提前取得并早日出售货物以获得资金融通，或为及时安排转运，或者是为骗取货物。开证行如果接受这类条款，则可能会面临凭受益人的合格单据向受益人付款，但开证申请人却已凭正本提单取走货物、不来银行赎取其他单据的风险。受益人面临的风险是：货物被进口人凭正本提单提走，而货款却因为单据上的差错被开证行拒付，结果是货款两空。相比之下，开证行的风险比较大，因为它面临的是偿付了受益人，而开证申请人不付款的情形。为保护自己的利益，当开证申请人提出这种要求时，开证行可以不同意。但为今后业务，一般来说各家银行都会同意，不过为保险起见，应要求开证申请人提供相应的抵押品或保证金，并签署保证书：声明如果单单相符、单证相符，保证在收到开证行赎单通知时，及时到银行赎单，否则抵押品或保证金归银行所有。受益人如果接受这一条款，要特别注意的是：保证单单一致、单证一致，以确保能从开证行处取得款项。

4. 开证行的说法和做法均不合理。首先本案中使用的是不可撤销信用证，因此不经受益人同意不能修改，对于要求增加由开证申请人指定的检验机构签发的商检证书的信用证修改，受益人已经拒绝，因此无需提交商检证书；其次，对于开证行以所交货物与单据不符，也不能作为拒付的理由，因为信用证业务是纯单据业务，开证行只需审核单据，无需过问货物，只要单据相符必须付款；而对于货物中存在的问题，由进口人直接通过买卖合同向出口人索偿。

5. B银行的要求是毫无道理的。它试图混淆"保兑"和"担保付款"两种概念的做法是不对的。按照UCP600，在信用证业务中，保兑行承担与开证行同样的责任。本案例中，B银行为信用证的保兑行，对受益人提交的符合信用证要求的单据承担付款责任，而不是等开证行无力付款时它再保证付款。

第十三章　银行保证书和备用信用证

学习目标：了解银行保证书和备用信用证业务的基本知识，特别是银行保证书的种类及其与信用证的异同，备用信用证的内容、适用的国际惯例及其与一般跟单信用证的异同。

一、单项选择题

1. 银行保证书属（　　）。

A. 商业信用　　B. 国家信用　　C. 银行信用　　D. 信贷保险

2. L/G 称作（　　）。

A. 信用证　　B. 保证书　　C. 提单　　D. 票汇

3. 银行保证书方式下，银行对受益人所起的作用是（　　）。

A. 担保　　B. 融资

C. 以上二者兼而有之　　D. 结算

4. 以下不属于银行保证书和跟单信用证的相同点是（　　）。

A. 两者都是由银行作出的承诺

B. 两者形式相似

C. 两者都是单据化业务

D. 银行对单据的审核责任都仅限于表面相符

5. 在全球范围内规范备用信用证的一套独立的国际统一惯例是（　　）。

A. 跟单信用证统一惯例　　B. 托收统一规则

C. 国际备用证惯例　　D. 见索即付保函统一规则

6. 关于备用信用证和跟单信用证相同点说法正确的是（　　）。

A. 两者功能相似　　B. 两者应用范围相同

C. 两者都属于银行信用　　D. 两者要求受益人提交的单据相同

二、多项选择题

1. 下列各项中，有关保函叙述正确的有（　　）。

A. 又称保证书

B. 有条件保函的保证人承担第一性的付款责任

C. 分为见索即付保函和一般的保函
D. 保函英文缩写为 L/G
E. 见索即付保函的保证人承担第一性的付款责任

2. 保证书按其担保的职责和标的来分，可分为(　　　　)。
A. 投标保证书　　B. 承兑保证书
C. 履约保证书　　D. 见索即偿保证书
E. 议付保证书

3. 备用信用证最早流行于(　　　　)。
A. 中国　　B. 法国　　C. 英国　　D. 美国
E. 日本

4. 以下关于备用信用证说法正确的是(　　　　)。
A. 开证行承担第一性付款责任
B. 若申请人未能履约，则由银行负责向受益人赔偿经济损失
C. 若申请人按合同规定履行了有关义务，受益人就无需向开证行递交违约声明
D. 备用信用证常常是备而不用的文件
E. 备用信用证的开证行凭受益人提交的符合规定的凭证或单据付款

5. 备用信用证和跟单信用证的相同点是(　　　　)。
A. 应用范围相同
B. 均属银行信用
C. 均独立于买卖合同
D. 开证行均承担第一性付款责任
E. 开证行均凭信用证规定的凭证或单据付款

三、填空题

1. 银行保证书按其担保的职责和标的分，主要有________和________两种。
2. 银行保证书的基本当事人有________、________和________三个。
3. 一般的银行保证书有________和________两个特性；见索即偿保证书则具有________和________两个特性。
4. 备用信用证适用的国际惯例包括________和________。

四、判断解释题

(　　) **1.** 银行保证书项下，保证银行的付款责任始终是第一性的。
(　　) **2.** 一般的银行保证书具有补充性和从属性两个特性。
(　　) **3.** 见索即偿保证书具有独立性和非从属性两个特性。
(　　) **4.** 信用证和银行保证书都用于履约。
(　　) **5.** 备用信用证和跟单信用证相似，要求受益人提交符合信用证要求的货运

单据、商业发票、保险单等作为索赔的依据。

( ) 6. 备用信用证可以涉及任何需要银行担保的业务领域，其使用范围比一般的跟单信用证更广。

( ) 7. 备用信用证形式上与跟单信用证相似，性质上与银行保证书相似。

( ) 8. 备有信用证的用途类似银行保证书，因此开证行承担的付款责任也是第二性的。

( ) 9. 备用信用证对单据的要求比跟单信用证简单。

( ) 10. 备用信用证和银行保证书一样，有从属性和独立性之分。

五、名词解释

1. 银行保证书 **2.** 投标保证书 **3.** 履约保证书 **4.** 进口保证书 **5.** 出口保证书 **6.** 备用信用证

六、简答题

1. 何谓银行保证书？在国际贸易中使用的银行保证书主要有哪几种？

2. 银行保证书与信用证的区别何在？

3. 何谓备用信用证？其用途何在？

4. 简述备用信用证与一般跟单信用证的异同。

七、案例分析题

买卖合同规定买方开立以卖方为受益人的全部金额的不可撤销信用证，但卖方需先期提供一份金额为合同金额10%的备用信用证。卖方按照合同要求按时开立备用信用证，但买方未能如约开立令卖方满意的信用证，卖方因而拒绝交货。买方根据备用信用证向开证行要求付款，卖方以不交货是由于未收到满意的信用证为由要求开证行拒绝付款，并上诉法院要求颁布不准开证行付款的禁令。开证行与法院应如何处理？请说明理由。

参考答案

一、单项选择题

1. C **2.** B **3.** A **4.** B **5.** C **6.** C

二、多项选择题

1. ACDE **2.** AC **3.** DE **4.** ABCDE **5.** BCDE

三、填空题

1. 投标保证书；履约保证书 **2.** 委托人；保证人；受益人 **3.** 补充性；从属性；独立性；非从属性 **4.** 跟单信用证统一惯例；国际备用证惯例

四、判断解释题

1. ×。银行保证书项下，保证银行的付款责任只有在见索即偿保证书项下是第一性的，一般的保证书项下都是第二性的。

2. √。一般的保证书是对基础合同补充，保证书从属于基础合同。

3. √。见索即偿保证书独立于基础合同之外，不从属于基础合同。

4. ×。信用证用于履约，而保证书用于违约。

5. ×。跟单信用证要求受益人提交符合信用证要求的货运单据、商业发票、保险单等作为索偿的依据；而备用信用证要求受益人签发并提示申请人违约声明以及要求银行付款的汇票。

6. √。备用信用证可以适用所有国际经济往来。

7. √。备用信用证形式上与跟单信用证相似，都是信用证格式；性质上与银行保证书相似，是担保文件，只有在开证申请人违约的时候才使用。

8. ×。在开证申请人违约，受益人索偿时，备用信用证的开证行承担的付款责任是第一性的。

9. √。备用信用证仅要求受益人提交其签发的申请人违约声明以及其制作的要求银行付款的汇票。

10. ×。备用信用证具有非从属性和独立性的特性。

五、名词解释

1. 银行保证书：银行向受益人开立的保证文件。由银行作为保证人，以第三者的身份保证如委托人未对受益人履行某项义务时，由担保银行向受益人承担保证书中所规定的付款责任。

2. 投标保证书：银行或其他金融机构应投标人的申请而向招标人开立的保证书。

3. 履约保证书：银行应申请人的请求而向受益人开立的保证申请人履行某项合同义务的书面保证文件。

4. 进口保证书：银行应进口人的申请而开给出口人的信用文件，保证在出口人按买卖合同交货后进口人一定如期付款，否则由担保银行负责偿付一定金额的款项。

5. 出口保证书：银行应出口人的申请开给进口人的保证文件，明确规定：如出口人未能交货，银行负责赔偿进口人一定金额。

6. 备用信用证：用于开证行代开证申请人向受益人承担一定条件下付款、退款或赔款责任的银行保证书。

六、简答题

1. 银行保证书是银行向受益人开立的保证文件。银行作为保证人，以第三者的身份保证委托人如未对受益人履行某项义务时，由银行承担保证书中所规定的付款责任。在国际贸易中使用的银行保证书主要有：投标保证书、履约保证书(其中又分为进口保证书和出口保证书)。

2. 银行保证书与信用证的区别在于：(1)保证人的付款责任不同：信用证的开证行承担第一性付款责任；而保证书的保证行一般承担第二性付款责任，只有在见索即偿保证书下承担的责任才是第一性的。(2)适用情况：信用证用于履约；而保证书则在产生违约情况时才使用。(3)付款依据：信用证只凭符合信用证条款规定的单据，而与合同无关；但保证书项下，一般都要先调查合同项下的义务是否已经履行、开证申请人是否确实违约，担保行很容易被牵扯进合同纠纷中。

3. 备用信用证是开证行代开证申请人向受益人承担一定条件下付款、退款或赔款责任的银行保证书。备用信用证可以用于成套设备、大型机械、运输工具的分期付款，进出口交易和一般国际货物买卖的延期付款的履约保证，还可以用于国际投标保证、加工装配、补偿贸易、技术贸易的履约保证，也适用于带有融资性质的还款保证。

4. 备用信用证和一般跟单信用证有三个相同的特点：(1)两者都是基于买卖合同或其他合同开立的，一旦开立即成为独立于合同之外的业务。(2)两者的开证行承担的付款义务都是第一性的。(3)开证行凭符合信用证的单据付款，即都是跟单的。但是，备用信用证和一般的跟单信用证又有许多不同：(1)前者违约时使用，后者履约时使用。(2)前者可用于所有国际经济往来，后者主要用于国际货物买卖。(3)前者开证行可以不应申请人的请求而按其自身需要主动开证，后者通常是经开证申请人的申请而开立的。(4)前者需要受益人提交其签发的申请人违约声明以及其制作的要求银行付款的汇票，后者要求提交商业单据。(5)前者开证行开证时依据开证申请人的信用和履约能力，承担的风险较大，后者通常由押金或货运单据做抵押，承担的风险较小。

七、案例分析题

法院不能颁布禁令，开证行应该付款。因为备用信用证也是纯单据业务，只要受益人提交开证申请人未能如期履约的单据符合备用信用证的规定，开证行就必须付款。本案中卖方未能按照规定发运货物，符合备用信用证使用的条件，因此卖方不能以未收到满意的信用证为由要求开证行拒绝付款。至于买方开来信用证不符合要求致使卖方无法装运货物，可以通过买卖合同解决。

第十四章　不同结算方式的选择适用

学习目标：掌握选择结算方式时应予考虑的因素，并了解不同结算方式的结合使用时的注意事项。

一、单项选择题

1. 在选择结算方式时，最重要的原则是（　　）。

A. 安全　　B. 快速　　C. 及时　　D. 便利

2. 选择结算方式成败的关键是（　　）。

A. 客户信用　　B. 贸易术语　　C. 经营意图　　D. 运输单据

3. 信用证与托收相结合的方式中，单据必须以（　　）方式交付。

A. 信用证　　B. 汇付　　C. 付款交单　　D. 承兑交单

4. 采用跟单托收与预付押金相结合的方式时，买卖合同中通常规定有如下条款（　　）。

A. Payment available by D/P at sight with a Standby L/C in favor of seller for the amount of ... as undertaking.

B. Shipment to be made subject to an advance payment amounting ... to be remitted in favor of seller by T/T and the remaining part on collection basis, documents will be released against payment at sight.

C. ...% of the invoice value is available against clean draft at sight under this credit while the balance be held against D/P at sight.

D. ...% of the invoice value is available against T/T payment in advance while the remaining ... of documents be held against payment at sight under this credit.

二、多项选择题

1. 选择结算方式时应予考虑的因素包括（　　　）。

A. 客户信用　　B. 贸易术语　　C. 经营意图　　D. 运输单据

E. 银行服务

2. 对于成套设备、大型机械产品和交通工具的交易，一般采用的清偿货款的方式是

(　　　　)。

A. 分期付款　　B. 延期付款　　C. 信用证　　D. 托收

E. 汇付

三、填空题

1. 在选择结算方式时，如果交易对方的信用不好或者对其信用了解不足，应该选择风险________的方式；如果对方资信好，则可以选择手续________、费用________的方式。
2. 在货物畅销时，出口人可以选择________的结算方式；反之只能在结算方式上作出让步。
3. 在使用诸如________、________等象征性交货术语的交易中，采用的是卖方________买方________的方式，由于卖方交货与买方收货不在同时发生，转移货物所有权是以单据为媒介，可选择________方式。
4. 国际贸易中使用的运输单据是________时，由于其具有________的性质，是凭以在目的港向船公司提取货物的凭证，在交付给进口人前，出口人可以控制________，故而可以采用信用证或托收方式结算货款。
5. 国际贸易中若使用的运输单据是________、________、________时，由于他们都不是________，出口人不能通过控制单据以控制物权，故而不适宜采用________方式结算货款。

四、判断解释题

(　　) 1. 使用象征性交货术语的交易可以选择信用证方式。

(　　) 2. 使用实际性交货术语的交易中不适用托收方式。

(　　) 3. 国际贸易中使用的运输单据是海运提单时，可以采用信用证或托收方式结算货款。

(　　) 4. 国际贸易中若使用的运输单据是海运单、空运单、铁路运单时，不适宜采用托收方式结算货款。

五、名词解释

1. 信用证与汇付相结合　2. 信用证与托收相结合　3. 跟单托收与预付押金相结合　4. 分期付款　5. 延期付款

六、简答题

1. 选择结算方式时应考虑的因素有哪些？
2. 简述结合运用各种结算方式时的注意事项。
3. 什么是分期付款？其具体做法是什么？

4. 什么是延期付款？其具体做法是哪些？

5. 说明分期付款与延期付款间的区别。

七、案例分析题

我出口人出售一批货物给国外进口人，合同规定的支付方式是50%货款凭不可撤销信用证见票后30天付款，其余50%凭即期付款交单付款。出口人委托当地银行转托进口国A银行凭单据向进口人收取货款，同时，凭进口人通过A银行开立的以我出口人为受益人的见票后30天付款的信用证开出了50%价款的汇票。其后，A银行根据进口人按即期D/P支付的50%货款将全部货运单据交给了进口人，并将代收的50%货款拨付给了托收行；与此同时，对我出口人开立的汇票作了承兑。之后不久，A银行宣布破产，已承兑的汇票在到期向其提示时也遭到退票。我出口人遂以货物已被进口人全部收取为由，向进口人追偿尚余的原信用证项下的50%货款。进口人借口开证押金收不回而拒不偿付。为此，我出口人诉诸法院。你认为此案应如何判决？在这笔交易中，我出口人应从中吸取什么教训？

参考答案

一、单项选择题

1. A　**2.** A　**3.** C　**4.** B

二、多项选择题

1. ABCD　**2.** AB

三、填空题

1. 较小；简单；较少　**2.** 对己方有利　**3.** CIF；CFR；凭单交货与凭单付款；跟单信用证　**4.** 海运提单；货物所有权的凭证；货物所有权　**5.** 海运单；空运单；铁路运单；货物所有权的凭证；托收方式

四、判断解释题

1. √。在使用象征性交货术语的交易中，采用的是凭单交货、凭单付款的方式，卖方交货与买方收货不在同时发生，转移货物所有权是以单据为媒介，所以可选择信用证方式。

2. √。在使用实际性交货术语的交易中，由于是卖方或通过承运人向买方直接交货，卖方无法通过控制单据来控制物权，因此不适用托收方式。

3. √。国际贸易中使用的运输单据是海运提单时，由于海运提单是货物所有权的凭证，是凭以在目的港向船公司提取货物的凭证，在交付给进口人前，出口人可以控制物权，故而可采用信用证或托收方式结算货款。

4. √。国际贸易中若使用的运输单据是海运单、空运单、铁路运单时，由于它们都非物权凭证，出口人不能通过控制单据以控制物权，故而不适宜采用托收方式结算货款。

五、名词解释

1. 信用证与汇付相结合：部分货款采用信用证，余额货款采用汇付的方式。

2. 信用证与托收相结合：不可撤销信用证与跟单托收结合的方式。

3. 跟单托收与预付押金相结合：由进口人预付部分货款或一定比例的押金作为保证，出口人收到预付款或押金后发运货物，并从货款中扣除已收款项，将余额部分委托银行托收，托收采取付款交单方式。

4. 分期付款:买方预交部分定金,其余货款根据所订购商品的制造进度或交货进度分若干期支付,在货物交付完毕时付清或基本付清。

5. 延期付款:买方在预付一部分定金后,大部分货款在交货后一段相当长的时间内分期摊付。

六、简答题

1. 选择结算方式时应考虑的因素有:客户信用、经营意图、贸易术语和运输单据。

2. 结合运用各种结算方式时应该注意的是:(1)信用证与跟单托收相结合:托收必须采用付款交单方式,出口人要签发两张汇票,一张用于信用证项下部分货款凭光票支付,另一张随附全部规定的单据,按跟单托收处理。(2)跟单托收与预付押金相结合:出口人收到预付款或押金后发运货物,并从货款中扣除已收款项,将余额部分委托银行托收,托收采取付款交单形式。(3)备用信用证与跟单托收相结合:托收项下的货款遭拒付时,可由卖方开立汇票与签发进口人拒付的申明书要求开证行偿付。但要注意的是:备用信用证的日期必须晚于托收付款期限后一段适当的时间。

3. 分期付款是指买方预交部分定金,其余货款根据所订购商品的制造进度或交货进度分若干期支付,在货物交付完毕时付清或基本付清。分期付款实际上是一种即期现金交易。按分期付款条件成交,买方在付出定金之前,卖方通常应向买方提供相关的证明。

4. 延期付款是指买方在预付一部分定金后,大部分货款在交货后一段相当长的时间内分期摊付。延期付款是买方利用外资的一种形式。凡金额较大,付款期限较长的资本货物交易往往需与政府提供的出口信贷结合起来使用。

5. 分期付款与延期付款的区别在于:(1)分期付款情况下,买方按照约定方法,分若干期付款,但在卖方完成交货义务时,买方已付清或基本付清货款,所以是付现的交易;而在延期付款情况下,大部分或全部货款于交货之后较长的期限内分期摊付,所以是卖方给买方的信贷,是赊销。(2)在分期付款情况下,买方在付清最后一期货款后,才取得货物的所有权。而延期付款的交易,在一般情况下,卖方履行交货义务后,买方即取得货物的所有权。如卖方交货之后,买方不履行付款义务,则卖方只能依法要求偿付货款,而不是恢复获得所有权。

七、案例分析题

进口人应该支付尚余的50%货款,因为只要出口人所交货物符合合同规定,支付货款是进口人的义务。信用证等支付方式只是进口人实现付款义务的一种途径,当这种支付方式无法实现付款目的时,进口人仍有付款义务。所以进口人不能以信用证的开立或者开证行不退还押金为由拒不履行付款义务。至于开证行收取的押金,进口人可与开证行直接交涉索要。

我出口人也有失误,全套单据跟在即期付款方式下,进口人付了一半货款就拿到了全套单据,风险很大。一般当几种结算方式结合使用时,全套单据最好跟在远期付款方式下。如果各种付款方式的付款时间相同,则应将单据跟在商业信用的付款方式下。本案中应将单据跟在远期信用证下。如果托收和信用证的付款时间相同,则可以跟在托收项下。

第十五章　买卖合同中的支付条款

学习目标：了解买卖合同中支付条款的规定方法，特别是信用证支付条款的拟定。

一、多项选择题

1. 为明确责任，对于使用汇付方式结算货款的交易，在买卖合同中应注明（　　）。

A. 汇付时间　　B. 汇付方式

C. 汇付金额　　D. 汇出行

E. 汇入行

2. 凡以托收方式结算货款的交易，为明确责任，在买卖合同中最好注明（　　）。

A. 交单条件　　B. 付款期限　　C. 装运期限　　D. 托收行

E. 代收行

3. 信用证到期有三种情况，即：（　　）。

A. 偿付到期　　B. 议付到期　　C. 付款到期　　D. 转让到期

E. 承兑到期

二、填空题

1. 汇付方式通常用于________和________。

2. 所谓按时开证，是指按________规定的时间开证，以便卖方有足够时间做________、________、________等履约工作。

3. 信用证金额是开证行承担付款责任的________金额。

4. 信用证的到期日，是指开证行承担________、________、________或________责任的期限。

三、判断解释题

（　　）**1.** 由于不同国家对托收的一些做法，譬如远期付款交单，有不同的理解，URC522 建议在托收业务中尽量不用远期付款交单的方式。

（　　）**2.** 在信用证支付方式下，按时开立信用证是卖方在买卖合同中的主要义务。

(　　) 3. 议付信用证的到期地点一般是开证行所在地。

(　　) 4. 承兑或付款信用证的到期地点一般是开证行或其指定银行所在地。

四、名词解释

1. 信用证金额　2. 信用证到期日

五、简答题

1. 试将下述条款翻成中文：

(1) The Buyers shall pay the total value to the Sellers in advance by T/T not later than ...

(2) ... % of the total contract value as advance payment shall be remitted by the Buyers to the Sellers through telegraphic transfer within one month after signing this contract.

(3) Payment by T/T: Payment to be effected by the Buyer shall not be later than ... days after receipt of the documents listed in the contract.

(4) After shipment, the Seller shall send through the Seller's bank a draft drawn on the Buyer together with the commercial documents to the Buyer through the Buyer's bank for collection.

(5) Upon first presentation the Buyers shall pay against documentary draft drawn by the Sellers at sight. The commercial documents are to be delivered against payment only.

(6) The Buyers shall duly accept the documentary draft drawn by the Sellers at ...days sight upon first presentation and make payment on its maturity. The commercial documents are to be delivered against acceptance.

2. 试将以下条款翻成英文：

(1) 买方应通过为卖方所接受的银行于装运月份前××天开立并送达卖方不可撤销即期信用证，有效至装运月份后第 15 天在中国议付。

(2) 卖方应通过为卖方所接受的银行于装运月份前××天开立并送达卖方不可撤销的见票后 30 天付款的信用证，有效至装运月份后第 10 天在中国议付。

参考答案

一、多项选择题

1. ABC　2. ABC　3. BCE

二、填空题

1. 预付货款；赊账交易　2. 合同；备货；装运；制单　3. 最高　4. 即期付款；延期付款；承兑；议付

三、判断解释题

1. √。按照《托收统一规则》(国际商会第522号出版物)第七条:在托收业务中尽量不用远期付款交单的方式。

2. ×。在信用证支付方式下,按时开立信用证是买方在买卖合同中的主要义务。

3. ×。为便于掌握时间及时向银行交单,议付信用证到期地点一般是出口人所在地。

4. √。按照惯例,承兑或付款信用证的到期地点一般是开证行或其指定银行所在地。

四、名词解释

1. 信用证金额:开证行承担付款责任的最高金额。

2. 信用证到期日:开证行或其指定银行承担即期付款、延期付款、承兑或议付责任的期限。

五、简答题

1. (1) 进口人应该在不晚于×年×月×日前将全部货款用电汇方式汇给卖方。

(2) 买方应在本合同签订之时起一个月将总金额的……%作为预付款,以电汇方式寄交卖方。

(3) 电汇:买方应于收到本合同所列单据后……天内汇出。

(4) 货物装运后,卖方应将以买方为付款人的汇票连同本合同的各种货运单据,通过卖方银行寄交买方银行转交买方,并托收票款。

(5) 买方应凭卖方开具的即期跟单汇票于见票时立即付款,单据仅在付款后交付。

(6) 卖方开具的见票后……天付款的跟单汇票,买方应于提示时即予承兑,并应于汇票到期日即予付款,承兑后交单。

2. (1) The Buyers shall open through a bank acceptable to the Sellers an Irrevocable Sight Letter of Credit to reach the Sellers ... days before the month of shipment, valid for negotiation in China until the 15th day after the month of shipment.

(2) The Buyers shall open through a bank acceptable to the Sellers an Irrevocable Letter of Credit at 30 day's sight to reach the Sellers ... days before the month of shipment, valid for negotiation in China until the 10th day after the month of shipment.

第五篇

争议的预防与处理

第十六章 货物的检验

学习目标：了解国际货物交接过程中商检的重要意义，理解买方对货到目的地合理时间地点内对货物有进行重新检验的权利，即买方检验权。不同的交货方式涉及不同的检验时间与地点。“出口国检验、进口国复验”成为目前比较能够被接受的方式。同时还需要了解检验机构、检验证书与合同中的检验条款。

一、单项选择题

1. “离岸重量、到岸品质”是指（ ）。

A. 装运港检验　　B. 目的港检验

C. 出口国检验、进口国复验　　D. 装运港检验重量、目的港检验品质

2. 国际货物销售合同中的商品检验条款有关检验时间和地点，目前使用最多的是（ ）。

A. 装运港检验　　B. 目的港检验

C. 出口国检验、进口国复验　　D. 装运港检验重量、目的港检验品质

3. 商检部门对进出口商品的质量、规格、等级进行检验后出具的是（ ）。

A. 品质检验证书　B. 重量检验证书　C. 数量检验证书　D. 卫生检验证书

4. 对买方检验权表述正确的是（ ）。

A. 货物检验以货到目的地为准

B. 买方有权在货到目的地合理时间及地点对货物进行检验

C. 象征性交货就排除了买方检验权

D. 双方当事人没有约定检验期间的，买方可以根据需要对货物实施检验

5. 根据我国《商检法》，下述有关法定检验的表述错误的是（ ）。

A. 只有列入《必须实施法定检验的进出口商品目录》商品才需要法定检验

B. 法定检验只能由官方检验机构实施检验

C. 法定检验实施的目的是保护人类及动植物的健康安全、保护环境、维护国家安全

D. 属于法定检验的进出境货物，未经检验合格的，不能进出口

6. 对于需要进行安装调试的成套机器设备、机电仪表适合的检验时间及地点为（ ）。

A. 产地检验　　B. 装运地检验

C. 目的港(地)检验　　D. 买方的营业处所或最终用户所在地

7. 根据我国《商检法》和《商检法实施条例》规定,以下不属于出入境检验检疫机构基本任务的是(　　)。

A. 实施法定检验

B. 对法定检验以外的商品实施抽查检验

C. 对进出口商品的质量和检验工作实施监督管理

D. 实施约定检验

8. 我国官方检验检疫结构是(　　)。

A. AQSIQ　　B. CCIC　　C. SGS　　D. FDA

9. 采用 DDP 贸易术语成交,适宜采用的检验时间地点为(　　)。

A. 装运前检验　　B. 货到目的地检验

C. 产地检验　　D. 买方派员到卖方工厂检验监督

10. 买方对商品的复验期限,实际上是(　　)。

A. 索赔期限　　B. 收取货物的期限

C. 决定再次成交的依据　　D. 提取货物的期限

二、多项选择题

1. 合同的商品检验一般规定买方在接受货物之前享有对所购买的货物进行检验的权利。但在一定条件下,买方对货物的检验权丧失需要具备的条件是(　　)。

A. 双方没有约定检验期限,买方没有利用合理的机会对货物及时检验

B. 买卖双方另有约定

C. 合同规定以卖方的检验为准

D. 卖方已经检验了货物

E. 买方没有在约定的期限内对货物进行检验

2. 商检证书的作用表现为(　　)。

A. 是通关、征收关税和优惠减免关税、结算运费等的有效凭证

B. 是海关放行的依据

C. 卖方办理货款结算的依据

D. 是办理索赔和理赔的依据

E. 证明卖方所交货物符合合同规定的依据

3. 根据我国《商检法》规定,从事进出口商品检验的机构主要有(　　)。

A. 国家检验局

B. 各地商检局

C. 中国进出口商品检验总公司及各地分公司

D. 各地贸促会

E. 各地商会

4. 商品检验条款的内容包括（　　　　）。
A. 检验时间、地点　　B. 检验机构
C. 检验证书　　D. 检验标准与检验方法
E. 复验期限

5. 我国实施法定检验的范围有（　　　　）。
A. 列入《商检机构实施检验的商品检验种类表》内的进出口商品
B. 根据《中华人民共和国食品卫生法》规定应实施卫生检验的出口食品
C. 根据《中华人民共和国进出口检验检疫条例》规定应该实施检疫的动物产品
D. 根据《中华人民共和国进出口商品检验条例》规定，装运粮油、食品、冷冻品等易腐食品出口的船舱与集装箱
E. 列入《国际海上危险货物运输规则》内的危险品

三、填空题

1. 商品检验是指在国际货物买卖中，对卖方交付货物的________、________和________进行检验，以确定合同的标的是否符合买卖合同的规定，有时也会对货物装卸过程中发生的残损、短缺进行检验或鉴定，以明确事故的起因和责任的归属。

2. 我国《商检法》和《商检法实施条例》规定，在进出口商品检验方面，出入境检验检疫机构的基本任务有三项，分别为实施____________，对法定检验以外的商品实施____________和对进出口商品的质量和检验工作实施 ____________。

3. 国际贸易中最常使用的检验时间和地点为________、________。

4. 检验证书是买卖双方________货物、________货款、________的重要单据之一。

四、判断解释题

（　　）**1.** 象征性交货就等于排除买方对货物到达目的地（港）检验权。

（　　）**2.** 如果买方在货到目的地没有在合理时间内对货物进行检验，则买方会丧失拒收货物的权利。

（　　）**3.** 无论是英美法系还是大陆法系，或《联合国国际货物销售合同公约》及我国法律的规定均认为，除双方另有约定外，买方有权对自己所购买的货物进行检验。

（　　）**4.** 只有列入《必须实施检验的进出口商品目录》的出入境商品才需要实施检验。

（　　）**5.** 在我国出口货物通常最迟要在出口报关或装运前 7 天报检。

（　　）**6.** 只要卖方所交货物的品质、重量等与合同规定相符，则买方无权提出索赔。

（　　）**7.** 我国进出口商品的检验均须向中国质量监督检验检疫局办理。

（　　）**8.** 买方对货物的复验是买方是否接受货物的前提条件。

五、名词解释

1. 买方检验权 2. 检验证书 3. 法定检验 4. 商品检验 5. 离岸重量，到岸品质

六、简答题

1. 简述商品检验在对外贸易中的作用。

2. 简述商品检验的主要内容。

3. 简述进出口商品检验的时间和地点。

4. 简述商检证书的主要作用。

5. 为什么“出口国检验、进口国复验”的商品检验方法在国际贸易中采用比较多？

七、案例分析题

1. 某年2月10日，新加坡B公司凭样品签订从我国A公司进口一批小家电的合同，合同规定采用FOB上海交货条件，卖方不应迟于2月20日装船发货，A公司对产品的质量保证期为货物到达目的地后的6个月。货物到达新加坡后，取得商检部门的检验证书。由于国际市场价格波动，新加坡B公司提货后没有将货物及时出售。10月26日，收货8个月后，B公司自行将合同项下的货物再次送交商检机构检验，经检验证明，这批货物存在五项缺陷，且发货前已经存在，系制造不良所致。11月，B公司又与澳大利亚C公司签订合同出口从A公司进口的这批小家电。12月，这批货物到达澳大利亚C公司指定港口。然而B公司没有取得商检机构的合格检验证书。B公司认为是由于A公司提供的货物不合格才导致澳大利亚C公司拒收该批货物，A公司理应赔偿B公司的损失。新加坡B公司遂向A公司提出退货，A公司认为B公司不能证明第二次送验的产品系交货时的产品，且第二次商检的时间已经超过索赔有效期，商检证书不能发挥效力，A公司以此为由拒绝B公司的请求。请评述该案件。

2. 进口商委托银行开出信用证，向国外出口商进口原料，信用证内言明须检附商品净重检验证书。货到后，进口商委托商检局检验，发现除质量不符外，卖方还仅附重量单。进口方即速委托开证行向出口地押汇银行提出拒付，但货款已被押出。事后押汇银行以卖方所检附的重量单即为检验员的净重证明为由向开证行催付货款，问：开证行可否按进口商要求以单证不符拒付货款给押汇银行？

3. 某合同商品检验条款中规定以装船地商检报告为准。但在目的港交付货物时却发现品质与约定规格不符。买方经当地商检机构检验并凭其出具的检验证书向卖方索赔，卖方却以上述商检条款拒赔。试分析卖方拒赔是否合理？

八、操作题

请翻译合同中的商品检验条款。

It is mutually agreed that the Certificate of Quanlity and Weight(Quantity) issued by the General Administration of the People's Republic of China for Quality Supervision and Inspection and Quarantine at the port/place of shipment shall be the part of documents to be presented for negotiation under the relevant L/C. The Buyer shall have the right to reinspect the quality and weight(quantity) of the cargo. The reinspection fee will be borne by the buyer. Should quality and/or wight (quantity) be found not in conformity with that of the contract, the Buyers are entitled to lodge with the Seller a claim which should be supported by survey reports issued by a recognized surveyor approved by the sellers. The claims, if any, shall be lodged within 30 days after arrival of cargo at the port/place of destination.

参考答案

一、单项选择题

1. D **2.** C **3.** A **4.** B **5.** A **6.** D **7.** D **8.** A **9.** B **10.** A

二、多项选择题

1. ABCE **2.** ABCDE **3.** ABC **4.** ABCDE **5.** ABCDE

三、填空题

1. 质量;数量;包装 **2.** 法定检验;抽查检验;监督管理 **3.** 在出口国检验;在进口国复验 **4.** 交接;结算;索赔和理赔

四、判断解释题

1. ×。象征性交货只是需要卖方提交符合合同或者信用证要求的单据,但是并没有排除买方对货物的复验权。

2. √。买方检验权的行驶需要在规定的时间和地点进行,否则就会丧失拒收货物权利。

3. √。各大法系及《联合国国际货物销售合同公约》均规定买方拥有货到目的地复验权。

4. ×。列入目录的需要实施法定检验,没有列入目录但是规定要进行检验的商品也需要检验。

5. √。根据我国《商检法》规定,货物出口报关前 7 天需要办理报检手续。

6. ×。除了商品的质量和数量之外,卖方交货期等方面违反规定,买方也可以提出索赔。

7. ×。法检货物一般由中国质量监督检验检疫局办理,约定检验可以由双方委托、商检局许可的检验机构进行。

8. ×。买方对到货进行复验,不是强制性的,更不是是否接受货物的前提。

五、名词解释

1. 买方检验权:是指除非双方另有约定外,买方有权对自己所购买的货物进行检验,如发现货物符合合同规定,且确实属于卖方责任,买方有权采取要求卖方予以损害赔偿等补救措施,甚至拒收货物。

2. 检验证书:检验检疫机构对进出口商品禁言建议或鉴定后,根据不同的检验结果或鉴定项目签发的各种检验证书、鉴定证书和其他证明书,统称为检验证书。

3. 法定检验：是指出入境检验检疫机构依据国家法律、行政法规、对规定的进出口商品或有关的检验检疫项目实施强制性的检验或检疫。

4. 商品检验：是指在国际货物买卖中，对卖方交付给买方货物的质量、数量和包装进行检验，以确定合同的标的是否符合买卖合同规定。

5. 离岸重量，到岸品质：买卖双方对于货物的检验标准以出口方检验商品的重量，进口方检验商品的品质作为交货的依据。

六、简答题

1. 在国际货物买卖中由于分处不同的国家，且一般不是当面交货，且货物需要经过长距离运输，多次装卸，如到货出现品质缺陷或数量短缺，容易引发争议。为了保障双方的利益，避免争议的发生，以及发生争议便于分清责任和进行处理，就需要有一个有资格的，权威的，独立于买卖双方的公正的第三者，即专业的检验机构负责对卖方交付货物质量、数量和包装进行检验，或对装运技术、货物残损短缺等情形进行检验或鉴定，并出具相应的证书，作为双方交接货物、支付货款和进行理赔索赔的重要依据。故进出口货物检验是买卖双方交接货物过程中必不可少的重要业务环节。

2. (1)关于商检权问题，商检权关系到买卖双方由哪方决定商品品质、数量或包装是否符合合同的问题；(2)关于商检机构；(3)关于商检的期限；(4)关于商检的标准和方法。

3. 有三种主要方式：出口国检验；进口国检验；出口国检验、进口国复验。

4. 商检证书在国际贸易中起到公证证明的作用，作为买卖双方交接货物、结算货款和进行索赔及理赔的依据之一，也是通关、征收关税和优惠减免关税、结算运费等的有效凭证。在信用证方式结汇检验证书还会作为出口方向银行议付货款及出口收汇的凭证。

5. 出口方在装运港或装运地的检验证书作为交付货物收取货款的依据，货物到目的港或目的地买方对货物的检验，如发现货物不符合同约定，并能够证明属于卖方、承运人或保险公司的责任范围，买方有权在规定的时间内凭复验证明向卖方、承运人或保险公司提出索赔。这种做法对双方均比较公平合理。

七、案例分析题

1. A公司有权拒绝B公司的请求。原因：(1)B公司没有在规定的复验期限内对货物进行检验，错过了索赔和拒收货物的截止期限；(2)B公司如果对货物拒收则应该对货物维持原状，不能对其重新转卖、加工等活动，否则相当于接受货物。且本案例中B公司不能证明交付给C公司的产品即为A公司交货的产品。

2. 开证行可以以单证不符为由拒付货款给押汇银行。因为商品净重检验证书是由商检机构签发的关于货物重量的公证文件，而重量单为发货人所出具的货物重量说明文件，二者是不同的。当然由于信用证业务为纯粹的单据业务，独立于基础合同与卖方实际交付的货物，开证行不可以以货物质量不符为由拒付。

3. 如果进口方商检机构出具商检证明属于装运前就存在的货物品质缺陷，则我方不应该拒赔。虽然我方提交了商检报告，但是并不能否定买方检验权，如果货到目的地复验存在品质缺陷，买方有权向有关责任人提出索赔。

八、操作题

双方一致同意卖方在交单议付时应该出具由中国质量监督检验检疫局在装运港(地)签发的重量和品质证书作为结汇单据之一。买方在收到货物以后也有权对货物的重量(数量)和品质有重新检验的权利，复验费由买方承担。如果重新检验货物的质量或(和)数量不符合合同约定，买方通过提交经过卖方确认的商检机构出具的商检报告向卖方提出索赔，索赔需要在货物到达目的港/地30天内提出。

第十七章　索　　赔

学习目标： 了解并掌握国际货物买卖中因一方的违约行为所引起的无违约一方对违约一方提起的赔偿要求。

一、单项选择题

1. 在 CIF 出口贸易中，装运港码头工人野蛮装运导致数件货物包装破损，收货后买方寻找的索赔对象为（　　）。
   A. 卖方　　B. 船公司　　C. 港务　　D. 保险公司
2. 国际贸易中出现的索赔对象可能为（　　）。
   A. 买卖双方　　B. 运输部门
   C. 保险公司　　D. 以上均有可能
3. 按一般惯例，合同的罚金数额一般不宜超过货物总金额的（　　）。
   A. 3%　　B. 4%　　C. 5%　　D. 10%
4. 《联合国国际货物销售合同公约》规定向卖方的索赔期限为买方实际收到货物后（　　）内。
   A. 半年　　B. 1 年　　C. 1 年半　　D. 2 年
5. 我方与外商按 CIF 条件成交某商品 1 000 打，允许卖方有 5%溢短装幅度，我方实际装 1 000 打（提单也载明 1 000 打），货抵目的港后，买方即来函反映仅收到 948 打，并已取得船公司短少证明，向我索赔。我方正确答复应是（　　）。
   A. 同意补装 52 打
   B. 同意退 52 打货款
   C. 拒赔，可协助向保险公司索赔
   D. 与海运公司联系
6. 国际贸易中的索赔案件，多数原因是（　　）。
   A. 卖方所交货物品质与合同规定不符　　B. 卖方所交货物数量与合同规定不符
   C. 卖方不按期交货　　D. 买方未及时开证或不及时付款
7. 我某公司以 CIF 条件向一新加坡公司出口一批土产品。订约时，我方公司已知道该批货物要转销美国。该货物到新加坡后，买方立即转运美国。其后新加坡的买主凭美国商检机构签发的在美国检验的证明书，向我方提出索赔。本例中美国的检验证书(　　)。

A. 无效,应要求新加坡商检机构出具证明

B. 有效

C. 无效,应由合理第三国商检机构出具证明

D. 无效,货物装上船后卖方不承担责任

8. 买方对商品的复验期限,实际上是(　　)。

A. 索赔期限　　B. 接受货物的期限

C. 决定再次成交的依据　　D. 对出口方付款的最后期限

9. 合同和法律的规定,是索赔时的(　　)。

A. 事实依据　　B. 法律依据

C. 违约证据　　D. 违约事实

10. 合同中针对卖方交货质量、数量或包装不符合同规定而订立的索赔条款为(　　)。

A. 罚金条款　　B. 违约金条款

C. 异议与索赔条款　　D. 损害赔偿条款

二、多项选择题

1. 涉及国际货物买卖的索赔,通常包括(　　　　)。

A. 买卖双方之间的贸易索赔　　B. 卖方向承运人提出的运输索赔

C. 买方向承运人提出的运输索赔　　D. 卖方向保险人提出的保险索赔

E. 买方向保险人提出的保险索赔

2. 进出口合同中索赔条款的主要类别有(　　　　)。

A. 异议条款　　B. 索赔条款

C. 异议和索赔条款　　D. 罚金条款

E. 检验和索赔条款

3. 合同条款中关于索赔期限的规定方法通常有(　　　　)。

A. 约定索赔期限　　B. 货到目的港后××天索赔

C. 法定索赔期限　　D. 货到目的港卸至码头

E. 货到最终目的地后××天

4. 合同中异议和索赔条款内容一般包括(　　　　)。

A. 索赔依据　　B. 索赔期限　　C. 索赔处理办法　　D. 索赔金额

E. 索赔权利

5. 异议索赔条款主要适用于(　　　　)。

A. 品质方面的索赔　　B. 延期交货的违约行为

C. 延期接运货物的行为　　D. 数量方面的索赔

E. 包装方面的索赔

6. 合同中罚金条款一般较多适用于(　　　　)。

A. 卖方延期交货　　B. 买方延期接货

C. 卖方交货存在品质缺陷　　D. 买方延期付款

E. 买方延期开立信用证

7. 一批进口水产品,合同中未对细菌指标作出明确的限定规定,商检结果表明到货细菌已严重超我国管理所允许范围,则根据《联合国国际货物销售合同公约》规定,买方(　　　　)。

A. 可以得到赔偿,但不得退货　　B. 可以退货,但是不能寻求赔偿

C. 根据与对方协商结果执行　　D. 有权退货并提出索赔

E. 有权解除合同

8. 根据《联合国国际货物销售合同公约》,若买方违约,卖方可以采取的救济方法有(　　　　)。

A. 请求买方履行合同义务　　B. 扣交货物

C. 解除合同　　D. 请求损害赔偿

E. 规定一段额外的合理时间让买方履行其义务

9. 某出口商按合同规定交了货,并向进口商提交了清洁提单,进口商收到货后发现,因外包装受损而导致包装内商品损坏。请问进口商可能的索赔对象为(　　　　)。

A. 船公司　　B. 保险公司

C. 卖方　　D. 无权索赔,买方自己承担

E. 商品检验检疫机构

10. 合同中订立索赔条款时应该注意的问题有(　　　　)。

A. 合同中异议索赔条款与罚金条款适用条件明显不同

B. 索赔的期限要确定适当

C. 要提供索赔的证据

D. 不同的索赔对象需要满足相应的条件

E. 要明确索赔的对象

三、填空题

1. 涉及国际货物买卖的索赔通常有________之间的________索赔;向________提出的________索赔;向________提出的________索赔。

2. 国际贸易中索赔案多发生在合同货物的________、________和________等不符合合同规定,以及卖方________、买方________等。

3. 合同中的索赔条款主要分为两大类,即________条款与________条款。

4. 根据《联合国国际货物销售合同公约》规定,买方向卖方索赔的最长时效为自买方实际收到货物之日起不超过________年;向船公司索赔的最长期间为货物交付之日起________年以内;向保险公司索赔为从被保险货物在最后卸货港全部

卸离海轮后最多不超过________年。

5.《联合国国际货物销售合同公约》规定的违约救济方法有________、________和________三种。

6. 根据《联合国国际货物销售合同公约》可以把违约分为________违反合同与________违反合同，前者受损方可以________，并提出________，而后者只能提出________。

7. 合同的索赔期限往往为买方对货物进行________的期限。

8. 在对外索赔和理赔工作中，________和________以及合理确定________均为很重要的问题。

9. 国际货物买卖过程中买方向卖方索赔一般是由于卖方交付货物的________、________、________与合同规定不符，或者卖方未能________等一系列行为引起的。

10. 异议与索赔条款除了明确规定一方违法和他另外一方有权提出索赔外，还要规定________、________、________和________等项内容。

四、判断解释题

(　　) 1. 根据《联合国国际货物销售合同公约》规定，若一方违反合同，没有违约一方所能得到的损失赔偿金额最多不超过违约方在订立合同时所能预见到的损失金额。

(　　) 2. 关于索赔金额，由于受损害一方未采取合理措施使有可能减轻而未减轻的损失，应该在赔偿金额中扣除。

(　　) 3. 买方对货物的检验权是强制性的，是接受货物的前提条件。

(　　) 4. 进口商对货物的复验期限实际上就是索赔期限。

(　　) 5. 如果买方在规定的索赔期内因故不能作出最终结论，可以在原定索赔期限内通知卖方，要求延长该期限。

(　　) 6. 罚金或者违约金条款主要适用于不造成损失为前提条件，且金额与实际损失是否存在及损失大小没有关系，故与索赔条款存在明显不同。

(　　) 7. 双方当事人在合同中明确规定“货物运抵目的港后 30 天内索赔”。这种索赔期限的规定属于法定期限。

(　　) 8. 某公司的进口设备到货后，发现与合同规定不符，但卖方及时对设备进行了修理，使设备达到了原定标准。在此情况下，买方就不能提出任何损害赔偿要求。

(　　) 9. 在合同被判无效一段合理时间内，若买方已经以某种合理方式购买替代货物，而卖方已经以某种合理方式将货物转卖，则要求损害赔偿一方可以取得合同价格和替代货物交易价格之间的差额。

(　　)10. 在索赔、理赔过程中，要从争议内容的具体情况出发，正确利用国际贸易的有关法律和惯例，灵活选择解决争议的途径。

五、名词解释

1. 索赔　**2.** 索赔时效　**3.** 异议与索赔条款　**4.** 罚金条款　**5.** 根本性违约

六、简答题

1. 国际货物买卖中引发索赔原因大致可以划分为哪些情况？

2. 比较英美法与《联合国国际货物销售合同公约》对违约行为及其救济方法的不同解释。

3. 简述异议与索赔条款的主要内容。

4. 合同中订立罚金或违约金条款应该注意的问题有哪些？

5. 简述国际货物买卖中买方的索赔对象及索赔时效。

七、案例分析题

1. 我 A 公司与国外 B 公司签订了购销合同，约定 B 公司向 A 公司供应一批化工产品，货款价值 10 万美元。A 公司向 B 公司交纳了 1 万美元的定金，并与其约定，任何一方违约，将支付违约金 1.5 万元。后来 B 公司违约，不能向 A 公司发货。A 公司想通过法律手段维护自己的权益。试问：A 公司是否可以向 B 公司要求双倍返还定金，又要求承担违约金？为什么？A 公司应该如何选择？

2. 我某公司就向泰国某公司出口 3 台镗床与该公司于 3 月 19 日签订了销售合同，合同规定，如果货物存在质量问题，买方的索赔期为货物到达目的港曼谷后 3 个月内，并且规定，如果双方不能通过友好协商来解决产生的争议时，应该采用仲裁方式由中国国际经济贸易仲裁委员会进行。货物于 6 月 18 日到达曼谷。可是由于目的港不是最终的目的地，还要通过陆路运输，而在此期间正赶上连雨天气，道路冲毁，无法按时进行运输，致使买方于 9 月 19 日才开箱安装。后来发现镗床因部分零部件加工的精度和间隙问题，机床无法正常运转，于是泰国该公司向我方公司提出索赔，试分析：我方公司应该对泰国公司进行理赔吗，为什么？

3. 我某公司与西方一个国家的两个公司以 CFR 交易条件分别达成了向对方共出口 2 000 公吨东北大豆的协议(其中一个公司 1 500 公吨，另一个公司 500 公吨)。因为是同一个国家，所以发货时采用混装方式。在途中由于船舱的一侧船汗严重，大约 500 多吨的大豆受潮，有的发生膨胀，有的甚至霉变。我方公司收到船公司发来的货损通知以后立即通知国外进口 500 公吨的客户，说货物在途中的损失应该由对方负责。于是双方争执严重，互不相让，最后同意采用仲裁。你认为仲裁机构会如何裁决此案？

4. 我出口公司 A 向新加坡公司 B 以 CIF 新加坡条件出口一批土特产品，B 公司又将该批货物转卖给马来西亚公司 C。货到新加坡后，B 公司发现货物的质量有问题，但 B 公司仍将原货转销至马来西亚。其后，B 公司在合同规定的索赔期限内凭马来西亚商检机构签发的检验证书，向 A 公司提出退货要求。请问：A 公司应如何处理？为什么？

5. 我某企业向香港某商进口 20 台精密仪器，每台 3 万港元。合同规定，任何一方违反合同，应支付另一方违约金额 1 万港元。事后卖方只交付 12 台，其余 8 台不能交货。当时因市场价格上涨，每台价格为 4 万港元。卖方企图赔偿违约金 1 万港元了结此案。但买方不同意。在上述情况下，你认为买方能向卖方索赔多少金额？为什么？

6. 我某公司以 CIF 鹿特丹出口食品 1 000 箱，即期信用证付款，货物装运后，凭已装船清洁提单和已投保一切险及战争险的保险单，向银行托收货款。货到目的地后经进口人复验发现下列情况：(1)该批货物共有 10 个批号，抽查 20 箱，发现其中 2 个批号涉及 200 箱内含沙门菌超过进口国标准；(2)收货人只实收 998 箱，短少 2 箱；(3)有 15 箱货物外表情况良好，但箱内货物共短少 60 公斤。试问以上情况，进口人应分别向谁索赔？为什么？（本交易采用国际贸易中最常用的商品检验标准。）

7. 我某进出口公司为某工厂进口一台机器，经与外商签约以后，待到装船时，外商突然来电称，需延迟交货 6 个月，经多方交涉，我方坚决不同意，最后正式通知如不按期交货我方解除合同并保留索赔权。问：根据《联合国国际货物销售合同公约》，我方采取这一措施是否得当？

8. 我某公司按 CIF 价格条件出口货物一批，合同规定“9 月装运，信用证的有效期为 10 月 15 日”。卖方 9 月 15 日发货，取得清洁已装船提单，备齐全套单据向银行议付了货款。但买方收到货物后，发现货物受损严重，且短少 50 箱。买方因此拒绝收货，并要求卖方退回货款。问：(1)买方有无拒收货物并要求退款的权利？为什么？(2)此案中的买方应如何处理此事才合理？

9. 我某出口公司与美商凭样成交一批高档出口瓷器，复验期为货到目的港后 60 天，货到国外经美商复验后未提出任何疑义，但事隔一年美商来电称：瓷器全部出现“釉裂”，只能削价销售。因此，要求我出口公司按原成交价赔偿 60%。我方接电后，立即查看留存的复样，亦发现存在“釉裂”。问我出口公司应如何处理？为什么？

10. 某年 11 月，我某公司与香港一公司签订了一个进口香烟生产线合同。设备是二手货，共 18 条生产线，由 A 国某公司出售，价值 100 多万美元。合同规定，出售商保证设备在拆卸之前均在正常运转，否则更换或退货。设备运抵目的地后发现，这些设备在拆运前早已停止使用，在目的地装配后也因设备损坏、缺件根本无法马上投产使用。但是，由于合同规定如要索赔需商检部门在“货到现场后 14 天内”出证，而实际上货物运抵工厂并进行装配就已经超过 14 天，无法在这个期限内向外索赔。这样，工厂只能依靠自己的力量进行加工维修。经过半年多时间，花了大量人力物力，也只开出了 4 套生产线。请结合该案例分析我方的失误。

八、操作题

翻译下面两段合同中关于索赔及违约金条款的规定。

1. Any claim by the buyer regarding the goods shipped should be filed within

30 days after arrival of the goods at the port/place of destination specified in the relative bill of lading or transport document and supported by a survey report issued by a surveyor approved by the seller. Claims in respect of matters within responsibility of insurance company, shipping company/other transportation organization will not be considered or entertained by the seller.

2. Should the buyers for its own sake fail to open the letter of credit on time stipulated in the contract, the buyers shall pay a penalty to the sellers. The penalty shall be charged at the rate of 5% of the amount of the letter of credit for every 3 days of delay in opening the letter of credit, however, the penalty shall not exceed 1% of the total value of the letter of credit which the buyers should have opened. The penalty shall be the sole compensation of the damage caused by such delay.

参考答案

一、单项选择题

1. A　**2.** D　**3.** C　**4.** D　**5.** C　**6.** A　**7.** B　**8.** A　**9.** B　**10.** C

二、多项选择题

1. ABCDE　**2.** CD　**3.** ABCE　**4.** ABCD　**5.** ADE　**6.** ABDE　**7.** CDE　**8.** ACDE　**9.** ABC　**10.** ABCDE

三、填空题

1. 买卖双方；贸易；承运人；运输；保险公司；保险　**2.** 质量；数量；包装；不按时交货；不按时开证　**3.** 异议与索赔；罚金　**4.** 2；1；2　**5.** 损害赔偿；实际履行；解除合同　**6.** 根本性；非根本性；损害赔偿；解除合同；损害赔偿　**7.** 复验　**8.** 索赔依据；索赔期限；索赔金额　**9.** 品质；数量；包装；按时交货　**10.** 索赔依据；索赔期限；索赔的金额；索赔处理方法

四、判断解释题

1. √。当事人一方不履行合同和义务或者履行合同义务不符合约定，给对方造成损失的，损失赔偿额应当相当于因违约所造成的损失，包括合同履行后可以获得的利益，但不得超过违反合同一方订立合同时预见到或者应当预见到的因违反合同可能造成的损失。

2. √。受损害的一方应该采用合理措施避免损失的扩大。

3. ×。买方复验权属于自愿的，不是作为接受货物的前提。

4. √。进口商对于货物复验规定的期限实质上是对于有关关系人索赔的期限。

5. √。如果买方不能在规定的索赔期限内作出最终结论，可以要求延长该期限，但是必须要事先通知卖方。

6. ×。我国《合同法》和大多数国家法律均认为罚金或者违约金条款制定应以违约造成的损失赔偿额作为计算方法。

7. ×。属于双方约定的索赔期限。

8. ×。买方是否可以提出损害赔偿，取决于卖方对设备进行修复至原标准的这一过程中是否对买方造成了损失。若是，买方当然可以提出损害赔偿；反之，则不能。

9. √。即使由于卖方违约导致合同无效，买方仍然有权就购买替代货物与合同价格之间的差额要求赔偿。

10. √。解决争议要根据双方争议的内容，及相应惯例及法律规定来选择解决途径。

五、名词解释

1. 索赔：是指买卖合同一方当事人因另一方当事人违约致使其遭受损失而向另一方当事人提出要求损害赔偿的行为。

2. 索赔时效：又称为索赔期限，是指受到损害的一方有权向违约方提出索赔的期限，受损方只能在一定的索赔期限内提出索赔，否则丧失索赔权。

3. 异议与索赔条款：一般针对卖方交货质量、数量或包装不符合合同规定而订立的，主要包括索赔依据、索赔期限，及索赔的处理方法。

4. 罚金条款：又称为违约金条款，较多使用于卖方延迟交货或买方延期接货或延期付款的场合，它的特点是预先在合同中规定罚金的数额或罚金的百分率。

5. 根本性违约：一方当事人违反合同的后果如使另外一方当事人蒙受损害，以至于实际上剥夺了其根据合同规定有权期待得到的东西。

六、简答题

1. 国际货物买卖中引发索赔的原因可能有卖方不交货、不及时交货、交货品质、数量或包装不符合合同约定，卖方没有及时提交货运单据或其他违反合同的行为，同时有买方不及时接货，不及时开立信用证，不及时足额付款等。

2. 英美法系中英国法规定，当事人一方违反合同中带有实质性的主要约定条件，均作为"违反要件"，受损方除了可以要求损害赔偿以外，还有权要求解除合同，如违反合同中的次要条件，称为"违反担保"或"违反随附条件"，受损方不能解除合同，但是有权要求违约方损害赔偿。美国法将违约分为"重大违约"和"轻微违约"，前者类似于"违反要件"，后者类似于"违反担保"。《联合国国际货物销售合同公约》根据违约的程度可以分为根本性违反合同和非根本性违反合同，前者受害方可以要求宣告合同无效，并向对方要求损害赔偿，后者只能提出损害赔偿，不能提出解除合同。

3. 异议与索赔条款主要针对卖方交货质量、数量或包装不符合合同规定而订立的，主要包括索赔依据、索赔期限，还包括索赔的处理方法。

4. 合同中订立罚金或违约金条款主要适用于不按时履行而订立的，如卖方延迟交货或买方延迟接货、延期开立信用证或延期付款等情况。罚金的支付并不解除违约方继续履行的义务，因此，违约方支付罚金外，仍应履行合同义务，如因故不能履约，则另一方在收受罚金之外，仍有权索赔。英美法系国家的法律，只承认损害赔偿，不承认对于带有惩罚性的罚金。所以在与英、美、澳、新等国贸易时，应注意约定的罚金额的合法性。罚金条款常用于大宗商品或成套设备的合同中。

5. 国际货物买卖中卖方的索赔对象可能有卖方，承运人或保险公司。对于卖方索赔时效为买方实际收到货物 2 年之内，对承运人索赔的时效为自承运人交付货物后 1 年内，向保险公司索赔的时效为灾害事故发生后 2 年内。

七、案例分析题

1. A 公司不可以要求 B 公司双倍返还定金又要求承担违约金，因为违约金责任不能与定金责任并用。A 公司可以选择对自己有利的一种方式，即要求对方承担双倍返还定金方式。

2. 我方不应该对泰国公司进行理赔。因为合同规定索赔期限为到达目的港曼谷后 3 个月内，而对方没有在约定的索赔期限内提出索赔要求从而无权向我方索赔。

3. 由于 CFR 贸易术语交货点及货物风险转移均为装运港船上，货物损失应由买方承担，如买方承保相应保险，应向保险公司索赔。但是本案的买方是两个不同的公司，而货物采用混装方式，并未将货物特定化，即未明确哪些货物属于哪个公司，因此由其中购买 500 公吨的买主承担全部损失不合理。如果我是仲裁员，应裁定两个买主按照购买货物的比例分摊货损。

4. A 公司应该拒绝 B 公司要求，因为 B 公司收到货物后发现质量问题要求退货就应该把货物维持原状，若对货物进行加工或转卖属于对 A 公司对货物所有权的侵犯，故 B 公司已经丧失向 A 公司退货权利。

5. 买方应该能够向卖方索赔 8 万港元，因为约定的违约金低于实际损失，当事人可以请求法院或仲裁机构予以增加，以受到损害的一方的实际损失 8 万港元作为赔偿金额。

6. (1)应该向卖方索赔,因为属于货物品质缺陷。(2)应该找船公司或保险公司索赔,船公司出具清洁提单,表明卖方交付货物数量没有问题,但是可能为船公司过失则由船公司承担责任,如果属于丢失等方面问题,可以向保险公司索赔。(3)向保险公司索赔,属于一切险责任范围之内。

7. 根据《联合国国际货物销售合同公约》,本案中买方是否有权解除合同,取决于卖方如不按期交货对买方造成的损害程度是否达到根本性违约。若是,买方当然有权解约并要求损害赔偿;反之,若未达到根本性违约,买方应该给予出口方一定时间的宽限期,但是买方有权向卖方就由此造成的损失提出索赔。

8. (1)买方无权拒收货物并要求退款。因为 CIF 合同属于象征性交货,只要卖方提交符合信用证要求的单据就算完成交货。(2)买方可以通过提交相应的证明向有关的运输或保险部门索赔。

9. 虽然错过索赔期限,但是当产品存在内在缺陷时索赔不受复验期的限制。本案中卖方所交商品明显存在内在缺陷,瓷器出现"釉裂"与采用材料及加工工艺有关,买方收到货物后一段时间后才会显露出来,留存样品出现同样问题,所以我方应赔偿。

10. 我方的失误在于没有能够很好计算设备抵达最终目的地及装配所需要的时间,对于索赔期限规定的太短导致没能在规定期限内向对方提出索赔,从而承担巨额损失。

八、操作题

1. 买方关于装运货物任何索赔都需要在货物到达提单或者运输单据载明目的港(地)后 30 日内提出,并且要提交由卖方认可的商检机构出具的检验报告。属于向运输部门或者保险公司索赔的相关事项不应该向卖方提出。

2. 如果买方没有能够在合同规定的时间内开出信用证,买方将向卖方支付罚金,罚金按照延迟开立每 3 天按照信用证金额 0.05%征收,最高不超过信用证金额的 1%。罚金是对于延期开证的唯一的补偿方法。

第十八章　不 可 抗 力

学习目标：掌握国际货物买卖合同履行过程中可能发生的不可抗力事件的构成条件及其处理方法。

一、单项选择题

1. 遭遇不可抗力一方合同当事人可以全部或者部分免除(　　)。

A. 履行合同的责任　　B. 对损害赔偿的责任

C. 交付货物的责任　　D. 支付货款的责任

2. 不可抗力事件是指当事人(　　)。

A. 不能预见、不能避免的事件

B. 不能预见、不能避免、不能克服的事件

C. 不能预见、不能避免、不能克服、可以预防的事件

D. 可以预见、不能避免的事件

3. 当卖方因不可抗力事故造成履行出口交货困难时，按照法律和惯例(　　)。

A. 只能免除交货责任

B. 只能展延交货日期

C. 减少交货的数量

D. 有时可以免除交货责任，有时可以展延交货日期，视具体情况而定

4. 发生(　　)，违约方可援引不可抗力条款要求免责。

A. 战争　　B. 世界市场价格上涨

C. 生产制造过程中的过失　　D. 货币贬值

5. 我某粮油食品进出口公司与美国田纳西州某公司签订进口美国小麦合同，数量为 100 万公吨。麦收前田纳西州暴雨成灾，到 10 月份卖方应交货时小麦价格上涨，美方未交货。合同订有不可抗力条款，天灾属于该条款的范围，美方据此要求免责。此时，我方应(　　)。

A. 不可抗力，予以免责，并解除合同

B. 未构成不可抗力，坚持美方应按合同规定交货

C. 构成不可抗力，可以解除合同，但要求损害赔偿

D. 构成不可抗力，但不要求损害赔偿，亦不解除合同，而要求推迟到下年度交货

6. 在合同中一一列明不可抗力事故范围，这属于(　　)。
A. 概括式规定　B. 列举式规定　C. 综合式规定　D. 分类式规定
7. 我方与德商签订一笔进口合同。合同签订后，德商的两间工厂都投入了生产。在生产过程中，两间工厂之一由于意外事故招致火灾导致完全丧失了生产能力德商可以(　　)。
A. 因遇不可抗力事故，可要求解除合同
B. 因遇不可抗力事故，可要求延期履行合同
C. 因遇不可抗力事故，可要求延期履行合同，但我方有索赔的权利
D. 不属于不可抗力事故，我方应要求德商按期履行合同
8. 我国规定有权出具不可抗力证明文件的是(　　)。
A. 商务部　B. 海关
C. 中国国际贸易促进委员会及其分会　D. 出口商
9. 英美法系把不可抗力称为(　　)。
A. 合同落空　B. 情势变迁　C. 契约失效　D. 合同解除
10. 合同中的不可抗力条款属于(　　)。
A. 违约条款　B. 异议与索赔条款
C. 免责条款　D. 合同中的主要交易条件

二、多项选择题

1. 构成不可抗力事件的要件有(　　)。
A. 事件发生在合同签订之前
B. 不是由于当事人的故意或过失所造成的
C. 事件的发生及其造成的后果是当事人无法预见、控制、避免或克服的
D. 由于当事人的故意或者过失所造成的
E. 事件发生合同签订之后
2. 下列属于不可抗力事故的是(　　)。
A. 水灾　B. 地震　C. 政府禁令　D. 通货膨胀
E. 汇率浮动
3. 不可抗力形成的原因可以为(　　)。
A. 当事人的过错　B. 自然原因
C. 当事人的故意行为　D. 社会原因
E. 造成货物损失的意外事故
4. 不可抗力引起的后果主要是(　　)。
A. 支付违约金　B. 解除合同
C. 变更履行合同　D. 订立新合同
E. 改变合同当事人

5. 合同中对于不可抗力事件范围的规定通常有（　　　）。

A. 概括式　　B. 综合式　　C. 列举式　　D. 分类式

E. 指示式

6. 合同中的不可抗力条款包括的内容主要有（　　　）。

A. 不可抗力事件的范围

B. 不可抗力事件发生后通知对方的期限及方式

C. 不可抗力事件出具证明文件的机构

D. 不可抗力事件对合同履行的处理

E. 违约方承担的相应责任

7. 某公司对外订立出口合同后，发生火灾，全部供出口的商品被毁。如果该合同中订有不可抗力条款，该公司可援引该条款（　　　）。

A. 要求进口方按期付款　　B. 要求免除对买方的赔偿责任

C. 要求解除合同　　D. 要求延期履行合同

E. 要求替换履行

8. 根据《联合国国际货物销售合同公约》，下列关于不可抗力表述正确的是（　　　）。

A. 不可抗力造成一方当事人享受的免责权利只对履约障碍存在期间有效

B. 遭遇不可抗力，但若合同未经双方同意而宣布无效，则合同关系仍然存在，一旦履行障碍消除，双方当事人仍须继续履行合同义务

C. 一方当事人由于履行障碍导致不能履行合同义务的免责，只以免除损害赔偿责任为限，且不能妨碍另一方要求损害赔偿以外的任何权利

D. 所有自然原因与社会原因造成的事件，通常都属于不可抗力范畴

E. 只要合同一方当事人遭遇不可抗力，就可以单方面免除合同履行责任

9. 关于不可抗力的通知与证明说法正确的是（　　　）。

A. 合同一方遭遇到不可抗力事件后，即可取得免责权利，无需提供通知和证明

B. 不可抗力发生后，不能履约的一方要想免责，需要及时通知对方并提供证明

C. 当事人一方因不可抗力不能履行合同的，应该及时通知对方，以减少可能给另一方造成的损失，并在合理时间内提供证明

D. 为了防止争议，双方应在合同的不可抗力条款中明确规定具体的通知期限

E. 一方接到对方关于不可抗力通知和证明文件后，可不予以回复且仍要求对方履行合同

10. 关于不可抗力的处理表述错误的是（　　　）。

A. 免除合同当事人因不可抗力不能全部或部分履行合同而给另外一方当事人造成损害的赔偿责任

B. 只要一方当事人遭遇不可抗力，则可以免除合同履行责任

C. 合同一方当事人享受的免责权利只对履约障碍存在期间内有效

D. 不可抗力造成合同不能全部或部分履行，有关当事人则可以宣布解除合同
E. 不可抗力造成合同解除或变更，可以由发出证明的机构决定

三、填空题

1. 国际货物买卖合同签订以后，有时客观情况会发生非当事人所能控制的重大变化导致合同不能全部或部分履行，要判断哪些事件可以构成当事人的免责条款比较困难，为了避免出现纠纷，通常在买卖合同中订立________条款。
2. 引起不可抗力原因通常有________和________两种。
3. 不可抗力导致合同不能全部或部分履行，有关当事人可以根据不可抗力的影响，________或________而免除其相应的责任。
4. 当不可抗力发生后，一方当事人不同意延期履行时，可以适当的变更所交货物的品质规格，以类似的产品替代合同规定的货物，这种做法被称为________。
5. 规定不可抗力事故范围的方法有________、________和________。使用较多的为________。
6. 国外不可抗力事故证明一般由________出具。我国则由________出具。
7. 国际货物买卖合同中关于不可抗力条款包括________、________、________以及出具证明文件的机构等。
8. 我国法律认为不可抗力是指发生________、________并不能克服的客观情况。

四、判断解释题

(　　) 1. 我某进口商从购买一批家具，在约定交货前，出口商用于放置家具的两个仓库之一由于遭遇雷击，该仓库家具全部被烧毁，该商要求援引不可抗力免责条款解除交货责任。对此，我方应予以同意。
(　　) 2. 一方援引合同中的不可抗力条款后即可免除合同履行。
(　　) 3. 变更合同履行往往包括延期履行、减少履行或者替代履行。
(　　) 4. 一方当接到遭遇不可抗力一方当事人发出的通知或证明文件后，无论是否同意对方提出的处理意见，均应该及时回复。
(　　) 5. 自然原因、社会原因及当事人主观过错或失误均有可能形成不可抗力。
(　　) 6. 根据《联合国国际货物销售合同公约》规定，遭遇不可抗力一方当事人没有能够在合理时间内通知对方并提供相应的证明文件，应该赔偿对方所受损害。
(　　) 7. 合同中逐一列举不可抗力事件的种类，属于综合式规定。
(　　) 8. 大陆法系、英美法系、《联合国国际货物销售合同公约》和相关国际贸易惯例，对发生不可抗力事件的影响及处理的解释是一致的。
(　　) 9. 发生不可抗力事故后，双方当事人应该就不可抗力的后果，按约定的处理原则和办法进行协商处理，并应弄清情况，体现实事求是的精神。

(   )10. 如果由于双方在合同履行过程中产生政府的行为，比如颁布了新的法律法规、行政措施、禁令、政策调整等，影响了双方贸易的正常开展，往往也会构成不可抗力。

五、名词解释

1. 不可抗力　**2.** 变更合同履行

六、简答题

1. 根据《联合国国际货物销售合同公约》规定，不可抗力需要满足的条件有哪些？

2. 发生不可抗力的处理原则是什么？

3. 在国际货物买卖合同中不可抗力条款有哪几种订法？并探讨其在贸易实践中的使用。

4. 国际货物买卖中我方援引不可抗力条款要求免责时需要注意哪些问题？

七、案例分析题

1. 我某进口企业按 FOB 条件向欧洲某厂商订购一批货物。当我方派船前往西欧指定港口接货时，正值埃及与以色列发生战争，埃及被迫关闭苏伊士运河。我所派轮船只得绕道南非好望角航行，由于绕道而增加航程，致使船只延迟到达装运港口。欧洲厂商要求我方赔偿因接货船只迟到而造成的仓租和利息损失。我方拒绝了对方要求，因此引起争议。对此，请予评论。

2. 我某出口企业以 CIF 纽约条件与美国某公司订立了 200 套家具的出口合同。合同规定 2017 年 12 月交货。11 月底，我企业出口商品仓库发生雷击火灾，致使一半左右的出口家具烧毁。我企业以发生了不可抗力事故为由，要求免除交货责任，美方不同意，坚持要求我方按时交货。我方无奈经多次努力，于 2018 年 1 月初交货，美方要求索赔。试问：(1)我方要求免除交货责任的要求是否合理？为什么？(2)美方的索赔要求是否合理？为什么？

3. 我 A 外贸公司向国外 B 公司进口普通豆饼 2 万公吨，8 月交货。4 月份，B 商豆饼收购地发生洪灾，收购计划落空。B 致电我 A 公司要求按不可抗力时间处理，免除其交货责任。问这一要求是否合理？为什么？

4. 我某外贸公司接到国外开来的信用证，证内规定："数量共 6 000 箱，1—6 月分 6 批装运，每月装运 1 000 箱。"该信用证的受益人 1—3 月，每月装运 1 000 箱，银行已分批议付了货款。对于第四批货物，原定于 4 月 25 日装船出运。但由于台风登陆，该批货物延至 5 月 1 日才装船，当该公司凭 5 月 1 日的装船提单向银行交单议付时，却遭到银行拒付。该公司曾以"人力不可抗拒"为由，要求银行融通，也遭到银行拒绝。问在上述情况下，开证行有无拒付的权力？我方应该如何处理？

八、操作题

请翻译下列合同中的不可抗力条款。

Neither the Seller nor the Buyer shall be liable in any manner for failure or delay in performing all or part of this contract, directly or indirectly owing to act of god. Governmental orders or indirections, sanctions, mobilization, blockade, embargo detention, revolution, riot, looting, strike, lockouts, plague or other epidemics, fire, flood or any other events beyond its control. But shall notify the Buyer by telex or fax. The Seller shall deliver to the Buyer by registered mail a certificate issued by a chamber of commerce or equivalent parties if any request from the Buyer.

参考答案

一、单项选择题

1. A **2.** B **3.** D **4.** A **5.** B **6.** B **7.** B **8.** C **9.** A **10.** C

二、多项选择题

1. BCE **2.** ABC **3.** BD **4.** BC **5.** ABC **6.** ABCD **7.** BCDE **8.** ABC **9.** BCD **10.** BDE

三、填空题

1. 不可抗力 **2.** 自然原因;社会原因 **3.** 解除合同;变更合同 **4.** 变更合同 **5.** 概括式;列举式;综合式;综合式 **6.** 当地商会或注册登记的公证行;国际贸易促进委员会(中国国际商会) **7.** 不可抗力的范围;对不可抗力的处理原则与方法;不可抗力发生后通知对方的期限和方法 **8.** 不能预见;不能避免

四、判断解释题

1. ×。对方确实遭遇不可抗力,但是只是烧毁其仓库之一,可以同意其延期交货或替代交货。

2. ×。合同一方遭遇不可抗力对于合同履行的影响包括免除合同履行和变更合同履行。

3. √。遭遇不可抗力一方变更合同履行可以采用延期、减少或者替代履行等方式。

4. √。不可抗力发生后,不能按规定履约的一方当事人要取得免责的权利,必须及时通知另一方,并提供必要的证明文件,而且在通知中应提出处理的意见。一方接到对方关于不可抗力的通知或证明文件后,无论同意与否都应及时答复。

5. ×。当事人主观过错或者过失不构成不可抗力。

6. √。按《联合国国际货物销售合同公约》,如果当事人一方未及时通知而给对方造成损害的,仍应负赔偿责任。

7. ×。属于列举式规定。

8. ×。英美法系认为合同落空的后果是合同本身归于消灭,双方的义务自动解除;大陆法系主要是免除了有关当事人就不履行义务本来应负的损害赔偿责任,合同并不当然消灭。如果履行的障碍是暂时的,则合同延期履行,法院要求修改合同作为解决这一问题的常用方法。

9. √。关于不可抗力事件的认定,对合同履行的影响双方应该按照约定的处理原则和办法进行协商处理,正确客观实际。

10. √。政府颁布新的贸易政策、法律对合同履行造成不利影响往往也会构成不可抗力。

五、名词解释

1. 不可抗力：是指非当事人所能控制，而且没有理由预期在订立合同时所能考虑到或能避免或克服它或它的后果而使其不履行合同义务的障碍。

2. 变更合同履行：变更合同履行是指对原订合同的条件或内容适当地变更，包括替代履行，减少履行或延迟履行。

六、简答题

1. (1)事件是在有关合同订立后发生的。(2)不是由于任何一方当事人的故意或过失所造成的。(3)事件的发生及其造成的后果是当事人无法预见、无法控制、无法避免和不可克服的。

2. 按照有关的法律原则和国际贸易惯例，发生不可抗力，致使合同不能得到全部或部分履行，有关当事人可根据不可抗力的影响，解除合同或变更合同而免除其相应的责任，即当事人由于遭遇不可抗力不能全部或部分履行合同而给另一方当事人造成的损害不需要承担赔偿责任，变更合同包括延迟履行、替代履行和减少履行。对于解除合同还是变更合同需要看不可抗力对于合同履行造成的影响或由双方在合同中明确加以规定。

3. 国际货物买卖中我方援引不可抗力条款有概括式、列举式和综合式三种方法。在贸易实践中往往会采取综合式方法，首先列举可能出现的主要不可抗力情况，并加以概括。列举相对比较明确，概括则可以防范可能出现的疏漏。

4. 当我方遭遇不可抗力而对合同履行造成影响时，我方需要注意以下几个方面：(1)不可抗力导致我方合同不能履行还是不能完全履行，我方会根据不可抗力条款解除合同还是变更合同。(2)注意不可抗力的及时通知和相应的证明。

七、案例分析题

1. 我方不应该向对方赔偿。我方遭遇战争，是在签订合同以后，且不是我方的主管过错或过失，也是我方不可控制、难以预测和难以避免的，构成不可抗力，我方可以援引不可抗力条款对于接货船只延迟免责。当然，遭遇战争这一不可抗力，我方应及时通知对方并提供有效证明。

2. (1)我方要求免除交货责任要求不合理，因为我方只是一个仓库遭遇雷击货物被烧毁，我方只能提出变更履行合同，比如减少履行或者延期履行等请求，不能要求解除合同；(2)美方提出的索赔要求也不合理，因为我方确实遭遇不可抗力，我方延迟交货是由于不可抗力因素所致，我方可以免除延迟交货承担的赔偿责任。

3. 不合理。因为货物还在生长期间，并没有划归合同项下，该生产地发生洪灾并不能排除可以从其他地方购进货物销售，但是对方可以提出延迟履行或者变更履行请求。

4. 银行有拒付的权利。因为我方提交的单据与信用证不符，根据信用证为单据业务的特征，单证不符开证行可以拒付。

由于我方确实遭遇不可抗力，我方应该与开证申请人协商，允许开证行凭不符点结汇，根据UCP600，分批装运中如果受益人其中一批没有按规定装运，则该批和以后各批纷纷失效，但开证行若接受了存在不符点的单据，则相当于对于信用证的修改，以后各批又会纷纷有效。

八、操作题

无论卖方还是买方都不需要对直接或者间接由于不可抗力因素对于合同履行的影响承担责任。包括在双方当事人控制以外的政府命令，动员，封锁，禁运拘留，革命，骚乱，罢工，停工，抢劫，瘟疫或其他流行病，火灾，洪水或其他任何事件。但是出口方应该通过电传或者传真通知买方，如果买方有要求，卖方还需要通过挂号信向买方寄送由商会或者同等的组织出具的证明。

第十九章　仲　　裁

学习目标：掌握解决争议的重要方法——仲裁，以及仲裁协议（包括仲裁条款）的重要性、特点及其相关规定。

一、单项选择题

1. 下列关于仲裁裁决的效力描述不正确的是（　　）。

A. 凡由中国国际经济贸易仲裁委员会作出的裁决是终局性的，对双方都有约束力

B. 在裁决中败诉的一方不执行裁决，仲裁机构可以强制执行

C. 若败诉方不执行裁决，胜诉方有权向有关法院起诉，请求法院强制执行

D. 我国现在已经加入了《承认与执行外国仲裁裁决公约》，但作出了两项保留

2. 仲裁地点应首先选择（　　）。

A. 本国　　B. 对方国

C. 第三国　　D. 申请人所在国

3. 关于仲裁的国际公约是（　　）。

A.《联合国国际货物销售合同公约》　　B.《1958 年汉堡规则》

C.《1958 年纽约公约》　　D.《海牙规则》

4. 以仲裁方式解决双方争议的必要条件是（　　）。

A. 交易双方当事人订有仲裁协议

B. 交易双方当事人订有合同

C. 交易双方当事人就仲裁方式口头达成一致

D. 交易双方当事人订有交易协议

5. 如果贸易双方产生争议，通常双方首先会采用（　　）来解决。

A. 友好协商　　B. 调解　　C. 仲裁　　D. 诉讼

6. 在贸易纠纷解决方式中，既有自愿性，又有强制性的是（　　）。

A. 和解　　B. 调解　　C. 仲裁　　D. 诉讼

7. 仲裁协议最重要的作用是（　　）。

A. 同意双方自愿将争议提交给仲裁机构

B. 使仲裁机构取得争议案件的管辖权

C. 排除法院对该案件的管辖权

D. 可以确定仲裁地点

8. 根据《中国国际经济与贸易仲裁委员会仲裁规则》规定，被申请人应在收到仲裁通知之日起（　　）内向仲裁机构提交答辩书及有关证明文件或反请求。

A. 15 天　　B. 30 天

C. 45 天　　D. 60 天

9. 关于仲裁协议表达错误的是（　　）。

A. 是双方自愿将争议提交给仲裁机构的协议

B. 双方可以在合同中订立仲裁条款，也可以以其他方式提交

C. 仲裁协议可以采用书面形式，也可以采用口头形式

D. 仲裁协议相对于合同具有独立性

10. 根据我国《仲裁法》，关于仲裁裁决的效力表述正确的是（　　）。

A. 双方当事人对于仲裁裁决不服的，可以提交给上一级仲裁机构解决

B. 双方当事人对于仲裁裁决不服的，可以向法院上诉

C. 仲裁裁决具有终局性

D. 仲裁裁决双方可以自愿履行

二、多项选择题

1. 仲裁的特点主要有（　　）。

A. 当事人意思自治　　B. 非公开审理

C. 解决国际商事争议的最主要的方法　　D. 程序简便、结案较快、费用开支较少

E. 专业性与保密性

2. 仲裁协议是仲裁机构受理争议案件的必要依据，对其理解正确的是（　　）。

A. 仲裁协议可以在争议发生之前达成

B. 仲裁协议可以在争议发生之后达成

C. 若仲裁协议事前与事后达成协议内容不同，应以事前达成为准

D. 按照我国法律，仲裁协议必须是书面的

E. 合同的变更、解除、终止、转让、无效、未生效、被撤销以及成立与否，均不影响仲裁协议的效力

3. 在国际贸易中，仲裁机构有两种，它们是（　　）。

A. 国际性仲裁机构　　B. 地方性仲裁机构

C. 临时性仲裁机构　　D. 常设仲裁机构

E. 专业性仲裁机构

4. 解决涉外争议的方式主要有（　　）。

A. 协商　　B. 调解　　C. 仲裁　　D. 诉讼

E. 以上均是

5. 一项在法律上生效的仲裁协议，必须符合的条件是(　　　　)。

A. 书面的

B. 形式和内容必须合法

C. 争议事项的可仲裁性

D. 必须针对已发生或可能发生的争议

E. 订立当事人必须具备行为能力

6. 下列关于采用仲裁方式表述正确的是(　　　　)。

A. 仲裁机构通常不受理没有仲裁协议的争议案件

B. 合同中的仲裁协议随合同的变更、消亡而变更和消亡

C. 双方达成仲裁协议就排除法院对于同一案件的审理管辖权

D. 双方当事人必须要在签订合同时候签订仲裁协议

E. 当事人一方如拒绝履行仲裁裁决，另一方可以向法院申请强制执行

三、填空题

1. 根据我国和多数国家仲裁法的规定，仲裁协议的主要作用表现为以下三个方面：一是________；二是________；三是________。

2. 仲裁协议的两种形式为________和________。

3. 我国常设的涉外商事仲裁机构是________。

4. 仲裁有________和________两种。

5. 1958 年在联合国主持下在纽约缔结的《________》，简称为《1958 年纽约公约》。

6. 我国涉外立仲裁条款关于仲裁地点选择，通常首选争取在________仲裁，也可以选择在________仲裁，或者规定在双方同意的________仲裁，也可以有选择地使用规定在对方所在国进行仲裁。

四、判断解释题

(　　)**1.** 双方当事人要想提请仲裁，必须达成仲裁协议，否则仲裁机构不受理。

(　　)**2.** 仲裁协议必须是双方当事人在签订合同的时候事先达成的。

(　　)**3.** 仲裁协议随着合同的消亡而消亡。

(　　)**4.** 双方签订了仲裁协议就等于排除了法院对本案件的管辖权。

(　　)**5.** 双方当事人对仲裁裁决不服的可以向法院提请上诉。

(　　)**6.** 对仲裁裁决不执行的可以由法院强制执行。

(　　)**7.** 仲裁裁决是终局性的，对双方都具有强制作用。

(　　)**8.** 双方无仲裁协议的或者仲裁程序不符合规定的，法院可以裁定仲裁的裁决是无效的裁决。

(　　)**9.** 对方提出更改仲裁地点我方一般不能接受，但是可以接受仲裁适用法律的更改。

五、名称解释

1. 仲裁　**2.** 仲裁协议

六、简答题

1. 为什么仲裁能够成为国际贸易纠纷解决常用的方法?

2. 简述仲裁协议的形式与作用。

3. 仲裁条款通常所包括的内容有哪些?

七、案例分析题

我国某外贸公司(买方)与日本甲公司(卖方)签订了一份购买15套A型设备和8台K型仪器的合同,总价值40万美元,价格条件CFR大连,装运期为2017年9月底,付款条件是,买方在货物装运前两个月开立全额货款的不可撤销议付信用证。2017年9月30日买方通过银行开出了以卖方为受益人的信用证(未交押金),卖方于10月9日、31日分两批发运了货物,从议付银行议付了货款,议付行从开证行处获得偿付。10月15日,第一批货物15套A型设备到港,11月8日,第二批货物8台K型仪器到港,这两批货物买方都是在未取得正本提单情况下,以副本提单从船公司代理处提取。经省商检局检验认定,15套设备中有4套不合格,根本不能生产出标准部件,且无法修复。其余11套设备及8台仪器无质量问题。买方认为,所购15套设备系相互配套使用的,4套不合格,则其余11套失去使用价值,遂于2018年3月24日向日方发出一份备忘录,要求将15套设备全部退回,日方既没有签字,也没有答复。买方最终提起仲裁,请求仲裁庭裁决:(1)将15套A设备作退货处理,卖方返还已收的全部货款并承担全部退货费用。(2)8台K型仪器比合同规定的交货期延迟五周到港,卖方应支付延迟到货的罚金4万美元。(3)买方购买的15套A设备用于出租,由于A设备不合格,买方已向承租用户赔偿损失2万美元,这笔损失应由卖方负担。请问:

1. 仲裁庭对上述请求应如何处理?为什么?

2. 现假设,如在开证行要求买方付款赎单时,买方鉴于货物状况,在单证相符情况下拒绝向开证行付款赎单,开证行会受到什么损失?应如何处理?

参考答案

一、单项选择题

1. B　**2.** A　**3.** C　**4.** A　**5.** A　**6.** C　**7.** C　**8.** C　**9.** C　**10.** C

二、多项选择题

1. ABCDE　**2.** ABDE　**3.** CD　**4.** ABCDE　**5.** ABCDE　**6.** ACE

三、填空题

1. 表明双方当事人在发生争议时自愿提交仲裁;使仲裁机构取得对争议案件的管辖权;可排

除法院对于争议案件的管辖权 **2.** 合同中的仲裁条款；提交仲裁协议 **3.** 中国国际经济贸易仲裁委员会 **4.** 临时仲裁；机构仲裁 **5.** 承认与执行外国仲裁裁决公约 **6.** 我国；被申请人所在国；第三国

四、判断解释题

1. √。仲裁机构接受仲裁的前提条件是双方达成仲裁协议。

2. ×。也可以发生争议事件后提交仲裁协议。

3. ×。仲裁协议具有独立性，不随合同的消亡、变更等消亡、变更。

4. √。仲裁协议的作用之一就是排除法院对本案件的管辖权。

5. ×。绝大多数国家法律认为仲裁裁决具有终局性，当事人不可以向法院或者上一级仲裁机构提请上诉。

6. √。仲裁方式具有强制性，一方当事人不履行仲裁裁决，另一方当事人可以提请法院强制执行。

7. √。仲裁裁决具有终局性，双方当事人不可以向法院或者上一级仲裁机构提请上诉，且裁决对于双方均具有强制作用。

8. √。仲裁的前提需要有仲裁协议，如果双方没有达成仲裁协议，或者仲裁结构程序不符合规定的，法院可以判定仲裁裁定无效。

9. ×。对于仲裁适用法律的变更属于合同中的实质性变更，一般不能接受。

五、名称解释

1. 仲裁：是指双方当事人达成协议，资源将有关争议交给双方同意的仲裁机构进行裁决，而这个裁决是终局性的，对双方都有约束力，双方必须要遵照执行。

2. 仲裁协议：双方当事人需要采用仲裁方式解决纠纷时双方自愿达成的协议，是指当事人在合同中订明的仲裁条款获取以其他方式达成的提交仲裁的书面协议。

六、简答题

1. 仲裁相对于协商与调解具有法律约束力，而相对于诉讼，则有时间短、费用低、一审终审、审核不公开保护商业机密等优点，所以成为国际贸易纠纷解决常用的方法。

2. 仲裁协议形式有合同中的仲裁条款与争议事件发生后提交仲裁协议，两者效力等同。仲裁协议作用：表明双方当事人在发生争议时自愿提交仲裁；使仲裁机构取得对争议案件的管辖权；可排除法院对于争议案件的管辖权。

3. 国际货物买卖中的仲裁条款主要包括：提交仲裁的事项，即提请仲裁的争议范围、仲裁地点、仲裁机构、仲裁机构、仲裁规则、裁决的效力等内容。

七、案例分析题

1. 第一，买方只能退还 4 套不合格的设备，不能退还全部 15 套设备，因为其余 11 套设备是合格，可继续使用。卖方应退还给买方 4 套不合格设备的货款，应承担 4 套设备因退回而发生的一切费用。第二，卖方 8 台检测仪的交付确实在合同规定的期限之后，这种延迟是由于买方开立信用证延迟造成的。合同要求信用证应在交货前两个月开出，买方直到 9 月 30 日才开出信用证，按这个日期计算，卖方实际交货期并没有违反合同，买方要求支付延迟到货罚金的请求不成立。第三，买方将设备出租的事实卖方难以预见，且属于另一法律关系，买方赔偿用户的 2 万美元损失有夸大嫌疑，是否赔偿取决于买方是否能提供有效证据，证明出租合同与本合同之间的有效关联因果关系；另外，即使赔偿，也应按实际损失赔偿，毕竟 15 套设备并非完全都不合格。

2. 如买方拒绝向开证行付款赎单，开证行将遭受极大损失，因为它虽持有提单却提不到货物，也没有押金可补偿。开证行可以凭提单要求船公司交付提单项下的货物或赔偿全部货款，也可依据信用证法律关系要求买方履行单证相符时的付款赎单义务。

第六篇

出口交易磋商、合同订立和履行

第二十章　出口交易磋商和合同订立

学习目标：了解《联合国国际货物销售合同公约》中有关交易磋商和合同订立的有关规定，掌握合同交易磋商和订立过程中的基础知识。熟悉出口合同的基本条款，能够根据交易磋商的来往电文拟定一份售货确认书。

一、单项选择题

1. 向一个或一个以上特定的人提出的订立合同的建议，如果十分确定并表明发盘人在得到接受时承受约束的意旨，即构成（　　）。

A. 询盘　　B. 发盘邀请　　C. 接受　　D. 发盘

2. 某公司在报纸杂志上刊登的内容明确完整的商业广告属于（　　）。

A. 发盘邀请　　B. 询盘　　C. 发盘　　D. 还盘

3. 根据《联合国国际货物销售合同公约》的规定，下列条件中，（　　）不是构成发盘的必备条件。

A. 发盘的内容十分确定　　B. 主要交易条件十分完整齐全

C. 向一个或者一个以上特定的人发出　　D. 表明发盘人承受约束的意旨

4. 某公司于 9 月 10 日以信件形式向受盘人，该信件于 9 月 15 日送达。但在 9 月 11 日，发盘人以传真告知受盘人发盘无效，此行为属于（　　）。

A. 发盘的撤回　　B. 发盘的修改　　C. 一项新发盘　　D. 发盘的撤销

5. 如果某公司对外发盘时规定了发盘的有效期，根据《联合国国际货物销售合同公约》的规定，这项发盘（　　）。

A. 不得撤销

B. 在受盘人回复表示接受前可以撤销

C. 撤销通知在对方收到发盘前或同时到达受盘人，此发盘可以撤销

D. 即使受盘人作出接受也可撤销

6. 逾期接受是否有效，主要取决于（　　）。

A. 发盘人的意愿　　B. 受盘人的意愿

C. 双方当事人的意愿　　D. 当地国家法律

7. 根据《联合国国际货物销售合同公约》，合同成立的时间是（　　）。

A. 接受生效的时间　　B. 交易双方签订书面合同的时期

C. 在合同获得国家批准时
D. 当发盘送达受盘人时

8. “Your 10th E-mail accepted, but D/P at sight instead of Sight L/C”,该回复是(　　)。

A. 发盘
B. 有效的接受
C. 还盘
D. 非实质性变更发盘

9. “你方 8 日电文已接受,但请增加两份装船样品”,该电文是(　　)。

A. 发盘
B. 还盘
C. 对发盘的拒绝
D. 非实质性变更发盘

10. 上海 A 公司于某年 9 月 15 日上午 9:30 用电子邮件向美国 B 公司发盘,限 9 月 20 日复到我公司有效。A 公司于 9 月 18 日上午 10:00 同时接到 B 公司表示接受的电文和撤回接受的电文。根据《联合国国际货物销售合同公约》的规定,该接受(　　)。

A. 可以撤回
B. 不得撤回,必须与我某进出口公司签约
C. 在我 A 公司同意的情况下才可撤回
D. 不能撤回,因为双方合同已经成立

11. 我某公司于某年 8 月 12 日对外发盘,限对方 8 月 18 日复到有效,对方于 17 日采用信件方式发来接受通知,但是由于邮政部门的延误,出口公司于 21 日才收到国外的接受通知,如果我方没有表态,则根据《联合国国际货物销售合同公约》规定(　　)。

A. 该发盘仍然有效
B. 该逾期接受丧失接受的效力,接受无效
C. 只有发盘人毫不延迟的表示同意对方接受,该接受才会有效,否则合同并未成立
D. 由邮政部门承担责任

12. 我某进出口公司于某年 11 月 6 日上午 11 点向英国伦敦某公司发盘销售大米 200 公吨,每公吨 500 美元 FOB 大连,限 11 月 10 日复到有效,该公司于当天下午 3 点发现所报价格有错误,比内部掌握价低 20%。按照《联合国国际货物销售合同公约》的规定,只要发盘人立即通知受盘人,而且该通知先于或与原发盘同时到达,则(　　)。

A. 这个实盘可以撤销
B. 此发盘可以撤回
C. 若受盘人未接受可撤销
D. 该发盘不可以撤回

二、多项选择题

1. 根据《联合国国际货物销售合同公约》,构成一项有效发盘应该具备的条件包括(　　　)。

A. 向一个或者一个以上的特定的人发出

B. 表明该发盘人在该发盘被接受时承受约束的意旨
C. 发盘的内容十分确定
D. 发盘要明确规定有效期
E. 发盘在到达受盘人时生效

2. 根据《联合国国际货物销售合同公约》，构成一项有效接受应该具备的条件包括(　　)。
A. 接受必须由特定的受盘人作出　　B. 接受必须是对原发盘的无条件接受
C. 接受必须在发盘的有效期内作出　　D. 接受必须表示出来
E. 接受必须送达到发盘人

3. 根据我国《合同法》的规定，下列可以作为书面合同的包括(　　)。
A. 电报、电传　　B. 传真
C. 电子数据交换　　D. 电子邮件
E. 合同或者信件

4. 我外贸企业在交易磋商结束后，另外签订一份书面合同的目的是为了(　　)。
A. 作为合同成立的依据　　B. 作为合同生效的条件
C. 作为合同履行的依据　　D. 符合有关法律的规定
E. 符合《联合国国际货物销售合同公约》的规定

5. 导致发盘失效的原因是(　　)。
A. 有效期满未获接受　　B. 发盘被受盘人拒绝
C. 发盘被受盘人还盘　　D. 发盘生效后发生不可抗力因素
E. 发盘生效后发生当事人丧失行为能力

6. 按照《联合国国际货物销售合同公约》，一项已经生效的发盘不能撤销的条件包括(　　)。
A. 发盘明确规定了有效期
B. 发盘未明确规定有效期
C. 发盘中明确规定发盘是不可撤销的
D. 发盘中未明确规定是否可撤销
E. 受盘人有理由相信该发盘是不可撤销的，并且已经采取行动

7. 在实际业务中，受盘人可以用(　　)等方式来表示接受。
A. 发运货物　　B. 开立信用证
C. 保持缄默　　D. 以口头作出声明
E. 以书面作出声明

8. 下列选项中属于实质性变更发盘条件的包括(　　)。
A. 变更货物的价格　　B. 变更货物的数量
C. 变更交货时间和对地点　　D. 变更货物的规格和型号
E. 变更仲裁地点

9. 根据《联合国国际货物销售合同公约》的规定，发盘内容必须十分确定，所谓十分确定，是指在发盘中，必须包括(　　)。
A. 货物的名称　　B. 货物数量或规定数量的方法
C. 货物的价格或规定确定价格的方法　　D. 交货时间和地点
E. 装运时间和是否允许分批装运

10. 按照我国外贸习惯，一个完整的出口合同通常包括(　　)。
A. 订约双方的名称和地址　　B. 合同序言
C. 名称、质量、数量、单价、总价条款　　D. 装运、支付、争议的预防处理条款
E. 合同附件及其效力、订约双方签字

三、判断解释题

(　　) 1. 根据《中华人民共和国合同法》，电子邮件不是一种有效的合同磋商形式。
(　　) 2. 一般交易条件是指销售商品时通常需要拟定的条件，包括价格、数量和支付方式等。
(　　) 3. 还盘是对原发盘的拒绝和修改。
(　　) 4. 为节约交易磋商的时间，在还盘时，对双方已经同意的条件一般无需重复列出。
(　　) 5. 为明确交易的内容，在接受中必须将双方已经协商一致的各项交易条件一一列明。
(　　) 6. 询盘和还盘不是合同成立的必经过程，但是在交易磋商过程中也是重要的环节。
(　　) 7. 双方当事人意思表示一致，是构成一项有效的国际货物买卖合同的必要条件之一。这是各国法律的基本原则，也是我国《合同法》遵循的原则。
(　　) 8. 如果发盘中带有"经确认为准"、"以未售出为准"等字样，就不是有效的发盘，而被视作发盘邀请。
(　　) 9. 发盘和广告的区别在于发盘是向特定的人提出的，而广告的对象是广大的受众。因此，发盘只能发送给一个受盘人。
(　　)10. 发盘必须明确规定有效期，否则就是无效的发盘。
(　　)11. 根据《联合国国际货物销售合同公约》，发盘只要具备了品名、价格和数量，就构成"内容十分确定"。
(　　)12.《联合国国际货物销售合同公约》规定任何发盘都可以撤回，只要撤回的通知先于或与发盘同时到达受盘人。
(　　)13. 接受对于原发盘不能有任何修改，任何修改都构成对原发盘的拒绝。
(　　)14. 根据《联合国国际货物销售合同公约》，接受只要发出即立刻生效，发出接受的一方就要承担与对方签订合同的责任。
(　　)15. 接受应以声明或行动表示，但在特定条件下，沉默和不行为也可构成

接受。

(　　)**16.** 根据《联合国国际货物销售合同公约》，逾期接受是无效的。

(　　)**17.** 根据《联合国国际货物销售合同公约》，接受是不可撤回的。

(　　)**18.** 接受中对于仲裁地点的修改属于非实质性变更合同条件，接受有效，合同成立。

(　　)**19.** 书面合同虽然不是合同成立的必要条件，但是在国际贸易中通常会签订一份书面合同作为合同成立的依据。

(　　)**20.** 交易磋商时，如果一方声明以签订正式书面合同为准，只有正式的书面合同签订时，合同才告成立。

(　　)**21.** 我国《合同法》规定，合同的有效形式包括：合同书、信件、数据电文和备忘录。

(　　)**22.** 合同的内容一般包括三个部分：约售、本文和约尾。合同正本的份数和合同的文字效力出现在合同的约首部分。

(　　)**23.** 电子商务实际上包含了电子通讯方式和商贸活动两个方面的内容。

四、名词解释题

1. 实质性变更发盘　**2.** 非实质性变更发盘

五、简答题

1. 构成一项法律上有效的发盘必须具备哪些条件？

2. 什么叫接受？构成一项有效接受的条件有哪些？

3. 什么叫逾期接受？《联合国国际货物销售合同公约》中关于逾期接受效力的规定是什么？

六、案例分析题

1. 某年2月，上海A公司拟向某外商出口一批土特产品。双方就出口商品的品名、规格、数量、价格、包装、交货日期、付款方式等交易条件通过电子邮件进行了交易磋商。双方于3月初基本达成协议，但是对于价格部分，上海A公司坚持单价不得低于每公吨1 500美元，并要求外商在“不晚于5月1日答复”。4月初，国际市场该土特产品的价格猛涨，外商于4月20日复电表示接受中方报价。此时我方发现国内货源已紧缺，无法供货，于是回电表示拒绝，外商指责中方违约，并要求中方承担违约责任。问中方是否要承担违约责任？为什么？

2. 我某外贸公司于某年3月1日向美商发去电传，发盘供应某农产品1 000公吨并列明“牢固麻袋包装”。美商收到我方电传后立即复电表示“接受，装新麻袋装运”，我方收到上述复电后即着手备货，准备于双方约定的4月装船，两周后，某农产品国际价格猛跌，美商于4月20日来电称：“由于你方对新麻袋包装的要求未予确认,双方之间无合同”,而我方坚持合同已有效成立,双方发生争执。试评析此案。

3. 我出口公司于某年5月10日向外商发盘销售某商品500公吨,价格为FOB Shanghai USD 200 per metric ton,有效期至5月17日复到。5月12日我方收到该外商发来电传称:“接受FOB Shanghai USD180”,我方未予答复。5月14日,该商品价格剧涨。外商于5月15日又向我公司电传表示“接受你方5月10日发盘信用证已开出”。问此项交易是否达成?我公司应如何处理?为什么?

4. 我某出口公司于3月1日向外商A发盘销售某商品,限3月8日复到。由于传递过程中的延误,外商A表示接受的电传于3月9日上午送到我方。我方认为答复逾期,未予理睬。此时,该商品国际市场价格上涨,我公司以较高价将该商品出售给另一个商人。22日,外商A来电称:“信用证已开出,请立即装运”。我公司复电“逾期接受,合同不成立”。而外商A坚持认为合同已成立。问:根据《联合国国际货物销售合同公约》,此合同是否成立?为什么?

5. 某年8月17日,上海A公司向荷兰B公司以电子邮件发盘:“出售大米编号C514 300公吨9月装船,不可撤销即期信用证付款,每公吨CIF鹿特丹900美元,8月25日前电复有效。”B公司于8月22日回复如下:“你方8月17日发盘接受。除通常的装运单据以外,要求提供产地证、植物检疫证明书、适合海洋运输的良好包装。”A公司于8月25日回复:“你22日回复已收到,十分抱歉,由于世界市场价格变化,收到你方回复之前,我方已另行售出该货物。”为此,双方就合同是否成立发生激烈的争论。请根据《联合国国际货物销售合同公约》对本案进行评述。

6. 我某公司于某年5月的一个周一上午10点以电传方式向英商发盘,该发盘传递至对方需10小时。公司原定价格为每公吨1 500英镑CIF伦敦,由于经办人员失误,错报为每公吨1 500美元CIF伦敦,请按照《联合国国际货物销售合同公约》的规定回答以下问题:(1)如果该公司于当天下午3点发现问题,应如何处理?(2)如果第二天上午9点发现问题,而此时尚未收到客户表示接受的电文,应如何处理?

7. 我某公司向美国A公司发盘出售一批大宗商品,其中仲裁地点为中国。对方在发盘有效期内复电表示接受,同时指出:“凡发生争议,双方应通过友好协商解决;如果协商不能解决,应将争议在纽约进行仲裁。”我方尚未答复。第三天,我方收到美国A公司通过银行开来的信用证。因获知该商品的国际市场价格已大幅度上涨,我公司当天将信用证退回,但A公司认为其接受有效,合同成立。按照《联合国国际货物销售合同公约》对本案进行评析。

8. 我某公司与某外商洽商进口某商品一批,经往来电传洽谈,已谈妥合同的主要交易条件,但我方在传真中表明交易于签订确认书时生效。事后对方将草拟的合同条款交我方确认,但因有关条款的措辞尚需研究,我方未及时答复。不久该商品的市场价格下跌，对方电催我方开立信用证，而我方以合同未成立为由拒绝开证。问合同是否已经成立？为什么？

七、操作题

2017 年 6 月，上海欧杰进出口公司（Oujie Imp & Exp CO., Ltd, 115 Hongqiao Road, Shanghai, TEL 021-27776644）向英国 Lordiness Co., Ltd.（33 Bristol Road, London, TEL 0044-121-77658）洽谈出口一批纸质礼品盒（PAPER GIFT BOXES, REF.1013456），双方往来电文如下：

June 4th (Incoming):

WE ARE INTERESTED IN PAPER GIFT BOXES REF. 1013456 PLEASE FAX CURRENT PRICE AVAILABLE QUANTITY FOR AUGUST SHIPMENT

June 6th (Outgoing)

YOURS FOURTH OFFER SUBJECT REPLY HERE NINTH 10000 CARTONS PAPER GIFT BOXES REF.1013456 PACKED IN CARTONS OF SIX DOZEN EACH USD6.00 PER DOZEN CIF LONDON AUGUST SHIPMENT INSURANCE TO BE EFFECTED BY THE SELLER FOR 110% OF CIF INVOICE VALUE COVERING ALL RISKS AS PER CIC IRREVOCABLE SIGHT L/C

June 8th (Incoming):

YOURS 5TH WE ACCEPT 12000 CARTONS USD 5.00 CREDIT 30DAYS SIGHT LC REPLY IMMEDIATELY

June 10th (Outgoing):

YOURS 8TH 11000 CARTONS OUR BEST PRICE USD5.50 PER CARTON PAYMENT AS USUAL SIGHT CREDIT REPLY HERE 14TH

June 14th (Incoming):

YOURS 10TH WE ACCEPT BUT PLEASE SEND 2 CARTONS OF SHIPPING SAMPLES TO US BEFORE SHIPMENT

June 15th (Outgoing):

YOUR CONTRACT NO.20110614 AIRMAILED

问：根据《联合国国际货物销售合同公约》，

（1）6 月 4 日、6 日、8 日、10 日的电文分别属于交易磋商哪个环节？为什么？

（2）对方 6 月 14 日来电是否构成有效的接受？为什么？

（3）试根据上述交易磋商的电文，缮制一份售货确认书。

参考答案

一、单项选择题

1. D **2.** A **3.** B **4.** A **5.** A **6.** A **7.** A **8.** C **9.** D **10.** A **11.** A **12.** B

二、多项选择题

1. ABCE **2.** ABCDE **3.** ABCDE **4.** ABC **5.** ABCDE **6.** ACE **7.** ABCE **8.** ABCDE **9.** ABC **10.** ABCDE

三、判断解释题

1. ×。《中华人民共和国合同法》第 11 条规定,书面形式是指合同书、信件和数据电文。其中数据电文包括电报、电传、传真、电子数据交换和电子邮件。因此电子邮件是有效的合同磋商形式。

2. ×。一般交易条件是指由出口商为出售或进口商为购买货物而拟定的对每笔交易都适用的一套共性的交易条件。通常包括有关预防和处理争议的条件,有关主要交易条件的补充说明,以及个别的主要交易条件。

3. √。还盘在法律上是对原发盘的拒绝、修改或添加,在本质上构成一项新的发盘。

4. √。对于双方已经同意的条件,一般无需在还盘中重复列出,未列出的条件视为受盘人已经接受。

5. ×。接受无需列出双方已经协商一致的各项交易条件,只需表明接受的意思即可。

6. √。只有发盘和接受是合同成立的必经环节,询盘和还盘不是必备的环节,但是在交易磋商过程中也同样重要。

7. √。合意是构成一项有效的国际货物买卖合同的必要条件之一,也就是双方当事人之间意思表示一致。

8. √。构成有效发盘的重要条件之一就是发盘必须明确订约意旨,带有这样字样的发盘,订约意旨是不明确的,因此不是有效的发盘,而被视作发盘邀请。

9. ×。发盘必须是向一个或者一个以上特定的人提出,但并不是只能发给一个受盘人。

10. ×。发盘的有效期可以不明确规定,理解为在一段合理时间内有效。

11. √。根据《联合国国际货物销售合同公约》规定,一项订立合同的建议,如果写明货物、并且明示或默示地规定数量和价格或如何确定数量和价格,即为十分确定。

12. √。发盘的撤回是指发盘人取消尚未送达受盘人的发盘的行为。《联合国国际货物销售合同公约》规定,即使是不可撤销的发盘,也可以撤回,只要撤回的通知先于或与发盘同时送达受盘人。

13. ×。在国际贸易的实际业务中,受盘人可以在发出接受时对发盘条件作出修改或添加,包括实质性变更发盘和非实质性变更发盘。非实质性变更发盘仍是有效的接受,但发盘人有权及时表示反对;如果修改或添加导致实质性变更发盘,则接受无效。

14. ×。《联合国国际货物销售合同公约》规定实施到达生效原则,接受于送达时生效。发盘人在收到受盘人发来的接受之后,该接受才生效。

15. ×。沉默或不行为本身不等于接受,这是各国法律的基本原则。

16. ×。一般的逾期接受是无效的,除非发盘人在收到逾期接受后毫不延迟地通知受盘人逾期接受有效;因传递延误引起的逾期接受是有效的接受,除非发盘人及时表示反对。

17. ×。接受是可以撤回的,只要撤回通知先于或同时于接受通知到达发盘人。

18. ×。对于仲裁地点的修改属于实质性变更发盘条件,构成还盘,这样的接受是无效的,合同不成立。

19. √。书面合同是合同成立的证据,因此即使在受盘人接受之后,也最好订一份书面合同作为合同成立的依据。

20. ×。当一方声明以签订书面合同为准时,这时书面合同就是合同成立的条件,在书面合同签订之前，即使双方已经就交易条件全部协商一致但合同并未成立。

21. ×。我国《合同法》规定，合同的有效形式包括：合同书、信件、数据电文，并不包括备忘录。

22. ×。合同正本的份数和合同的文字效力出现在合同的约尾部分。

23. √。电子商务就是电子通讯方式和商贸活动两个方面的综合。

四、名词解释

1. 实质性变更发盘：《联合国国际货物销售合同公约》第19条指出，对发盘表示接受但载有添加、限制或其他更改的答复，即为拒绝该项发盘并构成新的发盘。但公约第19条同时又将这类添加、限制或其他的更改区分为"非实质性更改"和"实质性更改"两类。如果添加、限制或其他更改涉及下列，即构成实质性更改了发盘，从而拒绝该项发盘并成为新的发盘：价格、付款、质量和数量、交货地点和时间、赔偿责任范围或解决争端等。

2. 非实质性变更发盘：《联合国国际货物销售合同公约》第19条指出，对发盘表示接受但载有添加、限制或其他更改的答复，即为拒绝该项发盘并构成新的发盘。但公约第19条同时又将这类添加、限制或其他的更改区分为"非实质性更改"和"实质性更改"两类。第19条第2款指出，如果添加、限制或其他更改并不在实质上变更该项发盘的条件，则接受有效，除非发盘人在不过分迟延的期间表示反对。

五、简答题

1. 通常包括：表达订约意旨；向特定的人提出；内容十分确定；传达到受盘人。

2. 接受是受盘人对发盘人提出的发盘无条件同意的意思表示。一项接受一旦生效，双方的合同就宣告成立。按照《联合国国际货物销售合同公约》，构成一项有效接受的条件包括：(1)只能由受盘人作出。发盘人向受盘人发出发盘，就是赋予了受盘人可以接受发盘的权利，除受盘人以外的其他人并未获得此项权利。(2)接受必须表示出来。(3)接受应当与发盘相符，即接受不能对发盘进行修改、限制或加添加，否则将构成还盘。(4)在发盘规定的有效期内送达发盘人。

3. 《联合国国际货物销售合同公约》规定，接受通知未在发盘规定的期限内送达发盘人则构成逾期接受。逾期接受能否产生接受的效力，关键在于发盘人的决定。《联合国国际货物销售合同公约》明确指出，逾期接受无效，除非发盘人毫不迟延的通知受盘人：他认为接受是有效的；如果接受在传递不正常的情况下导致的逾期，接受仍然有效，除非发盘人毫不迟延地通知收盘人，他的发盘已经失效了。可见，对于逾期接受，能否产生接受的效力，关键在发盘人。

六、案例分析题

1. 卖方应当承担违约责任。根据《联合国国际货物销售合同公约》的规定，受盘人在接受之后，合同成立。该案例中外商于4月20日复电表示接受中方报价，是有效的接受，合同已成立，因此我方要承担违约责任。

2. 该合同已成立。"装新麻袋装运"属于非实质性变更发盘，该接受是有效的，除非发盘人及时提出反对，但本案例中我方并未表示反对，而是着手备货，因此合同已经成立。

3. 合同并未成立。根据《联合国国际货物销售合同公约》，如果受盘人对发盘进行了还盘，则该发盘失效。本案例中，外商5月12日的回电已构成对原发盘的还盘，因此原发盘已经失效，外商5月15日的接受是无效的。

4. 合同应当成立。根据《联合国国际货物销售合同公约》，由于传递延误引起的逾期接受，是有效的接受，除非发盘人及时提出反对。在本案中，我方未予答复，该接受是有效的，合同已经成立。

5. 该合同不成立，提供产地证、植物检疫证明书、适合海洋运输的良好包装等均属于非实质性变更发盘条件，除非发盘人及时表示反对。本案中发盘人及时提出了反对，因此该接受无效，合同不成立。

6. (1) 应立即发更快电文撤回。根据《联合国国际货物销售合同公约》的规定，未送达的发盘可以撤回，只要撤回通知先于发盘或与发盘同时到达受盘人。因此我方应采取更快的通信方式将该发盘撤回。

（2）应立即以最快的方式发电文撤销发盘。根据《联合国国际货物销售合同公约》的规定，已经为受盘人收到的发盘可以撤销，只要撤销通知于受盘人表示接受之前到达受盘人。

7. 合同无效。根据《联合国国际货物销售合同公约》的规定，变更预防和处理争议的条款属于实质性变更发盘，是无效的接受，构成还盘，除非发盘人及时表示同意。本案中发盘人未及时表示同意，因此该接受无效，合同并未成立。

8. 合同尚未成立。尽管一般情况下在有效的接受之后合同就已成立，但如果在交易磋商中声明以签订书面合同为准时，签订书面合同就成为合同成立的条件。因此在本案中合同并未成立。

七、操作题

（1）June 4th(Incoming)：询盘，因为交易条件不确定；June 6th(Outgoing)：发盘，因为符合发盘的四个要件；June 8th(Incoming)：还盘，因为对价格和付款时间作出实质性变更；June 10th(Outgoing)：还盘，因为对价格和信用证付款时间作出实质性变更。

（2）对方6月14日来电是一项有效的接受，增加装船样品数量属于非实质性变更发盘条件，构成有效接受，除非发盘人及时表示反对，本案例中发盘人没有及时表示反对，且将拟定好的合同寄送给对方，表明双方合同关系成立。

（3）

SALES CONFIRMATION

S/C NO.: SHHX03027　　**DATE**: June-14-2017

The Seller Address: OUJIE IMP & EXP CO., LTD, 115 HONGQIAO ROAD, SHANGHAI, TEL 021-27776644

The Buyer Address: LORDINESS, CO., LTD, 33 BRISTOL ROAD, LONDON, TEL 0044-121-77658

Ref. No.	Commodity	Unit	Quantity	Unit Price (USD)	Amount (USD)
1013456	PAPER GIFT BOXES PACKED IN CARTONS OF SIX DOZEN EACH	CTN	11000	CIF LONDON 5.50	60500.00
					60500.00
TOTAL CONTRACT VALUE: SAY US DOLLARS SIXTY THOUSAND FIVE HUNDRED ONLY.					

PORT OF LOADING & DESTINATION:

FROM: SHANGHAI　　**TO**: LONDON

TIME OF SHIPMENT: TO BE EFFECTED DURING AUGUST 2017 WITH PARTIAL SHIPMENT AND TRANSHIPMENT ALLOWED

TERMS OF PAYMENT: THE BUYER SHALL OPEN THOUGH AN ACCEPTABLE BANK TO THE SELLER AN IRREVOCABLE L/C AT SIGHT FOR NEGOTIATION IN CHINA UNTIL THE 15TH DAY AFTER THE DATE OF SHIPMENT.

INSURANCE: THE SELLER SHALL COVER INSUANCE AGAINST ALL RISKS FOR 110% OF THE TOTAL INVOICE VALUE AS PER THE RELEVANT OCEAN MARINE CARGO OF CIC. DATED 1/1/1981.

Confirmed by:

THE SELLER　　THE BUYER

OUJIE IMP & EXP CO., LTD　　LORDINESS, CO., LTD

(signature)　　(signature)

第二十一章　出口合同的履行

学习目标：了解合同履行过程中的基础知识、实务做法和有关的法律惯例。熟悉买卖双方在合同履行过程中的基本义务，了解出口合同履行的环节与流程，掌握出口合同履行的一般理论知识，特别是和信用证审核以及出口结汇单据制作的有关知识。了解我国出口收汇核销和出口退税的有关政策。

一、单项选择题

1. 卖方在收到信用证后应审核信用证，审证的依据是（　　）。

A. 买卖合同　　B. 开证申请书　　C. 银行保函　　D. 商业发票

2. 出口人在审证过程中所依据的国际惯例或法律是（　　）。

A.《联合国国际货物销售合同公约》　　B. UCP600

C. INCOTERMS® 2010　　D.《中华人民共和国合同法》

3. 如果一份信用证只规定有效期而没有规定最迟装运期限，根据 UCP600，下述哪项说法是正确的？（　　）。

A. 该信用证无效

B. 信用证必须要经过修改才能使用

C. 装运期是在信用证到期前的 15 天之内

D. 装运的最迟期限和信用证的到期日相同

4. 根据 UCP600 的解释，下列说法正确的是（　　）。

A. 单据与信用证相符　　B. 单据与合同相符

C. 合同与信用证相符　　D. 单据与合同、信用证均相符

5. 根据 UCP600，银行有权拒受迟于装运日期后（　　）提交的单据。

A. 21 天　　B. 15 天　　C. 30 天　　D. 60 天

6. 一份国外开来的信用证规定，一批散装货物，数量为 10 000 公吨，总金额为 90 万美元，未表明可否溢短装，不准分批装运，根据 UCP600 的规定，卖方交货的（　　）。

A. 数量和总金额均不得增减

B. 数量和总金额均可增减 10%

C. 数量和总金额均可增减 5%

D. 数量可有 5%的增减但总金额不得超过 90 万美元

7. 一份信用证规定装运期限为 2017 年 5 月，但没有规定交单期，该信用证有效期为 2017 年 6 月 15 日，出口公司装船后，于 5 月 8 日签发提单，出口人应于(　　)前(包括当日)向银行交单，若提单日期为 5 月 28 日，则应于(　　)日前向银行交单。

A. 5 月 29 日；6 月 15 日　　B. 5 月 29 日；6 月 18 日

C. 6 月 15 日；6 月 15 日　　D. 5 月 23 日；6 月 12 日

8. 根据 UCP600，若信用证条款中未明确规定是否"允许分批装运"、"允许转运"，则意味着(　　)。

A. 可允许分批装运，但不允许转运

B. 可允许分批装运和转运

C. 可允许转运，但不允许分批装运

D. 不允许分批装运和转运

9. 根据 UCP600，信用证的修改书应由(　　)传递给原信用证的受益人。

A. 开证行　　B. 开证申请人

C. 任何银行　　D. 原信用证的通知行

10. 如果一份信用证在开出之后，受益人希望修改其中的内容，则应由(　　)向(　　)提出修改。

A. 受益人；开证行　　B. 受益人；申请人

C. 申请人；开证行　　D. 通知行；开证行

11. 关于一份海运提单对于货物的描述，下列说法正确的是(　　)。

A. 必须和信用证规定完全一致，包括货物的细节

B. 必须使用货物的全称

C. 只要和信用证对于货物的描述不相抵触，可以使用货物的统称

D. 必须和发票的填写完全一致

12. 按照商业习惯，货物出口报关的时间应该是在(　　)

A. 货物到达目的地之后　　B. 卖方备货时

C. 货物检验前　　D. 货物装船前

13. 在海运散货和件杂货情况下，托运人凭以向船公司或其代理人换取正式提单的是(　　)。

A. 托运单　　B. 装货单

C. 大副收据　　D. 下货纸

14. 当采用 FOB 贸易术语成交时，除非信用证另有规定，海运提单上对运费的表示一般为(　　)。

A. Freight Prepaid　　B. Freight To Collect

C. Freight Repayable　　D. As Arranged

15. 信用证开立的基础是国际贸易买卖合同,同时又是开证行对出口人的有条件的付款保证,所以,当信用证条款与买卖合同规定不一致时,受益人可以要求(　　)修改信用证。

A. 开证行　　B. 开证申请人　　C. 通知行　　D. 议付行

16. 一份出口合同中使用的贸易术语为 CIF,合同与信用证均未规定投保的险别,交单时出口人提交的保险单据上显示为中国保险条款的平安险,但出口产品为易碎品,因此(　　)。

A. 银行将拒收单据　　B. 买方将拒收单据

C. 买方将接受单据　　D. 银行将接受单据

17. 在信用证支付方式下,开证行对受益人履行付款承诺,是以(　　)为条件的。

A. 卖方将货物装运完毕

B. 买方收到货物

C. 按时收到与信用证相符的全套单据

D. 收到卖方提供的代表货物所有权的提单

18. 下面关于商业发票表述中错误的是:(　　)。

A. 除非信用证另有规定,商业发票必须签署

B. 除非信用证另有规定,商业发票表面上必须由信用证指定的受益人出具(备用信用证除外)

C. 商业发票须作成申请人抬头(备用信用证除外)

D. 商业发票中对货物的描述必须完全符合信用证中的描述

19. 根据 UCP600,银行可拒收的保险单据是(　　)。

A. 保险单据的签发日期迟于运输单据的签发日期

B. 当信用证未规定保险金额时,保险金额为 CIF 或 CIP 发票金额的 110%

C. 当信用证未规定保险险别时,保险险别是一切险

D. 保险单上货物的描述使用统称,但与信用证的规定不相抵触

二、多项选择题

1. 根据 UCP600,以下表述中正确的是:(　　　　)。

A. 除非另有规定,信用证都是不可撤销的

B. 通知行须鉴别信用证表面真实性

C. 延期付款信用证项下受益人只需提交单据,无须提交汇票

D. 信用证未注明“可转让”字样,即为可转让信用证

E. 信用证未注明“禁止分批装运和转运”,即为允许分批装运和转运

2. 在信用证支付方式下,出口人得到银行付款的前提是(　　　　)。

A. 单证相符　　B. 单单相符

C. 单货相符　　D. 所交货物与信用证规定相符

E. 单据和合同相符

3. 下列表述中符合 UCP600 关于分批装运所作的规定的有（　　　　）。
   A. 运输单据表明货物是使用同一运输工具、同一航次、并运往同一目的的，即使运输单据注明装运地及装运日期不同，也不视为分批装运
   B. 除非信用证禁止，允许分批装运
   C. 除非信用证另有规定，不允许分批装运
   D. 如信用证限制批次、数量和每批装运时间，若其中任何一批未按信用证规定装运，则信用证对该批和以后各批均告失效
   E. 如信用证限制批次、数量和每批装运时间，若其中任何一批未按约定的时间装运，该批不可以装运，但是以后各批仍可以继续装运
4. 在下列单据中，银行有权拒收的包括（　　　　）。
   A. 迟于信用证规定的到期日提交的单据
   B. 迟于装运日期后 21 天提交的单据
   C. 内容与信用证内容不相符的单据
   D. 单据之间内容有差异的单据
   E. 迟于装运期装运的提单
5. 海关发票的主要作用包括（　　　　）。
   A. 作为进口国海关估价定税的依据
   B. 作为进口国海关核定原产地征收差别关税的依据
   C. 作为进口国海关审核出口人有否低价倾销的依据
   D. 确定是否征收反倾销和反补贴税的依据
   E. 是进口国海关编制统计资料的依据

三、判断解释题

（　　）1. 在我国贸易实践中，采用 FOB 贸易术语出口的四个环节可以概括为：货、证、船、款。

（　　）2. 在信用证付款方式下，只要在信用证的有效期内，只要受益人向银行提交符合合同规定的单据，银行一律不得拒收单据和拒付货款。

（　　）3. 受益人收到信用证修改书时，可以接受其中对其有利的一点或几点，而拒绝其中不利的方面。

（　　）4. 在不可撤销信用证业务中，受益人若拒绝信用证修改书必须立即以书面声明表示，否则该信用证修改书将立即生效。

（　　）5. 某公司出口微波炉 1 000 台，纸箱装，合同和信用证上都规定不许分批装运。装船时有 20 台因包装破裂，产生变形，不能出口。发货人认为，根据 UCP600，即使不准分批装运，只要货款不超过信用证的总额，货物的数量亦允许有 5%的增减。据此装运 980 台也可照常办理议付。

（　　）6. 出口业务中，卖方履行合同的基本义务是只要向买方提交符合合同规定的货物即可。

(　　) **7.** 受益人审核信用证后如发现有不能接受之处，应直接要求开证行对信用证进行修改。

(　　) **8.** 所有单据中，货物描述要求和信用证最为一致的单据是海运提单，信用证中有关货物描述的内容，包括所有细节在内，都必须写在提单上。

(　　) **9.** 根据 UCP600，没有装运期的信用证是无效的信用证。

(　　) **10.** 根据 UCP600，在受益人对于开证行的修改表示接受之前，原信用证的条款对于受益人仍然有效。

(　　) **11.** 根据 UCP600，开证行审核单据的时间为收到单据次日起不超过七个工作日。

(　　) **12.** 如果信用证对于商业发票没有要求签字，根据 UCP600，受益人可以不在商业发票上签字。

(　　) **13.** 根据 UCP600 的解释，凡是迟于信用证规定的有效期提交的单据，银行都有权拒收。

(　　) **14.** 根据 UCP600，正本海运提单必须注明“original”字样，但是无需注明正本提单的份数。

(　　) **15.** 信用证业务中开立汇票的依据是信用证，而托收和汇付中开立汇票的依据是合同。

(　　) **16.** 以信用证成交的买卖合同，按时开证是买方必须履行的最重要的义务。

(　　) **17.** 我某出口公司按 CIF 条件出售货物一批，合同规定凭信用证付款，买方在约定的时间内未开来信用证。由于合同规定的装运期已到，为了重合同、守信用，我方仍应按期发货，以免影响信誉。

(　　) **18.** 在信用证业务中，如果信用证规定受益人须提交汇票，则汇票的付款人既可以作成开证行或信用证中指定的付款行，也可以作成开证申请人。

(　　) **19.** 如果信用证中带有“以取得进口许可证为准”，“申请人代表签字的检验证书”等条款，应要求改证。

(　　) **20.** 信用证通常规定一个运输单据出单日期后必须向信用证指定银行提交单据的日期，但如信用证未规定，则受益人可在任何时间向银行交单。

(　　) **21.** 根据 UCP600，在商业发票中，开证申请人的地址必须和信用证的规定完全一致，包括电话、传真等联络细节。

(　　) **22.** 对于信用证中规定的银行费用，按照我国的习惯做法，出口地的银行费用由受益人负担，进口地的银行费用由开证申请人负担。

(　　) **23.** 装货单又称关单，因为装货单是报关时必须向海关提交的单据之一，海关在装货单上加盖放行章。

(　　) **24.** 根据 UCP600，如果提单的签署人为承运人代理，则须标明被代理一方的名称和身份。

(　　) **25.** 信用证中有关运输方面的证明，如船籍或航程证明、船龄证明、船级证明等，由于受益人无法出具，因此可不予置理。

(　　)26. 在单证不符的情况下，受益人可以要求采取跟证托收的方式，这种方式的风险较小，对收汇有保证。

四、填空题

1. 在采用 CIF 术语和凭即期议付信用证支付的交易中，履行出口合同一般要经过________、________、________和________等环节。
2. 根据《联合国国际货物销售合同公约》，卖方的基本义务有：________、________和________。
3. 根据《联合国国际货物销售合同公约》，买方的基本义务有：________和________。
4. 根据 UCP600，如果信用证没有其他规定，则商业发票应由________签发，抬头应做成________；信用证项下的汇票付款人应做成________。
5. 履行出口合同中的"四排"工作是指以________为对象，排出________、________、________、________四种情况。"三平衡"是指以________为依据，力求做到________、________、________三个方面的衔接和平衡。
6. 对各种结汇单据的基本要求是________、________、________、________、________。在以信用证方式出口时，除要求________一致和________一致外，还应注意________和________、________一致。

五、案例分析题

1. 2017 年 2 月，山东天逸进出口公司和美国 St George 公司达成出口一批散装核桃仁的交易，成交的总数量为 500 公吨，支付方式为即期不可撤销议付信用证。信用证中规定：装运从中国港口至纽约，该批货物共分四个月装运，3 月装运 120 公吨，4 月装运 80 公吨，5 月装运 140 公吨，6 月装运 160 公吨，每月内不得分批装运。

天逸公司根据信用证规定于 3 月 15 日在青岛港装运货物共 120 公吨；4 月 20 日又在青岛港装运了 80 公吨，两批货物均顺利收到货款。由于随后货源不足，第三批货物于 5 月 20 日在青岛只装运了 75 公吨，载货船舶为"SHANHE V.327"。天逸公司经联系某烟台公司有一部分同样品质规格的货物，随即要求该货轮再驶往烟台港继续装货。船方考虑目前船舱尚有舱位，所以同意了天逸公司的要求，在烟台港又装运了 64 公吨的货物。当天逸公司向议付行办理议付时，提交了两套提单：一套是在青岛于 5 月 20 日签发的提单，其货量为 75 公吨；另一套是在烟台于 5 月 28 日签发的提单，其货量为 64 公吨。开证行认为单证不符，从而拒收单据。

请分析开证行的拒付是否合理？为什么？

2. 2017 年 2 月，上海 A 公司与国外 B 公司签订货物买卖合同，出口一批机械零件。合同规定 2017 年 4 月装运，以不可撤销即期议付信用证支付。经多次催促，4 月25 日，B 公司方开来不可撤销即期议付信用证。该信用证规定最迟装运期不迟于2011年4月30日，议付到期日为5月15日。此时A公司已无法如期出运货物。于是A公司业务人员于4月27日去电，要求进口人将信用证装运期延至5月15日，信用证到期日延长至5月30日。4月30日，A公司接到B公司复电称："同意你方4月27日要求，将装运期改为不迟于5月15日，信用证到期日延展至5月30日。"接到该电文后，A公司迅速联系承运人出运货物，于5月5日装运完毕，提单签发日为2011年5月5日，并于5月15日备齐全套单据向银行交单议付，但被银行拒付。问：

(1) 银行拒付是否合理？为什么？

(2) A公司业务员在该笔业务操作中有何失误？

(3) 信用证修改中，受益人应该注意哪些问题？

3. 2018年，我国A公司以CIF条件、不可撤销即期议付信用证方式与某国B公司订立一份总值40万美元的出口合同。B公司通过当地银行开来一份不可撤销即期议付信用证，其中规定，受益人须提供"INSPECTION CERTIFICATE ISSUED BY APPLICANT AND SIGNED BY THEIR AUTHORIZED OFFICER(S) CERTIFIYING THAT THE GOODS HAVE BEEN INSPECTED BEFORE SHIPMENT"，并要求"1/3 ORIGINAL OCEAN BILL OF LADING MUST BE DIRECTLY MAILED TO APPLICANT BY EXPRESS AFTER SHIPMENT"。

经过联系，该货物在装运前经B公司的代表检验，但截止到A公司交单时B公司还未签发检验证书，A公司不得已只能采用担保方式向议付行议付。单据寄到开证行之后因为缺少检验证书又遭到拒付。A公司认为未提交检验证书的责任在于B公司，坚持要求开证行付款。货物到达目的港后，B公司凭A公司寄去的正本提单将货物提走，并以此批货为筹码，对A公司前几次交货的质量提出索赔要求。经双方多次谈判，时隔半年，B公司才付款，A公司还被迫减价6万美元。试分析：

(1) 开证行拒付是否合理？为什么？

(2) A公司在该笔交易中存在哪些问题？

(3) 出口业务中以信用证方式成交，出口方应该注意哪些风险？

4. 我公司与国外客户签订了合同，出售一批货物，合同规定按照CIF即期信用证支付，2017年11月装运，但未规定具体开证日期，后因商品市场价格有下降趋势，外商想方设法拖延开证。我方为防止延误装运期，从2017年10月中旬起多次催开信用证，终于在11月16日收到信用证。但由于该商品开证太晚，造成我方安排装运困难，我方遂要求对方将信用证的装运期和议付有效期进行修改，分别推迟一个月，但外商拒不同意，并以我方未能按期装运为由单方面宣布解除合同，我方也就此作罢。

问：我方处理是否得当，应从中吸取哪些教训？

六、操作题

2017年上海欣宜进出口公司与加拿大HOLIDAY HORA公司签订了一笔陶瓷餐茶具出口业务。请根据售货确认书，审核该信用证并改正其中的问题。

SALES CONFIRMATION

S/C NO.: SHHX03027 **DATE:** 03-APR-2017

The Seller Address: XINYI TRADING CO., LTD. 14TH FLOOR KINGSTAR PLACE 654 YUNNAN RD., SHANGHAI CHINA

The Buyer Address: HOLIDAY HORA CO., LTD, # 304-310 GRANVILLE STREET, VANCOUVER, CANADA

Art. No.	Commodity	Unit	Quantity	Unit Price (USD)	Amount (USD)
				CIFC5 VANCOUVER	
	CHINESE CERAMIC DINNERWARE				
HX1115	35PCS DINNERWEAR & TEA SET	SET	542	23.50	12 737.00
HX2012	20PCS DINNERWARE SET	SET	800	20.40	16 320.00
HX4405	47PCS DINNERWARE SET	SET	443	23.20	10 277.60
HX4510	95PCS DINNERWARE SET	SET	254	30.10	7 645.40
					46 980.00
TOTAL CONTRACT VALUE: SAY US DOLLARS FORTY SIX THOUSAND NINE HUNDRED AND EIGHTY ONLY.					

PACKING: HX2012 IN CARTONS OF 2 SETS EACH AND HX1115, HX4405 AND HX4510 TO BE PACKED IN CARTONS OF 1 SET EACH ONLY.

TOTAL: 1639 CARTONS

PORT OF LOADING & DESTINATION:

FROM: SHANGHAI **TO:** VANCOUVER

TIME OF SHIPMENT: TO BE EFFECTED BEFORE THE END OF APRIL 2017 WITH PARTIAL SHIPMENT AND TRANSHIPMENT ALLOWED

TERMS OF PAYMENT: THE BUYER SHALL OPEN THOUGH AN ACCEPTABLE BANK TO THE SELLER AN IRREVOCABLE L/C AT SIGHT TO REACH THE SELLER BEFORE APRIL 10, 2017 VALID FOR NEGOTIATION IN CHINA UNTIL THE 15TH DAY AFTER THE DATE OF SHIPMENT.

INSURANCE: THE SELLER SHALL COVER INSUANCE AGAINST WPA AND CLASH & BREAKAGE & WAR RISKS FOR 110% OF THE TOTAL INVOICE VALUE AS PER THE RELEVANT OCEAN MARINE CARGO OF CIC. DATED 1/1/1981.

Confirmed by:

THE SELLER	THE BUYER
XINYI TRADING CO., LTD	HOLIDAY HORA CO., LTD
(signature)	(signature)

THE ROYAL BANK OF CANADA

BRITISH COLUMBIA INTERNATIONAL CENTRE

1055 WEST GEORGIA STREET, VANCOUVER, B.C.V6E 3P3

CANADA

CONFIRMATION OF TELEX/CABLE PRE-ADVISED　　DATE: APR 8, 2011

TELEX NO.4720688 CA　　PLACE: VANCOUVER

Irrevocable Documentary Credit	Credit Number: 03/0501-Ftc	Advising Bank's Ref.No.

ADVISING BANK: Hongkong and Shanghai Banking Corporation, Shanghai 200002, China	**APPLICANT:** Holiday Hora Co., Ltd, ＃304-310 Granville Street, Vancouver, Canada
BENEFICIARY: Xinyi Trading Co., Ltd. 14th Floor Kingstar Place 654 Yunnan Rd., Shanghai China	**AMOUNT:** USD46,980.00 (US DOLLARS FORTY SIX THOUSAND NINE HUNDRED AND EIGHTEEN ONLY)

EXPIRY DATE: MAY 15, 2017 FOR NEGOTIATION IN APPLICANTS COUNTRY

GENTLEMEN:

WE HEREBY OPEN OUR IRREVOCABLE LETTER OF CREDIT IN YOUR FAVOR WHICH IS AVAILABLE BY YOUR DRAFTS AT 30 DAYS SIGHT FOR FULL INVOICE VALUE ON US ACCOMPANIED BY THE FOLLOWING DOCUMENTS:

＋ SIGNED COMMERCIAL INVOICE AND 3 COPIES

＋ PACKING LIST AND 3 COPIES, SHOWING THE INDIVIDUAL WEIGHT AND MEASUREMENT OF EACH ITEM.

＋ ORIGINAL CERTIFICATE OF ORIGIN AND 3 COPIES ISSUED BY THE CHAMBER OF COMMERCE.

＋ FULL SET CLEAN ON BOARD OCEAN BILLS OF LADIG SHOWING FREIGHT PREPAID CONSIGNED TO RODER OF THE ROYAL BANK OF CANADA INDICATING THE ACTUAL DATE OF THE GOODS ON BOARD AND NOTIFY THE APPLICANT WITH FULL ADDRESS AND PHONE NO.77009910

＋ INSURANCE POLICY OR CERTIFICATE FOR 130 PERCENT OF INVOICE VALUE COVERING: INSTITUTE CARGO CLAUSES(A) AS PER I.C. C. DATED1/1/1981.

＋ BENEFICIARY'S CERTIFICATE CERTIFYING THAT EACH COPY OF SHIPPING DOCUMENTS HAS BEEN FAXED TO THE APPLICANT WITHEIN 48 HOURS AFTER SHIPMENT.

＋ INSPECTION CERTIFICATE ISSUED BY THE APPLICANT

COVERING SHIPMENT

ITEMS OF CHINESE CERAMIC DINNERWARE INCLUDING: HX1115 544SETS, HA2012 800SETS, HX4405 443SETS AND HX4510 245SETS

DETAILS IN ACCORDANCE WITH SALES CONFIRMATION SHHX03027 DATED APR.3, 2017.

〖 〗FOB/〖 〗CFR/〖X〗CIF/〖 〗FAS TORONTO CANADA

Shipment From	To	Latest	Partial Shipments	Transshipment
Shanghai	Toronto	April 30, 2017	Prohibited	Prohibited

续表

DRAFTS TO BE PRESENTED FOR NEGOTIATION WITHIN5 DAYS AFTER SHIPMETN, BUT WITHIN THE VALIDITY OF CREDIT. ALL DOCUMENTS TO BE FORWARDED IN ONE COVER, BY AIRMAIL, UNLESS OTHERWISE STATED UNDER SPECIAL INSTRUCTIONS.
SPECIAL INSTRUCTIONS: ALL BANKING CHARGES OUTSIDE CANADA ARE FOR ACCOUNT OF BENEFICIARY + ALL GOODS MUST BE SHIPPED IN ONE 20' CY TO CY CONTAINER AND B/L SHOWING THE SAME + THE VALUE OF FREIGHT PREPAID HAS TO BE SHOWN ON BILLS OF LADIG + DOCUMENTS WHICH FAIL TO COMPLY WITH THE TERMS AND CONDITIONS IN THE LETTER OF CREDIT SUBJECT TO A SPECIAL DISCREPANCYHANDLING FEE OF USD35.00 TO BE DEDUCTED FROM ANY PROCEEDS.
DRAFT MUST BE MARKED AS BEING DRAWN UNDER THIS CREDIT AND BEAR ITS NUMBER; THE AMOUNTS ARE TO BE ENDORSED ON THE REVERSE HEREOF BY NEG. BANK. WE HEREBY AGREE WITH THE DRAWERS, ENDORSERS AND BONA FIDE HOLDER THAT ALL DRAFTS DRAWN UNDER AND IN COMPLIANCE WITH THE TERMS OF THIS CREDIT SHALL BE DULY HONORED UPON PRESENTATION. THIS CREDIT IS SUBJECT TO THE UNIFORM CUSTOMS AND PRACTICE FOR DOCUMENTARY CREDITS (2001 REVISION) BY THE INTERNATIONAL CHAMBER OF COMMERCE PRBLICATION NO.600. DAVID JONE　　　　YOURS VERY TRULY, 　　　　*JOANNE SUSAN* AUTHORIZED SIGNATURE　　　　AUTHORIZED SIGNATURE

参考答案

一、单项选择题

1. A **2.** B **3.** D **4.** A **5.** A **6.** D **7.** A **8.** B **9.** D **10.** C **11.** C **12.** D **13.** C **14.** B **15.** B **16.** D **17.** C **18.** A **19.** A

二、多项选择题

1. ABCE **2.** AB **3.** ABD **4.** ABCDE **5.** ABCDE

三、判断解释题

1. ×。在我国贸易实践中，如果采用 CIF 贸易术语出口，所遵循的四个环节分别可以概括为：货、证、船、款。使用 FOB 术语出口，卖方无须租船订舱，即没有“船”的环节。

2. ×。在信用证付款方式下，受益人不但要在信用证的有效期内提交合乎信用证和 UCP600 规定的单据，还要符合信用证规定的交单期。

3. ×。对于银行转交的信用证修改书，受益人要么全部接受，要么全部拒绝，部分接受是不允许的。

4. ×。在不可撤销信用证业务中，受益人对信用证修改书可以用声明来表示接受，也可以用交单等行动来表示接受。

5. ×。根据 UCP600，只有散装货物才有 5%的数量增加幅度，且不得超过信用证金额，该公司出口的货物是以个数计的，因此不得有 5%的数量增减。

6. ×。在出口业务中，除了提交相符的货物，卖方还需要提交符合合同的单据。

7. ×。信用证受益人在审核信用证后如发现有不能接受之处，应联系申请人，由信用证的开证申请人向开证行提出修改。

8. ×。海运提单中有关货物描述的内容不必包括所有细节在内，但不得和信用证要求和其他单据的内容有冲突。

9. ×。装运期不是信用证的必备条件，没有装运期的信用证则视为装运期和到期日是同一天。

10. √。在受益人对于开证行的修改表示接受之前，原信用证的条款对于受益人仍然有效。受益人提交的单据必须和修改前的信用证条款一致。

11. ×。根据 UCP600 的规定，开证行审核单据的时间为收到单据次日起不超过五个工作日。

12. √。根据 UCP600 的规定，除非信用证特别要求，商业发票无须签署。

13. √。凡是迟于信用证规定的有效期提交的单据是无效的单据，属于不符点，银行都有权拒收。

14. ×。根据 UCP600 的解释，正本海运提单必须注明"original"字样，同时还必须注明正本提单的份数。

15. √。汇票的开立依据可以是合同或者信用证，具体视结算方式而定。

16. √。买方必须做到及时开证，这样才有利于卖方及时准备货物和安排装运，因此也必须在买卖合同中合理规定开证期限。

17. ×。由于买方未开来信用证，我方的收汇安全是没有保障的，因此不能贸然发货。

18. ×。信用证业务中的汇票付款人必须做成开证行或信用证中指定的付款行，不得做成开证申请人。

19. √。这些条款都属于给受益人收汇带来不确定性的条款，受益人如果接受这些条款，将带来一定的收汇风险，应要求改证。

20. ×。如果信用证未规定交单期，按照 UCP600 的规定，受益人不得晚于运输单据出单日后的 21 天交单。

21. ×。根据 UCP600 的解释，在商业发票中，开证申请人的地址、包括电话、传真等联络细节无须和信用证的规定完全一致，只要在同一国家即可，

22. √。我国习惯是出口方和进口方各自承担银行费用，也就是出口地的银行费用由出口方负担，进口地的银行费用由开证申请人负担。

23. √。海关在对货物查验后，在装货单上加盖放行章，托运人才能凭此装货单要求装货。

24. √。当提单的签署人为承运人代理时，该代理必须标明被代理一方的名称和身份。

25. ×。信用证中有关运输方面的证明是信用证条款的一部分，受益人必须提交符合信用证要求的单据，这些单据应由承运人出具。

26. ×。跟证托收的方式已经将银行信用转换为商业信用，对受益人收汇有相当的风险，应尽量避免采用。

四、填空题

1. 备货；落实信用证；装船；交单议付　**2.** 交付货物与单据；交付货物与合同相符；权利担保　**3.** 支付货款；收取货物　**4.** 受益人；申请人；开证行　**5.** 买卖合同；有证有货；有证无货；无证有货；无证无货；信用证；货；证；船　**6.** 正确；完整；及时；简明；整洁；单证；单单；货物；单据；合同

五、案例分析题

1. 开证行的拒付没有道理。根据 UCP600 的规定，运输单据表面上注明同一运输工具、同一

航次、同一目的地的多次装运，即使其表面上注明不同的装货港、接受监管地或发运地。也不视作分批装运。另外，在不超过信用证金额的前提下，散装货物数量可以有5%的增减幅度。因此在本案例中，该公司的做法是符合信用证规定的，开证行不得拒收单据。

2. (1) 银行拒付是合理的。

(2) A公司不应在接到B公司复电后即安排装运，因为此时信用证并没有被开证行修改，原信用证条款依然有效。A公司的装运和交单均晚于原信用证要求，开证行可以拒付。

(3) 受益人应联系申请人，要求开证行修改信用证，在未收到开证行发来的修改之前，不应贸然发货。

3. (1) 开证行拒付是合理的。信用证是纯单据业务，银行只问单据，不问货物。受益人未能提交开证申请人签发的检验证书，不符合信用证对单据的要求，因此单证不符，开证行拒付合理。

(2) A公司的失误有：第一，客检条款是软条款，给受益人收汇带来不确定性，不能掌握收汇的主动权。信用证中应删除这一条，或者由商检机构检验。第二，不应接受带有受益人应将一份正本提单在装运后直接寄交开证申请人内容的该份信用证，这种规定会给受益人安全收汇带来风险。而且在本案中，受益人先将一份正本提单提交进口人，使得进口人在银行付款之前就拿到货物，给对方以货物不符合同为理由拒付货款提供机会。

(3) 受益人要注意物权的控制，也就是正本提单的控制权，不应轻易将正本提单交给开证申请人；还要注意不应接受对收汇有不确定性的软条款，以免给安全收汇带来风险。

4. 我方处理有欠妥当。以信用证成交的合同，在合同中应规定开证日期，以免因对方迟开信用证而给受益人备货和装运带来不便。如未规定合理日期，则意味着在合理时间内开证。本案例中外方迟开信用证的行为已经构成违反合同，不能单方面要求解除合同。因此外方违约在先，我方不应答应其解除合同的要求。

六、操作题

注：改正的部分见粗斜体字样。

THE ROYAL BANK OF CANADA

BRITISH COLUMBIA INTERNATIONAL CENTRE

1055 WEST GEORGIA STREET, VANCOUVER, B.C.V6E 3P3

CANADA

CONFIRMATION OF TELEX/CABLE PRE-ADVISED　　DATE: APR 8, 2017

TELEX NO.4720688 CA　　PLACE: VANCOUVER

Irrevocable Documentary Credit	Credit Number: 03/0501-Ftc	Advising Bank's Ref.No.
ADVISING BANK: Hongkong and Shanghai Banking Corporation, Shanghai 200002, China	APPLICANT: Holiday Hora Co., Ltd, #304-310 Granville Street, Vancouver, Canada	
BENEFICIARY: Xinyi Trading Co., Ltd. 14th Floor Kingstar Place 654 Yunnan Rd., Shanghai China	***AMOUNT:*** ***USD46,980.00*** ***(US DOLLARS FORTY SIX THOUSAND NINE HUNDRED AND EIGHTY ONLY)***	
EXPIRY DATE: MAY 15, 2017 FOR NEGOTIATION IN BENEFICIARYS COUNTRY		

续表

GENTLEMEN:

WE HEREBY OPEN OUR IRREVOCABLE LETTER OF CREDIT IN YOUR FAVOR WHICH IS AVAILABLE BY YOUR DRAFTS ***AT SIGHT*** FOR FULL INVOICE VALUE ON US ACCOMPANIED BY THE FOLLOWING DOCUMENTS:

+ SIGNED COMMERCIAL INVOICE AND 3 COPIES
+ PACKING LIST AND 3 COPIES, SHOWING THE INDIVIDUAL WEIGHT AND MEASUREMENT OF EACH ITEM.
+ ORIGINAL CERTIFICATE OF ORIGIN AND 3 COPIES ISSUED BY THE CHAMBER OF COMMERCE.
+ FULL SET CLEAN ON BOARD OCEAN BILLS OF LADIG SHOWING FREIGHT PREPAID CONSIGNED TO RODER OF THE ROYAL BANK OF CANADA INDICATING THE ACTUAL DATE OF THE GOODS ON BOARD AND NOTIFY THE APPLICANT WITH FULL ADDRESS AND PHONE NO.77009910
+ INSURANCE POLICY OR CERTIFICATE FOR ***110 PERCENT OF INVOICE*** VALUE COVERING: ***WPA AND CLASH & BREAKAGE & WAR RISKS*** AS PER ***CIC. DATED 1/1/1981.***
+ BENEFICIARY'S CERTIFICATE CERTIFYING THAT EACH COPY OF SHIPPING DOCUMENTS HAS BEEN FAXED TO THE APPLICANT WITHEIN 48 HOURS AFTER SHIPMENT.
+ ~~***INSPECTION CERTIFICATE ISSUED BY THE APPLICANT***~~

COVERING SHIPMENT

ITEMS OF CHINESE CERAMIC DINNERWARE INCLUDING: ***HX1115 542SETS***, HA2012 800SETS, HX4405 443SETS AND ***HX4510 254SETS***

DETAILS IN ACCORDANCE WITH SALES CONFIRMATION SHHX03027 DATED APR. 3, 2017.

〖 〗FOB/〖 〗CFR/〖***X***〗***CIFC5***/〖 〗FAS ***VANCOUVER CANADA***

SHIPMENT FROM SHANGHAI	TO **VANCOUVER**	LATEST APRIL 30, 2017	***PARTIAL SHIPMENTS ALLOWED***	***TRANSSHIPMENT ALLOWED***

DRAFTS TO BE PRESENTED FOR NEGOTIATION ***WITHIN 15 DAYS*** AFTER SHIPMETN, BUT WITHIN THE VALIDITY OF CREDIT.

ALL DOCUMENTS TO BE FORWARDED IN ONE COVER, BY AIRMAIL, UNLESS OTHERWISE STATED UNDER SPECIAL INSTRUCTIONS.

略

第七篇

进 口 贸 易

第二十二章　进口交易前的准备

学习目标：了解进口交易前的调查和研究工作，掌握进口成本核算的计算方法。熟悉我国在进口贸易中相关的政策法规以及相关的管理措施。

一、判断解释题

(　　) 1. 在贸易实践中，原材料和工业品的价格都是大多比较稳定的。

(　　) 2. 对于价格波动较小的机械设备，我国进口公司不需要再做调查研究而可以直接与供货商成交。

(　　) 3. 对供应商的资信调查可以通过银行、驻外商务机构、商会、行业协会和咨询机构进行。

(　　) 4. 进口费用的构成是复杂的，因此在进口合同成立前所设定的进口价格仅是一种估价。

(　　) 5. 在进口商品的作价过程中，我国进口公司应把握尽量对自己有利的原则在国际市场价格水平下尽可能压低价格成交，以获取最大利润。

(　　) 6. 进口商品盈亏额是进口商品国际销售价格与进口总成本的差额。

(　　) 7. 进口总成本的大小取决于成交价格的高低以及汇率的变动率，但同时也受进口费用的影响。

(　　) 8. 在进行进口价格评估时，最低的价格一定是最优的价格，所以进口企业要按照最低价格成交。

(　　) 9. 在汇率市场不断变动的情况下，进口贸易应尽量选用币值稳定，且有上浮趋势的币种，即"硬币"成交。

(　　)10. 随着我国进口贸易形势的不断发展，一切货物都是可以进口的，不存在禁止进口的问题。

(　　)11. 为鼓励扩大进口，简化进口程序，我国目前已基本取消进口配额管理商品。

(　　)12. 我国目前有部分进口商品是实行进口许可证管理的，进口这些商品的企业需持《进口许可证》按海关规定办理通关手续。

(　　)13. 进口许可证自签发之日起生效，有效期为两年。

(　　)14. 按照我国《货物进出口管理条例》的规定，进口属于自由进口的货物，不受限制。

二、计算题

上海某公司从德国进口一批光缆接线盒零件共 1 000 套，德国出口商报价为每套 12.4 欧元 FOB 汉堡。该货物在国内销售价格为每套 180 元人民币。已知该批货物从汉堡运至上海的总运费为 900 欧元，保险费为 80 欧元。该批货物在上海清关发生的海关和相关港口费用为 1 500 元人民币，进口企业缴纳的关税和增值税总计为 7 000 元人民币。当时欧元汇率为 1 欧元＝9.8 元人民币。

试计算该批货物的进口总成本和进口商品盈亏率。

三、案例分析题

我 A 公司向香港 B 商进口马口铁一批，共计 30 多万港元，合同规定以信用证方式付款，A 公司按照合同规定开出信用证，开证银行在信用证有效期内收到议付行寄来的单据，经审查认为单证一致，单单一致，即对外付款。货到后，A 公司发现 B 公司在集装箱被装运的全是烂泥，根本没有装运合同规定的马口铁，方知上当受骗。试问：

(1) 开证银行是否应该对外付款？

(2) A 公司在这一事件中应吸取什么教训？

参考答案

一、判断解释题

1. ×。在贸易实践中，工业品的价格通常是比较稳定的，原材料的价格多数随着市场情况的变化而有所浮动。

2. ×。即使对于价格波动较小的机械设备，由于供货商的情况不同，价格差别也可能很大，因此必须经过调查研究才能与供货商成交。

3. √。对供应商的资信调查可以是多渠道和多方面的，银行、驻外商务机构、商会、行业协会和咨询机构都可以作为调查的渠道。

4. √。进口合同价格在进口合同成立之前是一种估价，是买卖双方通过磋商可能取得一致意见的合同价格，同时也是进口人争取以此为基础达成交易的价格。

5. ×。我国进口公司应把握平等互利的作价原则，结合企业经营意图，制定进口商品的适当价格。

6. ×。进口商品盈亏额是进口商品国内销售价格和进口总成本之间的差额。

7. √。在进口费用不变的情况下，进口总成本的大小取决于成交价格的高低以及汇率的变动，因此进口费用也是影响进口总成本大小的重要因素。

8. ×。最低的价格并不一定是最优的价格，进口人应根据自己的需求，按照所要求的质量目标来选择供应者。

9. ×。进口贸易应尽量选用币值稳定，且有下浮趋势的币种，即“软币”成交。如以“硬币”成交，就会蒙受因汇率上浮引起的汇率损失。

10. ×。凡列入《禁止进口货物目录》的商品，都属于我国禁止进口的货物。

11. √。我国目前已经很少有属于进口配额管理的商品，这是为了扩大进口，简化进口程序的目的。

12. √。凡实行进口许可证管理的商品，在通关时，进口企业必须提交相关的《进口许可证》。

13. ×。进口许可证是当年有效的，只能延期一次，但延期最长不能超过三个月。

14. √。凡进口属于自由进口的货物，进口企业可以不受许可证等的限制，这是我国《货物进出口管理条例》的规定。

二、计算题

$$\begin{aligned}\text{进口总成本} &= \text{FOB价}+\text{运费}+\text{保险费}+\text{进口费用}\\ &= (12.4\times 1\,000+900+80)\times 9.8+1\,500+7\,000\\ &= 139\,624(\text{元})\end{aligned}$$

$$\begin{aligned}\text{进口商品盈亏率} &= \frac{\text{国内销售价格}-\text{进口总成本}}{\text{进口总成本}}\\ &= \frac{180\times 1\,000-139\,624}{139\,624}\\ &= 28.92\%\end{aligned}$$

三、案例分析题

(1) 开证银行应对外付款。因为信用证是纯单据业务，只要单证一致、单单一致，开证行就必须履行付款责任，本案例中受益人提交的单据符合信用证的要求，因此开证行必须对外付款。

(2) A公司应注意事先考察进口人的资信，并注意货物的装船前检验，同时了解到使用信用证收汇的风险。

第二十三章　进口交易磋商和合同订立

学习目标：了解进口交易磋商和合同订立过程中的基础知识，特别是《联合国国际销售合同公约》有关交易磋商环节的规定。熟悉进口合同的基本条款，能够根据交易磋商的来往电文拟定一份购货确认书。

一、判断解释题

（　　）**1.** 对外询盘对象要根据商品和交易的特点选择，但不宜在同一地区多头询盘，以免影响市场价格。

（　　）**2.** 进口企业在询盘时可以先将自己需要的数量和可接受的价格公布出来，以方便得到更多的报价信息。

（　　）**3.** 比价不仅仅是横向比较各供应商的报价，还要纵向对历史价格进行比较。

（　　）**4.** 当供应商在发盘中所报的条件比较合理时，进口企业应抓紧时间在发盘的有效期内向对方表示接受。

（　　）**5.** 由于接受生效意味着合同成立，因此一份完整的进口合同可有可无。

（　　）**6.** 在 FOB 条件下的装运条款除了规定指定装运港之外，还应规定合理的装运时间和装运通知等。

（　　）**7.** 由于 FOB 合同是由买方办理运输的，因此以 FOB 成交的合同，卖方无须发装运通知。

（　　）**8.** 对于一些大宗交易或者资信情况不好的出口商，在采用信用证方式付款时，最好在信用证上规定必须提供有资格，有声誉的公证机构出具的公证检验报告书。

二、案例分析题

1. 我 A 公司拟从美国 B 公司进口一批成套设备，双方经过一段时间谈判，未能在价格上达成一致意见。后来，B 公司表示愿意接受 A 公司还价，但同时要求 A 公司同意在交货前半年将货款全部付清，由于 A 公司的谈判代表缺乏业务经验，当场表示同意，事后，经核算，半年利息损失已超过还价所得的利益。请分析除利息损失外，我 A 公司还可能会遭受什么损失？

2. 我某进口企业与某外商磋商进口机械设备交易一宗，经往来传真磋商，已就合同的基本条款初步达成协议，但在我方最后表示接受的传真中列有“以签署确认为准”的文字。事后，外商拟就合同书要我方确认，但由于对某些条款的措辞尚待进一步商讨。同时，又发现该商品的市场价格趋向疲软，用货部门也有换购性能更好的他种设备的意图。因此，未及时给予答复，外商又连续来电催开信用证，我方回答拒绝开证。试分析我方拒绝开证的理由是否正确。

三、操作题

上海星光进出口公司(Shanghai Star Imp & Exp Co., Ltd)与美国海外贸易公司(Overseas Trading Company, limited, P.O.Box 332 New York, USA)已有多年交往，2017 年 3 月间，双方达成进口一批柴油机的合同，已就“一般交易条件”达成协议，其中规定：除双方另有协议者外，价格按 FOB 条件成交；支付方式为即期议付信用证。双方公司交换电文如下，试根据这些来往函电，用英文制作一份购货确认书(交易条件要求完整、准确)。

Mar.4th　(Outgoing)

WE ARE INTERESTED IN SAMPLE NO. NN725 DIESEL MACHINE PLEASE FAX PRESENT PRICE AVAILABLE QUANTITY FOR JULY 2017 SHIPMENT.

Mar. 5th　(Incoming)

YOURS 4TH　SAMPLE NO. NN725 DIESEL MACHINE IN CARTONS OF ONE SET EACH REFERENCE PRICE USDOLLARS 1350.00 PER SET CIF SHANGHAI AUGUST SHIPMENT.

Mar. 6th　(Outgoing)

YOURS FIFTH INTERESTED IN 70 SETS FOB NEW YORK JULY SHIPMENT PLEASE OFFER.

Mar. 7th　(Incoming)

YOURS SIXTH OFFER SUBJECT REPLY HERE NINTH 70 SETS USD1250 PER SET FOB SHANGHAI AUGUST SHIPMENT IRREVOCABLE SIGHT L/C.

Mar. 9th　(Outgoing)

YOURS 7TH 70 SETS USD 1150 PER SET FOB SHANGHAI SHIPMENT JULY CREDIT 30 DAYS SIGHT REPLY IMMEDIATELY.

Mar. 10th　(Incoming)

YOURS 9TH AS MANY ORDERS RUSH IN MARKET TENDS UPWARD YOUR PRICE TOO LOW REGRET UNABLE TO COUNTER OFFER.

Mar. 12th　(Outgoing)

YOURS 10TH BID 75 SETS USD 1180 PER SET FOB SHANGHAI JULY SHIPMENT CREDIT 30 DAYS SIGHT PLEASE REPLY HERE BEFORE FOURTEENTH.

Mar. 13th　(Incoming)

YOURS 12TH WE CAN ONLY SUPPLY 60 SETS IN JULY SHIPMENT OTHER

15 SETS IN AUGUST SHIPMENT BEST USD 1190 PER SET FOB SHANGHAI PAYMENT AS USUAL SIGHT CREDIT REPLY HERE 15TH

Mar. 15th (Outgoing)

YOURS 13TH ACCEPTED USD1190 L/C AT 30 DAYS SIGHT OPENED..

Mar. 16th (Incoming)

YOURS FIFTEENTH S/C NO 0703225 AIRMAILLED

上海星光进出口公司
购 货 确 认 书
PURCHASING CONFIRMATION

TO:

S/C NO:________

DATE:________

兹确认购买你方下列货物,其条款如下:

We hereby confirm having purchased from you the following goods on terms and conditions as stated bellow:

函电/ (**letter/fax/e-mail**)

我方 **Ours:________**

你方 **Yours:________**

(1) 货物名称及规格.包装 Name of Commodity, Specifications, Packing	(2) 数量 Quantity	(3) 单价 Unite Price	(4) 总值 Amount

(5) 装运(**Shipment**):

(6) 保险(**Insurance**):

(7) 付款(**Payment**):

备注(**Remarks**):

请签署并退回一份以供存档

Please sign and return one copy for our file

(买方 **Buyer**) (卖方 **Seller**)

参 考 答 案

一、判断解释题

1. ×。对外询盘既不宜只局限于个别客户而无法进行比较，也不宜在同一地区多头询盘，否则容易影响市场价格。

2. ×。进口企业不宜过早地透露自己需要采购的数量和价格等意图，以免在磋商时处于不利地位。

3. √。对历史价格的比较可以了解该商品以往的成交价或过去供应商对同类商品报价。

4. √。过了有效期的发盘是无效的发盘，因此如果进口企业认为供应商在发盘中所报的条件比较合理时，应在发盘的有效期内及时表示接受。

5. ×。书面合同是表示买卖双方意思完全一致的证明文件和处理争议的主要依据。因此一份完整的进口合同依然是有必要签订的。

6. √。在 FOB 条件下，为了保证船货衔接的顺利进行，应规定合理的装运时间和装运通知，以便买卖双方顺利交接货物。

7. ×。按照 INCOTERMS® 2010 的规定，FOB 的卖方应在装船后，给予买方关于货物已交至船上的充分的通知。

8. √。规定提供有资格，有声誉的公证机构出具的公证检验报告书有助于卖方维护自己的利益，防止买方以次充好等欺诈行为。

二、案例分析题

1. A 公司遭受的损失还包括资金占用损失，设备陈旧过期的风险，另外由于已经付清全部货款，可能还会错过更优惠报价的供应商。因此在进口业务中不宜轻易答应对方预付全部货款的要求。

2. 正确。如果在来往的交易磋商中，我方曾表示以签订书面合同为准时，此时书面合同就成为合同成立的必要条件。本案例中我方曾声明以签署确认为准，随后并未对合同表示确认，因此合同并未成立，我方拒绝开证的理由是正确的。

三、操作题

上海星光进出口公司

SHANGHAI STAR IMP & EXP CO.,LTD

购货确认书

PURCHASING CONFIRMATION

TO: Overseas Trading Company, limited, P.O.Box 332 New York, USA

S/C NO: 0703225

DATE: MARCH 16, 2017

兹确认购买你方下列货物，其条款如下：

We hereby confirm having purchased from you the following goods on terms and conditions as stated bellow:

函电 / (**letter/fax/e-mail**)

我方 Ours: ____________

你方 Yours: ____________

(1) 货物名称及规格. 包装 **Name of Commodity, Specifications, Packing**	(2) 数量 **Quantity**	(3) 单价 **Unite Price**	(4) 总值 **Amount**
NO. NN725 DIESEL MACHINE IN CARTONS OF ONE SET EACH	60 SETS	USD1 190 PER SET FOB INCOTERMS® 2010 NEW YORK	USD 7[illegible] 400

(5)装运(Shipment):

SHIPMENT FROM NEW YORK TO SHANGHAI DURING JULY 2017 ALLOWING PARTIAL SHIPMNETS AND TRANSHIOMENTS.

(6)保险(Insurance):

TO BE EFFECTED BY THE BUYER

(7) 付款(Payment):

THE BUYER SHALL OPEN THOUGH AN ACCEPTABLE BANK TO THE SELLER AN IRREVOCABLE L/C AT 30 DAYS SIGHT FOR NEGOTIATION INCHINA UNTIL THE 15TH DAY AFTER THE DATE OF SHIPMENT.

备注(Remarks):

请签署并退回一份以供存档

Please sign and return one copy for our file

(买方 Buyer)

Shanghai Star Imp & Exp Co.,Ltd

(卖方 Seller)

Overseas Trading Company, limited,

第二十四章　进口合同的履行

学习目标：了解进口合同履行过程中的基础知识，实务做法和有关的法律惯例，了解进口合同履行的环节与流程，掌握进口合同履行的一般理论知识。了解进口货物检验和进口索赔的有关知识。

一、填空题

1. 我国部分外贸企业同保险公司签订海运、空运和陆运货物的预约保险合同，这种保险方式对外贸企业进口货物的________、________、________、________以及________等都作了明确的规定。
2. 按照《中华人民共和国海关法》的规定，进口货物申报时限是自运输工具申报进境之日起的________日之内。
3. 海关查验货物主要是海关在接受申报后，对进口货物进行实际的核对查验，以确定货物的________或________以及货物的________、________等是否与报关单证所列相一致。
4. 报关员在报关时须出示________，并在报关单上加盖________。
5. 在进口索赔工作中，对船公司的索赔期限为货物到达目的港交货后________之内。

二、判断解释题

(　　) 1. 在开立信用证时，开证申请人要按照买卖合同内容填写开证申请书，开证行也有义务审核进出口买卖合同的内容。

(　　) 2. 如果信用证规定了交单地点，根据 UCP600，受益人只能向该地点交单，而不能将单据直接交给开证行。

(　　) 3. 进口合同如规定不允许分批装运和转运的，应在信用证中明确注明不准分批装运或转运，否则按照 UCP600 的解释，将理解为允许分批和允许转运。

(　　) 4. 根据 UCP600，信用证经修改后，开证行可以视自身风险而决定是否受该修改的约束。

(　　) 5. 进口企业在申请开立信用证时，应做到开证申请书与合同相符，尽量避免不必要的修改。

(　　) 6. 在进口业务中，对于一些资信不佳的客户，我方应要求其开立银行保证书，该保证书必须是不可撤销的。

(　　) 7. 对于信用证未规定的单据，开证行要根据买卖合同对其进行审核。

(　　) 8. 在实际业务中，如果开证行发现单据表面上不符信用证条款，一般会先与我进口企业联系，征求进口企业意见是否同意接受不符点。

(　　) 9. 根据UCP600，进口企业必须在收到银行审核单据通知后三个工作日内决定是否接受不符点，否则将被视为接受。

(　　)10. 未经海关放行的进口货物，任何单位和个人都不得提取。

(　　)11. 在海关查验过程中发生损坏的货物，由收货人自行负担损失。

(　　)12. 根据我国《商检法》规定，所有进口货物都是法定检验的货物。

(　　)13. 根据《联合国国际货物销售合同公约》的规定，卖方提出索赔的期限，是自其收到货物之日起的四年之内。

(　　)14. 根据《联合国国际货物销售合同公约》的规定，如果卖方完全不交付货物，或不按合同规定交付货物，构成根本性违反合同时，买方可以宣告整个合同无效。

(　　)15. 商检机构对外签发的检验证书是进口人用于索赔的依据之一。

三、案例分析题

1. 我国内地X市A公司委托沿海S市的B公司进口机器一台，合同规定买方对货物质量不符合同的索赔期限订为货到目的港30天内。货到S市后，B公司即将货物转至X市交A公司，由于A公司的厂房尚未建好，机器无法安装。半年后，待厂房完工，机器装好，经商检机构检验，发现该机器均系旧货，不能很好运转，遂请B公司对外提出索赔，外商置之不理。试问外商拒绝赔偿的依据是什么？对此，我方应吸取什么教训？

2. 一批货物由澳大利亚墨尔本港装船经新加坡转船运往上海港，承运人在墨尔本港口签发了全程运输提单。当货物在新加坡转船，并堆放在码头等候装第二程船时，货物在露天仓库遭受雨淋，致使全部货物遭损。当上海收货人向承运人索赔时，船方提出，由于货物不是在船上而是在陆地上遭受损失，因此不属于海上运输的范围，并以此为由拒绝赔偿。试分析，承运人拒赔的理由是否充分？为什么？

参 考 答 案

一、填空题

1. 投保险别；保险费率；适用保险条款；保险费率；赔付方式　**2.** 14　**3.** 物理性能；化学成分；货物数量；规格；　**4.** 报关员证；"HS"报关员专用名章　**5.** 一年

二、判断解释题

1. ×。信用证是独立于买卖合同以外的文件，开证银行并没有审核买卖合同的义务，但开证申请人应依照买卖合同的内容填写开证申请书。

2. ×。根据 UCP600，在任何情况下，受益人都可以直接向开证银行交单。

3. √。根据 UCP600，除非信用证禁止分批装运或转运，否则都理解为允许分批和允许转运。

4. ×。根据 UCP600，信用证经修改后，开证行即不可撤销地受到信用证条款及其修改的约束。

5. √。开证申请人有义务按照买卖合同的条款申请开立信用证，修改信用证会引起不必要的费用，应尽量避免。

6. √。对于一些资信不佳的客户，为了保证收汇安全，应尽量要求其开立不可撤销的银行保证书。

7. ×。根据 UCP600，银行对于信用证未规定的单据，银行不予置理。

8. √。虽然银行应独立审核信用证下的单据，但为了保障进口企业的利益，我国开证行通常会先与我进口企业联系，征求进口企业意见是否同意接受不符点。

9. ×。UCP600 没有对于进口人应在何时间内接受不符点的规定。同样，也不得在信用证中列出此类规定。

10. √。根据我国《海关法》的规定，只有经过海关放行的进口货物，进口单位和个人才可以提取。

11. ×。海关查验货物造成损坏时，进口货物的收货人或代理人有权要求海关予以赔偿直接经济损失的金额。

12. ×。只有列入《必须实施检验检疫的商品目录》的商品才是法定检验的货物。

13. ×。根据《联合国国际货物销售合同公约》的规定，买方行使索赔权的最长期限是自其收到货物之日起不超过两年。

14. √。《联合国国际货物销售合同公约》将违约分为根本性违约和非根本性违约，当卖方构成根本性违约时，买方有权宣告整个合同无效并要求损害赔偿。

15. √。商检机构对外签发的检验证书是比较常见的索赔证据，进口人可以用于索赔。

三、案例分析题

1. 我方应根据商品特性合理规定索赔期限。根据《联合国国际货物销售合同公约》的规定，买方行使索赔权的最长期限是自其收到货物之日起不超过两年。如果合同中关于索赔期限的规定，则以合同的规定为准。本案例中，由于最终用户和进口代理人不在同一个城市，索赔期限不宜订得过短，而本案例仅规定 30 天的索赔期限，显然过于短暂，因此买方遭受了损失。

2. 不充分。承运人签发的是全程运输提单，要对全程运输过程中发生的货物损失负责，包括海运和非海运区段。因此，在本案例中发生在陆地运输区段的货物损失依然被覆盖在承运人的运输范围内，承运人应予以赔偿，拒绝赔偿的理由是不充分的，但承运人可以向造成实际损失的责任方追索。

第八篇

贸 易 方 式

第二十五章　经销和代理

学习目标：了解经销和代理这两种贸易方式的基本概念和基本做法，掌握独家经销和独家代理的区别。

一、判断解释题

(　　)1. 独家协议不需要同时规定专卖和专买权作为对流条件，而只需单独规定专卖和专买权即可生效。

(　　)2. 代销人与代理人一样，无权以自己的名义与当地购买人签订合同。

(　　)3. 独家经销协议在实质上说完全是一个买卖合同。

(　　)4. 在独家经销和独家代理方式下，卖方均给予经销商或代理商以独家专营权。

(　　)5. 独家经销与独家代理的根本区别是：前者是买卖关系，后者是委托代理关系。

(　　)6. 在独家代理方式下，只要在指定地区和期限内做成的指定商品的交易，无论是由代理商做成的，还是由出口企业自己做成的，代理商均有权获得佣金。

(　　)7. 独家经销商和独家代理商经营的目的都是为了获取佣金。

(　　)8. 对于独家经销商的选择，要把握"重在选择、贵在使用"的原则。

(　　)9. 对于颁布禁止独占法的某些国家，在选择独家经销商时要特别慎重，避免触犯当地法律。

(　　)10. 委托合同类似大陆法的间接代理合同和英美法的隐名合同，而行纪合同类似大陆法的直接代理合同和英美法的不隐名合同。

二、案例分析题

1. 我A公司与美国B公司签订一份独家经销协议，A公司把该公司经营的某草制品在美国的独家经销权(购买权)授予B公司，期限为一年。一年来，由于B公司销售不力，致使A公司蒙受很大损失。试分析B公司蒙受损失的原因。

2. 美国A公司与中国B公司签订了一份独家代理协议，指定B公司为A公司某指定产品在中国的独家代理。不久，A公司推出该指定产品的改进产品，并指定中国C公司作该改进产品的独家代理。请问A公司有无这种权利？B公司应如何利用代理协议的条款避免这种情况的发生？

参考答案

一、判断解释题

1. ×。独家经销协议中需要明确规定经销权及其对等条件。

2. ×。代销人是以自己的名义与当地购买人签订合同的，代理人是以代理的身份与当地购买人签订合同。

3. √。独家经销协议是厂商与独家经销商签订的售定合同，因此是一个买卖合同。

4. ×。只有在独家经销方式下，卖方才给予外商以独家专营权。

5. √。独家经销中厂商和独家经销商之间是售定的关系，因此是买卖关系，独家代理的厂商和独家代理商之间是委托代理关系。

6. ×。只有由代理商做成的指定商品的交易，代理商才有权获得佣金。

7. ×。独家经销商经营的目的是为了赚取差价，独家代理商经营的目的是为了获取佣金。

8. √。独家经销商的选择需要慎重，不重视选择会给出口企业带来后患，若使用不当也会给出口销售带来不利影响。

9. √。对于颁布禁止独占法的某些国家，应先做调查，了解其禁止独占法的内容，以免引起被动。

10. ×。委托合同类似大陆法的直接代理合同和英美法的不隐名合同，而行纪合同类似大陆法的间接代理合同和英美法的隐名合同。

二、案例分析题

1. 采用独家经销方式存在有风险的一面，如果独家经销商还经营其他企业的商品，就不能专心经营约定的商品，而且如果独家经销商的能力较差，虽经过努力也不能完成协议规定的最低销售额，都会使出口企业蒙受损失。因此A公司蒙受损失的原因是未能谨慎选择独家经销商，事先对独家经销商的能力和经营情况等都未能做详细的调查。

2. A公司没有这样的权利。B公司应在代理协议中签订有关委托代理权限的条款，规定代理商在约定期限和约定地区内不得销售或代理销售与约定商品相同、类似或有竞争性的其他来源商品。

第二十六章　招标和投标

学习目标：了解招标和投标这两种贸易方式的基本概念和基本做法，掌握招投标协议的内容。

一、判断解释题

(　　) **1.** 招标条件和一般买卖合同的贸易条件可以是相同的，均由双方协商决定。

(　　) **2.** 即使是公开招标也并不是任何企业单位均可参加投标的。

(　　) **3.** 在国际竞争招标时，不能以投标人太少为理由，拒绝全部投标。

(　　) **4.** 在国际招标业务中，招标人既可根据对本身最优惠的条件选定中标人，也可宣布招标失败，而拒绝全部投标。

(　　) **5.** 在招标业务中，双方当事人之间是属于竞卖、竞买关系。

(　　) **6.** 招标业务中和一般贸易一样，包括还盘这个交易磋商环节。

(　　) **7.** 投标人发出的标书是一项不可撤销的发盘。

(　　) **8.** 在招标方式下，一般出现最低标价大大超过国际市场水平时招标人可以拒绝全部投标。

(　　) **9.** 在进行非公开招标时，并非所有公司可以得到招标通知。

(　　)**10.** 招标人可以接受两个或两个以上并列厂商署名的投标。

二、案例分析题

1. 我某政府机构为采购某商品进行国际公开招标，招标文件规定投标截止日期为10月31日。我国一家主要生产这类商品的工厂在认真研究了招标文件后认为，根据自身条件完全能够达到招标文件规定的条件。这家工厂为了推销其产品，决定进行投标。同时，为争取投标，在投标书中所报价格极具竞争性。8月初，该厂寄出投标书，开标招标文件要求交纳了投标保证金5 000美元。之后不久，生产该商品的原料价格猛涨，倘若按投标书中所报价格中标，工厂将蒙受重大损失。不得以只能电请招标人要求修改投标书的报价。招标人以投标文件明确规定，投标书已经送达不得撤销和修改为由加以拒绝。事后，原料市价涨势未减，眼看按投标书价格进行交易已不可能，于是被迫通知招标人撤销投标书，已交纳的保证金被招标人全部没收。按此情节，试分析我方在工作中存在哪些缺点？应当吸取哪些教训？除保证金损失外，还有些什么损失？

2. 我某招标机构接受委托，以国际公开招标形式采购一批机电产品。招标文件要求投标人分别制作规格和价格两份投标文件，在开标时，将先按规格开标，对符合条件者，再定期按价格开标，以确定最终的中标者。招标文件发出后，共有 12 家企业投标。在开标期届满时，该招标机构先按规格开标，经慎重筛选后，初步选定 7 家企业，通知它们对规格标进行澄清，并要求将投标有效期延长两个月。7 家中，有 4 家送来澄清函并同意延长有效期。另 3 家提出若延长有效期，将提高报价 10%或更多；否则将撤销投标。招标机构拒绝了后 3 家的要求。到了价格标的开标日期，对仅有的 4 家开标后，却发现 4 家报价均过高，超过招标机构预订标底 30%以上。无奈，招标机构只得依法宣布此次招标作废，重新招标。试分析此次招标失败的原因以及应吸取的教训。

参考答案

一、判断解释题

1. ×。招标条件和一般买卖合同的贸易条件不同，它不是由买卖双方协商决定，而是由招标人单方面制定的。

2. √。即使是公开招标，也需要考察投标人的资信和能力，因此不是任何企业单位均可参加招标的。

3. ×。如果出现只有个别厂商投标，缺乏竞争性等，招标人可以拒绝全部投标。

4. √。招标人可以根据自身需要和投标人的履约能力确定中标人，也可以拒绝全部投标。

5. ×。招标一般是买方（或其他人）组织卖方（或承包商）竞卖的一种方式。

6. ×。招标业务和一般贸易不同，不包括还盘这个交易磋商环节。招标相当于发盘邀请，投标相当于一项不可撤销的发盘。

7. √。投标一旦报出，不能随意撤销或者撤回，因此是一项不可撤销的发盘。

8. √。如果招标方式下，一般出现最低标价大大超过国际市场水平，说明其价格缺乏竞争性，对招标人不利，因此招标人可以拒绝全部投标。

9. √。非公开招标时，只有少数在这一行业享有盛誉或者在过去业务中和招标人已经建立了业务关系的公司才可以得到招标通知。

10. ×。投标名义人只能是一个，招标人通常不接受两个或两个以上并列厂商署名的投标。

二、案例分析题

1. 投标人在投标工作中，应认真研究招标文件，包括限制性条款，在有确信把握时才可以投标，另外要确定适当的价格，投标作价既要有竞争性，也要留有余地。我方的失误在于报价过低，未能及时把握国际市场行情。另外投标是一个有效期较长的发盘，要注意留出适当的价格空间。一旦报价，就不能随意撤销或者撤回，否则就会被招标人没收保证金。

除了保证金损失外，我方还会损失信誉度，在以后的投标工作中会丧失优势。因此必须重视投标技巧。

2. 该原因在于招标人按照不同的标准制作了两份招标文件，未能统一招标的标准。导致不同投标人按照不同的标准投标，因此招标不成功。在今后的招标工作中要注意招标文件的制作，统一招标的标准。

第二十七章　拍卖和寄售

学习目标：了解拍卖和寄售这两种贸易方式的基本概念和基本做法，掌握拍卖和寄售的特点。

一、判断解释题

(　　) **1.** 任何商品都适合进行拍卖，这种交易方式可以达到争取多数客户，扩大利润的目的。

(　　) **2.** 拍卖一般是由拍卖行组织的，参与拍卖的买主，只凭信誉就可参加拍卖，无须交纳任何保证金和手续费。

(　　) **3.** 拍卖是一种公开竞买的现货交易，都是一种价格递增式交易。

(　　) **4.** 委托人(货主)先将货物运往拟销售地点，委托国外一个代销人(受托人)，按照协议规定的条件，由代销人代替货主进行销售，在货物售出后，由代销人向货主结算货款，这种贸易方式称作代理。

(　　) **5.** 在寄售协议下，货物的所有权在寄售地出售前属于寄售人。

(　　) **6.** 采用寄售方式销售商品的主要缺点是出口人资金周转时期长，费用增加，风险较大，因此在使用时要特别谨慎。

(　　) **7.** 在寄售中，代销商赚取的是佣金，因此在寄售协议中应写明佣金的比例，以免引起不必要的纠纷。

二、案例分析题

我某外贸企业以寄售方式向某国装运出口一批在仓库积压已久的商品。货到目的地后，虽经代销商努力推销，货物还是无法售出。最后只得在装运回国。试问此举有何教训?

参考答案

一、判断解释题

1. ×。通过拍卖交易的商品，大多是一些品质不易标准化，或难以久存的，或习惯采用拍卖方式销售的商品。

2. ×。参与拍卖的买主，通常须向拍卖行交存一定金额的保证金。

3. ×。拍卖可以是价格递增的，也可以是价格递减的交易。

4. ×。这种贸易方式成为寄售，是一种先出运后出售商品的委托代理的贸易方式。

5. √。在寄售协议下，商品售出钱所有权属于寄售人，寄售人可以收回寄售商品。

6. √。寄售方式的风险是由这种贸易方式的特点决定的，由于代销商不承担市价涨落和销售畅滞的风险，因此在使用时要特别谨慎。

7. √。寄售业务中，代销商是以收取委托人付给的佣金作为报酬的，因此在寄售协议中应写明佣金的比例。

二、案例分析题

采用寄售方式存在一定的风险。包括：出口人资金周转期长，费用增加，风险较大，收汇不安全，特别是货物到达目的地后，如遇市场不景气，就会导致货物不能售出，使出口人陷入被动的境地。

第二十八章 对等贸易

学习目标：了解对等贸易的基本形式和产生背景，掌握对等贸易的特点以及对等贸易合同的内容。熟悉补偿贸易的基本业务做法。

案例分析题

1. 我国多次以补偿贸易方式从日本进口渔轮，用直接产品鱼品偿付渔轮进口价款。20 世纪 80 年代某省一外贸公司又拟进口一艘渔轮。其具体做法是先出口鱼品积存外汇，在达到一定金额后，即用以购买新渔轮。该公司把这种做法报请主管机关给予补偿贸易的优惠待遇，遭到拒绝。请分析原因。

2. 某年，某市工业部门采取补偿贸易的方向德国 A 公司引进一套制造大型发电机设备的生产线，价值 890 万美元，偿还期为 5 年，计利本金按逐年偿还额递减，年利率为 3%，其中 800 万美元由引进方用加工该设备配套零件的工料费偿还，其余 100 万美元用间接产品偿还，即由引进方按输出方的来样生产皮质工作服，每年提供 1 万件，5 年共计 100 万美元。该机电设备的生产，根据合同规定，由输出方派驻技术人员监造、验收，故每次如数运出，均无问题，但第一批出口的工作服 4 000 件，即遭到德方退货。理由是：工作服式样与其来样不符，尺寸和材质均不合要求。德方坚决要求退货，我方解释是由于生产人员的疏忽所致，为了弥补这一缺陷，我方愿意减价出售，并保证以后的产品与原样相符。但德方坚持要求退货。最后我方只好同意，造成惨重损失。试分析在补偿贸易出口中，使用间接产品偿还时，我方应注意哪些问题？

参考答案

案例分析题

1. 补偿贸易是指接受进口一方以引进的机器设备或工厂所生产的产品支付部分或全部价款，本案例中鱼品不是渔轮所生产的产品，而且是先积存外汇再行购买设备，并不是以生产的成品偿还设备，因此不能列为补偿贸易的范畴。

2. 补偿贸易应尽量用直接产品偿还，如用间接产品偿还，必须严格重视产品质量，妥善规定返销产品的作价原则。

第二十九章　加工交易

学习目标：了解加工贸易的基本形式和主要概念，掌握加工贸易的种类以及主要特点。熟悉加工贸易在我国的发展情况，以及对外来料加工、来件装配和对外加工装配合同的基本条款。

一、判断解释题

（　　）**1.** 加工贸易是以加工为特征的，以商品为载体的再出口业务。

（　　）**2.** 进料加工包括进口原材料和出口成品两笔业务。

（　　）**3.** 在对外加工装配业务中，交易方式双方是买卖关系。

（　　）**4.** OEM 和 ODM 交易方式下，国外生产商与国内生产厂商实质上是一种有关特定商品依约生产和交付的买卖关系。

（　　）**5.** 在来料加工业务中，料与成品的所有权均属于供料方。

（　　）**6.** 对外加工装配业务属于委托加工。

（　　）**7.** 来料加工与进料加工业务的主要区别在于，前者属于对销贸易，后者属于加工贸易。

（　　）**8.** 对外加工装配业务属劳务贸易的范畴。

（　　）**9.** 在签订加工装配合同时，对来料、来件的时间和数量以及未能如期、如数到达的责任应作出具体明确的规定。

二、案例分析题

某企业与一家外国工厂签订来件装配一种机电设备 8 000 台的合同，规定采用对开信用证分别结算配件和成品的价款，由我方开出见票后 60 天付款的不可撤销远期议付信用证向对方购买配件，但须在对方开出向我购买成品的即期回头信用证后方始生效。两份信用证总金额的差额即为外方付给我方的工缴费。上述合同按时执行后，双方又按原合同续订 5 万台分五批执行的新合同。第一、第二两批共 2 万台，双方均按时开出信用证，并顺利履行了合同。其后外商突然提出，由于我方开出的信用证中有须在我方收到回头信用证后方始生效的条款，当地银行认为有此附加条款的信用证不能视作已经生效信用证，因此，不能凭以融通资金，使其发生经营困难。为顺利履行余下三批的装配合同，要求我方开出的新证取消上述附加条款。我方企业认为上笔合同圆满履行，新合同也已执行了一部分，说明对方是可以信赖的，于是接受了对方要求，在开出的后三批3万台来件价款的信用证中取消了上述收到回头信用证方始生效的附加条款。外方按我方信用证规定向我发送了配件，但回头信用证始终没有开来，我方银行到期被迫垫付来件价款达8万美元。在此期间，我方虽多次向外方提出交涉，但均无结果。事后查明，因该成品销路不佳，市价大跌，以至整机的售价还卖不到原定的配件价格。在此情况下，外方遂利用我方开出的信用证处理其剩余部件，而不履行购回成品的义务，造成我方以高价单边进口配件的巨额损失。请根据补偿贸易的特点分析我方的教训。

参考答案

一、判断解释题

1. √。加工贸易是指经营企业进口全部或者部分原辅材料等，经加工或者装配后，将制成品复出口的经营活动，因此加工贸易是以加工为特征的，以商品为载体的再出口业务。

2. √。进料加工中包含两个合同，本国的经营企业既要与国外客户订立原材料、零部件进口合同，又要和国外客户签订成品出口合同。

3. ×。对外加工装配业务中，原材料的提供者和成品的接收者是同一家企业，交易双方不存在买卖关系。

4. √。在OEM和ODM交易方式下，产品生产加工过程中所需的原材料、零部件，一般由本国生产厂商依照国外生产厂商要求的质量标准，或者在本国市场、或者在国外市场上采购获得，因此国外生产商与国内生产厂商实质上是一种有关特定商品依约生产和交付的买卖关系。

5. √。在对外加工装配业务中，交给那个业务承接方对原材料、零部件不拥有所有权而只有使用权。料与成品的所有权均属于供料方。

6. √。对外加工装配业务中，原材料的提供者和成品的接受者是同一家企业，双方不存在买卖关系，而是委托关系。

7. ×。来料加工贸易属于劳务贸易范畴，进料加工贸易相当于两个单边的进出口贸易

8. √。对外加工装配业务包括进口原料和产品出口两个贸易过程，但不是两笔交易，实质上属劳务贸易的范畴。

9. √。为了保证加工装配业务有节奏的持续进行，对料、件的及时均衡供应并保有一定的周转量是十分有必要的。因此在签订加工装配合同时，对来料、来件的时间和数量以及未能如期、如数到达的责任应作出具体明确的规定。

二、案例分析题

在确定加工贸易的支付方式时要注意收汇方式的安全，可以采用对开信用证，但要注意相关的限制条款，以保障我方的权益和收汇安全。

第三十章　商品期货交易

学习目标：了解商品期货交易的基本含义和特点，掌握套期保值的基本概念和使用中的注意事项。

案例分析题

某商于7月间与一农场主订立远期合同，购进10 000蒲式耳玉米，合同规定10月交货，价格为每蒲式耳4.30美元。该商唯恐11月新货收获时市场价格下跌，遂即在期货交易所以每蒲式耳4.50美元买入11月的期货合同2份(每份5 000蒲式耳)。11月中，他将向农场主购进的玉米全数转售给另一买主。当时由于新货登场，市场跌落，只售得每蒲式耳4.20美元，亏损1 000美元。而此时期货市场的价格也趋于疲软，无奈将原先购进的2份期货合同抛出对冲，价格为每蒲式耳4.20美元。连同期货交易所收取的佣金100美元，该商在期货交易中共亏损3 100美元。加上转售向农场主所购玉米交易，总计亏损4 100美元。试分析该商在以上经营活动中应吸取什么教训？

参考答案

案例分析题

在期货交易中，虽然可以采用套期保值等方式在一定程度上转移和减少风险，但是也不一定能达到全部转移风险或弥补、抵消实际货物交易的全部损失。本案例中该商人未能及时把握市场行情，因此造成了损失。

参考文献

[1] 吴百福、徐小薇主编:《进出口贸易实务教程》(第七版),格致出版社、上海人民出版社 2015 年版。

[2] 帅建林编著:《国际贸易惯例案例解析》,对外经济贸易大学出版社 2006 年版。

[3] 幸理主编:《国际贸易实务案例与分析》,华中科技大学出版社 2006 年版。

[4] 王善论编著:《国际贸易实务解惑 500 题》,对外经济贸易大学出版社 2007 年版。

[5] 中国国际商会/国际商会中国国家委员会:《国际贸易术语解释通则®2010》,中国民主法制出版社 2011 年版。

[6] 蔡玉彬:《国际贸易理论与实务》(第二版),高等教育出版社 2008 年版。

[7] 崔玮:《国际贸易实务操作教程》,清华大学出版社、北京交通大学出版社 2006 年版。

[8] 冯静:《国际贸易实务》(第二版),北京大学出版社 2009 年版。

[9] 傅龙海:《国际贸易实务》,对外经济贸易大学出版社 2009 年版。

[10] 宫焕久、许源:《进出口业务教程》(第二版),格致出版社、上海人民出版社 2005 年版。

[11] 郭双焦:《进出口贸易实务精品课程》,北京大学出版社 2009 年版。

[12] 冷柏军:《国际贸易实务》(第二版),高等教育出版社 2010 年版。

[13] 李金林:《国际贸易实务》,北京大学出版社 2005 年版。

[14] 李秀芳、王晨钟、谢茜萍:《进出口实战》,天津大学出版社 2010 年版。

[15] 郎丽华:《国际贸易案例精选》,经济日报出版社 2005 年版。

[16] 易露霞、方玲玲、尤彧聪:《国际贸易实务案例教程》(双语),清华大学出版社 2010 年版。

[17] 张晓明:《国际贸易实务与操作》,高等教育出版社 2008 年版。

[18] 张锦源:《国际贸易实务详论》(第十三版),三民书局 2008 年版。

[19] Jim Sherlock and Jonathan Reuvid, 2008, *The Handbook of International Trade: A Guide to the Principles and Practice of Export* (*Second Edition*), GMB publishing Ltd.

[20] 吴百福等主编:《国际货运风险与保险》(第二版),对外经济贸易大学出版社 2009 年版。

[21] 顾寒梅主编:《涉外保险理论与实务》,复旦大学出版社 2005 年版。

[22] 王银成主编:《中国保险案例研究》,首都经济贸易大学出版 2006 年版。

[23] 杨华柏等主编:《保险纠纷典型案例评析》,人民法院出版社 2004 年版。

图书在版编目(CIP)数据

《进出口贸易实务教程》习题集/张永安主编.—
修订本.—上海:格致出版社:上海人民出版社,
2017.1(2019.11重印)
ISBN 978-7-5432-2692-0

Ⅰ.①进… Ⅱ.①张… Ⅲ.①进出口贸易-贸易实务
-高等学校-习题集 Ⅳ.①F740.4-44

中国版本图书馆CIP数据核字(2016)第262406号

责任编辑 忻雁翔
装帧设计 路 静

《进出口贸易实务教程》习题集(修订版)
张永安 主编
沈克华 副主编

出 版 格致出版社
上海人民出版社
(200001 上海福建中路193号)
发 行 上海人民出版社发行中心
印 刷 浙江临安曙光印务有限公司
开 本 787×1092 1/16
印 张 14.5
插 页 1
字 数 292,000
版 次 2017年1月第1版
印 次 2019年11月第4次印刷
ISBN 978-7-5432-2692-0/F·981
定 价 35.00元